德国国家教育报告[2006]

BILDUNG IN DEUTSCHLAND 2006

编译委员会主任　　姜锋

编译委员会成员　　陈壮鹰　毛小红

　　　　　　　　　Hans-Peter Füssel　Erich Thies

　　　　　译者　　徐冠群

上海外语教育出版社

外教社 SHANGHAI FOREIGN LANGUAGE EDUCATION PRESS

www.sflep.com

图书在版编目(CIP)数据

德国国家教育报告. 2006 / 徐冠群译. —上海：上海外语教育出版社，2020
ISBN 978-7-5446-6402-8

Ⅰ.①德… Ⅱ.①徐… Ⅲ.①教育事业-研究报告-德国- 2006 Ⅳ.①G551.6

中国版本图书馆 CIP 数据核字(2020)第 055053 号

出版发行: **上海外语教育出版社**
（上海外国语大学内） 邮编：200083
电　　话：021-65425300（总机）
电子邮箱：bookinfo@sflep.com.cn
网　　址：http://www.sflep.com
项目负责：岳永红
责任编辑：陈　懋
特约编辑：糜佳乐
美术编辑：戴玉倩

印　　刷：苏州市古得堡数码印刷有限公司
开　　本：889×1194　1/16　印张 20　字数 544千字
版　　次：2020 年 8月第 1版　　2020 年 8月第 1次印刷

书　　号：ISBN 978-7-5446-6402-8
定　　价：110.00 元

本版图书如有印装质量问题, 可向本社调换

质量服务热线：4008-213-263　电子邮箱：editorial@sflep.com

序　言

　　德国被认为是哲学王国和教育强国,德国人一直为此感到骄傲。然而,本世纪初,德国中学生在国际学生评估项目(PISA)中表现平平,这猛烈打击了德国人的教育自信,引起全社会的担忧和反思。德国政界和教育界亟须对德国整体教育状况进行把脉,以找到问题的症结所在。国家教育政策的实证研究得到前所未有的重视。

　　对现状达成共识,是改变现状的前提。2006 年 8 月生效的德国基本法修正案第 91b 条第二款规定,“联邦和各联邦州可以基于确定教育事业绩效能力的国际比较达成协议,在相关报告及其推介方面进行合作”,改变了德国联邦和各州以往分散搜集教育数据、编制教育报告的做法,赋予联邦与各州在部分教育领域开展合作的权力,为联邦和各州就共同编制教育报告提供法律依据。

　　2006 年,德国联邦教育科研部与各州文化教育部长联席会议共同成立独立的国家教育报告编制小组,其职责是将各类教育报告进行整合,编制国家教育报告。编制小组由德国国际教育研究中心(DIPF)牵头,组员来自德国国际教育研究中心、德国青年研究所(DJI)、德国高校和科学研究中心(DZHW)、德国高校信息系统(HIS)、哥廷根大学社会学研究中心(SOFI)以及联邦和各州统计部门(Destatis und StaLä)等机构。他们在汇总和分析联邦和各州所提供的官方数据的基础上,撰写德国国家教育报告。初稿由教育各界专家鉴定,并提出修改意见,最终由德国联邦教育科研部和各州文化教育部长联席会议共同发布。

　　《德国国家教育报告》每两年发布一次,既有纸质版,又有电子版,还有用英文编撰的缩略版。电子版免费公开,公众可在德国联邦教育科研部等网站下载。该报告对德国教育各领域进行全方位的扫描和研究。全书共分 9 部分:A 和 B 部分为导入章节,总体介绍德国教育所处的社会和经济环境,并以跨教育领域的方式展示德国教育体制的状况及其在国际对比中的情况;C 至 G 部分依次论述早期儿童教育、中小学教育、职业教育、高等教育和成人继续教育诸方面,并用旁注的形式,以对比视角展示各教育阶段的最新情况;H 部分为重要专题栏目,主要是针对热点教育话题开展深入的跨领域分析研究;I 部分则对德国教育的成果进行总结性研究。

　　《德国国家教育报告》以各个指标和基于客观事实的数据为基础,以问题为导向分析德国教育,旨在把握德国教育体系的绩效,及时发现教育体系中存在的问题,为教育决策提供依据，以提高德国教育质量为最终目的。此外，其编撰方法对我国编撰各类教育报告同样具有一定的借鉴意义。该报告以教育三大目标之间的关系为导向：个人调节能力、社会参与和机会均等以及人力资源；以一套标准化方案为基础，遵循一种在统计数据基础上论证德国教育体制核心发展参数的指标方案。每部教育报告均有统一的章节结构、指标体系以及图片和表格的呈现方式。

《德国国家教育报告》既有全面、完整且权威的数据，又有科学、专业且具备批判性的分析。因此，该报告是我们了解德国教育事业的核心参考信息源，是我们研究德国教育、开展比较教育学等领域的研究无法绕开的一手权威资料。《德国国家教育报告》的编译对我们了解德国教育经验和做法，促进中德教育交流，增强彼此理解都将起到最为直接的作用。

2014 年 10 月，上海外国语大学在我国教育主管部门、德国国际教育研究所等机构的支持下，成立德国教育科学政策信息研究中心。该中心的主要任务在于全方位、多角度聚焦德国教育政策，对德国教育的历史与当下的发展动态进行深入系统的研究，以期为国内教育界思考我国教育所面临的问题提供一些参考和借鉴。2017 年 2 月，上海外国语大学经教育部批准成立中德人文交流研究中心，对我国与德国的人文交流开展全方位综合研究，其中教育是中德人文交流机制下的核心领域之一。经《德国国家教育报告》撰稿人之一——汉斯-彼得·福赛尔教授联系，上海外国语大学德国教育科学政策信息研究中心与中德人文交流研究中心共同组织专业力量编译《德国国家教育报告》。

上海外语教育出版社高度重视《德国国家教育报告》系列图书的编辑出版工作。在时间紧、任务重的情况下，编辑们为本系列图书的顺利出版付出了智慧与辛劳，在此深表谢意！本系列图书主要由青年学者翻译而成，肯定存在诸多不足之处，恳请读者批评指正！

《德国国家教育报告》编译委员会

2017 年 5 月

前　言

　　《德国国家教育报告》是由一个组织联合体共同负责编写的。该编写成员包括：德国国际教育研究所（DIPF）、德国青少年研究所（DJI）、高校信息系统（HIS）、哥廷根大学社会研究所（SOFI），以及联邦及各州统计局。2004 年 10 月至 2006 年 4 月，除此教育报告外，该编写组在 DIPF 的领导下还制定了教育报告总方案和获取教育相关重要数据的策略。此报告、上述材料及扩展信息主要以表格形式呈现，可在 www.bildungsbericht.de 主页获得。

　　在保证科学独立的前提下，编写组与调控组协作编写此报告。调控组受联邦州文化部长常务会议和德国联邦教育及研究部委托与编写组共同工作。Jürgen Baumert 教授任主席的一个科学顾问组也为此项目提供支持。这两个组织与编写组的合作卓有成效。

　　多位科学家在研讨会中为编写组提供意见指导，并在具体的准备工作中提供帮助。

　　特别鸣谢 Dr. Hartmut Ditton（慕尼黑）、Dr. Hans-Peter Füssel（不来梅）、Dr. Klaus Klemm（杜伊斯堡-埃森）、Dr. Hans-Günther Roßbach（班贝格）、Dr. Horst Weishaupt（伍珀塔尔）、Prof. Dr. Ingrid Gogolin（汉堡）、Prof. Dr. Jaap Scherens（特温特）、Prof. Dr. Heike Solga（哥廷根）和 Prof. Dr. Petra Stanat（埃尔朗根-纽伦堡）等各位教授对专业问题提供专家鉴定支持。为解释一些重要问题，尤其是在指标模式发展和重点主题"移民"方面，编写组邀请国内外科学家组成了专家小组。

　　Anja Quickert（柏林）和 Susanne Sachse（柏林）负责审稿，Heike Balzer（柏林 DIPF），DIPF 公关部的 Isolde Baumbusch 和 DIPF 信息技术部的 Henning Dey 负责报告的技术工作。编写组向所有参与者表示感谢，因参与人数众多，恕不一一指名致谢。

编写组

美茵河畔法兰克福

2006 年 4 月

目　录

阅读指南

边栏显示短小中心信息

每部分的核心内容会在相应文本段落的左侧或右侧以边注形式突出显示。

文段内容可参阅相应插图和附录中相关表格理解，例如（图 A2－3，表 A2－1A）。

没有相应图解文段的表格，和对插图给出延伸信息的表格中，名称末尾加"A"代表附加表格，例如（表 A2－1A）。如果能推断出包括插图信息在内的整体数据信息，则不必查阅附录的附加表格。

不在本卷附录中，而是在教育报告主页 www.bildungsbericht.de 显示的表格，名称末尾加"web"以标明，例如（表 D2－7web）。

文段中出现 Ⓜ 表示"概念注释"，在每节末尾总结方法上和概念上的注释。只有在特殊情况下才会在文段中出现方法和数据技术注释（在 H 章则普遍适用）。

除前言所列资料外，教育报告主页 www.bildungsbericht.de 会进一步解释所用数据来源，并提供相应链接前往。

词汇表

ALLBUS
社会科学民意普查

外国人
非德国国籍者

BA
联邦劳动局

BAföG
联邦个人教育促进法（联邦教育促进法）

教育领域
指下列领域的教育业内部结构（参看图 B-1）：
- 婴幼儿时期的教育、照管及培养
- 学龄期的普通教育学校和非学历教育
- 职业培训（双元体系、学校职业体系和过渡体系）
- 高校
- 继续教育和成人教育

学程
普通教育学校体系中通常有三种学程，分别代表不同的文凭：普通中学文凭、中等文凭和普通高校入学资格（高中毕业）。

BIBB
联邦职业教育研究所

BMBF
联邦教育和研究部

BSW
继续教育报告体系

CVTS
持续性职业培训调查（欧洲范围内针对企业职业继续教育的调查）

DESI
学生德语和英语成绩国际研究

EU - 15

指欧盟东扩之前的成员国。

形式教育

指在教育和培训机构中进行的获得国家承认学历的教育。

IAB

劳动力市场与职业研究所

IEA

国际教育成就评价协会

IGLU/PIRLS

国际小学阅读研究/国际阅读素养进步研究

非正式学习

指日常生活的一种伴随现象;不同于学历教育和非学历教育,非正式学习并非必然涉及国际性的学习过程。

IPN

基尔大学莱布尼茨自然科学教育研究所

ISCED 1997

国际教育标准分类(参看表 1A)

Jg.

年级

KMK

文教部长联席会议(德国各州文教部长常务联席会议)

移民背景

有移民背景的人指其本人或父母于 1949 年以后迁入德国,不考虑其现持国籍(参看 **H2**)。

MZ

微型人口普查

非学历教育

除教育和培训机构之外所进行的普通教育和职业教育为非学历教育,不会获得公认学历

OECD

经济合作与发展组织(以下统一用缩简形式:经合组织)

OECD-Mittel

拥有相应数据的所有经合组织成员国的非加权平均值

PISA

国际学生评估项目

SGB

社会福利法典

SOEP

社会经济调查

StAG

国籍法

StEG

全日制学校发展研究

TIMSS

国际数学与科学趋势研究

地区和机构名称缩写

州

BW	巴登-符腾堡州
BY	巴伐利亚州
BE	柏林
BB	勃兰登堡州
HB	不来梅
HH	汉堡
HE	黑森州
MV	梅克伦堡-前波莫瑞州
NI	下萨克森州
NW	北莱茵-威斯特法伦州
RP	莱茵兰-普法尔茨州
SL	萨尔州
SN	萨克森州
ST	萨克森-安哈特州
SH	石勒苏益格-荷尔斯泰因州
TH	图林根州

地区

D/Dtl.	德国(全部联邦区域)
O	新联邦州/德国东部(OFL、BE)
W	旧联邦州/德国西部(WFL、HB、HH)
ÖFL	新联邦州/德国东部非市州(BB、MV、SN、ST、TH)
WFL	旧联邦州/德国西部非市州(BW、BY、HE、NI、NW、RP、SL、SH)
STA	市州(BE、HB、HH)

国家

AUS	澳大利亚
AUT	奥地利
BEL	比利时
BUL	保加利亚
CAN	加拿大
CAN(O)	加拿大(安大略省)
CAN(Q)	加拿大(魁北克省)
CHE	瑞士
CZE	捷克
DEU	德国
DNK	丹麦
ENG	英格兰
EST	爱沙尼亚
ESP	西班牙
FIN	芬兰
FRA	法国
GRC	希腊
HUN	匈牙利
IRL	爱尔兰
ISL	冰岛
ISR	以色列
ITA	意大利
JPN	日本
KOR	韩国
LAT	拉脱维亚
LTU	立陶宛
LUX	卢森堡
MEX	墨西哥
NLD	荷兰
NOR	挪威
NZL	新西兰
POL	波兰
PRT	葡萄牙
ROU	罗马尼亚
SCO	苏格兰
SVK	斯洛伐克

SVN	斯洛文尼亚
SWE	瑞典
TUR	土耳其
UKM	英国
USA	美国

普通教育学校

AHS	普通中学夜校
ARS	实科中学夜校
AGY	文理中学夜校
FWS	私立华德福学校
GR	小学
GY	文理中学
HS	普通中学
IGS	一体化综合中学
KGS	合作式综合中学
KO	补习学校
OS	不受学校类型限制的定向阶段
RS	实科中学
SMBG	提供多种教育的学校类型
SO	特殊学校

民主德国教育体系的普通教育学校

EOS	扩展高中

POS	综合性科技高中

职业教育学校

BAS	职业提高学校
BFS	职业专科学校
BOS/TOS	职业高中/技术高中
DS	双元教育体系中的职业学校
FA	专科学院
FGY	专科/职业文理中学
FOS	专科高中
FS	专科学校
SdG	卫生学校

除上述职业类学校类型外，还有以下一些职业教育措施，不能达到职业文凭但能提供职业预备和基础教育：

BGJ	职业基础教育年
BVJ	职业预备年

高等学校

U	大学（包括综合性高校、艺术类高校、师范类高校、神学院）
FH	应用技术大学
KH	艺术大学

导　论

教育体系属于社会核心机构,无论个人发展还是国家经济竞争力和社会凝聚力,从根本上都仰仗教育水平,因而国家和国际公众都对其给予高度重视。在教育政策讨论中,关于教育业的一些社会发展基本问题一再出现:教育机构以何种方式引导孩子在一个自由团结的社会自主生活,并拓展其人生前景? 它是否为不同社会和种族背景下的儿童、青少年和成年人提供平等机会、避免其遭受歧视? 它对国家的社会福利、创新力和竞争力有何促进? 在提高个人技能和素质的同时,教育机构是否也增进社会和政治凝聚力?

首先,由国家和各州共同委托出具的这份《德国国家教育报告》应为上述问题提供事实基础,并帮助教育业建设方面人士从系统视角给出答案。因此,本报告得到教育政策、教育管理、教育实践、科研及公众等不同群体的支持,以求在教育业的状况和能力、人生各阶段教育过程、教育与生活的关系,以及德国教育业发展情况之国际比较等方面提供信息。尤其重要的是,本报告将对可动用的以及可能新增的数据进行系统化分类、分析,并主要在其社会影响和收益方面进行解读。

相较于受国家委托具有全面的现状和发展分析的其他社会领域(例如经济整体发展年度鉴定和专家建议、家庭报告、儿童及青少年报告,最近还有"德国生活情况"报告),至今仍缺少关于教育业整体的报告。无论通过国际报告体系还是各领域的分别报告(如职业教育报告)都无法弥补这一空缺。[1]

本报告的基础理念在于,教育的目标体现在"个人调节能力""人力资源"以及"社会参与和机会均等"三个层面:

- **个人调节能力**是指个体自主规划和塑造其行为、与周边的关系、自己的人生和在社会生活的能力。这一全面、普遍的教育业目标层面,从整体来看是在知识社会条件下特别是包括学习能力在内的从最初开始的拓展和随年龄增长的不断习得。因此,本报告有意研究其他语言中并不存在的教育概念,这一概念包括可用技能的掌握,除此之外还与自我发挥、习得和负责参与文化塑造息息相关。

- 教育业对**人力资源**的贡献,从经济角度看,在于劳动力总量在数量和质量上的保障和继续发展,从个人角度看,在于传授各种能力,这些能力使人们得到与其爱好和能力相符的职业成为可能。

---

[1]　有名的国际报告如经合组织以该组织教育指标持续发展情况进行国际间教育体系比较。该组织每年会出版《教育概览》和《教育政策分析》(最新一期为 2005 年版)。即将出版的《各州教育概览》(德国各州教育概览)也无法给出德国教育业的总览情况。

- 教育机构通过促进**社会参与和机会均等**使所有人得以融入社会和掌握文化。因此,它们抵制基于社会背景、性别、国籍或种族的系统性歧视。教育以这种方式增进社会凝聚力和民主参与。

首份《德国国家教育报告》按照规划具有三大主要特点:

- 从"终生教育"主旨出发,其内涵包括个体从婴幼儿时期教育、幼托机构的照管和培养,经过普通学校教育、职业教育和高等教育直至成人继续教育的整个过程。还包括非学历教育和非正式教育等教育方式。因此,本报告首次囊括德国所有教育领域和学习领域的系统性教育总览。

- 开启了一系列持续性报告,该系列报告应以官方统计和联邦范围内具有代表性的补充研究和调查数据为基础,定期提供所有教育领域和阶段的重要调控信息。之后将每两年发布一份关于德国教育业发展情况的报告。力求每份报告所呈现的核心指标不尽相同,以保证报告的稳定性并以此进行各时间段的对比。这种可调整性使教育报告发展具有原本的提供信息能力。此外,未来的报告还应包含不同主题的其他考察指标。

- 本报告以数据为依托进行德国教育分析,放弃了评估和推荐。其特殊性在于,它基于考察指标进行问题导向的叙述。考察指标如国际经验所指,是掌握教育业现状和发展最合适的方式。这些指标具有数据保障,表明特定方面的水平。本报告所依托的指标体系需满足三个标准:必须包含关于教育业一个重要部分的实用信息,立足可调整的数据资源,允许进行联邦范围内、有可能的话甚至国际和特定国家间的比较。然而,对数据资料的质量和说服力的要求目前限制了对教育发展的实时问题进行持续研究。与所有教育报告相同,本报告也集中于一个考察指标;对其他指标的表述见于后续报告。

若想通过基于考察指标的德国国家教育报告增加对教育业能力的了解,同时力求填补不断发现的空白,则需要在未来几年多加努力。尤为必要的是改善数据基础,使全面可信的教育报告所需的认知和理解得以利用。例如,必须使个人发展数据得以支配,并且更有针对性地追踪各教育领域间的过渡;掌握教育生涯多个阶段所习得的能力;各指标必须按照社会经济背景、移民情况、国家和地区进行标示。目前联邦和各州对此均采取不同的解决方式。

本报告以国家报告为中心。因此并未全盘采用国际教育报告(如经合组织报告)或其他国家(如丹麦、法国、美国或加拿大)的教育报告的基础结构和指标选择,而是在可能的情况下尝试结合国际教育报告和国际发展。这样作者可以基于国际和国家教育报告的不同形式所得来的经验撰写报告。

从上述报告中主要沿用了两条撰写原则:

首先,《德国国家教育报告》在描述考察指标时以国际常用的背景/输入-过程-输出模式。每章所选的指标需要说明这三方面中至少一个方面。

其次,撰写报告时,各考察指标尽可能远地考虑到随后进行的比较角度:国家、地区、国际比较和时间顺序;涉及参与者的指标还要考虑社会经济背景、性别、移民。按照数据的可用性,能够对事实情况提供最重要相关调控信息的比较角度则成为重点。须按照时间顺序描述过去 10 年或 20 年的发展情况,以此说明德国教育的稳定性与变化。按照国家进行固有的比较尽管有意义,但并不表明考虑到所有国家特有的情况。官方统计数据中关于社会经济背景和移民背景的报告目前仅有部分可用,这降低了考察指标的分析深度。因此,编写组在指标的选取和计算时,尤为注意补充数据来源(如调查数据)中能够说明社会经济背景和移民背景情况的数据。

本报告为主题重点"移民"单列一章,其内容不仅以指标为支撑,而且以数据为基础。2005 年微型人口普查在国际之外还考虑了移民背景因素,从根本上改善了统计的进行和情况的说明。尽管如此,确证的数据基础利用才刚刚开始。同时,现存的数据基础也为移民结构和移民者在教育过程中的参与问题带来了新的认识。

除国际经验以外,《德国国家教育报告》的准备工作也相当重要。[①]

报告开篇 A 章介绍了教育的不同社会和经济框架条件背景,描述了社会和经济的基本变化趋势("大趋势"):人口变化、经济发展和公共财政状况、国际化和全球化对工作和教育的影响,以及社会结构、就业领域、家庭形式和其他生活方式的变化。

B 至 G 章为报告的核心部分。对教育领域具有决定性意义的一章给出了关于居民教育水平、教育参与者和教育支出的基本信息(B 章),随后各有侧重地讨论了不同教育领域的考察指标(C 至 G 章)。每章均以对教育政策意义的论述引入,随后分析各指标结果并以图片说明。每章最后的"前景"阐明现有的、尚不能在指标考察中表述的发展情况。C 至 G 章分别讨论下列领域:

- 婴幼儿时期的教育、照管及培养(C 章)
- 学龄期的普通教育学校和非形式教育(D 章)
- 职业教育(E 章)
- 高等教育(F 章)
- 成人继续教育和学习(G 章)

报告主体部分末尾,H 章在数据和研究结果的基础上讨论重点话题"移民"。I 章在基于数据的分析上描述从教育到教育领域的影响和成果。主要涉及职业和非职业教育成果、教育与生活方式的关系,以及教育的去边界化和累积。正是在这一章中,教育报告完成其整合和总结任务。

报告以"总结"结束。

[①]　参看 *Avenarius, H. u.a.* (2003)*: Bildungsbericht für Deutschland – Erste Befunde. Opladen (KMK-Bericht; Fokus: allgemein bildendes Schulwesen); Baethge, M.; Buss, K.-P.; Lanfer, C.* (2003)*: Konzeptionelle Grundlagen für einen Nationalen Bildungsbericht – Berufliche Bildung und Weiterbildung/Lebenslanges Lernen. Berlin (BMBF); Rauschenbach, T. u.a.* (2003)*: Konzeptionelle Grundlagen für einen Nationalen Bildungsbericht – Non-formale und informelle Bildung im Kindes- und Jugendalter. Berlin (BMBF).*

A 框架条件改变后的教育情况

教育业的发展处于社会和经济发展过程中。社会和经济发展对教育业具有多重影响且确定了必须进行"处理"的框架条件。本章对教育政策必须适应的决定性趋势进行概述：人口发展、经济发展和公共财政状况、国际化和全球化趋势、向服务型和知识型社会的结构转变以及改变后的家庭形式和其他生活方式。

以人口转变为标志的收缩型、老龄化社会趋势要求教育业具有极高的适应能力。这一方面指预见对各个教育领域产生影响的"教育人口"缩减，以及为保障国家基础结构需求而发展结构和组织方面的适应策略。另一方面是指在新入职人员数量缩减的情况下，通过更好地充分利用"人才储备"和对老就业者进行技能培训，保证经济革新能力。

教育体系资源是否能转变为资金，主要取决于一般经济框架条件和公共财政状况。德国长期以来一直面临增长缓慢的问题。随之而来的公共财政负担（即因贷款增加而导致的资金支出增多和高失业率导致的高额社会福利支出）尽管至今尚未给教育领域带来压力，然而未来这种情况可能会因为不可避免的资金合并而发生改变。当前国际化和全球化的推动也给教育业带来新的挑战。它们已经促使德国经济的市场开放程度继续加大、新创价值链的国际分配和组织进一步加强。由此产生的劳动合作全球化和劳动力市场去边界化，需要教育业组织上和内容上很大程度的适应：教学大纲和毕业要求参照国际标准，传授的技能更加具有多样性（例如语言知识、跨文化交际能力）。

教育体系所期待的向服务型和知识型社会的结构转变就有深远的影响。新的职业和技能模式（交际能力、分析类知识、语言和表达能力、解决问题能力、媒体能力）越来越重要，将对教育机构的培养任务产生长久的影响。

最后教育业还需要对已发生变化的儿童和青少年成长条件进行结构和组织上的适应。传统的机构安排将教育和培养任务分配到学校和家庭，由于家庭形式和其他生活方式的多样化以及母亲就业能力的提升，这种机构安排正在失去其功能性，且越来越被其他安排形式（例如学前和学校全日制教育）所替代。

A1 人口发展

1997 年以来，德国老年人多于年轻人

德国是世界上社会老龄化最迅速的国家之一。已持续近 30 年的低生育率和明显延长的预估寿命导致 1997 年底发生的历史性事件，即自德意志联邦共和国建立以来首次出现

60 岁及以上居民多于 20 岁以下居民的情况。如果出生率仍保持在目前的低水平状态，至 2030 年的新生人口比例将降至 17%，而年长代人口涨至 34% 左右，那么未来德国 20 岁以下人口将仅占 60 岁及以上人口的一半。这一趋势在所有欧洲国家都将呈现，并影响到所有社会领域，只不过出现程度和发展速度不同。这一人口发展在教育业的不同领域有着不同体现：目前小学生人数已经下降，而高校则在未来几年需要应对大学生人数增长的情况。

德国西部人口发展

因出生人口减少，教育体系中各阶段所培养的孩子越来越少，且到 2020 年德国东西部将出现显著差异。

若出生率保持现有水平，2013 年德国西部幼儿园年龄儿童人数将比 2004 年减少 10%，之后可能略有回升(图 A1 - 1，表 A1 - 1web)。至 2020 年，小学生人数可能减少 10% 左右，10 - 20 岁人口的降幅甚至达到 16%。由于 1980 年代后半期出生人口增多，至 2015 年 20 至 30 岁的人数，也是可能的大学生人数，可能暂时增加 10%，但随后又会减少。除纯粹受人口影响外，未来几年高校主要还将受到许多州改为八年制文理中学教育的影响。

西部：学前和学龄期人数减少

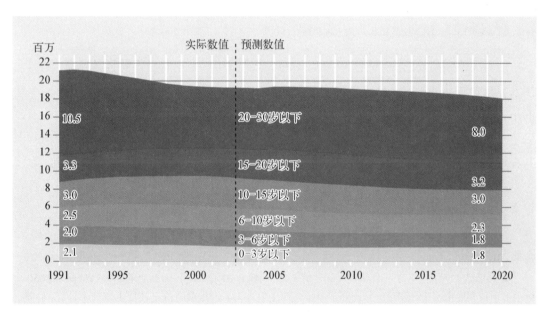

图 A1 - 1：1991 - 2020 年德国西部 30 岁以下人口数量发展(按年龄段，单位：百万)

来源：联邦统计局，人口补充统计和第 10 次人口预测[M]

德国东部人口发展

东部可能会出现戏剧性的发展，因为出生人数在两德统一后最初几年几乎少了一半。这一变化已经在学前和学龄期儿童教育机构中有所体现(图 A1 - 2，表 A1 - 2web)。相较目前的较低水平，未来几年东部小学生人数会再次略有上升。10 岁至 15 岁以下的人口数在 2006 年可能达到最低点。至 2020 年可能再次升到 2004 年水平。15 岁至 20 岁以

东部：出生人数减半后的戏剧性缩减

下人口数至 2010 年估计是 2004 年人数的一半——对中等教育第二阶段学生人数会产生相应影响。

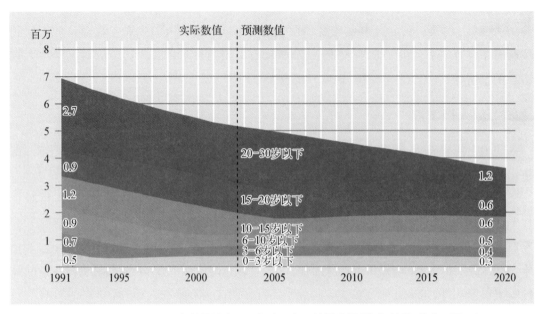

图 A1 – 2：1991 – 2020 年德国东部 30 岁以下人口数量发展（按年龄段，单位：百万）

来源：联邦统计局，人口补充统计和第 10 次人口预测[Ⓜ]

主要关系到高校的 20 岁至 30 岁以下的人数至 2010 年左右将保持同等水平，随后出生人数减少对其的影响就会体现出来。至 2020 年该年龄段人口数量同样只会是 2004 年的一半。

各地区发展情况不同。教育基础设施承办方若想保证学生可以获得靠近住处的，尤其在同一州内的教育机构，这一发展将给其带来巨大挑战。此外，由于社会老龄化，为终生学习所提供的机构预防措施将更为重要，以便人们通过这种方式更好地充分利用教育资源。

Ⓜ**概念注释**

第 10 次人口预测：基于所有州统一确定的基础，根据 2001 年 12 月 31 日之前的人口情况对 2050 年以前的人口发展情况进行预测。德国西部以每名女性生育 1.4 名儿童的恒定较低生育频率计算，东部自 2010 年起与西部水平相适应。外国人口迁移差额方面，以每年 20 万人的长期迁入顺差进行计算。

A2 经济发展

一国的经济情况与教育领域有着复杂的相关性。一方面，教育领域的重要框架条件由经济情况决定，因为后者涉及前者的资金问题以及教育参与者的（预期和实际）培训成果和行为。另一方面，教育业本身就处于"增长驱动力"的关键位置（参看 I3）。本节将介绍关于教育业经济环境的基本信息。

经济增长情况

国内生产总值增长率降低

最近几十年德国经济增长情况持续减弱。国内生产总值(BIP)的平均年增长率 1971－1980 年为 2.8%,1981－1991 年为 2.6%,而 1992－2001 年仅为 1.7%。2002 年、2003 年增长停滞后,2004 年稍有恢复。因此德国经济增长量自 1991 年起低于欧盟和美国(图 A2－1,表 A2－3web)。

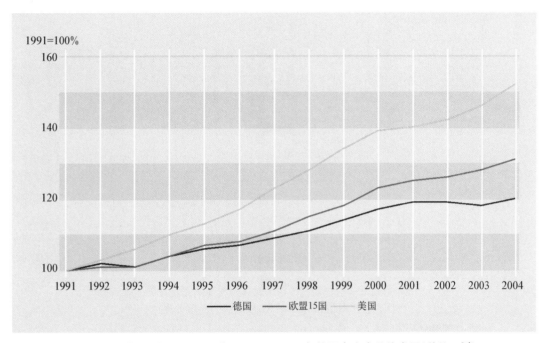

图 A2－1：德国、欧盟 15 国和美国 1991－2004 年的国内生产总值发展(单位：%)[*]

＊ 基于 2000 年物价和购买力平价计算得出

来源：经合组织在线数据库,自己计算得出

人均 BIP 和参与者的人均教育支出息息相关

德国经济增长减缓对教育领域的影响不言而喻,假设 2003 年 BIP 提高 1%,公共教育支出在 BIP 的所占比仍为 4.7%,那么可用资金会多出近 10 亿欧元。经济增长缓慢对教育业的间接影响一方面在于,因高失业率和接受更多贷款(这些贷款会对支出能力产生限制)而导致社会福利费用产生财政负担(参看 A3)。另一方面,不利的就业市场情况导致居民在教育业中停留时间延长,进而导致教育成本增加(特别参看 E1、F4)。

但是,BIP 高增长率并非必然带来教育支出的相应增加。1980－1990 年的 BIP 按票面价值增长近三分之二,联邦、各州和乡镇的教育支出在 BIP 的所占比却下降了五分之一。20 世纪 90 年代,教育支出在 BIP 的所占比因两德统一略有上升。现在又几乎达到了 1990 年水平,尽管 BIP 平均发展水平远低于上个 10 年。

人均国内生产总值

另一个关系到教育业的环境因素是作为一国经济能力指标的人均 BIP 常数。在经合组织比较中,德国以人均 26654 美元(以购买力平价计算)居于中游。人均 BIP 和初、中、高等教育阶段参与者的相关教育支出紧密相关(尤其人均 BIP 为 2.5 万美元及以上时):人均 BIP 较高的国家趋向于为每位教育参与者支出更多。图 A2 - 2(表 A2 - 4web)中直线以上的国家为教育参与者支出比根据人均 BIP 所预期的情况更多,而直线以下的国家则更少。

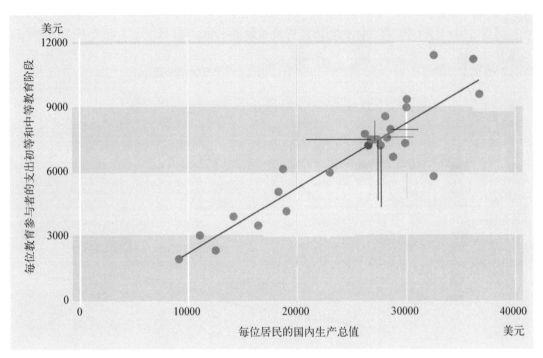

图 A2 - 2:2002 年经合组织国家每个教育参与者的支出与每位居民的
国内生产总值(单位:美元,以购买力平价计算)

来源:经合组织,2005 年教育概览,表 B1.1 和 X2.1,自行描述

**德国国内对比:
人均 BIP 的东西
部差距**

德国国内的经济能力对比差别显著,尤其是始终存在的东西部差距。2004 年,西部非市州的人均 BIP 为 2.8 万欧元,比东部非市州的数值高出 50% 以上(表 A2 - 1A)。然而,由于财政平衡和团结协议,这种差距并未出现在双方教育系统的资源配置中(参看 A3、B3),这主要体现在东部相应较高的 BIP 占比:2003 年东部非市州各州和乡镇教育支出所占比平均为 5.2%,而西部非市州则为 3.5%(表 A2 - 2A)。

A3 公共财政状况

要对教育政策的财政可操作余地进行实际评估,公共财政情况的基本信息是一个绝对必要的前提条件。以下所呈现的数据涉及该领域整体的财力和财政负担情况。其中尤为引人注意的是对教育业公共投资意义重大的各州的财政情况(参看 B1)。

收入情况:人均税收

各州财力悬殊

1992 年,联邦、各州和乡镇的人均税收为 4444 欧元,2004 年(5148 欧元)按票面价值增长16%,按实际价值(以1995年为基准价格)减少将近12%。各州财力悬殊,在经济能力方面也明显如此(参看A2)。2004年,汉堡作为经济最强市,其人均税收超过4000欧元,而新联邦州各州仅为其一半左右。

在观察各州基本资金配置差异时,需要考虑各州财政平衡和联邦补充分配的均衡系统。这一系统旨在让各州在完成任务时与所要求的平均值相适应(表A3-1A)。修正收入分配也使财力差异仅仅体现在公共教育支出方面(参看B1)。 财政平衡修正基本财政分配

支出情况：财政结构、债务还本付息和支付供给造成的负担

个别职责领域的公共总财政情况显示,社会保障在支出占比(图A3-1,表A3-4web)中遥遥领先——占55%,是中小学、高校和包括儿童幼托机构在内的其他教育机构所占比例的6倍。 社会保障所占支出比远超教育

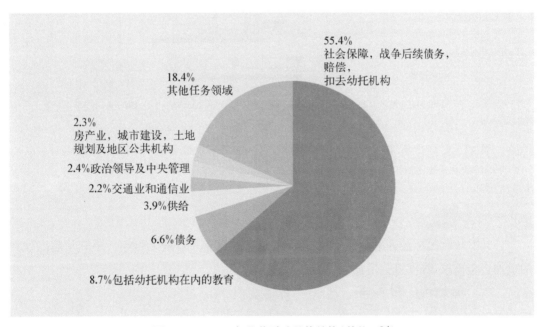

图A3-1：2003年公共财政总体结构(单位：%)

来源：联邦统计局

过去几十年里,公共财政资金不足的问题日益尖锐(表A3-2A)。2003年各州和乡镇的缴税和供给比1992年多了将近50%。这些支出给各州和乡镇财政造成了不同程度的负担。2003年萨尔州和不来梅的这些支出大约是总资金的20%,但在萨克森州仅占5%(图A3-2,表A3-3A)。 缴税和供给负担激增

目前看来,这一变化并未对教育领域造成负担,其在各州和乡镇财政中所占比例在1992年至2004年间反而有所上升。西部非市州由21%上升至26%,东部非市州由19%增至23%,市州则由17%增至23%(表A2-1A)。 各州财政中教育支出增加

长期以来,除债务还本付息以外,支付退休金带来的日益增长的负担也越来越多地限制各州的财政操作余地。根据联邦内政部的估计,各州退休金支出从2003年至2030年将

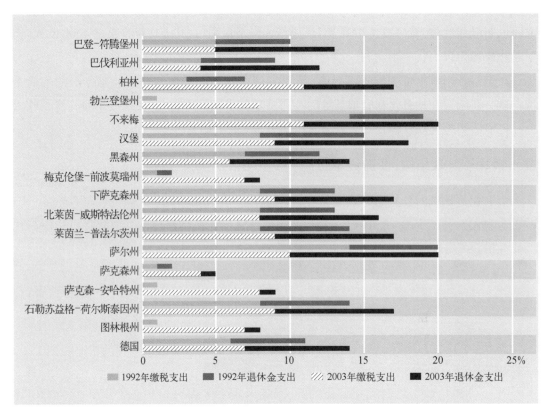

图 A3–2：1992 年、2003 年各州和乡镇财政总体中缴税和供给支出所占比例*（单位：%）

* 公共领域及其他领域的缴税支出；供给支出包括供给接受者的补助金；财政总体（已偿清的支出）
来源：联邦统计局，年度结算统计

增长 70%。[1]

　　公共财政状况从长远来看前景较为不利，这对教育业并非毫无影响。要满足超出预算的追加资金需求，难度将会增加。

A4 国际化和全球化趋势

德国是领头出口国　　　　很少有国民经济大国像德国这样与世界贸易紧密相关。"世界出口冠军"这一称号的背后是令人印象深刻的数字：2003 年德国以近 10% 的世界贸易出口份额位居出口国家第一名——其后是美国、日本和中国。在进口方面，德国以近 8% 在美国之后位居第二（表 A4–1A）。

　　德国经济在国际交易关系中的规模、意义和紧密度的上升将在图 A4–1 中说明。该图描述了"市场开放度"这一指标，指的是总外贸额在国民生产总值中所占比重。相较于世界市场上的竞争国家，德国这一指标一直很高——1970 年就已经达到 41%，在近 30 年又上升到超过 70%。国际紧密度持续增长。市场开放度呈上升趋势——2003 年德国超出世界平均水平近 20 个百分点，且远超法国、美国和日本（图 A4–1，表 A4–2A）。

---

[1]　参看德国联邦内政部：《联邦政府第三次养老金情况报告（2005 年）》，柏林，第 64 页。

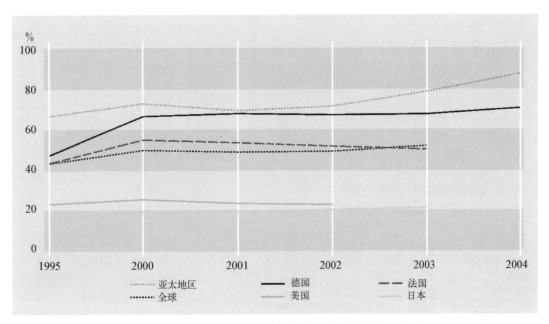

图 A4‑1：1995‑2004 年国际比较中的德国经济市场开放度*

* 货物和服务的进出口在国民生产总值中所占比例

来源：世界发展指标，2005 年 CD‑ROM 及数据库，世界银行；联邦统计局，国民经济总核算

2004 年国内生产总值中超过 38% 由出口创造，这并不意味着国内创造了所出口货物同样高的新创价值总额。出口货物中在德国境外完成的半成品所占比例并非微不足道，且最近 10 年还在上升。这一事实表明了全球化的新特点：世界范围内分工的新创价值链，这在劳动过程中并非简单地指向贸易，而是与劳动过程相关的合作。新创价值链的国际分工和组织将不再仅仅涉及企业的最高管理层或特殊部门。它越来越要求企业更多的职责领域的参与和职工团体须具有国际合作能力。这并非单单是企业自身所能保障的。中小学、高校和职业教育机构也应当清楚它们的教学大纲和培训形式如何才能符合全球化经济和劳动合作的新要求。

新创价值链的跨国分工是全球化的一个方面。其另一方面在于劳动力市场在空间上的去边界化。这一点也涉及所有职业群体——从非技术工人直至最高管理层或科研专家。

图 A4‑2（表 A4‑3A）展现了进出德国的迁移发展情况，因缺乏跨境劳动力流动的数据而以此表示。因儿童和青少年的迁入量始终相对较高，学校和职业教育机构仍然担负着重要的融入职责（参看 H）。

劳动力市场的国际化开放不仅增加了可利用的潜在劳动力，也拓宽了国内劳动力在国外的职业选择面，但同时也给他们带来更激烈的国际竞争。要有能力在去边界化的劳动力市场上立足和竞争，不仅仅需要良好的专业知识。世界开放度、语言能力、对外国文化的了解和灵活性都是必要的额外技能，无论对于跨境合作还是混合型职工的企业内合作都十分必要，同样对于本土和迁入的劳动力都提出了更高要求。

不断增强的国际化也已经影响到了教育体系和教育市场。如今，高校、继续教育机构和职业教育供应处于国际竞争之中，因互联网使这种竞争更加激烈，并扩大了竞争规模。随之而来的影响不仅关系到教育供应的数量方面，还关系到质量方面及受其影响的

全球化特点：新
创价值链的全球
分工

劳动力市场全球
化增强给所有教
育领域带来挑战

技能模式因国际
合作关系而改变

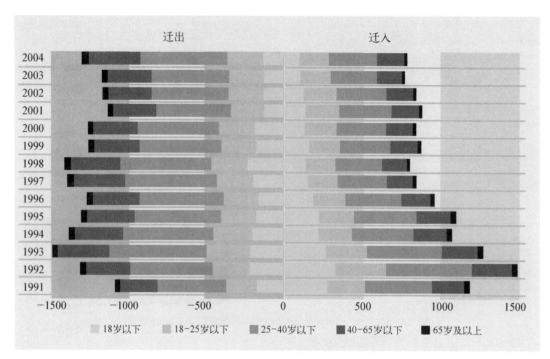

图 A4－2：1991－2004 年德国与外国间的流动情况(按年龄段,单位：千)

来源：联邦统计局,迁移统计

教育组织形式,目前引入高校领域分级学程和职业教育欧洲资格鉴定体系(EQR)正体现了这一点。

A5 向服务型和知识型社会的结构转变

德国第三产业化延缓

服务业就业量猛增

人员服务业与科学信息服务业的独特意义

如今德国被视为西方高度发达社会中的杰出工业国。同时在过去几十年,尽管晚于其他国家,也开始从工业经济向服务业经济转变(第三产业化)。目前服务业(第三产业)是国民经济中最大的产业,它不仅关系到毛附加价值(表 A5－1A),而且关系到职业结构。1970年至 2004 年服务业从业人员比例上升 28 个百分点,达到 71%(图 A5－1,表 A5－3web)。[1]

从社会结构和职业结构上来看,向服务型社会的转变从一开始就与科学信息类职业和人员服务业[M]这两大职业领域的增长相关。这两大职业领域在过去 30 年间统一作为服务业有了迅速发展,如今所有就业者中接近一半属于这一领域(图 A5－2,表 A5－2A)。

就业结构转变的背后所隐藏的是工作中的职业及技能模式乃至社会交流模式和日常生活方式的深远改变(参看 A6)。结构转变的这一附带影响是对现代社会教育体系的重要挑战。在社会结构上,向服务型经济的发展关系到女性就业的持续发展。

在手工业和工业工作中最重要的是与工具、机器和材料打交道,在服务业工作中重要的则是与人交流、与符号和科技打交道,当然,这些工作内容如今在许多工业生产领域也同

---

[1] 若将工业内含服务业算在内进行观察,该比例甚至超过 75%。

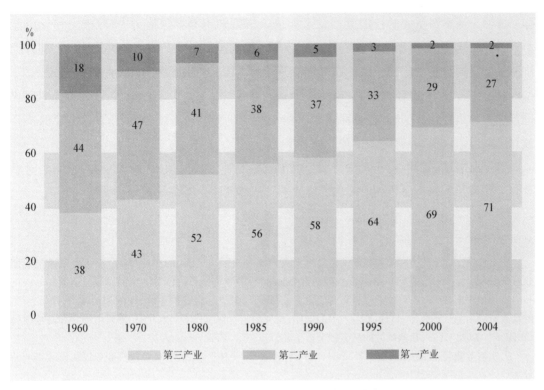

图 A5‑1：1960‑2004 年*职业发展情况（按产业）

* 1990 年以前的联邦区域

来源：1962 年、2000 年、2005 年（联邦）德国统计年鉴

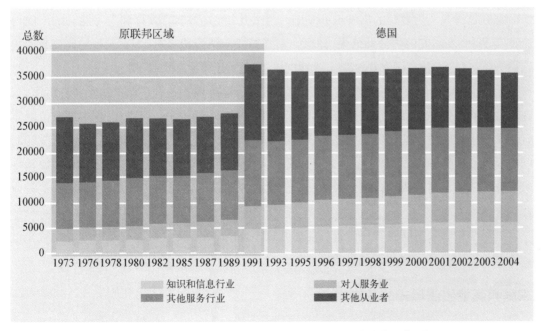

图 A5‑2：1973‑2004 年服务业从业者（按职业种类）和其他从业者（单位：千）

来源：联邦统计局，微型人口普查

样占有一席之地。服务型社会中占统治地位的工作类型所要求的技能模式——无论属于哪一领域。通常最重要的技能范围在于大量分析型知识和抽象能力、交际能力和反应能力。为扩展这些能力,所有领域的教育业必须满足认知和动力方面的先决条件。大部分经济和社会交流过程中的网络和计算机化已经对上述技能产生了新的推动和特殊影响。

工作中的分散制、自我管理、网络化

在工作方面,相对于分散制、自我管理和网络化合作,高度分工、严格分级的机构形式已经失去其重要性。同时,在受强烈变化和不确定性所影响的社会中,越来越需要保持开放、好学、自信、灵活和有合作精神。

这里所概述的技能模式无法特别分配给某一具体学校阶段或教育机构。它们是对整个教育体系及其每一所机构所提出的挑战——从幼儿园直至继续教育。

Ⓜ概念注释

职业分类:对服务类职业和科学信息类职业的定义是按照 1992 年的职业分类:服务类职业包括职业系数(BKZ)为 66 至 93 和 60、61(工程师和自然科学家)的所有人员。科学信息类职业包括所有无线电和电视传播工作者(BKZ 73),工程师和自然科学家(BKZ 60、61),企业的主管、顾问和检验员(BKZ 75),财会人员和信息处理技术员(BKZ 77),书面创作、整理和艺术类工作者(BKZ 82、83),中小学和高校教师(BKZ 87),以及未归入其他领域的从事社会科学和自然科学(BKZ 88)的人员。

人员服务业包括卫生类职业(BKZ 84‑86),精神指导、身体护理、酒店和餐饮类职业以及家政类和营养类职业(BKZ 89‑92)。

A6 改变后的家庭形式和其他生活方式

家庭对儿童的教育成果意义重大

家庭是每人一生教育的出发点和基础。过去几年,关于学前教育和学习意义的广泛讨论证实了 PISA 研究的估计和结果,即原生家庭的社会结构特征对 15 岁人员的成绩有着决定性影响。显然,教育体系至今尚未成功削弱这种由出身导致的差异。

20 世纪 60 年代德国西部尝试了一种机构设置,这种设置符合广泛的男性抚养者家庭,在这种家庭中按照性别进行工作分工,母亲承担教育和家务工作。至今仍占主导地位的半日制学校形式就是以这种传统家庭模式为前提的。因此,它所指示的不只是在不上学的时间里对儿童照管的个人调整,也是通过家庭提供对教育有重大意义的补充支持,例如辅导家庭作业等。与这种机构式教育设置相应的学校计划强调认知的传授功能,而将其他教育职责分派给家庭。

这种学校和家庭间的教育设置目前被两种不同的、同时又紧密地相互影响的现代化过程所瓦解——一是家庭和其他生活形式的多样化,二是母亲更多地融入就业体系。

家庭和其他生活形式的多样化

家庭结构稳定性降低

个人对儿童的照管和教育情况在很大程度上受单亲家庭增多、平均兄弟姐妹人数减少、父母年龄增大以及家庭结构稳定性降低的影响。这一方面很显著的标志是离婚数量增多，旧联邦州各州 1975－2004 年该数字从每 1000 名居民中每年 1.9 人上升到 2.7 人。同时增长的还有与单亲共同生活的儿童比例：在这一时期内 6 岁以下儿童中这一数量翻了一番，在 15 岁至 18 岁以下青少年中几乎涨到原数值的 3 倍。东部各州单亲家庭的儿童比例明显高于西部各州（表 A6－1A，图 A6－2web）。

相较于 20 世纪 60 年代的亲子关系，这些发展给原有状况带来了明显改变，这也涉及家庭与学校的关系，在许多情况下限制了儿童在完成学校要求时获得帮助的可能性，同时要求学校敏锐地感受到发生变化的家庭关系。

母亲更多地融入就业体系

除此之外，家庭与学校的相互配合关系也因德国西部学龄儿童母亲就业率增高而变得复杂。有 6－14 岁孩子的就业女性比例从 1972 年的 44% 上升到 2000 年的 68%。德国东部幼儿母亲就业的比例明显更高（图 A6－1，表 A6－3web），那里的母亲就业向来更为广泛，而幼托机构提供大量职位，更加强了这一点。

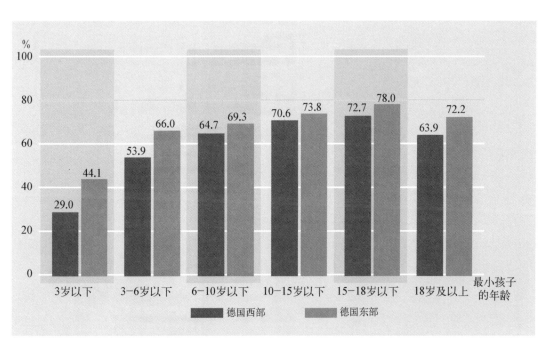

图 A6－1：2004 年积极就业的母亲(15－64 岁)比例(按照最小孩子的年龄，单位：%)
来源：联邦统计局，2004 年微型人口普查，自己计算得出

在德国较为典型的是，母亲就业率的增长仅体现在非全时工作中。1991－2003 年全德国母亲全时就业率有所下降（表 A6－2A）。尤为突出的是德国东部，其全时就业母亲比例始终明显高于西部各州的比例。

工时预算研究表明，在职母亲用于照管孩子的时间在 1991/92 年度至 2001/02 年度间没有减少：带 6 岁至 18 岁以下孩子的在职母亲每天照管孩子的时间仅比未就业母亲少 23 分钟。

尽管工作量有所下降，但在职母亲仍面临协调性的问题。学校、社会环境和工作中的

母亲非全时就业的影响增大

要求与家庭相冲突时，会导致压力和负担，这也会影响与孩子之间的关系。不断增长的工作灵活性要求幼儿园和学校的开放时间更长、更可靠也更灵活。

尽管结构发生转变，家庭出身对教育成果仍然重要

20世纪60年代以来不断证实，家庭的社会、文化和经济资源与孩子的教育成果之间存在着紧密关系，这一关系一直沿袭而无改变。当半日制学校和家庭生活间配合度降低时，教育水平较高的家庭能更好地通过家庭资源和利用校外教育资源抵消其影响。按照机会平等的观点，对学校和校外资源要提出特殊要求。

B 德国教育基本信息

一份以终生教育为参考点的报告不能仅仅局限于描述传统的教育领域——从婴幼儿时期教育直到继续教育。它所观察的不仅有跨领域的方面和问题，还有超出机构教育之外的教育过程（图 B-1）。然而非学历教育和非正式教育因缺少数据基础暂时只能进行初步的观察。

本章所介绍的基本信息涉及对教育业整体至关重要的事实情况。其中具有特殊意义的是社会的财政支出（教育支出）、教育资源的需求（教育参与情况）以及所达到的文凭和资质（公民教育水平）。

一份关于德国教育的报告必须考虑到本国教育业的特点，例如初段领域和中小学教育的职能分离，中等教育第一阶段在结构上的多部门化，双元职业教育和扩展、多层次的过度体系，以职业为指向的就业市场或职业教育和高等教育之间紧密的渗透性。这些特点以特殊的方式影响着教育支出、教育参与情况和教育水平，通过国际对比、州际对比及各教育领域和教育机构间的对比而得以体现。

教育支出板块展示了教育业的财政配置及社会为教育所配备的资源。通过这一板块读者可了解教育政策的优先权，并可以在资源紧缺日益加剧时期对以往的支出政策进行重新考量。通过按照出资方进行的划分，可以看出公共财政（联邦、各州、乡镇）、私营企业、非盈利机构和私人财政对教育经费所作的贡献。

教育参与板块给出了不同年龄段的教育供应利用情况。教育参与的发展是影响未来职业技能和毕业生供应情况的关键因素。高水平教育的参与有利于保证必需的劳动力，并充分利用人才储备——鉴于长期减少的就业人口，这一方面变得日益重要。

公民教育水平是一个涉及制度的基本板块——提供关于毕业和技能结构的信息。20世纪 50 年代以来的几次教育扩张高潮导致各年代公民教育水平悬殊。在这一板块中，表明了社会在利用那些人力资源。

这三大板块的综述中都介绍了国际对比下德国教育环境的水平，也考虑到了德国的国际竞争能力。

B1 教育支出

教育支出[M]属于教育业发展的基本参数。因此，在教育政策讨论中一个核心关注点就

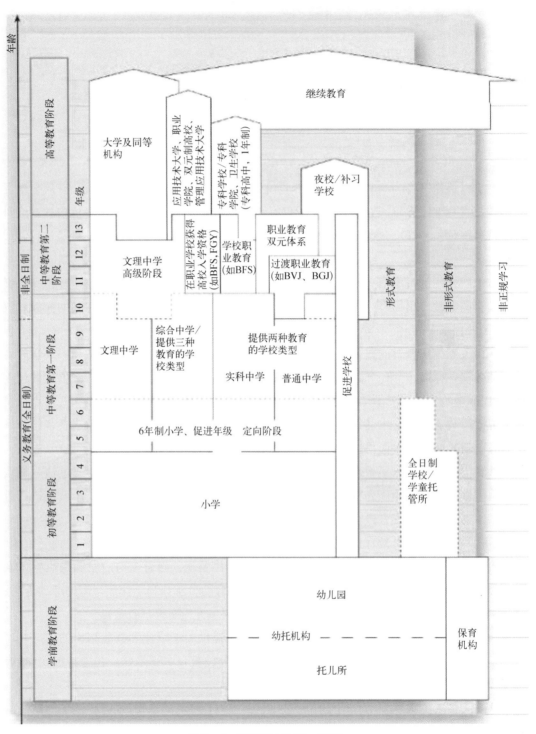

图 B - 1：德国教育体系一览表

在于教育业和经费结构的资金配置。所涉及的具体问题诸如：BIP[Ⓜ]中有多少比例分到教育，将其放入国际对比中又如何？教育预算中有多少比例用于各教育领域？教育机构的使用和用于每人的支出如何分配？哪些经费负担由联邦、各州、乡镇承担，或由企业、教育机构的公益承办方和教育参与者自己承担？

不同教育领域的教育支出

教育支出占 BIP 比例下降，但每位教育参与者份额实际上升

社会的教育支出会在联邦统计局每年制作的教育预算[Ⓜ]（表 B1－1A）中列出。2003 年有 1352 亿欧元用于教育支出，比 1995 年多出近 150 亿欧元。这在 BIP 中占了 6.2% 的比例。然而教育支出的增长水平低于经济发展水平。因为联邦劳动局用于转学和其他教育措施的资金在 2004 年已明显减少，2004 年教育预算按照临时计算减少到 1340 亿欧元（BIP 比例为 6.0%）。考虑到物价和人口的发展情况，2003 年每位教育参与者的教育机构占用的资金其实多于 1995 年。若将教育总支出按照领域进行划分，会发现中小学教育占绝对领先地位（图 B1－1，表 B1－1A）。

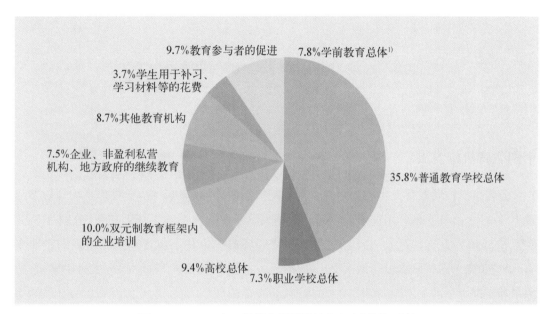

图 B1－1：2003 年不同教育领域的教育支出（单位：%）

1）幼儿园，学前班，学校幼儿园
来源：联邦统计局，教育预算

不同出资部门的教育支出

德国中小学和高等教育一直以来都有公共出资的免费教育供应，而在学前教育、职业教育和继续教育领域，私人财政、非盈利机构和企业则向来占有更多的出资比例。

教育经费：四分之三公共资金，四分之一私人资金

2003 年，全部教育支出中大约四分之三由联邦、各州和乡镇拨付，另四分之一由私人财政、非盈利机构和企业承担（图 B1－2，表 B1－1A）[Ⓜ]。值得注意的是，企业的教育支出作为开支计入盈亏清算中，因而很大一部分通过减税获得再融资。若考虑到这一税费影响，则企业的实际比例略有减少。

经费结构在近几年有所变化。去年免收上小学前的幼儿园费用、高校领域引入学费、限制中小学生免费使用学习用品、缩减业余大学补助费、减少失业者改行培训预算以及对企业培训的公共资助，这些都是经费结构转变的体现。

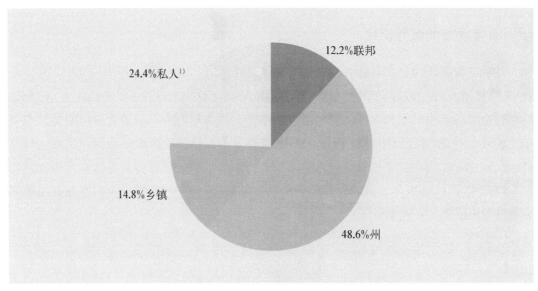

图 B1–2：2003 年不同资助领域的教育支出(单位：%)

1) 私人财政，企业，非盈利私营机构

来源：联邦统计局，教育预算

个别教育机构支出

一年双元制培训
约是一年高等教
育费用的两倍

　　各教育机构间教育支出差异明显。双元制体系最高Ⓜ。2003 年，全联邦平均每位参与者 10800 欧元，几乎是应用技术大学和非人类医学专业的大学学生培训花费(分别为 5400 欧元和 5500 欧元)的两倍。在此需要注意，培训者的酬劳并不包含双元制培训的企业支出，高校中未考虑科研支出。每人支出费用最少的是小学生(3900 欧元)。实科中学、普通中学和文理中学的支出较高(图 B1–3)。学前教育领域中，每位幼儿园儿童的支出Ⓜ约为 4500 欧元。这比公立小学每位学生的支出略高。这首先可归因于师生比例不同，以及幼儿园比小学的全日制名额比例更高。

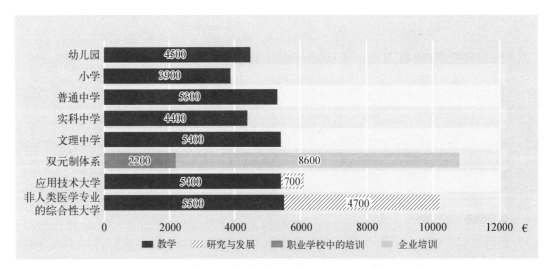

图 B1–3：2003 年部分教育机构每位教育参与者的支出(单位：欧元)

来源：联邦统计局

中小学生支出的州际比较

　　除汉堡外,不同联邦州之间全部[Ⓜ]公立学校每位学生的支出差异细微(图 B1－4,表 B1－3web)。然而按照学校类型比较时则明显不同(表 B1－4web)。现有差异归因于学校结构和教师薪酬结构、教师的义务课时数、班级大小、全日制学校供应和学习用品免费使用的程度、学校硬件设施均不相同。还需注意,特别是农村人口的发展有时候带来小班级的出现,这主要在东部非市州导致每位学生的支出增多。2003 年,公共财政平均为公立学校每位学生支出 4600 欧元(表 B1－3web)。所有州的人员支出都占绝对最高比例(联邦平均值约 82%)。

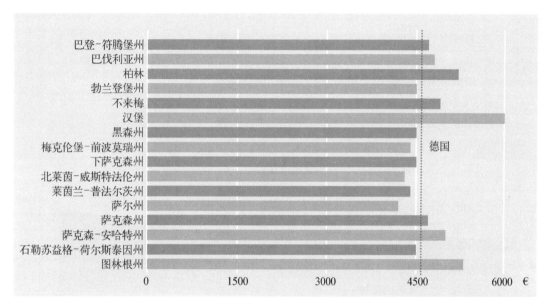

图 B1－4:2003 年公立学校每个学生的支出(单位:欧元)

来源:联邦统计局

　　在高校领域,每位大学生支出的州际差异更为明显(表 B1－2A)。这方面的支出额度尤其受高校数量、高校结构和专业结构、师生比例以及科研强度的影响。由于医学支出尤为昂贵,大范围供应此专业培训的各州支出相对较高。

　　2003 年,综合性大学、艺术类高校和应用技术大学平均为每位学生的教学花费 6300 欧元,其中未计入医学设备 5600 欧元。各州每位大学生[Ⓜ]的支出情况中,最低为黑森州和北莱茵-威斯特法伦州(4600 欧元),最高为梅克伦堡-前波莫瑞州(7300 欧元)。

财政配备的国际比较

　　2002 年经合组织学前教育至高等教育领域的数据可用于作国际比较。与经济成果相比,德国 2002 年用于教育机构的支出占 BIP 的比例为 5.3%,少于其他经合组织国家(经合组织平均值为 5.7%)(表 B1－5web)。相反,若观察每位教育参与者的支出,德国在国际范围内略高于所有经合组织国家的平均值(图 B1－5)。

　　在此需要注意,各教育领域的支出在国际范围内差异显著。人员支出在所有国家都是

德国教育支出接
近经合组织平均值

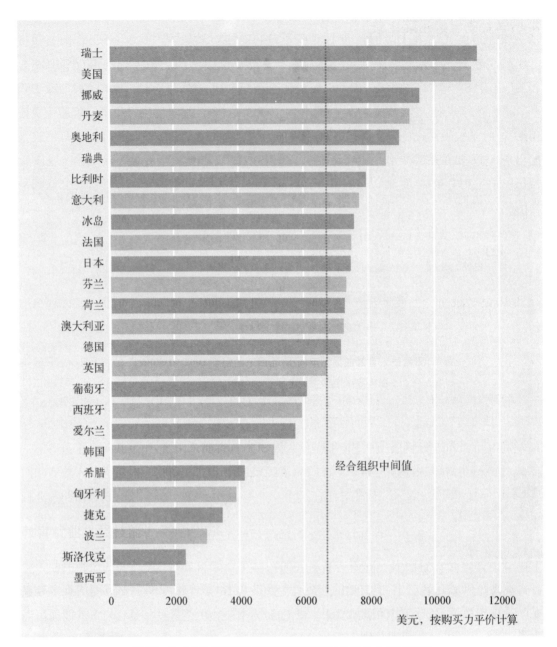

图 B1 - 5：2002 年初等至高等教育领域每位学生为教育机构
花费的年支出（单位：美元，以购买力平价计算）

来源：经合组织，2005 年教育概览，表 B1.1

最大的支出项目。该比例在德国尤其高，2002 年按照国际界定，用于学校领域人员的支出
占总支出的 85％（经合组织国家平均值 81％），高等教育领域为 72％（经合组织国家平均值
66％）。该高份额主要源于在经合组织比较中较高的教育人员工资。

Ⓜ概念注释

教育支出：按照国民经济总核算的概念，教育支出包括人员经费（含津贴和社会保险金）、耗材开支、
投资经费和公务员身份的教育领域工作者的养老社保金。不包括折旧费用、筹资支出、进修补贴、企业继

续教育中学员的流失费用以及退休教育员工的供给费用。教育提升指的是联邦教育促进法奖学金、转业培训和提升学生的相关费用支出。

教育支出在国内生产总值(BIP)所占比：该计算针对经合组织界定和教育预算内的教育支出。经合组织界定所涵盖内容，有的部分更广(如包括高校研究支出)，有的部分比教育预算的支出计划更少，后者还包括企业继续教育和业余大学的支出。国家和国际界定的对比详见 2003/2004 年度 BLK 教育财政报告。

教育预算：教育预算总括了德国全部的教育支出，涵盖教育体系中的所有领域，包括企业培训和继续教育支出。由于继续教育统计系统的漏洞，普通继续教育和职业继续教育的支出不能在预算中完整体现。高校科研支出归入科研预算。进行教育预算需要动用大量官方和非官方的统计数据。

出资方：出资方有联邦(包括社会保险和联邦劳动局)、各州、乡镇、外国和私人之分。目前基础统计还不能划分出"私人财政""企业"和"非盈利性机构"各类。德国研究协会的资金按照出资比例分给联邦和各州。

每位幼儿园儿童的支出：该项计算的出发点是幼托机构(托儿所、幼儿园、学童托管所)。对于公立幼儿园使用年度结算统计数据，对于私立机构则基于主教管区的收费情况评估。对托儿所、幼儿园和学童托管所的领域划分借助于联邦统计局为国际教育报告而发展出的全面分类方法。幼儿园儿童基于微型人口普查算得(从 3 岁至入学前上幼托机构的儿童)。

公立学校每位中小学生的支出："每位中小学生的支出"这一参数每年由联邦统计局按照一种全面的方法算出，该方法与德国各州文教部长联席会议和联邦与联邦州教育规划与促进科研事务委员会主管统计的小组工作相一致，并公布学校类型划分情况。同时算出每个州和全联邦范围内的公立学校支出，按照人员支出(包括公职人员的社会公共福利税和津贴)、耗材开支和投资经费进行划分，并与各州的学生人数相联系。以此消除教育相关居民的悬殊而造成的支出差异。

高校每位大学生的支出：每位大学生的支出每年由联邦统计局根据高校统计结果算出。要与其他教育机构进行支出对比只能参考教学相关的高校支出。由于科研、教学和疾病救治相统一，高校支出只能根据各职能领域的近似值相区分。

双元制体系中每位教育参与者的支出：包括职业学校的培训支出(参看每位中小学生的支出)和企业培训的花费，这些可根据联邦职业教育机构的收费情况算得。企业培训花费包含每位受培训者的培训人员支出和耗材开支(对 2000 年收费情况的补充统计)。不考虑培训酬劳，因为可视其为与从受培训者处所得利润等值。

B2 教育参与情况

目前，近三分之二的 30 岁以下年轻人(大约占总人口的 20%)，正在就读教育机构。参与形式教育是对这个年龄段人群有影响力的模式。在不同的年龄段、时长、地区、社会和国家，教育参与强度也有所不同。

三分之二的 30 岁以下人群就读教育机构

当前德国教育参与结构

约 1700 万人参与学前教育、普通学校教育、职业培训和高等教育。这些领域中不同年龄段差异显著，而几乎没有性别差异(图 B2 - 1，表 B2 - 1A)。

州际差异(表 B2 - 2A)主要在于 3 岁以下儿童的参与率；这是由旧州和新州托儿所位子的照管程度不同所引起的(参看 C2)。25 岁至 30 岁以下的人在市州中占有最高参与率，非市州大学生的涌入也是原因之一。

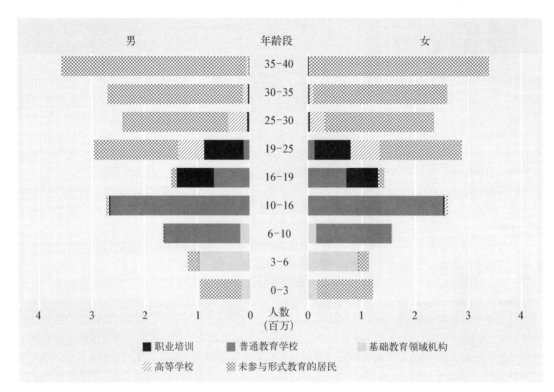

图 B2‑1：2004 年教育领域中不同性别和年龄段的教育参与者*(单位：百万)

* 职业培训框架内包括职业学校、卫生学校和公职人员候补人；高等学校包括职业学院

来源：联邦统计局

社会出身与教育参与紧密相关

　　尽管教育参与度整体上升，但教育学程与社会出身和父母教育水平始终紧密相关。出身导致的教育不均衡几乎在所有教育领域和人生所有阶段都会出现。尤其是 PISA 研究已将公众注意力引到这一方面(参看 D1)。

1975 年以来教育参与度发展情况[Ⓜ]

教育参与度上升，各领域上升程度不同

　　对教育参与度的发展来说，最重要的决定因素是人口影响(参看 A1)和人口需求的变化。由于是义务教育，普通教育学校中的中小学生人数很大程度上随人口发展趋势波动，而人口发展对职业学校和高校的影响较小，因为教育参与者可以选择不同机会。总体而言，1975 年以来所有教育领域的教育参与度有所上升，尽管各领域上升程度不同(图 B2‑2，表 B2‑3A)。[①]

教育参与情况的国际比较

德国在国际比较中：高等教育参与度与……

　　在国际比较中，德国因 15 岁至 20 岁以下人群较高的平均参与率而更为出色(图 B2‑3，表 B2‑4web)，这源于改善后的职业教育体系。虽然德国与其他国家相比，大学新生比例相对较低(参看 F2)，但 20 岁至 25 岁以下人群的教育参与度在经合组织比较中是高于平均值的。然而瑞典或芬兰这些国家的数值明显更高。德国的高等教育参与度是由于开始职业培训和大学教育时相对高龄、高校修业年限长，以及中等教育领域的双重资质(例如紧接

_____

[①]　2004/05 学年冬季学期大学生人数下降主要是由于多州开始对长期学生和第二专业学生收费。

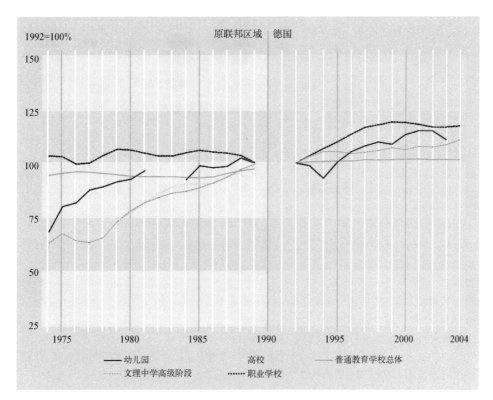

图 B2－2：1975－2004 年典型年龄居民在不同教育机构的教育分配率(单位：%)

来源：联邦统计局

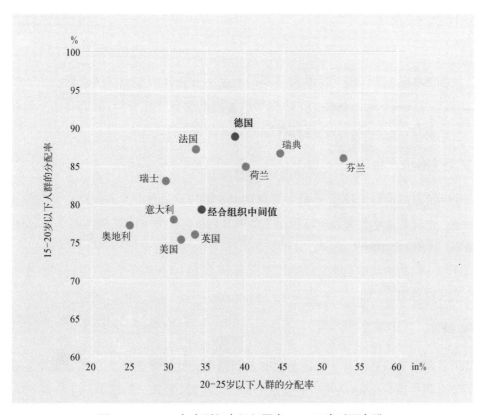

图 B2－3：2003 年个别经合组织国家 15－20 岁以下人群、
20－25 岁以下人群的教育分配率(单位：%)

来源：经合组织，2005 年教育概览，表 C1.5(web)

高中毕业后的教学)的影响。

……较长的受教育时间

据现有的 2003 年数据可知,一名 5 岁儿童未来需要平均 17 年在学前教育、中小学和高等教育机构中接受全时教育Ⓜ。而经合组织该教育预期平均值只需近 16 年用于全时教育;但平均要加 1.5 年非全时教育。①

Ⓜ概念注释

不同年龄人口的教育参与度:由于 1975 年以来教育参与者的年龄信息不可用,因而无法计算出纯教育参与率(见下文),而通过某一领域的教育参与者总数(不计年龄)与人口年龄联系起来,以所谓毛比率取而代之。对于普通教育学校参考 6 岁至 19 岁以下人群,对于职业学校参考 16 岁至 25 岁以下人群,对于高校参考 19 岁至 30 岁以下人群。

教育参与率的国际比较:通过某一特定年龄段的教育参与者在该年龄段人口中的比例,计算出纯教育参与率用于国际比较。

教育预期:教育预期(年数)是对一名 5 岁儿童毕生平均教育时长的预计,由 5 岁起每一年龄阶段的纯教育参与率相加得出。然后这一纯教育参与度换算成"预期教育年数":例如一个纯教育参与率为 50% 的教育预期为 0.5 年。

全时与非全时教育:在经合组织比较中,初等和中等教育领域每个学习日或学习周到校时间低于当地要求的 75%。通常全学年应该就读相应学程的学生,称为非全时学生。在高等教育领域,课程定额或学程低于全时教育 75% 的时间和资源的学生称为非全时大学生。

B3 公民教育水平

公民教育水平主要体现在所掌握技能的程度和所获得的文凭。然而目前由于缺乏数据,无法根据技能测评公民教育水平。根据所达到的教育文凭可知,最近几十年的公民教育水平有所上升。不同年龄和人群的教育水平也有差异。

教育文凭Ⓜ的群别比较

年轻人获得高校入学资格的频率是年长者的两倍

三个年龄段的群别比较显示,较年轻的两个年龄段比最高的年龄段所达到的教育水平更高。这一点在普通学校文凭中体现得尤为明显。可以看出中学文凭持续下降,而高校入学资格得以上升(图 B3 - 1,表 B3 - 1A)。

而年轻一代的未获得职业文凭的比例低于 60 岁至 65 岁以下人群,但仍高于 15%。同时高校文凭比例更高(图 B3 - 1,表 B3 - 2A)。

人群差异

男女教育水平相近

公民教育水平的整体上升在很大程度上归因于女性教育强度的增加。无论是普通教育文凭还是职业教育文凭,近年来男女水平都大为接近(图 B3 - 2,表 B3 - 1A,表 B3 - 2A);20 岁至 30 岁以下人群中,女性获得高校入学资格的比例甚至超过男性(表 B3 - 1A)。

---

① 参见经合组织:《教育概览(2005)》,巴黎,表 C1 - 1。

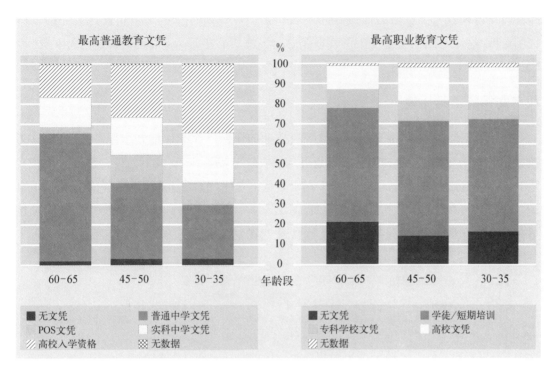

德国西部获得高校入学资格的比例更高，德国东部获得职业文凭的比例更高

图 B3－1：2004 年不同年龄段居民的教育文凭（单位：%）

来源：联邦统计局，微型人口普查

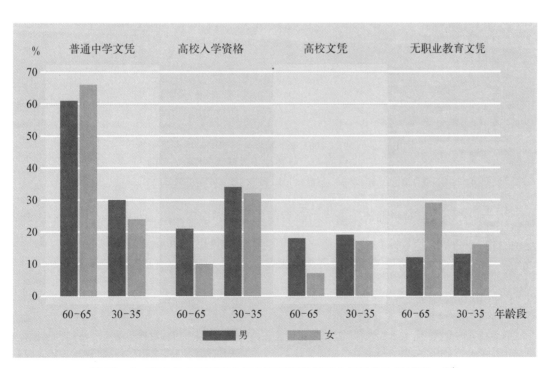

图 B3－2：2004 年个别教育文凭中不同年龄段男女居民的比例（单位：%）

来源：联邦统计局，微型人口普查

德国东西部人口教育水平差异主要源自德国分裂那些年教育体系安排的不同。西部各州获得高校入学资格的比例越来越大。相反,在新联邦州,无职业教育文凭的人口比例更低;这反映出民主德国的教育政策目标：使所有年轻人,尤其是女性获得文凭(表 B3-3A,表 B3-4A)。

教育文凭的国际比较

在国际比较中,德国中等教育第二阶段毕业的比例一如既往地处于较高水平;而许多国家靠更年轻人群的比例得以弥补。近几年,德国 25 岁至 35 岁以下人群获得高等教育文凭的比例(参看表 B3-5web)始终处于相对较低的水平,而其他国家,其中有的国家数值自 1991 年就已经高于德国,则可见显著上升(图 B3-3)。即便考虑到 25 岁至 35 岁以下人群还是在高级培训中的学生要过一段时间才能拿到文凭,这一水平仍然在国际比较中处于低位。

德国高资历人群比例停滞不前,其他国家明显增长

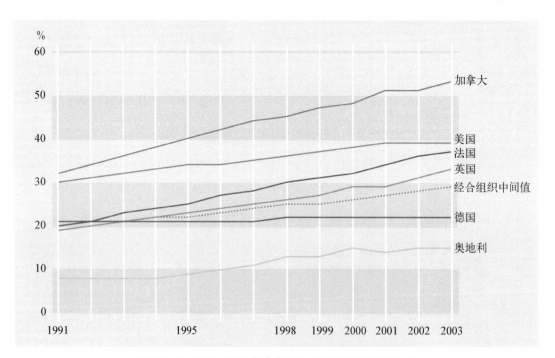

图 B3-3: 1991-2003 年个别经合组织国家持高等教育
文凭的 25-35 岁以下人群比例(单位：%)

来源：经合组织(2004),教育概览,巴黎,表 A3.4b;经合组织(2005),教育概览,巴黎,表 A1.3a

由于高资历人群对于经济革新潜力有着至关重要的作用,德国高学历人才比例相对较低会导致在国际竞争中处于劣势。这或许不是建设优良的职业教育体系所能弥补的。近几年大学新生比例上升(参看 F2)或许会带来德国受过大学教育者比例的攀升。

Ⓜ**概念注释**

教育文凭的分类：普通学校教育：包括国民学校在内的普通中学文凭;实科中学文凭及同等文凭;包括应用技术大学在内的高校入学资格。职业教育文凭：包括同等职业专科学校文凭、职业预备年或职业实习在内的学徒/短期培训,卫生学校文凭及民主德国专科学校文凭;包括应用技术大学文凭、高等工程技术学院文凭、管理应用技术大学文凭、教师培训及博士学位在内的高校文凭。

前景

近几十年来,教育参与度虽有所增加,然而对教育机构的需求并不说明教育的质量和成果,也不能说明在教育体系不同阶段能取得哪些文凭和技能,更具决定性意义的在于人们有效利用其投入教育的时间。尽管教育时间的增长提高了教育参与率,但鉴于个人与社会的影响(个人生活结构、家庭规划、职业发展等)也显示出矛盾性。目前正尝试实行一系列教育政策措施(如提前入学、缩短文理中学就读时长、缩短修业年限),以缩短教育时间。

以文凭衡量的公民教育水平也在过去几十年间有所攀升:中等文凭和高校入学资格增幅明显,高校文凭则不明显,高校文凭的重要性相对减弱。需要强调的是,女性教育强度增加导致其教育水平与男性持平,在有些方面甚至超过男性。德国东西部的教育水平差异至今仍显而易见:东部各州大部分人口持职业文凭,西部各州大部分人口持高校入学资格。参与教育培训而未获文凭的教育参与者比例在很长时间内不断减少,但20年来一直处于较高水平。在文凭和技能与生活机会紧密相关的社会,与此相关者在往后的生涯中几乎无法追平现有差距。

教育政策所面临的特别挑战在于,一方面更强烈地推动教育体系的成效弱势;另一方面更充分利用中等和高等文凭的人才储备。面对劳动人口的长期减少,德国更需要高技能青年人数的增多。德国持中等教育第二阶段文凭的人口比例在国际比较中还相对占优势,但其他国家正在追平;与之相对的、持高等教育文凭的人口相对较少,但未来有望增多。

未来教育参与度和公民技能结构将如何发展,主要取决于教育政策措施可能产生的影响,目前这些措施有的已经实施,有的尚在规划。其中包括财政措施(幼儿园和高校领域的修业费用免费)以及培训时间的"压缩"(例如至高中毕业的修业年限由13年缩短为12年,引入本科学制)。这些措施对教育参与率和技能结构的影响还有待长期观察。

相较于国内生产总值,德国近年教育支出的发展处于停滞状态。在德国,用于教育机构中每位学生的年教育支出以及用于教育机构的支出在国民生产总值中所占比例都明显低于同等工业国家。人口发展情况导致各教育机构的教育参与者人数减少,有利于在同样的国内生产总值比例下显著增加每人的教育领域配置,更重要的是提升质量。

C 婴幼儿时期的教育、照管及培养

　　自 PISA 辩论以来，公众也开始对学前教育及其对儿童的教育成效更为注意。研究显示，儿童较早就读优质幼托机构对其教育生涯更为有利。如果这类教育供应与特别的促进项目相关且将父母考虑在内的话，这一点对于来自缺乏教育的家庭的儿童更为明显。

　　与学校类教育机构不同，幼托机构是由儿童和青少年福利中心确定的。它决定了幼托机构的使用、教学计划以及决策机构和财政结构。其教育特点在于，按照儿童与青少年救助法(SGB VIII)规定，教育任务和儿童的照管与培养相联系。在最新的经合组织报告中，[①]教育、照管和培养三者作为德国计划特别的强项被突出强调。

　　婴幼儿时期教育、照管及培养领域的决策机构和财政结构特点在于其不仅由联邦、各州和乡镇联合主管，而且私立承办方也发挥重要作用。随着《德国社会法典》VIII 的引入，联邦构建了全德国的整体法律框架，并表达了其推动能力。各州通过各具本州特色的施行细则具体落实《德国社会法典》VIII。需求的确定和名额的供给最终由地方施行。

　　与中小学不同，就读幼托机构是自愿的。因此，谁要求就读、哪些孩子没有就读幼托机构这些问题是很重要的，对于儿童的教育生涯也具有重要意义。"学前幼托机构利用"板块给出了相关信息。

　　对于教育质量有决定性意义的是幼托机构的工作人员。儿童和青少年福利中心统计数据包含关于人员的资质、年龄结构和工作领域等不同信息，这些汇总于"幼托机构教育人员"板块中。

　　"幼升小的过渡"板块给出了各州不同的入学实践和德国在国际比较中的位置。各州出台了一系列措施，以期达到幼儿园和小学紧密合作、更早升小学的目标。然而基于现有数据无法验证升小学的时间与就读幼儿园是否有关系。

　　提供教育、照管和培养的除幼托机构外还有保育机构。在保育机构中，通常保育人员（"白天保姆"）到儿童家中提供照管。关于保育照管的官方数据自 2006 年以来才划入儿童和青少年福利中心数据统计，因而在此无法深入探讨。

---

① 经合组织（2004）：Die Politik der frühkindlichen Betreuung，Bildung und Erziehung in der Bundesrepublik Deutschland. Paris.

C1 幼托机构的名额供给

幼托机构的名额供给一方面有可用名额（供给率）与已占用名额（使用率）之分，另一方面对托儿所年龄（3 岁以下）和幼儿园年龄（3 岁至入小学）的供给也有所不同[M]。

1965 年以来的托儿所名额供给

对 3 岁以下儿童的名额供给在德国东西部有巨大差距。西部仍尊崇让 3 岁以下儿童待在家里的传统，而托儿所名额供给的接受度在增加；这将增强与教育之间的联系（"教育从头开始"）。鉴于供给率始终极低（图 C1‑1，表 C1‑5web）[M]，这一供给常为从业父母的孩子们保留，在分配紧缺的名额时会优先考虑他们。

德国西部：供给率低，托儿所年龄的名额供给有保留

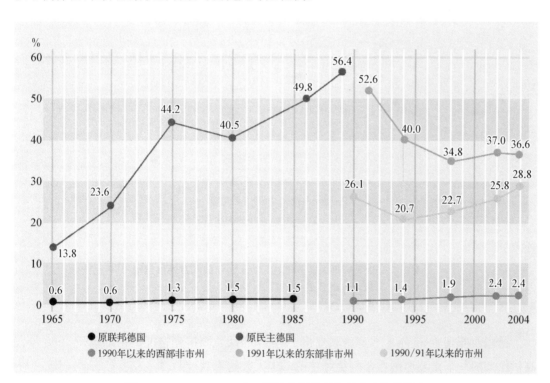

图 C1‑1：1965‑2004 年不同地区托儿所年龄儿童的供给率
（每 100 名儿童中）的发展（单位：%）

来源：联邦统计局；BMFSFJ（1994）：第九份青少年报告，第 491 页，自行计算得出（2004 年数值为估算）

1965 年时新联邦州已将托儿所设为教育系统的第一阶段。20 世纪 50 年代开始为处于托儿所、幼儿园和小学年龄的大多数儿童设立照管名额。其背后是让男性和女性全部实现就业的目标，国家和社会实现对儿童教育的管辖。新联邦州的大部分母亲在第一个孩子出生后第一年会在家，从 20 世纪 80 年代开始，所有有需求的父母都可以从第二年起为其孩子获得一个名额。

自两德统一以来，德国东部的名额供给明显减少，特别是由于出生人数的大幅降低。

德国东部：自 1965 年起，托儿所、幼儿园和学童托管所属于教育系统的一部分

不过东部非市州的供给率仍然远高于西部（图 C1－1，表 C1－1A）。

1965 年以来的幼儿园名额供给

德国西部：20 世
纪 70 年代幼儿
园作为教育种类
升值

直到 20 世纪 60 年代，旧联邦州的幼儿园名额只够四分之一的儿童使用。其中涉及半日名额。最初的重要扩建发生于 20 世纪 70 年代教育扩张时期。幼儿园应促进对教育资源更好地充分利用，以确保联邦德国的国际竞争力。1965 年至 1974 年间，幼儿园年龄的供给率随之上升到 50%。第二次推动在于 20 世纪 90 年代中期，所有年满 3 岁直至入小学的儿童都有要求幼儿园名额供给的合法权利（图 C1－2，表 C1－2A）。如今，90% 以上的儿童都上幼儿园，这已成为普遍情况，即便其中一部分是在 4 岁或者更晚才上幼儿园（参看 C2）。

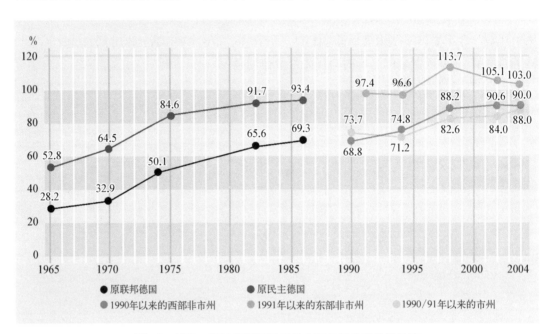

**C1－2：1965－2004 年不同地区幼儿园年龄儿童的供给率
（每 100 名儿童中）的发展（单位：%）**

来源：联邦统计局；BMBF：基础数据和结构数据，自行计算得出（2004 年数据为估算）

德国西部到 1982 年才达到新联邦州 1970 年的幼儿园扩建情况。东部各州 1990 年代高供给率的一个重要原因在于两德统一后出生人数的下跌（图 C1－2，表 C1－6web）。

德国东部的全日
名额供给有保障

如果父母双方都从事有规律的工作，则更加需要全日名额供给。东部非市州对幼儿园年龄儿童的全日名额供给是有保障的。而在西部非市州，2002 年提供午餐的全日名额供给总共才占所有名额的近四分之一。但在德国西部，这一比例在 1998 年至 2002 年有所上升。市州全日名额的供给率介于西部和东部非市州之间；托儿所名额量最高的是柏林（表 C1－3A）。

公立与私立承办方

从全国范围看，入小学前的儿童名额大部分由非国家承办，虽然东部各州和市州的私立承办方发挥的作用较小。2002 年，它们承办了近三分之二西部非市州的托儿所和幼儿园名额，在东部非市州则承办了不到一半的名额。在过去，德国东部的儿童照管名额供给几乎完全由国家负责，现在其出于社会福利的历史缘由已几乎消失，而德国西部的宗教承办方(教堂或者慈善团体)始终起着重要作用。相反，私人企业承办方和企业幼托机构的比例到今天已经微乎其微(表 C1－4A，表 C1－7web)。

引入幼托机构教育任务的国家方针始终未减弱私立承办方的热情。1998 年至 2002 年间，它们所提供的新增名额几乎是公立承办方的 3 倍(图 C1－3，表 C1－7web)。

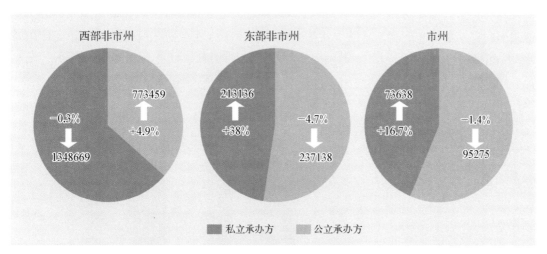

图 C1－3：1998－2002 年的入学前儿童名额供给的发展情况(按承办方和地区，单位：%)[*]

[*] 解读示例：东部非市州私立承办方在 1998－2002 年间所供给的名额增加了 38%，达到 213136 个名额
来源：联邦统计局，儿童和青少年福利中心数据统计，自行计算得出

扩充与发展需求

德国西部的相关供应必须扩充，这已在政策上达成一致意见。这主要涉及幼儿园年龄的全日名额和 3 岁以下儿童的名额。2005 年初开始施行的《日间托育扩充法》旨在为 2010 年前的托儿所年龄的儿童补充 23 万个名额。此外《日间托育扩充法》也要求机构承办方通过相应措施保证和发展学前教育质量。

西部对 3 岁以下儿童的入园名额和全日入园名额有扩充需求

Ⓜ **概念注释**

幼托机构名额供给：每过 4 年，儿童和青少年福利中心数据统计都会更新关于机构、可用名额和从业人员的相关信息。目前关于名额的最新可用数据为 2002 年的数据，还有微型人口普查中 2004 年前关于名额使用的数据(参看 C2)；由于已废止这种统计方法，因而未来不可能再对这些数据进行补充统计。关于儿童照管的定期信息更新请见"DJI 数据镜像"。

2004 年名额供给估算：2004 年的供给率可根据 2003 年和 2004 年微型人口普查中使用率的发展情况来估算。在这里需假定供给率与使用率变化程度相当。

C2 学前幼托机构的使用

一个儿童是否就读托儿所或幼儿园，取决于父母的需求和可使用名额。需求大于供应时多会出现就读限制。父母就业情况作为名额的分配标准，对于 3 岁以下儿童比幼儿园年龄儿童来说更为重要，因为对于后者有更多可使用的名额，并且有合法要求。

托儿所年龄和幼儿园年龄阶段的地区差异

西部仅三分之二的 3 岁儿童上幼儿园

在德国西部，大部分儿童 4 岁才上幼儿园，而东部各州的 3 岁儿童中已经有 83% 就读幼儿园（图 C2 - 1，表 C2 - 4web）。市州 5 岁至 6 岁儿童的低就读率在于当地一部分儿童就读学前班。东部非市州 3 岁以下儿童的较高就读率体现在托儿所年龄段的较高使用率（参看 C1）。

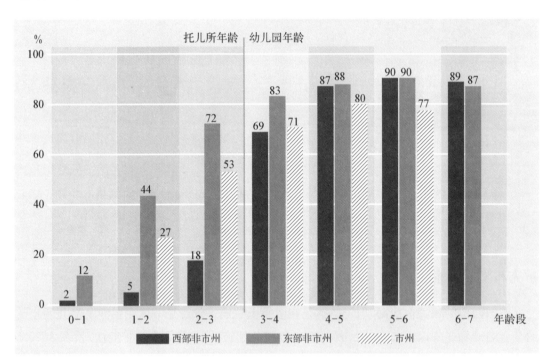

图 C2 - 1：2004 年不同地区幼托机构对不同年龄儿童的使用率* （单位：%）

* 因实际数值过小，市州 0 - 1 岁、6 - 7 岁儿童的情况未列出

来源：联邦统计局，微型人口普查

幼儿园使用情况的发展[M]

幼儿园使用程度增长

过去 10 年间，德国上幼儿园的 3 岁以上儿童比例整体明显上升。主要是如今 3 - 4 岁的儿童就读幼儿园的比例比 1995 年更高了。相反，5 岁还没有上幼儿园的儿童比例在过去 10 年间以近 10% 的波动基本保持不变（图 C2 - 2，表 C2 - 1A）。

父母教育文凭和国籍[M]

3 岁直至入学的儿童中，父母文凭低的儿童比父母文凭高的儿童上幼儿园的比例更低，这一点不受地域限制（图 C2 - 3，表 C2 - 5web）。去年幼儿园入学的儿童中该差异近 10%（表 C2 - 2A）。

3 岁至入学年龄、无德国国籍的儿童上幼儿园的比例为 78%，其幼儿园名额的使用率低

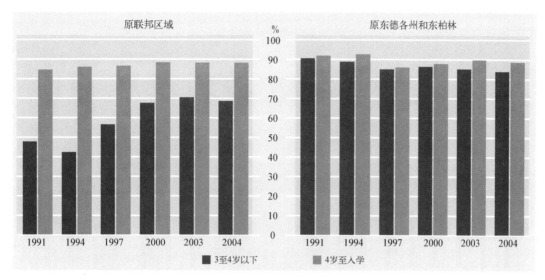

图 C2‑2：1991‑2004 年不同年龄段的幼儿园使用率发展情况（单位：%）

来源：联邦统计局，微型人口普查

于德国儿童（84%）。就读率最低的是不在德国出生的外国儿童（图 C2‑3，表 C2‑5web）。去年入学前，所有儿童中有 90% 都上了幼儿园。由此幼儿园就读情况中的差异也缩小了：无德国国籍的儿童上幼儿园的比例仅略微低一些（表 C2‑2A）。

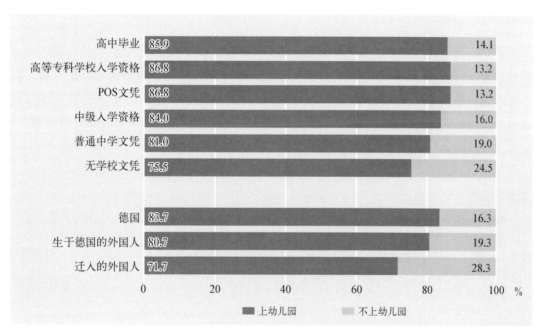

图 C2‑3：2004 年从 3 岁至入学的儿童的幼儿园利用率（按相关
人员的学校教育和儿童的国籍，单位：%）

来源：联邦统计局，微型人口普查

家庭模式和就业情况

在东西部非市州，单亲家庭的儿童上幼儿园的比例情况与双亲家庭的儿童情况相同。　　从业者的孩子上幼儿园的比例较高

只有在市州，单亲儿童占幼儿园名额比例才过大（表C2－3A）。比家庭模式更为重要的是，单亲或双亲是否从业（图C2－4）——这种情况下的儿童更经常会上幼儿园。

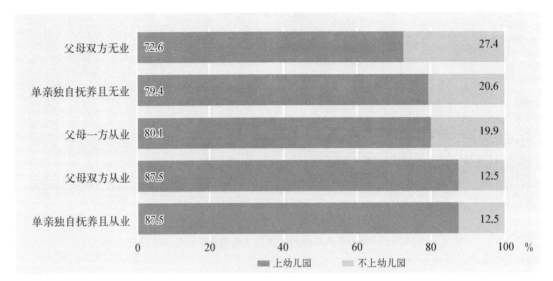

图C2－4：2004年3岁至入学的儿童的幼儿园利用率
（按家庭类型和父母的从业情况，单位：%）

来源：联邦统计局，微型人口普查

促进所有儿童上幼儿园

幼儿园是为3岁以上直至入学的儿童提供教育、照管和培养的机构，不论在德国东部还是西部，都为大部分儿童所利用。去年仅大约10%的儿童在入学前没有上过幼儿园。但不可忽视的是，外国儿童和父母文凭较低甚至没有文凭的儿童上幼儿园更晚，就读比例也更低。如何让这类儿童进入幼托机构的通道开放得更广、更早，对于教育政策有重要意义，尤其是为了减少社会出身对教育成果的影响。

Ⓜ概念注释

利用率与就读率：供给率与就读率的不一致，在多大程度上是由于名额过量与不足或不同的调查方法而导致的尚不清楚。数据基础由儿童和青少年福利中心统计数据和微型人口普查构成，两者的调查时间节点不同（儿童和青少年福利中心统计数据为12月31日，微型人口普查为第一季度末），导致对幼儿园儿童年龄段（3岁至入小学）的界定不够清晰。

家庭类型：利用2004年微型人口普查对生活方式进行划分，因此非婚同居和夫妇都属于配偶家庭。

C3 幼托机构教育人员

职业发展情况

在德国西部，1974－2002年间幼托机构中的教育专业人员Ⓜ总数由96500人上升至

226400 人。这种发展很大部分是在 1992－1998 年随着引入幼儿园名额要求合法化而产生德国东西部发展的。相反,德国东部 1991－2002 年该人数从 106300 人下降到 48300 人,这主要是由新生情况相反人数锐减导致的(图 C3－1,表 C3－5web)。换算成全时职位可知,约 10 年来德国东部的就业情况较之最初缩减了超过三分之一。

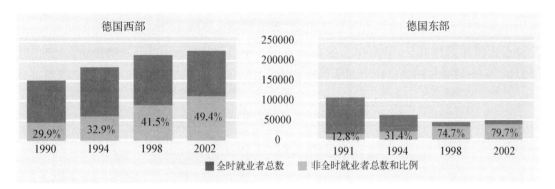

图 C3－1:1990/91－2002 年德国东西部*幼托机构中的全时就业者和非全时就业者情况

* 德国西部:包括柏林,1990 年不含东柏林;德国东部:不含柏林,1991 年含东柏林
来源:联邦统计局,儿童和青少年福利中心数据统计,自行计算得出

自 1990 年代初以来,全德国范围内幼托机构非全时就业的教育专业人员ⓜ有所增非全时就业妨碍长。2002 年末,非全时就业者人数首次超过全时就业者,且地区差异显著(表 C3－1A)。教育质量德国西部这一发展是基于对 3 至 6 岁年龄段儿童的名额扩建的。德国东部 1991－2002 年非全时就业者从大约 13% 猛增到 80%。通过从全时到非全时职位的转变,人们想要避免因必要裁员而导致的解雇浪潮。尽管名额和就业者略有增加,但并未产生新的全时职位。

与非全时职位的情况相同,期限性工作人数也增加了,德国西部的涨幅高于东部。1998 年幼儿园职工中约 11% 从事期限性工作,2002 年时该比例约为 18%。由此可知,这一比例随着投资模式(以实际照管的儿童数量和儿童就读的时间范围为导向,即基于人力需求的灵活性)的引进而大幅升高。

大量的非全时就业和人员流动影响到教育工作的质量。如机构无法完全满足儿童对人员和时间持续性的需求;而且非全时就业者所占比例大也使工作安排更为困难。若想提高机构的教育质量,必须有相应的时间安排用于预习、复习以及团队合作和与家庭合作。

性别和年龄结构

幼托机构这一工作领域中,几乎始终只有女性从业者。全体教育人员中仅 2% 为男性;幼托机构中几乎而且多为非群体服务的机构领导层(约 5%)。此外,他们的高等教育也比女性工作人员更没有男性工作人员具有专业相关性。

德国东西部的年龄结构自重新统一以来发生了变化。德国东部的年龄结构突变起较年长专业人员因于名额和人员锐减(主要涉及较年轻的专业人员)。40 岁以上专业人员在全体教育从比例增大主要发生在德国东部业者中的比例在 1991 - 2002 年间从三分之一提升到三分之二。德国西部较年长专业人员的比例增长不这么明显，而且与更多有孩子的女性重新回到工作中有关（图 C3 - 2，表 C3 - 2A）。

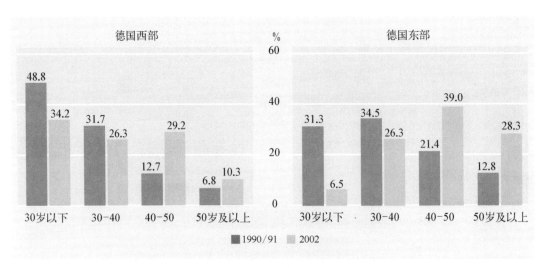

图 C3 - 2：1990/91 - 2002 年德国东西部* 不同年龄段的教育人员情况（单位：%）

* 德国西部：包括柏林，1990 年不含东柏林；德国东部：不含柏林，1991 年含东柏林

来源：联邦统计局，儿童和青少年福利中心数据统计，自行计算得出

至 2015 年，德国东部的人员替换需求持续增长

在接下来的几年中，德国东部将首次形成人员需求，因为在相对较短的时间内很大比例的专业人员将退休：2006 - 2015 年间德国东部约有 11500 人，约占 2002 年该地区全部就业者的四分之一。

教育就业人员技能

幼托机构人员主要由在专科学校受过培训的教育者构成。连同仅有的少数医疗卫生教育专业人员，他们总共占教育人员的三分之二。第二大职业群体是占 16% 比的教育者技能稍弱的儿童保育员。实习生约占工作人员的 5%，未受培训的工作人员在群体服务中至少约占 4%（表 C3 - 4A）。

东部非市州的教育者比例（"专业化程度"ⓜ）明显高于西部，后者增加了儿童保育员作为二级人员或补充人员（图 C3 - 3）。与之相反，东部仅安排了 20% 人员作为二级人员或补充人员，因为该组别通常较小，且经常仅由一名专业人员负责。

幼托机构中几乎没有受过高等教育的专业人员

相较于其他教育机构的工作人员，幼托机构的学术化程度极其低。从图林根州的 0.4% 到不来梅的 8.8%；1994 年以来几乎未涨过（表 C3 - 3A）。仅在一些州的非群体服务的领导人员中尚有值得一提的受过高等教育的专业人员。

专业人员比例自 1998 年来未见增长

1994 - 1998 年间，所有州的持专科学校及以上文凭的教育专业人员比例都有所上升；1998 - 2002 年间个别州的该比例停滞不前甚至略有降低。学术化整体处于极低水平，但与全国平均水平略有提升（表 C3 - 3A）。

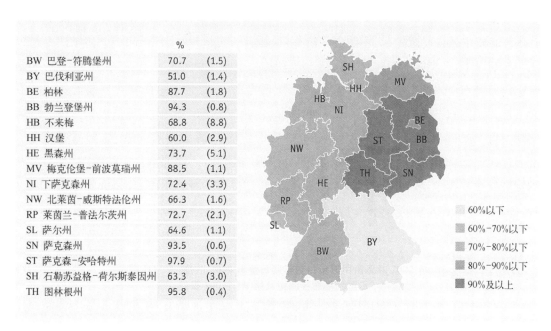

	%	
BW 巴登-符腾堡州	70.7	(1.5)
BY 巴伐利亚州	51.0	(1.4)
BE 柏林	87.7	(1.8)
BB 勃兰登堡州	94.3	(0.8)
HB 不来梅	68.8	(8.8)
HH 汉堡	60.0	(2.9)
HE 黑森州	73.7	(5.1)
MV 梅克伦堡-前波莫瑞州	88.5	(1.1)
NI 下萨克森州	72.4	(3.3)
NW 北莱茵-威斯特法伦州	66.3	(1.6)
RP 莱茵兰-普法尔茨州	72.7	(2.1)
SL 萨尔州	64.6	(1.1)
SN 萨克森州	93.5	(0.6)
ST 萨克森-安哈尔特州	97.9	(0.7)
SH 石勒苏益格-荷尔斯泰因州	63.3	(3.0)
TH 图林根州	95.8	(0.4)

60%以下
60%-70%以下
70%-80%以下
80%-90%以下
90%及以上

**图 C3-3：2002 年各州专科学校及以上文凭的教育专业人员
比例及受过高等教育的人员比例（单位：%）***

* 受过高等教育的人员比例在括号内显示
来源：联邦统计局，儿童和青少年福利中心数据统计，自行计算得出

Ⓜ **概念注释**

所观察的是对不足 **1 岁至入学前的儿童进行教育的"群体服务人员"**。在此未涉及照管残疾儿童的工作领域，因为目前儿童和青少年福利中心的数据统计未对小学儿童和学前儿童进行区分。

幼托机构中非全时工作的数据统计：至 1994 年，儿童和青少年福利中心数据统计中将覆盖营业时间的工作时间视为全时工作。自 1998 年调查以来，全时工作以 38.5 或 40 小时的实际工作时间为准。需要注意的是，西部非市州非全时工作者的比例（按照实际小时数）因 1990 年和 1994 年大量的半日工作而增高。因而非全时工作者的增加情况实际上低于数字显示。

教育工作人员的教育文凭：尽管在国际上对教育者的专科学校培训属于高等教育阶段，但它低于高校文凭和应用技术大学文凭。"专业化"概念是在教育报告框架内对高等教育阶段相关专业的教育文凭的总称，也包括教育者培训。不同于专业化，学术化仅指有应用技术大学或高校文凭的教育工作人员比例，不考虑专业。职业化的范围仅包括教育相关的高校文凭持有者比例（社会教育学、教育学、医疗卫生教育文凭）。

C4 幼升小的过渡

升小学对孩子和家庭来说都是最受关注的重大事件之一。这一事件意味着开始了教学规划下的学习。学前领域作为独立的教育阶段对继续学习也有重要意义，于是再次提出升小学的问题。这主要涉及从幼儿园向小学转变的正确时间点，以及应按年级规划还是自主安排的问题。

教育计划也面向
幼托机构

过去几年,所有州都设定了教育计划,以加强在幼托机构的教育努力。同时,鉴于德国在国际比较中教育年限较长、毕业生年龄相对较高,一些州开始让儿童更早入学。

几年来加强措施
使入学提前

长期以来,入小学的问题是全国统一规划的。至 20 世纪 60 年代末,德国西部儿童通常起码年满 6 岁才可入小学。1968 年时,若父母提出申请,儿童可能在 6 岁前入学。由于 20 世纪 70 年代以来申请暂缓入学人数的增加,入学年龄有所上升,而提前入学儿童的比例下降。自 1997 年以来,教育政策旨在抵抗学龄儿童推迟或暂缓入学的趋势,因而提前入学的人数增加,而推迟入学的人数减少。几乎所有州都引入了灵活的入学阶段,主要是在模型试验框架下;在一些州,这种入学阶段已经是常规设置。与之相应地,因可教授不同的课程,即能够考虑到儿童的个人学习速度、在 1 到 3 年内讲授 1－2 年级内容的课程,从 2005/06 学年开始,一些州的入学年龄终于开始下降了。

提前和推迟入学

至 2001 年,就全国平均水平来看,推迟入学始终多于提前入学,自 2002/03 学年来首次出现提前入学多于推迟入学的情况。1995 年至 2004 年,提前入学儿童的比例由近 3% 持续上升到 9%;同时期推迟入学的比例由 8% 下降到 6%[M]。

2002 年以来首次
提前入学多于推
迟入学

这表明了入学情况的转变:一方面,入学时被归入不能上学的儿童明显减少了;另一方面,2004 年被评估为可以提前入学的儿童数量几乎是 1995 年人数的四倍[M]。多年来平均有超过 85% 的儿童按规定期限入学了,这又表明了大多数入学儿童几乎未受该变化的影响(图 C4－1,表 C4－1A,表 C4－2A)。

州际比较显示,德国东部非市州中提前入学儿童的比例低于西部非市州和市州的比

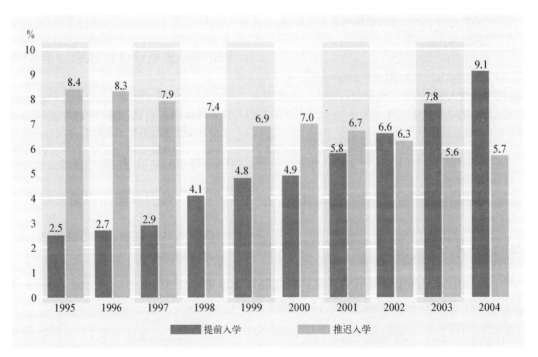

图 C4－1:1995 年至 2004 年提前和推迟入学的儿童发展情况对比(所有入学情况中的百分比)

来源:联邦统计局;巴伐利亚州和巴登-符腾堡州的州统计局报告,自行计算得出

例,后者以 13% 的比例居于最高(表 C4 - 1A)。

此外,市州提前入学儿童的比例越来越明显高于德国东西部的非市州。尤为引人注意的是各州入学情况的悬殊:2004/05 学年提前入学比例在萨克森州为 1%,北莱茵-威斯特法伦州为 8%,黑森州为 12%,而不来梅则高达 18%。

在所观察的时间段内,女孩比男孩更经常提前入学而更少推迟入学:所占比例在 2004/05 学年约为男孩 7%、女孩 11%(表 C4 - 3A)。

女孩比男孩更经常提前入学而更少推迟入学

目前各州开始普通义务教育的情况不同,这将在未来几年带来显著变化和儿童入学状况的不同,并且加剧教育生涯在时间上的推迟。德国的这一新发展十分引人注目,在是否带来不同的学习成果这个问题上尤甚。

入学的国际比较

欧洲各国的实际入学年龄差距显著。可将其分为三个组别(图 C4 - 2,表 C4 - 4A)。

德国入学时间在欧洲国际比较中偏晚

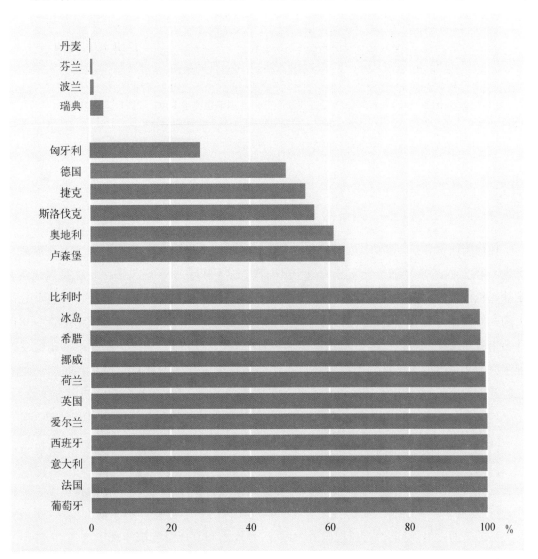

图 C4 - 2:2003 年欧洲部分国家接受初级教育的 6 岁儿童在所有 6 岁儿童中的比例(单位:%)

来源:经合组织(2005),教育概览。巴黎

第一组包括波兰、丹麦、瑞典和芬兰，它们的义务教育从 7 岁才开始。第二组为包括德国在内的 6 个国家，其义务教育从 6 岁开始；然而由于正式日期规定，大部分 6 岁儿童尚未就读小学。在最大的第三组，几乎所有 6 岁儿童都已入学。在英国和爱尔兰，5 岁儿童就已经入学了（表 C4－4A）。因而仅在入学阶段便已经存在最多 3 年的差距。

若将入学实际情况的不同与 IGLU 和 PISA 调查结果结合起来，未发现入学年龄与国际能力竞赛研究结果的直接关联。

Ⓜ 概念注释

提前和推迟入学儿童的比例：这一百分比涉及所有入学情况（提前入学、按规定期限入学、推迟入学、精神残疾者的入学和其他入学），不含非入学情况（暂缓和免除）。

入学规定：至 2004/05 学年，所有州在入学年 6 月 30 日之前满 6 岁的儿童都有义务入学。按规定期限入学是指儿童在前一年 6 月 1 日至入学年 6 月 30 日之间年满 6 岁，使同一年级的儿童年龄差距在 1 岁以内。若儿童生于入学年 6 月 30 日之后，可以按照父母的需求提前入学（“获准儿童”）。是否需要父母提交申请或附加一份鉴定，各州实施情况不同。各州对“获准儿童”的规定期限也大不相同。按照趋势，所有地方的这一期限都将放宽，使一年级的年龄差距达 1 岁半或者更多。

有入学义务的儿童如果尚不具备入学能力可以被暂缓入学。最终决定权在于学校，按照规定，父母、幼儿园、医生或其他专家也应参与。通常被暂缓入学的儿童会推迟到下一学年入学。至 2005/06 学年，许多州将义务教育开始的时间提前了。此外，自 1997 年 KMK 作出决议以来，提前入学更加容易了，例如取消了父母的表格申请。

前景

在德国西部各州，增加幼儿园儿童的全日制名额和 3 岁以下儿童的名额享有高度政策优先。这已在 2005 年初开始实施的《扩充保育法案（TAG）》中表现出来。该法案也强调儿童幼托机构的教育任务，是具体实现儿童接受促进发展和被教育成为独自负责且有共处能力的人格权益。此外，该教育任务另外重要的一点在于消除 PISA 研究所证明的青少年因社会出身而遭受的歧视。这一问题在学前教育中就已经遇到了。特别需要推动出自受歧视家庭的儿童尽可能早且广泛地赢得这些他们相对很少利用的教育供给。各州所计划或已经开始的家长-儿童中心或家庭中心起到重要作用，它们随时准备好相应的教育供给，并建立与家长的合作。除这些教育合作形式外，教育专业人员还会在其教育能力方面帮助家长，并向家庭提供儿童教育和发展过程中的基本经验。

目前，在语言发展领域，对母语为德语和非德语的儿童个人发展都有大量措施和提案。为确定有特殊需求的儿童，许多州都引入了检查操作。由于措施的不同和承办方的多样性，这些发展至今尚不能以板块形式呈现。学前教育的教学任务远不止语言发展，而是旨在人格的全面发展，目前所有州的教育大纲、教育规划和教育协定都体现了这一点，各州文教和青少年部长联席会议也为此制定了框架纲领。纲领要求加强幼儿园和小学的合作；同时通过不同的新形式使升小学阶段变得更加灵活。其中一个重要的主题是查明学习的最初情况：在学前教育方面更多的是通过学习过程和成绩的个人文献资料，在小学方面更多的是通过标准化措施。一项特别的要求在于，发展有效补充或配合这些不同情况的形式。为了对比研究学前教育不同供给的教育与学习成果，需要规律性地进行代表性调查。这样也能形成迄今在制作教育报告时一直缺少的学前教育供给效果的相关信息。

　　除了在数量上扩建 3 岁以下儿童名额这一目标，TAG 要求公共青少年福利中心的承办方有义务通过合适的举措确保并发展地区机构和私营机构的教育质量。尤其需要列出能够对教育任务的完成情况进行检验的工具和措施。重要的是这一规定如何实践以及它在与引入教育规划的联系中起到怎样的作用。教育专业人员的资质也同样至关重要。目前，不同地区正在应用技术大学和综合类大学试行新的教育形式，并进行试点工作。不久的将来便可以看到这些创新在多大程度上会影响机构的技能结构和人员结构变化。

D 学龄期的普通教育学校和非形式教育

学校教育对于个人发展、社会分配和能力习得具有至关重要的作用,并不仅仅因为它是法律规定的义务教育。鉴于学龄期的非形式学习和非正式学习越来越重要,它还有一项日益重要的导向性、系统化的功能。而且通过学校教育也有望获得在文化多元化、社会多样性的社会里共生的能力。

面对德国学校体系在国际比较中所显示的问题(除所有能力方面德国学生的成绩悬殊以外,主要还在于社会出身差异的再现和有移民背景的儿童的融入欠缺)。2001 年 KMK在 7 个核心政策领域作出决定。普通教育学校体系主要涉及一些措施,用于改善小学教育和专业能力的发展、对受教育歧视的儿童的有效促进、学校和课程质量的持续发展和保障以及校内和校外全日制供应的扩建。

本章关注校内外教育的这些方面,并将其与毕生教育的指导意见相结合。对几乎贯穿普通教育学校的"过程"展开调查,即学校教育的过渡和转变、复读和学业推迟,直到拿到学历。关于进入学校的过渡阶段的相关信息与上一章(参看 C4)直接相关,同时与"职业培训"一章也建立联系。这与学生在学校类型方面的分配、教育过程(例如电脑的实验、特殊教育需求)以及学校教育的"产出"(例如能力、学历)等信息联系起来。在可用数据范围内,按照性别、社会地位和移民情况进行划分,以指明其中的差别。学校内外的全日制供应扩建也值得注意。与之相关的是对校外和非形式学习的兴趣增强,示范性地观察在校内外使用电脑、自愿学习的情况。

要求的转变以及仅全国可用的官方统计数据或全国范围内的代表性研究,可用这两项极大限制了板块的选择。目前讨论和发展的重点:如文理中学就读时间缩短、核心毕业考试、引入审查体系、小学改革,在板块的选择和评论中都几乎未考虑到,因欠缺可用的数据基础。这些新发展的板块描述主要在本章最后的"前景"部分以及主页上的表格汇编(表 D-1web)中可以看到。它们将是未来的教育报告的研究对象。

D1 幼升小的过渡

德国教育系统中的过渡阶段是多样化的"方向决定"

过渡阶段出现于教育系统内的交接或离开教育系统之时。所有国家都有这一阶段。德国儿童、青少年和成人的教育生涯中的过渡阶段通常更具多样性。德国教育中过渡阶段的多样性主要取决于各州中小学(尤其是中等教育第一阶段[M])的结构安排。儿童、青少年及其家长经常将这些过渡阶段安排在"决定方向"之前。

　　对过渡阶段的描述是有数据支撑的，接近对教育生涯的指导思想，这里所呈现的教育阶段体现出机构教育途径[Ⓜ]。在此无法逐一描绘各州学校教育在结构安排上的多种区别。下文不仅给出当前情况的概览，而且还概括出了中小学生在中等教育第一阶段不同学校类型的分配情况（图 D1－1，表 D1－1A）。

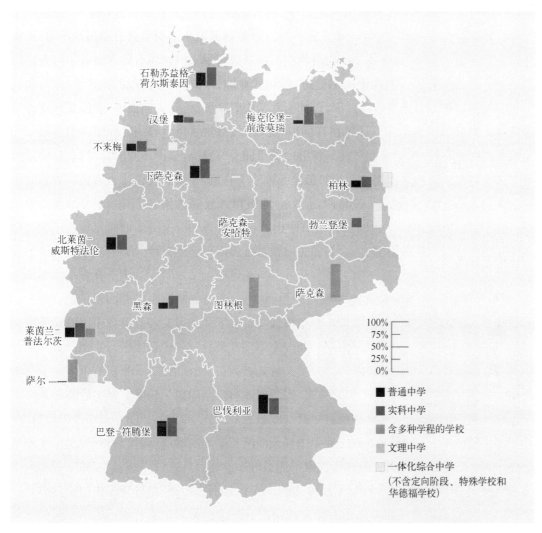

图 D1－1：2004/05 学年各州中等教育第一阶段* 不同学校类型的学生分配情况（单位：%）

* 所描述的是中等教育第一阶段所有学生在不同学校类型的分配百分比（2004/05 学年），而非通常选取的八年级的学生分配。此举优势在于，一些州学校结构中较新的发展也能涵盖到

　　中等教育第一阶段在结构上分为普通中学、实科中学和文理中学，是德国中小学教育的特色。自 20 世纪 60 年代末起，综合中学首先出现在尝试性项目框架内，1982 年起被正式接受，成为德国西部中小学教育供给的补充组成部分。学校结构的另一个变化出现在两德统一后。德国东部各州既不保持民主德国的一体化中小学体系，也不全盘接受三段制的学校系统。作为对人口发展（参看 A1）的回应，德国东部各州出现了多种学程的学校，以中级中学（萨克森州）、实科中学（萨克森-安哈特州）、常规学校（图林根州）以及高中（勃兰登堡州自 2005/06 学年起）和地区性学校（梅克伦堡-前波莫瑞州）分别提供普通中学和中级中学文凭。在此期间，德国西部的部分州也有一些包含多种学程的新学校类型。

中等教育第一阶段提供 2 到 5 种学校类型

迄今为止的"经典"学校教育供给（由普通中学、实科中学和文理中学构成）主要存在于巴伐利亚州和巴登-符腾堡州。其他州的供给在 2 至 5 种学校类型内各不相同，且都有减少的趋势。

从初等教育领域到中等教育第一阶段的过渡及相关的社会和地区差异

低等社会群体的孩子处于劣势

从初等教育领域到中等教育第一阶段[M]—种学校类型的过渡对之后的教育途径和职业发展机遇尤为重要。共同上过通常为期 4 年的小学（柏林、勃兰登堡州和不来梅等部分地区为 6 年）后，为均匀分配学生组别，学生按照成绩分数被分到中等教育第一阶段的学校类型和学程中。在此将成绩分数与父母意愿相结合。[①] 这种机构性成绩区分的弊端在于社会分化。如 PISA 和 IGLU 所示，[②]该过渡是教育生涯中最初差异（在此之前所习得的能力差异，而这依赖于社会出身）和二次社会差异（即在过渡阶段因家庭社会地位而作出不同决定所引起的差异）共同影响的决定性转折之一。其后果在于，即便学校成绩相同，低等社会群体的孩子在过渡阶段决策中也处于劣势。

各州学生分流的差异性在很大程度上受学校结构的制约，例如一体化综合中学在市州所占比例尤其高（图 D1－2，表 D1－2A）。然而在 2004/05 学年，从比例上来看，多数州的大部

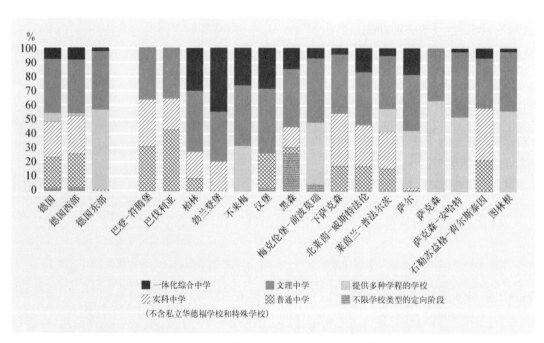

图 D1－2：2004/05 学年各州不同学校类型的儿童分配情况*（单位：%）

* 所观察的是前一年在上小学的学生，对于柏林和勃兰登堡州描述的是 6 年级到 7 年级的过渡情况，但对德国和德国东部的计算不包括这些州，汉堡所给出的不是过渡率，而是 5 年级不同学校类型的学生分配情况。

来源：联邦统计局，2004/05 学校统计

---

① 所有州的小学都会推荐接下来就读的学校。就读中等教育第一阶段某种学校类型的决定通常由学校和父母共同作出。各州对特定学校类型的过渡存在不同的接收和检验程序。

② Bos u. a. (2004)：IGLU. Münster，S. 191 ff.；Deutsches PISA-Konsortium (2001)：PISA 2000. Opladen，S. 355 ff.；PISA-Konsortium Deutschland (2004)：PISA 2003. Münster，S. 243 ff.

分学生过渡到文理中学。同时显示出,向文理中学过渡的百分比在35%到45%之间摇摆。然而在向文理中学过渡的这种相对较高的分配率中,社会差异起了决定作用(表 D1‐7web)。相较于技工家庭的孩子,最高社会阶层("高级职员阶层")家庭的孩子就读文理中学的机会高出不止数倍。

各州向普通中学过渡的情况存在差异。同样低分的高等社会阶层的孩子在此也占优势,因为他们的父母往往更能成功地使其避免就读这一学校类型。各新联邦州的社会差异明显弱于旧联邦各州。

各州学生的中等教育第一阶段学校类型分配仅显示出教育分配的一幅非常模糊的图像。例如,所有州完全相同的文理中学的地区分配呈现显著差异(图 D1‐3)。

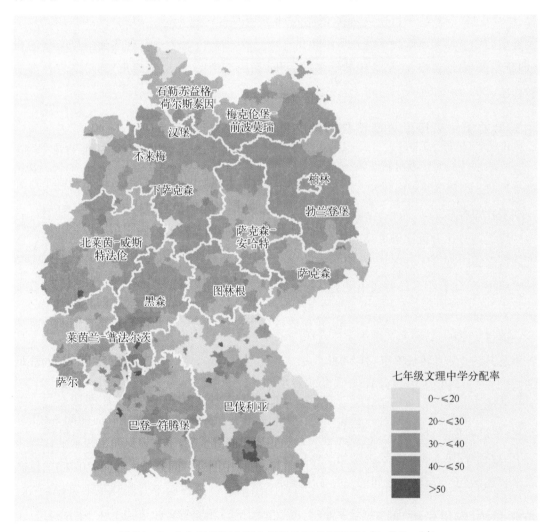

七年级文理中学分配率

0~≤20
20~≤30
30~≤40
40~≤50
>50

图 D1‐3:七年级就读文理中学的地区差异(2004年,单位:%)

来源:联邦统计局,2005年地区统计

中等教育第一阶段内的学校类型转变

小学之后就读某一学校类型的决定并非始终固定的,一些学生在中等教育第一阶段内更换学校类型。例如,接下来的描述详细说明了学生更换学校类型的两个时间点(五年级

在中等教育第一阶段过程中普通中学人数增加,文理中学人数减少

和九年级）（表 D1－3A）：在此引人注意的是，在有普通中学的多数州，比起过渡时期，九年级时有更多学生上普通中学。普通中学学生人数的增长符合文理中学就读率的普遍下降（黑森州和勃兰登堡州是例外，其文理中学比例略有上升）。

德国东部转换生比例更高

若总结所有的学校类型转变情况（不计华德福学校和特殊学校），七至九年级的学生完成 2004/05 学年的过渡阶段，共有 8 万学生换了学校类型。在全德国范围内，这占七至九学年学生人数的 2.9%（表 D1－8web）。新联邦各州的转换生比例为 3.6%，高于新联邦州 2.8%。

学校类型转变不取决于可选择的学校类型总数

一项对各州转变情况的观察显示出两个特点（表 D1－8web）。一是德国不同学校的转换率悬殊：有些州仅有少数学校类型转变情况（巴登-符腾堡州、下萨克森州、萨克森州和图林根州的转换生低于 2%），有些州的转换率接近平均值，而有些州的转换率则较高（不来梅、梅克伦堡-前波莫瑞州和萨克森-安哈特州的转换生超过 5%）。由此可以明显看出，学校类型转变显然并不取决于各州所提供的学校类型总数。无论是仅有两种学校类型的州（如萨克森-安哈特州）还是学校类型多样的州（如梅克伦堡-前波莫瑞州）都可能有较高的转换率。

中等教育第一阶段学校类型转变的"升级与降级"

学校类型间的转变呈降级趋势

若观察各类学校教育转变情况的起伏变化，可以看出 2004/05 学年的七至九年级主要呈降级趋势。全德国范围内约 8 万例学校类型转变中有 20% 升级和 60% 降级（表 D1－4A）。[①]一项对比观察显示，一方面实科中学与文理中学间的升降级比例为 1∶11，另一方面其他转变的降级趋势比升级比例更高。此外德国东西部间也有差异（图 D1－4，表 D1－4A）。西部地区降级转变多于升级转变，而东部地区的升降级转变基本持平。德国西部以文理中学转实科中学、实科中学转普通中学为最多。而这又被普通中学转实科中学的转校生部分抵消。在东部各州，含多种学程的学校类型与文理中学间的转变占绝大多数。

值得注意的是，转入文理中学（"升级"）的学生比转出的更多。2004/05 学年德国东部各州总共约 1.7 万转校生中，有 5400 人是从多学程学校转入文理中学的。相反，在西部地区共约 6.3 万转校生中只有 1600 人从实科中学转入文理中学。

升降级的情况也显示出社会不平等。出身于低社会群体的学生，尤其是有移民背景的学生，要进入更高资质的学校类型更难，且要留在那里也有更大的问题（参见 H3，H4）。

分类学校体系中的学校类型与一体化综合中学之间的转换率（表 D1－1A）无法用升降级来表述，对于双向转变之间的差异无法确定。

特殊学校（促进学校）前后的过渡

特殊教育的促进需求增长

德国 2004/05 学年所有学生中的 5%，即二十分之一的孩子实现了特殊教育需求（表 D1－5A）。相较于 1994/95 学年有所提升。促进教育领域的提升中令人注意的是情感发展和社会发展，自 1994 年以来该比例翻了一番。然而大部分有促进教育需求的学生被分

---

① 数值涉及对于毕业明确要求升级至更高资质或降级至更低资质学程的学校类型间的过渡。HS 与 SMBG 间转变、RS 与 SMBG 间转变以及 IGS 与各类学校体系学校类型间的所有转变不能计入升级与降级转变。

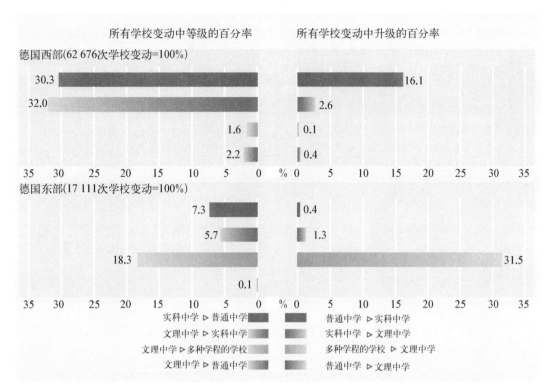

图 D1－4：德国东西部七－九年级的升降级浮动（2004/05 学年，所有变动中的百分率）

来源：联邦统计局，2004/05 学校统计；汉堡教育体育局，管理处：专业统计，2004/05

配到了学习援助领域。

　　1994 年至 2004 年接受特殊促进教育的儿童比例增高，很大一部分原因在于普通教育学校受一体化促进教育的学生也被统计在内（1999 年以来）。2004/05 学年，共 48.8 万受特殊促进教育的学生中有 12% 在其他的普通教育学校上课。一体化促进教育的广泛利用同时也降低了归入需受特殊促进教育的儿童的门槛，进而带来明显增长。特殊学校的学生人数也同样增长了。 *尽管有平行促进措施：有促进需求的儿童比例上升*

　　对其他普通教育学校的观察中已经显示出学生被分配学校类型时存在的社会不平等情况，这在是否更有可能就读特殊学校的情况中也有显现（表 D1－7web）。2000 年的 PISA 调查显示，出自无资质工人家庭的孩子明显更有上特殊学校的风险。这些孩子不去上普通中学而上特殊学校的可能性是专业工人孩子的 1.7 倍。 *受教育程度低的社会阶层的孩子上特殊学校的风险更高*

　　若比较从其他普通教育学校转到特殊学校的情况与反过来的情况（表 D1－6A），可以看出转入特殊学校的学生是转出的 5 倍还多。在这里需要考虑到，在一些促进重点方面返回其他普通教育学校，这或者正在筹划中或者具有可能性。同时这种关系证明了有特殊促进需求的学生重新融入的困难性。 *转入特殊学校的情况明显多于从中转出的情况*

　　总的来看，尽管在普通教育学校体系过渡和转变的可能性多样化，但社会不平等的情况几乎无法弥补，其原因也在于实践中透明度较低而且主要呈"下降"趋势。 *透明度较低且多呈下降趋势*

　　未来的过渡和转变在人口发展、有意或无意的"新控制"（外部评价的增多，全国统一高中毕业考试）的影响下如何发展仍是未知数。

Ⓜ**概念注释**

描述集中于每个州最重要的公立学校类型;特殊学校和华德福学校未考虑在内。重点在于初等教育和中等教育第一阶段间的过渡。由于高等专科学校、专业性高校和普通高校的入学资格获得途径多样化,中等教育第一阶段与第二阶段之间的过渡因数据问题无法作出报告。具体问题将在 D7、E1 和 F1 中述及。

文中所述的分类学校系统内过渡不仅仅反映出机构教育途径。没有学校统计中的私人数据或纵剖面研究无法对私人教育进行分析。在学校机构间的过渡行为进行的描述中未涉及过程和生平的角度。

关于教育分配和社会出身之间关系的论述,由于缺乏相应的学校统计数据而基于 2000 年 PISA 调查给出,该调查基本上在 2003 年 PISA 中得到确认。由于 2000 年 PISA 也考虑了特殊学校,因而报告了这些分析情况。

D2 复读

尽管德国中等教育第一阶段的学校体系是分类的,旨在均衡学习群体的成绩,但德国仍属于复读比例最高的国家之一。[①] 由此引发一系列关于控制的问题:复读比例Ⓜ在哪些学校类型和年级阶段尤为引人瞩目? 呈现何种发展趋势? 从系统的角度来看,如此频繁地应用复读是何原因?

复读的学制阶段Ⓜ和学校类型之比较

中等教育第一阶段的复读率最高

2004/05 学年,全德国从初等教育领域到中等教育第二阶段的 900 万学生[②]中共有25.3 万留了一级,占学生总数的 2.8%。大多数州的复读比例(图 D2‑1,表 D2‑1A)在初等教育领域是最低的(0.9%‑2.4%),中等教育第一阶段明显上升(直至 6%),在中等教育第二阶段的普通教育部分,直到不来梅、柏林和萨尔州,下降到 4% 以下。主要在七—九年级该比例较高(表 D2‑2A)。

对应各州的复读率,首先整体水平各不相同。如巴登-符腾堡州和下萨克森州等州一个年级中复读的比例较小(共 2%),而巴伐利亚州、萨克森-安哈特州和梅克伦堡-前波莫瑞州的比例则是其两倍(表 D2‑1A)。

此外,复读的模式也不同。有些州(柏林、不来梅和萨克森州)中等教育第一阶段的复读率较低,伴之以中等教育第二阶段的高比例。巴伐利亚州、勃兰登堡州、梅克伦堡-前波莫瑞州、萨克森-安哈特州和石勒苏益格-荷尔斯泰因州则中等教育第一阶段复读率较高,而中等教育第二阶段的比例明显更低。其他州(黑森州、北莱茵-威斯特法伦州、萨尔州)两个学制阶段的比例都高。对比新旧联邦州地区的复读率未见明显差异。

男孩的复读率比女孩的更高

男孩和女孩的复读情况明显不同。一次或多次复读的可能性在所有年级都是男孩更

[①]　PISA-Konsortium Deutschland (2004), a. a. O., S. 285.
[②]　不计私立华德福学校、学前班、学校幼儿园、夜校和补习学校。若计入这些学校,则 2004/05 学年德国的学生总数为 960 万。

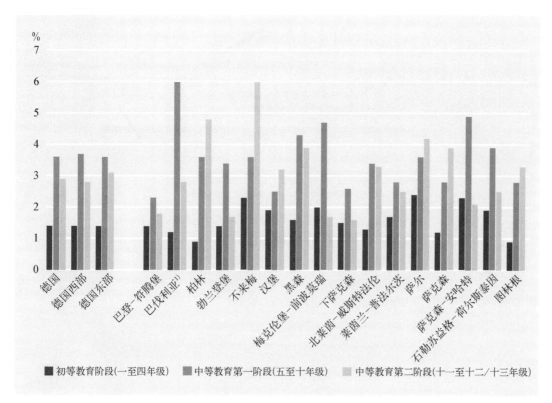

图 D2‑1：2004/05 学年各州不同学制阶段的复读比例(单位：%)

1) 部分指 HS 五年级向 RS 五年级的过渡

来源：联邦统计局,2004/05 学校统计

高。引人注意的是七、九和十一年级复读率的性别差异(表 D2‑2A)。尤其是有移民背景的孩子复读率超过平均水平(参见 H3)。

中等教育第一阶段各学校类型间复读情况的对比也显示出差异(表 D2‑3A)：2001 年全德国所有学校类型的复读率均高于 1995 年的数值,中等教育第一阶段的普通中学、实科中学和文理中学的复读率从那时起又下降了。这不包括德国东部各州的文理中学,其复读率自 1995 年起相对稳定在 1.5% 左右,处于较低的水平。目前还无法判断是哪些因素影响了这一发展情况。还有一个原因在于,因为一部分学生变换学校类型而不能将其算作复读生,而是计入接受他们的学校^⑩。

德国东部文理中学的复读率低

学业推迟

利用 2000 年和 2003 年的 PISA 数据(图 D2‑2)可以证实一个普遍的问题：很大比例的学生(比例介于 20% 至 45% 间)由于入学推迟和/或复读而明显推迟结束学业。这种情况最大的一部分源自复读。由此导致德国学生比大多数其他国家的学生留在学校体系的时间更长。

2000 年的 PISA 调查结果表明,复读者(也如同推迟入学者)的成绩通常明显低于同年级正常就读的学生(表 D2‑4A)。如果考虑到相关的额外人员需求,对于复读的质疑还会增强。只要坚持留级这种方式,就无法在"通过复读这种事后补救尽可能地保证学

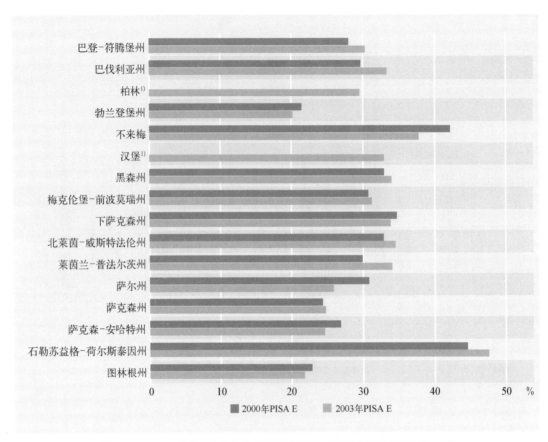

图 D2‑2：2000 年和 2013 年各州学业推迟的 15 岁人员比例(单位：%)

1）2000 年 RISA 中因参与率不足而缺失结果

来源：德国 PISA 组织(2001)，PISA 2000，奥普拉登，第 205 页及之后几页；

      德国 PISA 组织(2005)，PISA 2003，明斯特，第 169 页及之后几页

个人促进而非复读

习群组的成绩均衡"这种流传的观念中寻找原因。国际经验表明，对所有学生进行强有力的个人促进，恰恰为成绩差的人提供了更高的成就前景，而成绩强度的负担不应该由他们承担。

Ⓜ概念注释

官方统计的复读率：平均复读率为前一年已经读过这一年级的学生总数占该年级所有学生总数的比例。按照官方学校统计的规定在该年级暂缓就读的学生不计入复读生。2004/05 学年时第一次将综合中学也计算在内。相反，计算复读率时未将私立华德福学校、学前班、学校幼儿园、特殊学校、夜校和补习学校考虑在内。自愿复读一级的学生以及国外或其他生源的学生也算作复读生。

学制阶段：在按照学制阶段的分类中(图 D2‑1)，小学 6 年制的州里的五、六年级复读生归入中等教育第一阶段。中等教育第二阶段的比率涉及文理中学和合作性综合中学的文理中学高级阶段。

复读和学校类型转换：所报告的数据目前尚有调查技术上的不准确性：由于各州特定的升级规则不同(如学校类型和学程转换时不升级)，在个别案例中重复计算无法避免。但由此造成的误差在统计上处于可认同的范围内(估计错误比例在各州复读生的 5% 以下)。基于复读生人数的量级仍有可能确保对德国、各州和学校类型的复读情况做出陈述。

D3 学龄期的全日制教育和照管

学校和课程之外,公共教育、照管和培养的补充供应在德国并非统一安排,而是分配给不同的机构。除了校内供应(如可靠的小学、教育性的中午照管,全日制学校)外,主要有学童托管所、儿童和青少年校外活动以及教育援助(如社会群组活动、日间群组),它们都属于全日制教育和照管类的学习安排。

全日制学校供应的扩建

最近几年,全国和各州向全日制学校投入了大量资金。全日运行的学校管理单位数量[M]从 2002 年的 4951 家到 2004 年的 6810 家,上升了 38%。全日运行单位占所有学校管理单位的 23%,其中 90% 为公立,10% 为私立。全日制学校照管和教育的扩建在各种学校类型的运行有所不同。德国全日制学校中数量最多的学校类型是小学,从 2002 年到 2004 年增加了 57%(图 D3 - 1,表 D3 - 1A)。

所有学校管理单位中近四分之一为全日运行

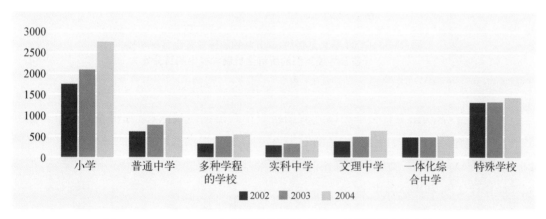

图 D3 - 1: 2002 - 2004 年不同学校类型*的全日制学校供应扩建情况

* 不含不受学校类型限制的定向阶段和私立华德福学校

来源:KMK 秘书处(2006),德国各州全日制普通教育学校报告——2002 年至 2004 年,波恩,第 9 页

增长率最高的是私立华德福学校(110%)、提供多种学程的学校类型(68%)、文理中学(67%)和普通中学(52%)。相比之下涨幅较小的是特殊学校(9%)和一体化综合学校(4%),原因在于这些学校类型的全日制学校比例早已很高。

全日制学校在所有同学校类型中的比例无论在各州还是各学校类型间的比较都显示出巨大的差异。例如全国所有小学中全日制学校的平均比例为 16%,在各州则从巴登-符腾堡州的 1% 到图林根州的 97% 不等。文理中学的情况也类似。全国平均有 21% 的文理中学是全日制学校,柏林这一比例仅为 4%,而汉堡则为 95%(表 D3 - 2A)。

各州和各学校类型间差异显著

全日制学校运行的组织模式

学校类型间的巨大差异也体现在学生参与全日制供给时的组织模式上。KMK 将其分为三种模式:完全制约模式下所有儿童都有义务参与,部分制约模式下只有部分学生有义务参与,开放型全日制学校只有个别儿童按意愿参与。开放模式中主要是小学、提供多种学程的学校类型、文理中学和实科中学提供全日制教育、照管和培养。一体化综合中学和特殊学校则大多数(74%和63%)按照完全制约模式。普通中学介于中间(图 D3 - 2,表 D3 - 1A)。

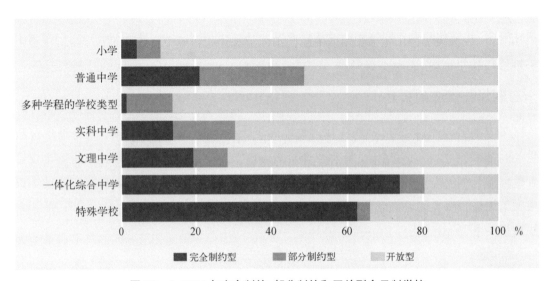

图 D3 - 2:2004 年完全制约、部分制约和开放型全日制学校
(在各学校类型的所有全日制学校中的百分比)

来源:KMK 秘书处(2006),出处同上,表 2.1.1 及之后表格

全日制运行的开放型组织模式占大多数

总体而言,德国的全日制学校以开放型组织模式占绝对多数,但各州差异显著。这导致利用全日制供给的学生比例(参见图 D3 - 3)明显低于提供这种供给的学校比例(参见图 D3 - 2 和表 D3 - 2A)。例如萨克森州的所有学校类型中超过 50%的学校为全日运行,但该州学生中仅 27%利用这种供给。

学童托管所作为全日制照管和教育扩建的重要资源

除全日制学校教育和照管外,学童托管所也是一种重要的非形式教育供应,对学龄儿童来说一方面是学校的补充(家庭作业的照管);另一方面是以生活领域为导向。与学童托管所合作的学校可以被看作开放型的全日制学校;这种情况主要出现在新联邦州地区[M]。

2002 年末,在儿童和青少年福利中心负责下有大约 401200 个托管所名额;此外在柏林和图林根州有大约 53400 名儿童上学校托管所[M]。同年,德国有大约 87.4 万名学童(占全部学童的 9.8%)就读全日制学校,2004 年已达 109.2 万,即全部学童的 12.5%(图 D3 - 3,表 D3 - 3A 及表 D3 - 4A)。

学童托管所在东部是常规供应,……

一方面,学童托管所在德国东部各州和柏林,联系到民主德国的情况,是与学校相关的、部分归入学校管理的常规供应。六岁半至十岁半的学童中始终有大约三分之二的学童在应用。1994 年至 2002 年间,这个年龄段的儿童人数突然下降近 60%,随之减少的超过 21.4 万托管所名额仍未改变这种基本状况。

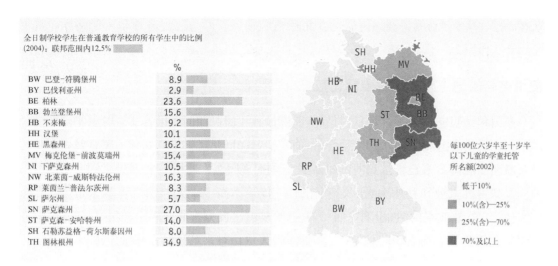

图 D3‑3：各州 2004 年全日制学校供给利用情况和 2002 年
(每 100 个)学龄儿童的名额供给情况

来源：联邦统计局，儿童和青少年福利中心数据统计，自行计算得出；KMK 秘书处(2006)，出处同上，表 3.1.1

另一方面，德国西部地区的学童托管所长时间以来对从业者的孩子来说是一种"紧急照管"，这是其他的保育机构所不能保证的。因此，目前德国东部非市州的照管率明显高于德国西部。

2004 年对就读学童托管所的微型人口普查数据显示，学童托管所就读率随地区面积而增长。单亲和从业者比双亲和非从业者更愿意送孩子到学童托管所(表 D3‑5web)，这表明了这种机构的照管功能。此外，主要是年幼的小学儿童需要上学童托管所(表 D3‑6web)。主要通过扩建小学的全日制学校供给来满足这种照管需求。至于学童托管所在多大程度上实现教育功能还需进一步观察，尤其是人员资质方面(表 D3‑7web)。

……在西部长久以来是"紧急照管"

Ⓜ 概念注释

学校管理单位：全日制供给通常存在于包含多种学校类型的学校中心。这种学校中心被视为一种管理单位。通过这种捆绑，不同学校类型的机构总数超过管理单位的总数。

全日制学校和组织模式：全日制学校里每周至少 3 天、每天至少 7 小时的教育供给可供使用，提供午餐，组织课外活动，且在规划时与课程联系起来。

学校托管所：在柏林和图林根州，大部分学童托管所被统计为学校体系的组成部分；因而对于这些学校托管所也没有名额数，而是只有学童托管所就读数，同样也有全日制学校就读数。但这种学校提供商的就读数归入学童托管所名额数的一览表中，以此形成学童托管所照管承载力的全面概览。

双重归类：在全日制学校和学童托管所(学校统计中开放型全日制学校的学生数加上儿童和青少年福利中心数据统计中的学童托管所名额数)的照管承载力的计算中存在双重计数；因此在图 D3‑3 中需要注意，合作托管所的就读数归入全日制学校的就读率中。

D4 校内外电脑的使用

在媒体和信息技术的世界，电脑相关的知识和经验属于普通教育的核心。下面将调查这些问题：青少年在哪里及如何学习并使用电脑和互联网，社会、地方和性别差异在其中起到什么作用。

使用电脑的地点和频率之国际比较

在国际比较中，电脑和互联网配备情况超过平均水平

大学生、中小学生和受训者是最集中的互联网使用者

在国际比较中，德国私人家庭配备电脑和接通互联网的程度超过平均水平（表 D4－1A）。2005 年德国平均每 100 户人家ⓜ中有 67 台计算机。2002 年 46% 的家庭使用不止一个互联网终端，3 年后已经达到 62%。因此德国明显超过欧盟平均值，即 53%。

互联网的接通和利用率在青少年中尤其高（表 D4－1A）。10 岁至 24 岁的人群中，87% 生活在接通互联网的家庭里。一部分青少年家里没有接通互联网，但有利用其他地方的互联网终端，由此构成了高参与率：总共有 99% 的大学生、95% 的中小学生、92% 的受训者使用互联网。至于电脑和互联网用于教育的目的，上述群体也是最集中的使用者。2004 年，15 岁以上的学生中已有 70% 为教育/培训目的而使用互联网，10 岁至 14 岁人群中也有 48%。

基于 2003 年 PISA 数据ⓜ对比在家和在学校的使用率，可以明显看到校内外学习领域对于使用电脑的不同意义（图 D4－1，表 D4－4web）。

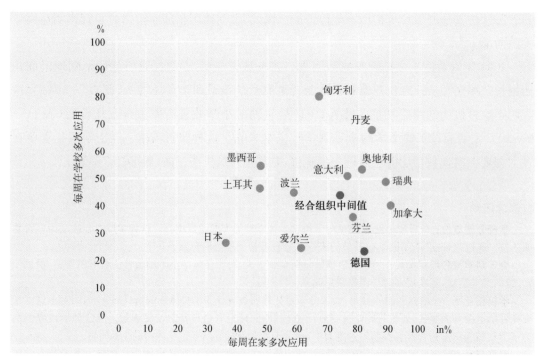

图 D4－1：2003 年个别国家在家庭和学校规律性应用电脑的情况（15 岁人群中的百分比）
来源：PISA 2003，通过 IPN 补算

德国 15 岁的青少年中有四分之三称每周在家多次使用电脑，仅五分之一在学校每周多次利用电脑学习。尽管 2000 年至 2003 年间德国学校使用频率的涨幅大于经合组织平均值（从 16% 至 21%，国际从 36% 至 39%），但德国学校相较于其他经合组织国家的学校始终是现代科技利用情况最少的。经合组织平均情况为，所有学生中的 26% 在上学之初获取了电脑知识，而德国这一比例只有该数值的一半（表 D4－2A）。

受学习地点和性别影响的电脑应用和电脑相关能力

在德国，对于女孩来说传授电脑知识较为重要的是学校。在女孩学习电脑应用的最重要地点排名中，学校在家庭之后，而自主非正式学习仅排第三名。男孩中几乎有一半称尽可能地自己学会操作电脑，五分之一从朋友那儿学会（表 D4－2A）。因此，青少年主要通过业余时间的自主非正式学习学会操作现代信息和交流技术。

电脑应用的例子也表明：学习地点影响到人们学习什么以及如何获得知识和能力。无论男女，使用电脑的特点受电脑知识在校内还是校外获得的影响（图 D4－2，表 D4－5web）。主要在校外获得电脑知识的青少年在几乎所有使用领域利用这种媒介都比那些主要在校内获得的人频繁。男孩和女孩使用电脑最少用于应用程序。正是在这一方面，在校内获得电脑知识的青少年不落后于同龄人。

学校是女孩的重要学习地点

男孩更多自学使用电脑

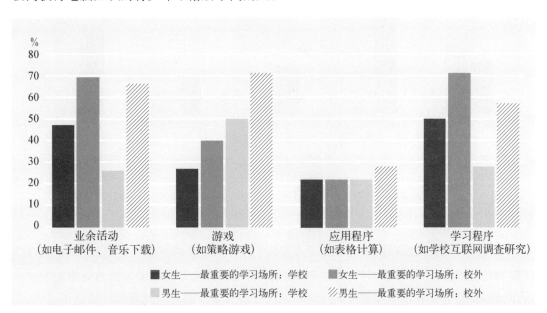

图 D4－2：15 岁人群的电脑应用频率（按应用领域、性别和最重要的学习地点，单位：%）
来源：PISA 2003，通过 IPN 补算

女孩利用电脑似乎更有目的性、更接近教育（例如学习软件），即便她们提前在校外获得相应知识也会这样。然而 2003 年 PISA 调查表明，相应"实用"的用户特征无法获得高超的能力——事实上，男孩逐渐发展的日常使用，即经常基于开始的"狂热"而接触电脑和互联网，其相关的自我影响信念尤为显著。

考虑到青少年的能力发展，他们在操作电脑时能直接获得哪些能力和技巧是很重要的。一项测试的结果表明了这一点，即 2003 年 PISA 调查的德语补充部分中学生被问到如"链接或搜索引擎等概念是指什么""如何在电脑中搜索数据并用邮件发送"等问题。这项测试显示出巨大的性别差异（表 D4－3A）。答对问题的人中 69% 是男生，比女生高 12 个百分点。男生这种在能力上的领先甚至超过在数学、自然科学和阅读中的性别差异。而主要在家庭和学校学会了电脑知识的男生，这种能力领先度却较低。

目前青少年主要在校外通过非正式途径学习应用电脑。

总体而言，男生能比女生更好地应用电脑

电脑应用和电脑相关能力的社会和地区差异

电脑应用和相关
能力受社会出身
的制约大

原生家庭Ⓜ的社会状态从根本上决定了在哪里、学什么以及如何运用所学知识（图D4－3,表D4－6web）。在家庭配备电脑情况的比较中这种差异尤为明显。较多(22%)社会地位较低的学生称学校是他们在这一领域最重要的学习地点；而地位最低的组别成员所拥有的电脑知识相对而言是最少的（表D4－6web）。

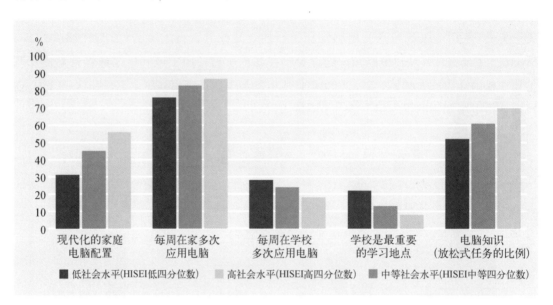

图 D4－3：2003 年受限于社会出身(HISEI)的电脑和电脑知识的可用及应用情况(单位：%)

来源：PISA 2003,通过 IPN 补算

因此,学校对基础条件(家庭电脑配备)不好的青少年普遍具有一定的促进功能,却无法弥补社会差异。相反,德国 2003 年 PISA 研究中提到"剪刀差效应",因为受出身制约的应用差异和能力差异在学校里进一步加剧。尽管所有学生都在不同的促进措施中受益,但基础条件较好的学生受益最多。对差异的均衡在其他经合组织国家实现得明显更好。

电脑应用和能力
获得在东部学校
比在西部重要

在家庭配置、电脑应用和学校作为学习场所的意义方面,除了社会差异还有地区差异（表 D4－6web）。总体而言,东部各州的家庭电脑配置情况逊色于西部,主要在梅克伦堡-前波莫瑞州和萨克森州,学校在电脑应用和能力获得方面对于所有社会阶层的学生都有相对较高的意义。而主要在学校获得电脑相关知识的学生在巴登-符腾堡州和巴伐利亚州经常比例过高。

总之,目前学校在电脑应用和相关知识获得方面是相对次要的学习场所。校外学习领域和自主非正式学习有特殊的意义。未来学校对于自主学习能否更好地发挥推动潜能、电脑应用将如何促进普通教育和培训、学校如何均衡社会差异,这一切都尚需观察。国际比较证明这些可以成功。

Ⓜ概念注释

"企业和家庭信息技术"研究：关于配置的陈述涉及所有在"企业和家庭信息技术"研究中所调查的家

庭。而在互联网应用方面仅涉及包含至少一位 75 岁以下成员的家庭。

2000/2003 年 PISA：在 PISA 研究的框架下，在经合组织国家，尤其在德国研究了 15 岁人员有哪些方式接触电脑，他们以何种方式、何种频率使用电脑以及电脑相关知识量有多大。

HISEI(最高国际社会经济地位指数)：国际社会经济地位指数(ISEI)是一种从培训时长、收入以及职业的社会声望等角度将职业分组、分级的社会经济指数。根据父母双方的情况说明形成每个学生的 HISEI，即家庭最高职业水平指数。在对分组水平的比较中选出社会经济水平最高和最低的 25%(最高和最低 HISEI 四分位)并与剩余的学生(HISEI 25%-75%四分位)做对比。

电脑配备质量：按照 PISA E 调查纲领，"舒适的电脑配置"包含互联网连接和软件；"不完善的电脑配置"缺少这些配置。

D5 通过志愿活动开展的非正式学习

在以生活计划多样化为特征的现代社会，年轻人的学习过程处于极为不同的社会和机构联系中。鉴于个人自我调节能力的加强，非正式学习过程——在社会志愿活动中对于社会学习和社会参与具有重要意义。志愿活动以动机、兴趣、社会导向和多样性的能力为前提，同时为这些能力的进一步发展提供了重要的机会。青少年常常在这里第一次承担社会责任，除纯粹的团体活动(例如协会的足球赛)之外还投入有组织的任务和职责(例如义工训练工作)中。重要的问题是，青少年从中学到什么，他们通过志愿活动获得了哪些能力ⓜ。

志愿活动不只是单纯地参与活动

志愿活动的范围和形式

2004 年的志愿者考察表明，德国 14 岁至 19 岁人员ⓜ中足足有三分之一从事志愿活动。青少年是参与志愿活动最多的人群。最重要的活动范围主要在体育和——不断增长的——学校环境(如学生社团)以及教会/宗教领域。14 岁至 19 岁人员中参与政治领域的活动比其他领域要少(图 D5-1，表 D5-5web)。这与"国际教育成就评价协会(IEA)公民教育研究"的结果一致，①即只有少数青少年在成年以后还愿意——除行使选举权外——积极从事政治活动。

政治领域活动少

这些活动始终大多以团体形式进行(46%)，其次是教会和公共机构。然而这些组织和机构所占比例减少，而组织得较弱的公民自发组织、项目和群体更为重要(表 D5-2A)；后者在学校领域也越来越多，除课程外还涉及项目活动、民间组织和自组群体(表 D5-3A)。

组织性弱的群组意义增强

影响志愿活动的因素

志愿活动的范围受一系列因素的影响：14 岁至 19 岁学生的活动与其就读的学校类型有关；文理中学领域的志愿活动比例为 45%，几乎是普通中学领域该比例的 2 倍(表 D5-4A)。在教育参与情况中呈现的出身导致的差异(参见 D1)似乎也延伸到学生志愿活动之中。其他重要的影响因素在于社会关联的程度和质量：例如志愿活动的范围随熟人和朋友圈子

学校类型是最重要的影响因素

社会关联也促进志愿活动

① Torney-Purta, J. u. a. (2001): Citizenship and Education in Twenty-Eight Countries. Amsterdam.

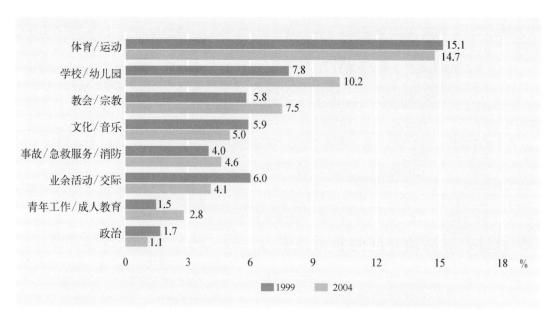

图 D5‐1：1999‐2004 年个别活动领域中 14‐19 岁人群的志愿活动(单位：%)

来源：1999 年及 2004 年志愿者研究；自行计算得出

的增大而增长,与教会关联也如此;处在出生地区的青少年比最近十年才搬来的青少年的活动范围更广。此外政治兴趣与青少年参与志愿活动的意愿相关。

　　相反,社会人口方面只起到次要的作用,尽管德国国籍这一影响因素对青少年志愿活动率的政治影响比对年长者大。性别差异和东西部差异呈现平均化趋势;然而青少年男性越来越多,西部各州该年龄段的志愿活动率为 38%,多过东部各州的 30%;此外,小乡镇比大城市更经常进行志愿活动。

明显从交际导向转变为兴趣导向

　　青少年对志愿活动的动机和期待自 1999 年以来明显改变了,而且突出于其他人群(表D5‐6web)。2004 年志愿者研究中的因素分析表明,以"交际导向"这一概念(主要为"遇到招人喜欢的人,这样做起活动来有意思")表明特征的动机大大丧失重要性,而主体的"兴趣导向"成为主导的动机和期待结构。这种"兴趣导向"除了职业导向("还能为职业所用")外,还包括"符合自己的兴趣""自己的问题自己解决""寻求认同""拓展知识和经验""承担自己的责任"等视角。这些动机的增强并未给"公益导向"带来负担(主要为"做些公益的事,帮助他人")。[1]

自我评估中的要求和能力获得

　　年轻人认为对志愿活动其重要的活动要求中,以"能很好地与人们交往"(70%)和"非常乐于助人"(66%)这些特点尤为突出;此外"吃苦耐劳"和"组织天赋"也很重要(图 D5‐2,表 D5‐7web)。

各年龄段比较,青少年的学习效果最强

　　14‐19 岁的青少年中有 56% 表示,自己认为重要的能力通过志愿活动在很大或较大程度上得到了提升;只有 5% 根本没有看到这种效果。青少年比其他年龄段的人更珍视通

---

[1]　Freiwilligensurvey 2004，Kap. 6，Fußnote zu Tab. J 12.

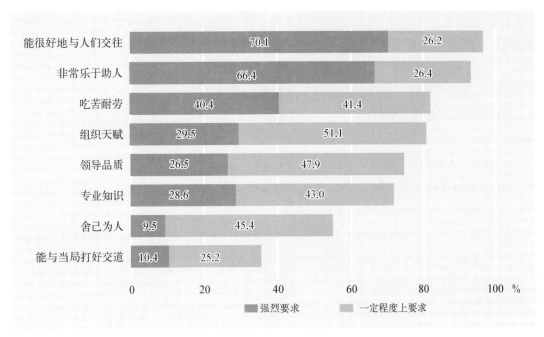

图 D5－2：2004 年 14－19 岁人群自我评估中的活动要求（单位：%）[*]

* 被询问的是："活动对您有哪些要求？我给您一些分值，请您分别告诉我，这对于您的活动是强烈要求、一定程度上要求还是不要求"

来源：2004 年志愿者研究，问题 B1－12；基于志愿者研究自行计算得出

过志愿活动所获得的能力[M]。自己评估的学习效果几乎与具体的活动内容（如帮忙、建议、活动准备等）无关。

在按照最重要的活动领域所进行的划分中，对能力获得的自我评估结果也显示出领域决定性的高度恒定性，也就是说，能力获得几乎不取决于具体的活动领域。尽管"业余/交际"领域对能力获得的惊人重要性引人注意（表 D5－1A）。

[M]概念注释

　　能力获得：基于目前的实践研究水平，无法回答关于志愿活动的客观学习效果的问题；但受访青少年对这一点的自我评估可以给出提示。

　　年龄分割：所列结论基于志愿者研究的补算，即 1999 年和 2004 年在德国居民抽样检查中询问了大约 1.5 万 14 岁以上人员。报告一方面涉及研究中"青少年"这一范畴使用最多的年龄段，即 14－24 岁人群；这尤其适用于与"中小学生""大学生""受训者"和"从业者"的对比中。另一方面，在个别情况下为了专门表达学龄期的志愿活动，对 14－19 岁人群进行年龄分割并补算。研究中以 10 年为跨度（14－24 岁、24－34 岁……75＋）对自我评估的能力获得进行年龄段对比。

D6 认知能力

国际学校成绩研究自 20 世纪 90 年代中期就提出了关于学校系统的"输出"的问题。经合组织 2000 年和 2003 年对 15 岁学生的成绩进行对比的 PISA 研究、2001 年在四年级进

行的 IGLU 研究都令人震惊。[1] 其结果也令人重视,因为这里研究的并非各科所学的知识,而是能力,亦即让儿童和青少年在学校和日常生活中适应并独立获得新知识的基础能力。阅读能力作为现代基础教育的核心能力而居于中心地位。连同运用数学运算和自然科学的能力,阅读能力被视为成功的教育和职业生涯的基础。

德国的核心调查结果为:

PISA 中的德国 15 岁人群:成绩水平居经合组织平均水平,差异性非常大,风险群体比例大,2000 年至 2003 年仅在部分领域有所发展

- 15 岁人群的成绩水平:学生能力居于所比较的工业国家的中等位置,但明显低于大部分东亚、北欧和英美国家。

- 2000 年以来的变化:2000 年至 2003 年间,15 岁的人群成绩水平在自然科学和数学的部分领域有所改善。阅读能力没有变化。

- 学习成果不均衡及成绩差的学生情况:德国在中等教育领域显示出极大的成绩差异。恰恰成绩差的学生在国际比较中的结果不理想。15 岁的人群中始终有四分之一必须被看作风险群体,他们几乎不能成功地踏入下一步的学校或职业教育。

IGLU 中的德国四年级生:成绩居所比较的工业国家中等位置,差异较小

- 小学:德国小学在国际比较中取得的结果略好于中等教育领域的学校,尽管 IGLU 和 PISA 的结果不能直接进行比较。无论如何,值得注意的是还未对小学中测出的成绩差异进行观察,而是首先观察中等教育领域。

在此不再详细罗列这些结果。教育报告更关注关乎教育系统的控制和质量发展的两个方面:州际比较和学生群体间的差异。尤其是德国内部巨大的能力差异,讨论较多的是男生较差的阅读成绩和所获能力对原生家庭社会状态的依赖性。与移民情况的关系也是研究中的另一个核心主题(参见 H5)。

相较于能力获得这一试金石对教育成果的重要意义,目前的数据还不够充足。希望能够为从入学到职业生活的能力水平和发展提供文献证据。同样重要的是非认知领域的延伸,如:学习策略和学习态度。

PISA 研究中的各州情况

PISA 是迄今为止唯一根据学生所习得的能力对德国各州进行对比的研究(图 D6 - 1,表 D6 - 1A)。

州际比较中呈现宽广的中间地带

尽管州际差异——类似于其他的联邦体系如瑞士和加拿大,仅造成大约 2% 的成绩差异,但也引发了教育政策方面的辩论。在调查的所有四个能力领域,巴伐利亚州、巴登-符腾堡州和萨克森州居于经合组织平均值 500 以上。不来梅、北莱茵-威斯特法伦州在三个核心能力(阅读、数学和自然科学的基础教育)方面低于经合组织平均值。构成宽广的中间地带的州的结果在相互之间和与经合组织平均值之间大多没什么差异。

解决问题思维的专业潜能还未充分利用

值得注意的是相对的强弱。在几乎所有州(但主要是在三个市州即汉堡、不来梅和柏林),解决专业问题的测试结果都好于数学测试——与相应的经合组织水平相比较。在日常的结论和决定方面,如解决问题测试所要求的,可以看出专业上的潜能还没有充分利用。

---

[1] Bos u. a. (2003):Erste Ergebnisse aus IGLU,Münster;Deutsches PISA-Konsortium (2001),a. a. O.;PISA-Konsortium Deutschland (2004),a. a. O.

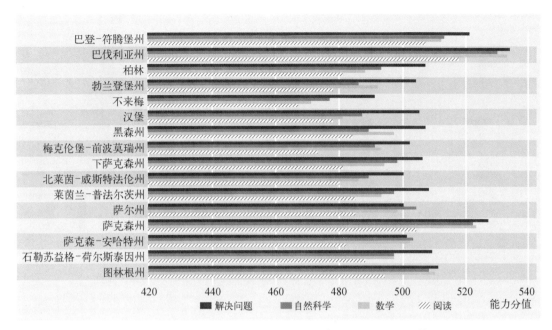

图 D6－1：2003 年各州 15 岁人群的技能模式（四个技能领域中的中等测试分数）

来源：德国 PISA 组织（2005），出处同上

在 5 个新联邦州，数学结果都明显好于阅读能力结果。

PISA 测试迄今为止有过两次高潮，即 2000 年和 2003 年。其结果在国际层面上极为稳定。经合组织范围内仅在数学的部分领域出现变化（作为中等成绩的提升），即关于利用数学功能的"变化和关系"主题的任务。在这一方面，德国几乎所有州 2003 年的成绩都好于 2000 年的成绩（图 D6－2，表 D6－1A）。11 个州都显示出自然科学能力的显著提升，仅在 5 个州出现阅读能力的提升。萨克森州、萨克森-安哈特州、勃兰登堡州、图林根州和不来梅总体而言都有巨幅增长——但最终水平差异显著。

2000 年至 2003 年，自然科学有发展，而阅读没有

成绩优劣的学生能力

巨大的成绩差异是德国学校体系所面临的最重要的挑战。前文所述 2000 年和 2003 年 PISA 间的提升主要源自本来成绩就好的学校类型的提升，而普通中学未见改变。

对此要做出的反应在于，完全相同地促进成绩好与差的学生。如果将成绩最好的 10% 与最差的 10% 的能力放在同一张图中对比，就能看出如何平衡这两个目标。图 D6－3（表 D6－2A）展示了对继续学习有独特作用的阅读能力的情况。在此还需要进行国际比较。通过这幅图中一个国家的位置能解读出其成绩分布的两个界限值：水平方向是成绩最差的 10% 所达到的数值（第 10 百分位数[M]）；垂直方向是成绩最好的 10% 所达到的数值（第 90 百分位数）。

国际比较中仍能明显看出，德国的问题主要在于交叉的成绩领域。德国的第 10 百分位数（水平方向）低于除希腊之外的所有其他经合组织国家。德国成绩最差的 10% 学生的阅读能力也远低于其他国家阅读差生所达到的成绩。而德国成绩最好的 10% 拔尖生与日本、美国、挪威、爱尔兰和荷兰的成绩好的学生（第 90 百分位数，垂直方向）持平，仅仅超过

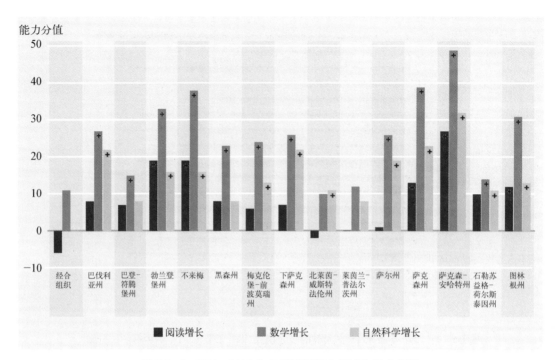

**图 D6－2：2000－2003 年各州不同能力领域和经合组织
等级*的成绩结果变化（单位：能力分值）**

*　重要增长以"＋"标识。柏林和汉堡因 2000 年 PISA 参与率不足而无法显示，数学增长涉及"变化与关系"的部分范围
来源：德国 PISA 组织（2005），出处同上，尤其是第 378 页

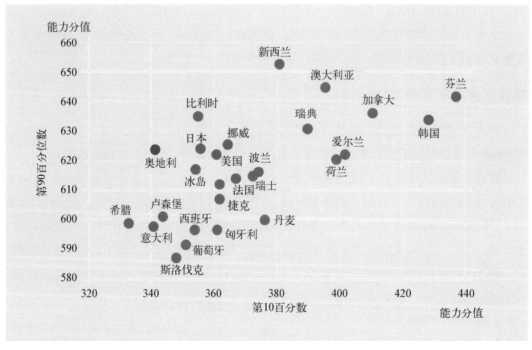

**图 D6－3：国际比较中阅读能力分配的第 10 百分位数和
第 90 百分位数（单位：能力分值）**

来源：德国 PISA 组织（2004），出处同上

了比利时、瑞典、韩国、加拿大、芬兰、澳大利亚和新西兰的拔尖生。德国对成绩好的学生的促进措施在国际上居于中等水平,而对成绩差的学生的促进措施结果却很差。

小学阅读能力的一份国际比较(IGLU/PIRLS)说明:在初等教育领域,德国的学校体系较之其他国家完全做到了对成绩优劣的学生都适当促进,直到中等教育学校体系两者才出现差距。数学和自然科学的基础教育中,通常更容易实现这两个促进目标之间的平衡(表 D6 - 4web,州际比较见表 D6 - 5web)。

能力获得与社会出身

若要促进成绩较差的学生,必须注意到受教育较少的阶层。德国属于社会出身与学校成绩联系尤为紧密的国家之一。在小学中就已经如此:PIRLS 国际阅读研究中,德国家庭的社会出身与阅读能力之间的联系强度在 13 个国家中居第 3 位。2000 年 PISA 研究中 15 岁人群是所谓的"社会陡度"⑩,这体现出这种紧密的关联性,没有国家能达到德国的这种陡度。2000 年至 2003 年,这种对比结果和社会陡度之高都没有发生变化。① 均衡能力获得的不同机遇仍然是教育政策的一个重大盲点。

能力与社会出身始终紧密相关

德国各州的社会陡度完全不同(图 D6 - 4,表 D6 - 1A)。巴伐利亚州在社会出身与阅读能力之间相对较弱的联系方面处于中等偏上的水平。与巴登-符腾堡州的对比表明,成绩水平(这里指阅读)统计没什么差别的州也可能有悬殊的社会陡度。部分可以解释为各州移民比例不同导致的社会陡度差距(参见 H2)。

高成绩水平可与低社会陡度协调一致

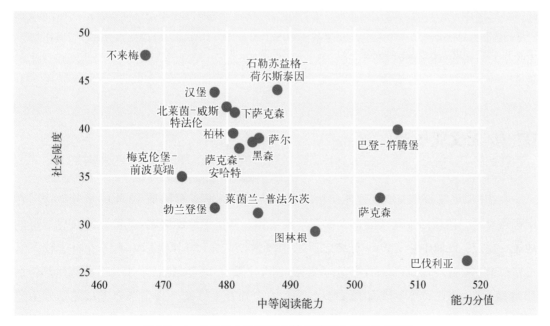

图 D6 - 4:各州社会陡度和中等阅读能力(PISA 2003)

来源:PISA 2003,通过 IPN 补算

---

① 2000 年和 2003 年 PISA E 研究中部分使用了不同的计算方法。基于相同的抽样定义、指示器和计算过程对 IPN 的补算表明,2000 年至 2003 年,无论在全德国内还是各州之内的社会陡度都没有显著变化。

性别差异

　　女孩在语言能力,尤其是阅读方面,成绩明显高于男孩,文化差异和相应学校体系的影响导致各国不同程度的成绩差异。

15 岁女孩:阅读能力强

　　在 2001 年 IGLU/PIRLS 小学研究中,德国属于女孩优势相对较小的国家,而在 2003 年 PISA 研究中是属于女孩优势较大的国家。如果将对比限定在两个研究中都出现的国家(表 D6－3A),能明显看出性别导致的能力差异在德国的初等教育领域相对较小,但在中等教育领域明显增强。

　　青春期附加的社会化效果也对此产生影响,但也有学校体系的影响。德国男生比女生更容易留级(参见 D2),且在中等教育第一阶段更愿意就读较低文凭的学程(参见 D1,D7);两者加强了女孩的成绩优势。对男孩专门的学习帮扶促进在德国阅读教育中尚未实现。

　　PISA 和 IGLU 中涉及其他能力领域的性别差异明显更弱。只是 15 岁人群的数学能力的成绩差异是显著的(男孩更占优势),但在 PISA 刻度表示上只有 9 个点,即 0.09 个标准单位。在德国内部,各州之间性别差异的程度几乎没有变化。

Ⓜ概念注释

　　百分位数: 分配(这里指学生中能力值的分配)中的第 X 百分位数是指,所有人数中准确的 X% 所达到的数值。第 10 百分位数之下便是成绩最差的 10% 的计算结果,第 90 百分位数之上即成绩最好的 10% 的结果。

　　社会陡度: 社会陡度是描述社会出身与所获能力之间关系的(通常为线性的)函数。该函数的图像越陡,能力值随社会出身指数上升而变化得越多。因此陡度的上升成为关系紧密度的指示器。在这里画出的是阅读能力的社会陡度,其中社会出身是基于 HISEI(参见 D4)计算的。对缺失数值进行了填补,不同于能力计算,这里未考虑特殊学校生。

D7 有/无文凭毕业

　　在德国,儿童和青少年按照各州法律规定从 6 岁起通常要接受 12 年的义务教育。在中等教育第一阶段结束时才能首次拿到学校文凭。基于 KMK 协定,最重要的文凭尽可能地统一规定:普通中学文凭(9 年级之后)、中级学校文凭(10 年级后)、高等专科学校入学资格(12 年级后)和普通高等学校入学资格(迄今主要在 13 年级后,未来几乎所有州都将在 12 年级后)。普通高等学校入学资格已经有 10 个州在全国统一高中毕业考试的基础上得到承认;另外 4 个州将在下一学年引进全国统一高中毕业考试。2007/08 学年出现在石勒苏益格-荷尔斯泰因州;只有莱茵兰-普法尔茨州仍执行非全国统一高中毕业考试。对于中级学校文凭,几乎所有州(除了莱茵兰-普法尔茨州和石勒苏益格-荷尔斯泰因州)都实行全国统一高中毕业考试。

　　学校文凭是在普通教育学校体系之后继续接受教育的必要前提,也是成功进入就业市场的最低要求。因此，了解典型年龄段的哪些比例学生通过哪些途径得到了哪些文凭是很重要的。

普通教育学校和职业学校毕业生的文凭种类

2004 年毕业时，德国普通教育学校和职业学校的 125.6 万毕业生⃝所获的文凭中，中级文凭所占比例最大（图 D7－1，表 D7－1A，表 D7－2A）。中级学校文凭在同龄居民⃝中占 52%，成为其中最重要的学校文凭。在典型毕业年龄获得普通中学文凭和普通高等学校入学资格的比例几乎相同，都是接近 30%。

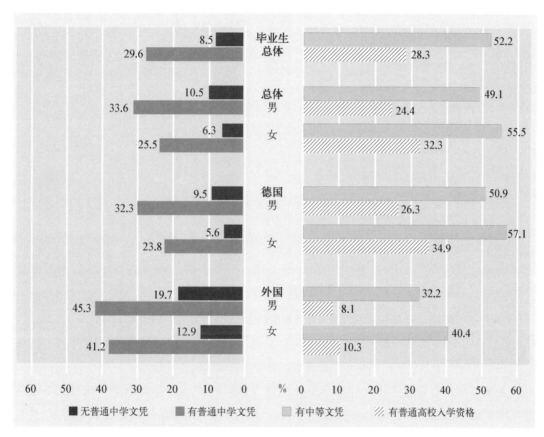

图 D7－1：2004 年不同文凭类型和性别的德国和外国毕业生（同龄居民中的百分比）

* 不含高等专科学校入学资格：下列年龄段分别以此为基础：15－17 岁以下（无和有普通中学文凭），16－18 岁以下（中等文凭），18－21 岁以下（普通高校入学资格）

来源：联邦统计局，2004/05 学校统计，人口统计

女性毕业生比男性毕业生更经常获得高价值文凭：男生获得普通中学文凭多于普通高等学校入学资格（34%对 24%），女生的情况则刚好相反（26%对 32%）。此外，无文凭毕业的女生在该年龄段人群中约占 6%，约为男生该比例的一半。这种性别差异也出现在德国和外国毕业生的对比中。像德国学生的情况那样，没有学校文凭的外国女生比例明显低于外国男生。同时外国女生所达到的高价值文凭比例明显高于外国男生。

德国与外国学生之间的对比还有其他差异：高等学校入学资格方面，德国与外国毕业生的比例悬殊。德国持文凭离开普通教育学校或职业学校的毕业生几乎是外国毕业生的 3 倍。

获得较高文凭的女生多于男生；外国女生也同样获得教育成功

获得较高文凭的德国毕业生多于外国毕业生

2004 年,无论男生还是女生,无文凭的外国学生是德国学生的 2 倍。外国男生中这一比例是同一年龄中的 20%。同样值得注意的是,越来越多的外国学生未取得文凭就离开了特殊学校,最近 10 年未取得文凭的特殊学校学生比例总体也在上升(表 D7 - 5A,D7 - 3A)。

普通教育学校和职业学校毕业生的国际和州际比较

毕业情况在新旧联邦州显示出大量的差异(图 D7 - 2,表 D7 - 1A):

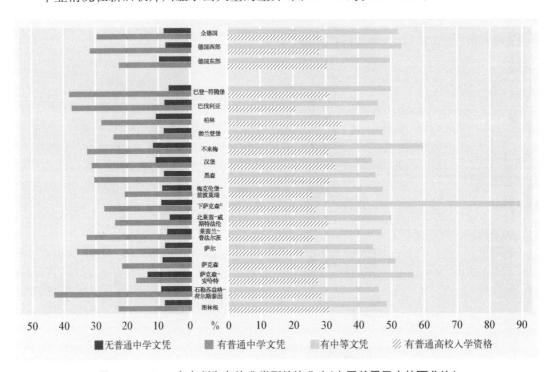

图 D7 - 2:2004 年各州和各毕业类型的毕业生(占同龄居民中的百分比)

1) 中等文凭包括文理中学向中等教育第一阶段的过渡

来源:联邦统计局,2004/05 学校统计,人口统计

新联邦州没有普通中学文凭的学生比例更大。同时该地区持普通中学文凭的毕业生比例明显低于旧联邦州。获得高等专科学校入学资格的毕业生情况也存在巨大差异;德国西部各州的该类毕业生比例是东部各州的 2 倍。

市州:许多毕业生没有文凭,但同时高中毕业比例高

州际比较显示出更有差异性的毕业率图景。值得注意的是,萨克森-安哈特州以及柏林、不来梅和汉堡等市州无学校文凭毕业生占据了极高的比例。然而市州获得普通高等学校入学资格的比例也是最高的。巴伐利亚州和萨尔州高等学校文凭的高比例伴随着普通高等学校入学资格的低比例。"较高文凭比例较大的州较低文凭的比例必然较低"这种模式并未形成。

与国际发展情况的比较显示出德国学校体系文凭分配的优劣:

经合组织所报道的学校文凭数据使不同教育体系[M]的毕业率比较成为可能,但仅限于接受中等教育第二阶段教育并成功毕业的学生。

德国中等教育第二阶段毕业率高,但入高校比例低

成功完成中等教育第二阶段普通教育或职业教育的人在典型毕业年龄人群中的比例,2003 年 20 个经合组织国家中 17 个国家的可比较数据超过 70%。德国与希腊、爱尔兰、日本和挪威为毕业率超过 90% 的五国。约 60% 的毕业生通过职业教育途径获得文凭,只有三分之一通过可以直接进入高校的普通教育途径。

获得学校文凭的途径

德国近年来在普通教育学校体系之外获得学校文凭的比例总体上升(图 D7‑3,表 D7‑4A)。若只观察中级文凭的变化,可以看出实科中学所占比例从 1996 年至 2004 年显著减少,同时通过职业教育体系获得的中级学校文凭增多。虽然普通中学文凭仍有超过 50% 在普通中学获得,普通高等学校入学资格甚至超过 75% 在文理中学获得,但职业学校在这些文凭中所占的比例在上升。

通过职业教育获得普通教育学校文凭的情况增多

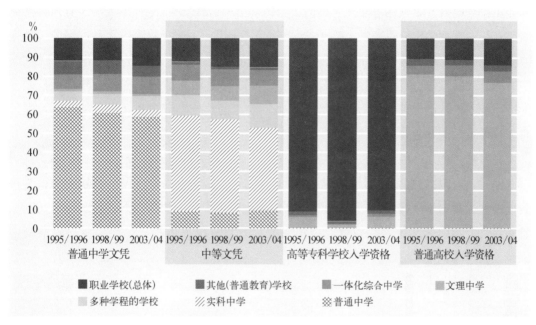

图 D7‑3: 普通教育和职业教育体系中不同文凭类型、学程和
毕业年份的文凭(在所达到文凭中的百分比)

来源:联邦统计局,1996/97、1999/00、2004/05 学校统计

在德国西部的一些州(州际比较参见表 D7‑6web,表 D7‑7web,表 D7‑8web)普通中学文凭与普通中学的联系尤为紧密。尤其值得注意的是巴伐利亚州和巴登-符腾堡州(所有普通中学文凭中占近 80%)。新联邦州由于当地多种学程的学校类型占绝大多数而没有出现这种联系。该地区普通教育学校体系之外获得普通中学文凭的比例是旧联邦州的 2 倍(27% 对 12%)。

最近几年在普通中学获得中级文凭的比例相对稳定。相反,主要在多种学程的学校和职业教育学校获得的中级学校文凭的数量大幅增长。一些州(汉堡、萨尔州和石勒苏益格-荷尔斯泰因州)超过四分之一的实科中学文凭不是在普通教育学校获得的。

大部分学生始终在文理中学的高等阶段获得普通高等学校入学资格(2004 年为 77%),巴伐利亚州和不来梅以超过 90% 的比例显示出这两个州的高中毕业与文理中学的联系是最强的。一些州的一体化综合中学的文理中学高等阶段在获得普通高等学校入学

高中毕业与文理中学高等阶段依然关系紧密

资格方面也占重要地位(参见 D1)。

自 20 世纪 90 年代中期以来,几乎所有州在职业教育中获得普通高等学校入学资格的比例均有所增加。在一些州,尤其是巴登-符腾堡州,三分之一获得普通高等学校入学资格的毕业生来自职业文理中学,这明显超过了 14% 的全国平均值。

主要是外籍学生不在传统学程中获得文凭

不通过传统学程而是通过平行的或替换的途径获得学校文凭的方式主要体现在外籍学生(表 D7 - 5A)。几乎 20% 的外籍毕业生与仅 9% 的德国毕业生中级学校文凭是在普通中学获得的。在职业教育中获得中级文凭的比例也在外籍毕业生中明显更高。

学校文凭与学校类型的脱离加强

前文所述的发展情况表明,学校文凭不再只与某一种学校类型绑定,而是可以通过多种途径获得。学校类型与学校文凭的脱离趋势日益明显。所有普通教育文凭中有相当一部分是在普通教育学校体系之外获得的。全国都呈现这种发展,尽管不是在所有州都同样明显。普通教育学校显然丧失了授予文凭的"垄断权"。一部分未达到学习目标的学生变换学校类型(参见 D1),以此在另一种学校类型获得所追求的文凭,这也显示出这种脱离。

脱离的优势一部分影响在于普通教育学校之外

此外,在普通教育学校之外获得文凭的比例上升,表明这种脱离在普通教育学校之外的不小范围内都已出现。均衡了分类学校体系缺点的学校类型与文凭脱离似乎在普通教育学校体系只能部分开展。

在传统学程之外的途径获得文凭使追求目标文凭的失败得以部分弥补。这"第二次机会"在教育学和社会视角下都越来越重要,不仅仅对外籍学生而言。国际比较中被认为极具选择性的德国学校体系的一些缺点(例如对学生学习促进中的弱点)可能由此得以弥补。然而名义上相同的文凭是否为就业市场或继续教育机构提供相同的参与机会目前尚不清楚。

Ⓜ概念注释

中学毕业生:中学毕业生是指(完成全日制义务教育后)离开学校的所有学生。从一体化综合学校十年级转到文理中学高等阶段的学生不算作毕业生。没有普通中学文凭毕业也包括持特殊学校的专有文凭的人。特殊学校的独立文凭存在于巴登-符腾堡州、梅克伦堡-前波莫瑞州、下萨克森州、北莱茵-威斯特法伦州、莱茵兰-普法尔茨州、萨克森-安哈特州、石勒苏益格-荷尔斯泰因州和图林根州的九年级后;勃兰登堡州和北莱茵-威斯特法伦州可能在十年级后获得专门的特殊学校文凭。从目前全德国的数据基础来看,没有普通中学文凭的毕业生获得另外的文凭证书是不可能的。成功就读十年级后离校的文理中学毕业生也被视为有中级学校文凭的毕业生。

典型年龄的居民:所述及毕业率总和并非 100%,因为各个毕业生组别来自不同的年级,此外这一年的毕业生可能第二年又从另一种学程中再次毕业。同龄居民(2003 年 12 月 31 日)中的毕业生比例根据文凭类型来源于下列年龄:无/有普通中学文凭:15 岁至 17 岁以下;中级文凭:16 岁至 18 岁以下;专科高等学校入学资格和普通高等学校入学资格:18 岁至 21 岁以下。将在职业学校获得的普通文凭和之后(更高)年龄的毕业生计算在内,实际的毕业生年龄结构仅与假设的(假定的典型)年龄部分重合。

国际比较:经合组织中等教育第二阶段文凭的国际比较对德国来说包括 ISCED - 3 和 ISCED - 4 阶段的所有毕业生。各个国家学程的毕业生人数被归入相应的 ISCED 阶段,并用于 19 岁总人口的毕业率计算。一个持 ISCED - 3 文凭的人如果继续获得中等教育第二阶段的一个文凭,在德国就被视为 ISCED - 4 的毕业生。

前景

德国学校体系在各州不同的结构下有强烈的差异性；这带来了大量的过渡阶段。在过渡到中等教育第一阶段和学校类型间的转变方面，社会阶层较低的学生处于劣势。所追求的透明度实际上较低，甚至主要呈"下降"趋势。更高的透明度是否能在多大程度上弥补社会和移民带来的不平等（参见 H3）尚不可知。因此补获文凭的替换途径越来越重要。问题在于，鉴于减少的学生人数和紧缺的公共资金，这样一种多样化的学校供应能否继续维持。

几年来，较长的教育时长越来越引发人们的批判。尤其是 PISA 研究对延缓的学校生涯的困难性引起人们的注意。德国学生由于留级而在学校体系停留的时间特别长，这在国际比较中引人注目。除了由此增加的费用之外，还有对复读成果的强烈质疑。一些州只在特殊情况下允许留级。

当前教育政策讨论的重心在于学生成绩质量和学校体系能力的问题。从文凭和能力的角度讨论这个主题，D7 表明高能力文凭的比例增加，D6 说明 2000 年至 2003 年有些能力提升，当然仅限于部分能力且在原本成绩就好的学校类型。德国学校体系的巨大挑战还在于，有针对性地促进成绩差的学生——主要来自文化水平低的阶层和移民家庭，以使其教育生涯受成功而非失败所决定，这样能使成绩水平整体改善。这一任务在过去几年中得以认识，并以多种方式开展。目前还缺少数据以系统化地均衡实现这一任务时促进学生的措施和支持教学力量和学校的措施；为了之后的教育报告必须发展出相应的板块。

目前，所有州的教育政策活动重点在于为学校建立评估和回馈体系。作为对各州有决定意义的目标规范，KMK 通过了中级学校文凭、普通中学文凭和初级教育领域（四年级）的教育标准。几乎所有州都有的学校和课程质量的所谓导向框架也属于这些能力标准，其中确定了好学校的标准。各州按照这些标准通过质量报告和审查体系公开评估学校。基于这些发展的新形势，在后续报告中才能给出系统化信息。除了个人促进和体系质量发展，有非形式教育供给和非正式学习过程的形式（学校）教育过程在当前的教育讨论中也起到重要作用。此外还有一个问题，全日制教育和照管供应能否并且在多大程度上促进学生（主要是来自处于社会劣势家庭的学生）的学习发展？青少年志愿活动和校内外电脑应用的例子表明了非形式学习环境和非正式学习过程对获得基本能力和文化技术的重要性。

E 职业教育

    国际上将高校层面以下的德国职业教育视为典范、能够获得这一声誉主要归功于由企业和学校共同培养的双元制职业教育。该体系为社会提供了一大批高素质的专业储备人才,是德国取得显著经济成就以及在国际经济体系竞争中保持领先地位的重要先决条件之一。迄今为止,它为大部分适龄青年提供了高质量的职业教育机会,使其能够顺利从学校进入到劳动力市场。这是其他任何一个职业教育体系难以企及的。在大规模失业和劳动力市场不稳定的背景下,该培训体系的两项重要质量指标——较高的培训合格率和较低的青年失业率,体现出了它所具有的基础性作用和社会意义。

    除双元制职业教育外,另一种全日制的学校职业教育也早已存在——主要面向服务业的职业教育。在过去的几十年中,这一职业教育方式也越来越受到重视。

    社会经济结构转型带来的一个重要后果是职业教育培训体系的分化。在当今几乎所有的经合组织成员国中都可以观察到这一分化过程,并且常常伴随着不同职业发展机会的重新分配,而这些新的划分会导致学员个人不同的职业选择。在德国,高校层面以下的职业教育分为三大板块:[①]

- 双元制职业教育指的是,根据《职业教育法》和《手工业条例》,学员能够获得完全合格的相关职业资质培训(企业培训为主,学校授课为辅);
- 学校职业教育指的是,学员仅在全日制学校中获得法律上完全合格的职业资质教育;
- 过渡职业教育指的是,学员能够获得相应的职业教育,但是这些培训内容无法使其获得完全合格的毕业证书。此类培训项目不能达到完全合格职业教育的目标,旨在提高学员的个人能力,为使其获得进入完全合格职业资质培训阶段的资格或者为某一职业做准备,或让学员补充一些普通学校教育阶段所未掌握的知识。

    系统地考察德国职业教育,不仅可以看出该系统的变化所带来的活力、对整个教育体系的意义以及给青年学员带来的职业发展机会,还可以看出人力资源的储备和发展情况。基于以上考虑,本章的考察重点如下:各职业教育分支之间的学员流动情况和双元制职业教育体系中的结构变化,因为从数量和结构上来看,双元制职业教育对整个职业教育系统来说举足轻重。[②] 另外,还会考察各分支在职业教育中所取得的成就。通过考察所选指标,希冀找到目前大家激烈讨论问题之答案:导致完全合格职业教育市场上供需关系不平

---

① 还需补充的是公务员培训,因为涉及人员较少(截至2004年:16125名候补公务员——中等职位)且缺乏相关数据,所以没有收录相关收据。

② 此外,双元制职业教育也是教育报告中唯一一个可以获得相应数据的板块,且可以从不同角度进行分析。

衡的原因是什么，职业教育对于学员今后的职业生涯有何意义？

E1 职业教育新学员——职业教育体系的结构变化

上个十年中，参加职业教育的新学员流动趋势体现了职业教育体系的结构变化程度。我们考察任意一种职业教育形式的学员总数，可以发现，在较长一段时间内（1995 年至 2004 年）三大职业教育板块^M的新学员数量分配有很大变化。1995 年至 2004 年间，职业教育系统的新学员总量增长到 120 万，增长了七分之一（表 E1 - 1A），然而进入双元制职业教育体系的新学员数量却明显回落。与之相反，进入过渡职业教育体系的新学员数增长迅速，进入学校职业教育体系的新学员也稍有增长（图 E1 - 1）。

进入双元制职业教育体系的新学员数量下降显著；过渡职业教育体系人数膨胀

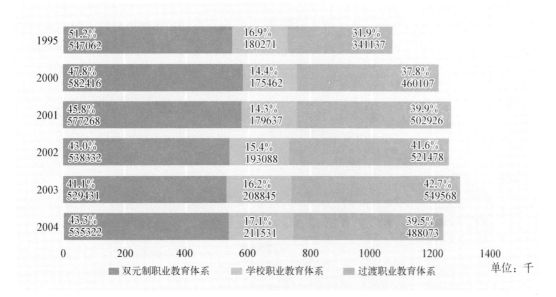

图 E1 - 1：1995 年及 2000 年至 2004 年三大职业教育板块新学员的分流情况

参见表 E1 - 1A 的说明

来源：联邦及各州统计局，基于学校数据统计进行的估算；联邦劳动局，自己计算得出

长期来看，职业教育中新学员的流动趋势反映了社会经济结构转型的三大特征：

- 从双元制职业教育中职业教育岗位的供应量减少可以看出，就业领域中工业这一板块的职位供应下降，所以相应的培训岗位也开始减少。虽然服务业职位供应处在上升期，但未能填补这一空缺。

- 1995 年至 2004 年，全日制学校职业教育的学员数量上升了 17%，这主要反映了以人为对象的服务业岗位需求的迅速增长。所以，将学员视为学生的培训领域就比较受青睐。

- 在三大职业教育板块人员结构变化中，过渡职业教育新学员数量的迅速增长所带来的后果可能最为严重，问题也最为突出。在这种普教和职教混合体系中，新学员数量在过去十年中增长了 43%。这一趋势表明学员从学校向职业教育或者就业市场过渡时，遇到了更大的困难。

学员向合格职业培训阶段过渡时的不确定性在增长

过渡职业教育板块的扩大

过渡职业教育体系中培训形式的多样性

从职业角度来看,过渡职业教育中各种类型的职业教育质量大不相同:学员如进入职业预备年,这一年的培训时间若被双元制职业教育承认,则可以等同于其第一年的培训;[1]而联邦劳动局为学员提供的一些培训项目可以为其进入正式职业教育培训打下良好的基础。此外,有些职业专科学校也在这方面发挥了重要作用,它们虽不能培养具备完全合格职业资质的学员,但除了给学员教授与职业相关的基础知识之外,还为学员提供机会,帮助其重新获取在之前普通教育阶段未能掌握的知识,使其获得更多的职业选择机会。

不同培训项目之间的共同点:不提供合格职业培训毕业证

过渡职业教育中的各个培训项目也有自身的变化趋势(图E1-2)。最高的增长率出现在联邦劳动局的一些培训项目中(青年应急计划和职业准备举措)。[2] 但旨在为学员提供职业教育基本知识的各大类型学校中学员数量增长也比较明显。因缺少相关的对比数据,故无法考察过渡职业教育中各项培训措施在学员能力的提升以及培训效果和市场接收情况等方面所起的作用是否存在不同。不过,有一点是肯定的:这些培训措施都无法让学员获得相应的合格毕业证。学员无法确定,接下来能否在其他两种培训体系中获得一席之地。这些项目确实能够提高学员的个人能力,使其达到进入正式培训体系的资质要求。

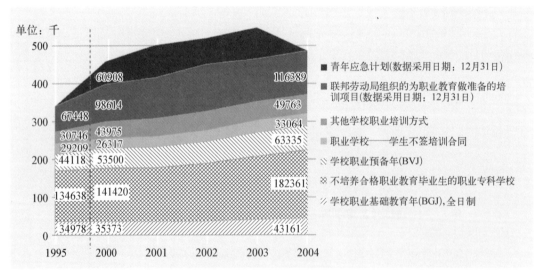

图E1-2:1995年及2000年至2004年,过渡职业教育板块中新学员的分流情况

参见表E1-1A的说明

来源:联邦及各州统计局,基于学校数据统计进行的估算;联邦劳动局,自己计算得出

关于过渡职业教育板块迅速扩大的原因存在很多推测:或是因为当前职业教育市场出现供求失衡的危机,也就是企业和学校提供的培训岗位数量减少;或是因为学生在步入职业教育之前,学校教育忽视了培养其进入正式职业教育阶段所必须具备的个人基本素质。目前为止还不能确定,这两方面原因的影响究竟有多大,但可以肯定这两方面的原因都存在。1995年至2004年,接受职业教育的新学员数量涨幅大于普通教育学校毕业生的

---

[1] 如果这一年的培训获得双元制职业教育体系的认可,它就不能归入过渡职业教育。

[2] 因为青年应急计划在2003年结束,所以2004年过渡职业教育中新学员总数下降了约8万人,而这8万人的培训需求得以实现的原因未知。

涨幅(表 E1-1A),这一事实也会导致职业教育市场的岗位短缺,同时导致过渡职业教育阶段的学生数量增多,因为培训市场提供的岗位无法满足逐年增长的新学员需求和多年累积的需求(参见 E2)。就这点而言,将过渡职业教育视作那些有培训需求却尚无法实现学员的"盘旋候降"阶段是有一定道理的。

1995 年至 2004 年间,接受过渡职业教育的学员占所有接受职业教育体系学生总数的比例提高了 8%,达到 40%(图 E1-1)。随着过渡职业教育重要性的提高,职业教育也面临这一项严肃的政策性挑战:五分之二的新学员在培训生涯初期没有明确的职业教育目标和就业前景,也没有安全感。这会让他们丧失之前的雄心壮志,削弱他们的信心。我们担心的是,这种不安全感在他们身上持续越久,他们就越会丧失职业教育的动力和信心,会变得听天由命,这也将导致未来职业市场中潜在劳动力的流失,并将加深社会对该类学员的排斥感。

过渡体系作为进入合格职业培训阶段的"盘旋候降"期

未来潜在劳动力的社会边缘化和危机

地区和社会差异

职业教育体系的危机在不同社会群体上有着不同的表现,因学员所在的地区和前期教育背景的不同而不同。在 2004 年的区域性调查中可以看出,职业教育的分流在不同地区差异较大(表 E1-2A,图 E1-4web)。过渡职业教育学员数量占较大份额的联邦州在职业教育方面面临着较大的挑战。最低比例在巴伐利亚州——26%,最高比例在北莱茵-威斯特法伦州——47%。地区差异也并不符合我们之前有关"新联邦州遭嫌弃,旧联邦州受欢迎"这样的传统印象。对于德国南北部也有类似的设想,然而事实却正好相反。此外,我们还应注意各地区间的培训差异,如新联邦州的策略是让学员能尽快地进入非企业类的培训岗位,因为一些经济上的原因促使学员应尽量避免"盘旋候降"阶段。再如,旧联邦州的巴登-符腾堡州反而让一部分新学员第一年在职业专科学校上学。

地区差异显著——但与新旧联邦州和南北德之间的惯有印象不符

从过渡职业教育的学员数量上可以看出,学员通往职业教育的道路越来越曲折。面临这一困难的,主要是处在培训底层的人员,但也不仅仅是他们。2004 年,也有四分之一中等学校毕业的新学员在过渡职业教育领域开始他们的职业教育生涯(图 E1-3),并且其中有过半的学员选择职业专科学校,但该类学校既不能提供毕业证也不能教授更高水平的职业教育内容(表 E1-3A)。

前期学校教育背景的差异

2004 年,过半的普通中学毕业学员和 84% 的未获得普通中学毕业证的学员进入过渡职业教育。这表明,由普教向职教过渡并非易事。相反,从学员的前期教育背景来考察各大职业教育板块的人员组成可发现,2004 年有三分之二的双元制职业教育学员和 82% 的学校职业教育学员至少获得中等教育水平(表 E1-5web)。而最高只获得普通中学毕业证的学员在双元制职业教育中所占比例不到三分之一,在学校职业教育中不到 15%。①

普通中学毕业生在职业培训系统中的机会较少

从前期学校教育背景来看,学员的培训机会一直存在着两极分化的现象,就所给出的时间段来看,这一趋势还在持续扩大。在双元制和全日制学校职业教育中,普通中学毕业

双元制体系失去了它本应发挥的使学员融入职场的效力

① 关于各大职业教育板块中性别比,在所选的时间段内没有变化。男性学员在双元制和过渡职业教育中占多数,而女性学员则在学校职业教育体系中占多数(表 E1-3,图 E1-5web)。

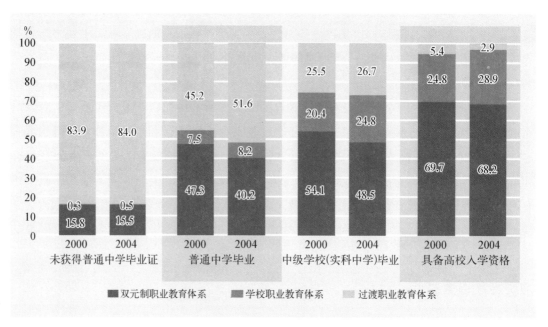

**图 E1 - 3：2000 年与 2004 年，三大职业教育板块中学员的分流
情况，按学员前期教育背景分类*（单位：%）**

* 不含其他前期毕业学校类型。参见表 E1－3A 的说明
来源：联邦及各州统计局，基于学校数据统计进行的估算；联邦劳动局，自己计算得出

学员的培训机会比中级学校毕业和具备高校入学资格的学员少得多。而对于未获得普通
中学毕业证的学员来说，获得培训的机会就更加渺茫（15%）。2000 年至 2004 年，普通中学
毕业生在培训市场所占的比重越来越低。这一事实给原本具有很大优势的双元制教育带
来了挑战，正是那些教育背景不高的学员才需要通过职业教育达到融入职场的目的，而对
于那些获中级学校毕业证或者具有更高教育背景的学员来说，虽然可能有过渡期的困难，
但他们还有在职业教育和高等教育中做选择的机会。

具有较低前期学
校教育背景的学
员被轻视

中学毕业后进入过渡职业教育学员数量的增加这一事实本身不能说明各自毕业学校
质量的好坏，但是会使处在低级水平的毕业证价值贬值。教育政策应该考虑，这一由培训
市场中引出对市民基础教育的新定义对普通学校教育体系的组织意味着什么？[1] 处于职
业教育体系底端者所遇到的问题将会成为在未来 10 年中社会面临的挑战。

Ⓜ概念注释

三大职业教育板块的界定：职业教育体系各板块根据培养目标和学生的法律地位的不同来划分。双
元制教育体系（非全日制职业学校、企业外培训和合作职业基础教育年）、学校职业教育体系（全日制学校
职业教育）和公务员培训（初级和中等职位）主要培养具备完全合格职业资质的学员。不管是学校还是校
外的组织机构负责的培训举措，如不能给学员提供获得完全合格职业资质的培训，则归入过渡职业教育。
该体系还包括部分合格职业资质的培训内容：学员在该阶段完成的培训内容可计入下阶段的培训或者该
阶段是为进入完全合格职业资质培训阶段做准备。

---

[1]　Baumert，J.；Cortina，K. S.；Leschinsky，A.（2003）：Grundlegende Entwicklungen und Strukturprobleme im allgemein bildenden
Schulwesen，In：Cortina，K. S. u. a.（Hrsg.）：Das Bildungswesen in der Bundesrepublik Deutschland. Reinbeck，S. 76.

　　关于统计数据的说明：与双元制教育体系有合作关系的职业基础教育年的学员计算在统计数据内，但没有签订职业教育合同的学员则未计算在内。在专科学校中，第一年的培训生计算在统计数据内，而参加继续培训的学员（如师傅/技工）则未计算在内。另外，其他职业教育方式也未计算在统计数据内，包括：职业提高学校，职业教育相关机构的一部分提升培训课程，为失业者提供的不定期的特殊培训课程以及学徒工和就业部门提供的一些培训课程。但联邦劳动局给出的统计数据中关于职业准备教育课程和青年应急计划的数据不适用于新学员之间的比较，所以这里用的是到 12 月 31 日为止的数据。

　　本报告所采用的数据源于联邦统计局和联邦劳动局。学校和联邦教育局关于职业准备训练项目的统计数据之间的重复计算未能避免。这里所用到的数据与职业教育报告中关于新学员的统计数据并不一致。后者的统计只适用于双元制职业教育板块，新学员人数只包括一年级。但是单个培训方式的不同归类并不影响两个报告中对职业教育基本趋势推论。

E2 双元制职业教育体系中的供与求

　　培训职位的供求关系决定了学员在选择职业时的机会好坏或者决定了其是否能够获得完全合格职业资质培训的机会。现阶段，想要精确定义高校层面以下丰富多彩的完全合格职业资质培训课程中的供需关系还不能实现。一方面是因为培训岗位提供不是必须进行登记；另一方面的原因是真正的职位需求量在培训之初也是不透明的。因为学员毕业的普通教育阶段的学校没能留下关于毕业生去向的统计数据，且职业教育机会的总量数据也未能统计，所以供需关系只能在有限的特定领域进行研究。

　　根据上述分析，只能就双元制职业教育中的或职业教育法和手工业条例中规定的培训关系进行供需关系的考察，以期在联邦政府的职业教育报告中能够体现学员职位市场的情况并分析探讨，是否有必要进行政策干预。下面的分析中除了运用职业教育报告的分析方式之外还会用到其他的方式方法[M]。 对供需关系的考察只能在双元制体系中进行

　　如果关注双元制职业教育可以发现，90 年代培训岗位的需求量一直较高，而 2002 年之后两条供需线之间的开口越来越大，同时未签订的培训岗位数量则越来越少（图 E2-1）。供需关系计算方式与职业教育报告不一样的是，这里的需求量也包括有除了职业教育之外还有其他选择，但仍希望进入完全职业教育的申请者。2004 年，该部分申请者占所有申请者的 7.3%。 培训岗位缺口持续扩大

　　图 E2-1 所示的曲线走向只显示了基于统计数据的供需对比关系。如考虑学员不切实际的职业教育愿望将学员对于职业教育的期待内容也考虑在内的话，供需之间的差异将会继续拉大。2004 年底联邦劳动局和联邦职业教育研究所做了一个关于培训岗位申请的问卷调查。调查表明，新学员的培训岗位选择相对灵活：70% 的调查对象申请的岗位数量多于一个，其中 44% 曾申请过四个甚至更多的培训岗位。[①] 可以看出，由于过去十年中职业教育岗位市场的变化，学员选择岗位的自由度受到极大的限制。 自由选择培训岗位受限

---

① 　数据详见 Ulrich，H. G.；Krekel，E. M.；Flemming，S.：Lage auf dem Lehrstellenmarkt weiterhin sehr angespannt（http://www.bibb.de/de/22024.htm，Stand 15.11.2005）.

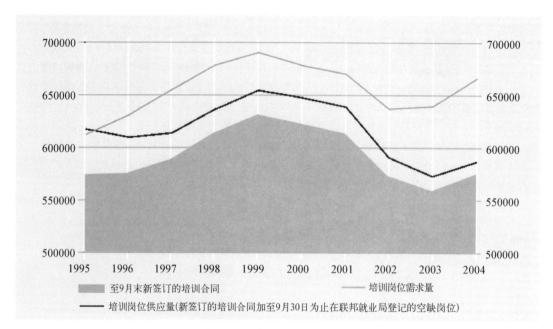

图 E2－1：1995 年至 2004 年** 双元制职业教育体系中签订的
培训合同数量、培训岗位供应量和需求量*

*　包括新签订的培训合同、未签订合同的申请者和有其他选择(如：继续求学,选择职业准备课程)但仍然希望获得职业
培训名额的申请者(后者的统计数据至 1997 只包括旧联邦州和西柏林)。
**统计截止日期均为 9 月 30 日。
来源：根据不同年份的职业教育报告自己计算得出

极端的地区差异

几乎没有一个地区的培训岗位供应为富足状态

　　在德国,培训岗位短缺这一普遍现象存在地区性差异。地区差异的程度和变化可以通过划分的五个档次体现出来,最低档是"紧张",最高档是"富足"。[1] 然而,实际的需求量比图标显示的还要高,因为还有一些潜在的需求量以及累积几年的需求量未计算在内。图 E2－2 表明,1995 年至 2004 年间,不同职业中介所在地区的供需关系变化越来越不平衡。1995 年,177 个职业中介区中 50% 的供需关系为"富足"或"相对富足",约 14% 则是"紧张"或"相对紧张"。但到了 2004 年,虽有大量的公款投入各项促进项目中,这一状况还是没有发生彻底的变化：培训职位供应"富足"的地区还是非常少,且超过三分之二的供需关系是"紧张"或"相对紧张"。

新旧联邦州的巨大差异符合传统印象

但旧联邦州也存在结构较弱的地区

　　供需关系的地区分布显示,2004 年只有 5 个职业中介地区的情况是"富足"：基尔(Kiel)、阿伦(Ahlen)、纳戈尔德(Nagold)、特劳恩施泰因(Traunstein)和德根多夫(Deggendorf)。在职位短缺地区的分布中我们还可以观察到新旧联邦州之间的差距(图 E2－3A)。在新联邦州,开姆尼茨(Chemnitz)、维滕贝格(Wittenberg)和茨维考(Zwickau)这三个地区的供需关系相对平衡,其他地区均是"十分紧张"或"相对紧张"。在旧联邦州,供需关系非常紧张的地区(低于 90%)集中在经济结构相对较弱的北莱茵-威斯特法伦州和巴伐利亚州北部的拜罗伊特(Bayreuth)、霍夫(Hof)和魏登(Weiden)。

---

[1]　五个档次是根据联邦宪法法院通过的职业教育岗位促进法(APLFG 1976)的相关标准进行划分的。该标准中认为全德国范围内供需比超过 112.5% 才算是比较合理的职位供应。而我们这里涉及的并不是全德国,而是区域化了的供需关系比例,所以这一标准比 APLFG 稍有降低,认为 98% 至 102% 之间的供需关系比例较合理。

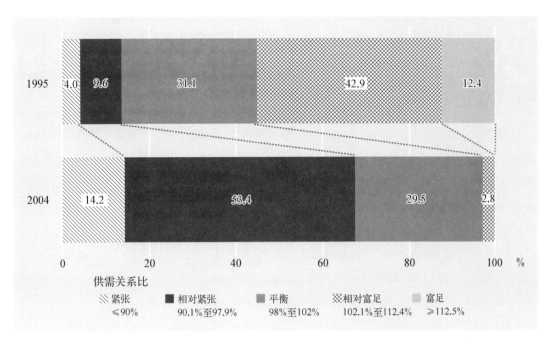

图 E2－2：1995 年和 2004 年职业中介所在地区的培训岗位供需情况（单位：%）

来源：根据 1996 年和 2005 年职业教育报告自己计算得出

在这些培训岗位供应不足地区，个人的发展机会也会受到限制。此外，地区间的不平衡问题应该在人力资本理论和结构性政策方面给予足够重视。众多例子已经证明：一个地区专业人员的储备量是吸引经济投资的一个重要指标。培训机会的短缺不仅对现在，对未来也是一种负担，因为我们有理由担心那些高素质的青年会选择离开。

培训岗位的地区供应不足对该地区带来沉重负担

Ⓜ概念注释

供需关系是对现实市场关系的一种考察方式。它可以运用在双元制职业教育板块中；对于学校职业教育来说则缺少相关数据。在职业教育报告中对职位供应的定义是：截至一年中的 9 月 30 日订立的培训关系（新合同）总和再加联邦劳动局登记的空缺的职位数量。职位需求包括截至一年中的 9 月 30 日新订立的培训关系（新合同）总和再加联邦劳动局中登记的尚未获得培训岗位的申请者数量。这一计算方式会遗漏部分职位供应量，同时还会遗漏更多的需求量。

图 E2-1 中的职位需求量也包括除了职业教育之外还有其他选择（如继续进入下一级学校学习，选择上职业准备课程）但仍希望进入完全职业教育系统的申请者。

E3 企业培训岗位的供应

德国职业教育中最亟待解决的问题是，双元制职业教育是否有能力提供数量充足的职业教育岗位以满足青年学员们日益增长的培训需求。该体系中对这一能力起决定作用的主要是企业这一方。纵观双元制职业教育的发展历程，供需不平衡的问题一直存在。90年代以来，培训岗位供应开始显著回落，并且供需之间的缺口越来越大。这一现象使大家开始怀疑双元制职业教育是否有能力满足需求(参见 E2)。在政策讨论中指出了影响培训岗位供应量回落的可能原因:或是企业在培训方面准备不够充足,或是因为经济形势和经济结构变化。

培训率和培训企业率

考察企业在培训岗位供应方面的情况往往采用培训率[Ⓜ]和培训企业率[Ⓜ]这两个指标。这两个指标都非常重要,但须与体现长期经济发展的一些绝对值联系起来才能看出职位需求是否得到满足。比如:在一个行业/行业分支或者同一大小类型的企业中,员工数量比培训人员数量下降得更多,那么即便培训率和培训企业率的统计结果是上升的,而实际培训岗位供应量也是下降的,企业在学员培训方面的行为并不一定发生变化。

培训率虽上升,
培训合同数量却
下降

1999 年至 2004 年的双元制职业教育正好体现了这一情况(图 E3 - 1)。如图所示,德国的培训率上升超 6%,而企业员工却减少了近 140 万,培训学员也减少了 6 万。由此可以看出,培训率尽管很稳定,但企业培训合同的签订数量是明显下降的。

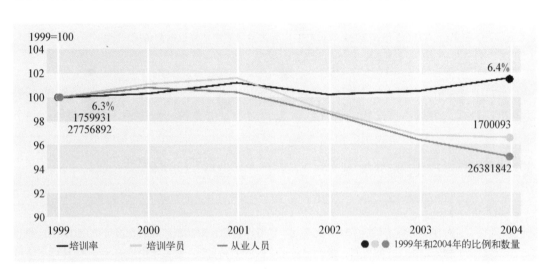

图 E3 - 1:1999 年至 2004 年,从业人员、培训学员和培训率(统计截止日期:12 月 31 日)

来源:联邦劳动局关于从业人员和企业的统计数据,联邦就业研究所的计算,自己计算得出

培训企业率也维
持稳定

同样,我们也可以从培训企业率中看出相同的趋势(图 E3 - 2)。从图中可以看出,企业数量和提供培训岗位的企业数量虽然都下降了,但培训企业率却还有所上升。所有大小类型的企业均体现了这一相对稳定的培训企业率。

企业提供的培训
岗位保持稳定,
鲜有变化

就培训率和培训企业率来看,不同企业类型的培训行为保持相对稳定。我们无法知晓的是,有多少培训岗位的创造依赖政府的投入。但是具有较高稳定性的企业培训行为也表明,双元制职业教育在面对培训职位需求的增长和企业员工人数下降的情况时缺少相应的灵活性,未能提供更多的培训岗位。

职业培训岗位下
降的结构性原因:
就业岗位和培训
企业数量的下降

企业在提供培训岗位的同时首先要遵循的是经济形势和经济结构的变化。员工数(图 E3 - 1)和企业数量(图 E3 - 2)的减少可以体现这一变化。如果按照企业大小类型来看,得出的趋势与之前的总体趋势是相同的:大型企业(拥有超过 500 名员工)和小型企业(1 - 9

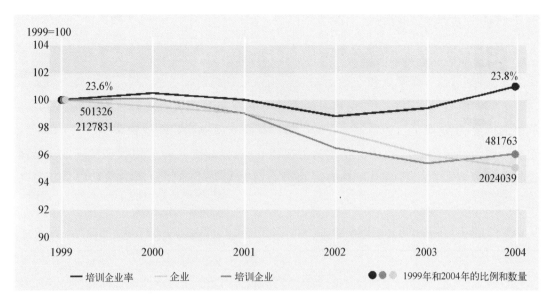

图 E3－2：1999 年至 2004 年的企业、培训企业和培训企业率（统计截止日期：12 月 31 日）
来源：联邦劳动局关于从业人员和企业的统计数据，联邦就业研究所的计算

名员工）中培训关系的绝对值下降了，但培训率却增长较少（图 E3－3A）。不同大小类型的企业在学员培训的参与度上也有差别：小型企业（1－9 名员工）中仅约六分之一的企业会参与到学员培训中来，而大型企业的参与率几乎百分之百。然而，培训率却与之相反：平均参与率最低的企业类型拥有着最高的培训率，反之亦然。

经济结构调整导致培训合同签订数量的下降，这一趋势中也存在着区域和行业的差别。随着工作岗位数量的下降，在新联邦州中培训岗位额下降特别明显。虽然各州培训率有所增长，但培训合同的签订量在 5 年内却下降了 5 万多，下降比为 15%。而在同一时间段内，旧联邦州的培训合同的签订量下降有限（表 E3－1，表 E3－3A）。如果过去几年没有政府出资支持培训岗位，新联邦州的情况将会更糟。

（右侧旁注）新旧联邦州之间的差异

表 E3－1：1999 年和 2004 年德国东、西部地区从业人员、培训学员和培训率（单位：%）（统计截止日期：12 月 31 日）

年　份	1999	2004	变　化	
			绝　对　值	百　分　比
旧联邦州				
从业人员	21939941	21342537	－ 597404	－ 2.7
培训学员	1347861	1337436	－ 10425	－ 0.8
培训率（%）	6.1	6.3	＋ 0.2	＋ 2.0
新联邦州				
从业人员	5816551	5039305	－ 777246	－ 13.4
培训学员	412070	362657	－ 49413	－ 12.0
培训率（%）	2.1	7.2	＋ 0.1	＋ 1.6

来源：联邦劳动局关于从业人员和企业的数据统计；联邦职业教育研究所的计算结果；自己计算得出

各个行业分支的培训情况

不同行业分支间
的差异：建筑、信
贷以及通信行业
下降明显

　　在能够提供较多培训岗位的传统行业中，有四大行业培训职位流失较严重：建筑业少了三分之一；信贷保险业和交通运输及通信业培训岗位流失也较多；相对较少的是零售业。其中信贷保险业和交通运输及通信业一直以来都被视为最有希望促进就业结构调整的行业，但这两个行业培训岗位的流失率却高于就业岗位的流失率(表 E3－2)。导致这一现象的原因有可能是企业改变了招聘策略，比如更倾向于招收高校毕业生或者提供的是底薪职位。这两项互补的招聘策略都会给处于中间地位的培训学员带来不利影响。

表 E3－2：1999 年和 2004 年从业人员、培训学员和培训率(%)，按行业分类(统计截止日期：12 月 31 日)

行　　业		1999	2004	与 1999 相比的变化		在所有人员中所占份额	
						培训学员(%)	
						1999	2004
		绝对数量				%	
建筑行业	从业人员	2282753	1535187	－ 747566	－ 32.7		
	培训学员	220966	148575	－ 72391	－ 32.8	12.6	8.7
	培训率(%)	9.7	9.7	0.0			
提供的其他公共和私人服务行业	从业人员	1224252	1202130	－ 22122	－ 1.8		
	培训学员	89306	87711	－ 1595	－ 1.8	5.1	5.2
	培训率(%)	7.3	7.3	0			
儿童教育和授课	从业人员	1034849	1021264	－ 13585	－ 1.3		
	培训学员	122263	127441	5178	＋ 4.2	6.9	7.5
	培训率(%)	11.8	12.5	0.7			
餐饮业	从业人员	721941	716155	－ 5786	－ 0.8		
	培训学员	70354	79985	9631	＋ 13.7	4.0	4.7
	培训率(%)	9.7	11.2	1.5			
医疗卫生和兽医服务行业	从业人员	2940844	3132310	191466	＋ 6.5		
	培训学员	210737	215804	5067	＋ 2.4	12.0	12.7
	培训率(%)	7.2	6.9	－ 0.3			
房地产业及相关行业	从业人员	2824139	3152356	328217	＋ 11.6		
	培训学员	119877	134857	14980	＋ 12.5	6.8	7.9
	培训率(%)	4.2	4.3	0.1			
机动车交易、保养、维修	从业人员	4276346	3979230	－ 297116	－ 6.9		
	培训学员	306870	298712	－ 8158	－ 2.7	17.4	17.6
	培训率(%)	7.2	7.5	0.3			

（续表）

行　业		1999	2004	与1999相比的变化	在所有人员中所占份额 培训学员（%）	
					1999	2004
		绝对数量			%	
信贷、保险业	从业人员	1074513	1035399	−39114	−3.6		
	培训学员	67228	59050	−8178	−12.2	3.8	3.5
	培训率（%）	6.3	5.7	−0.6			
公共行政管理、国防、社会保障	从业人员	1764098	1683162	−80936	−4.6		
	培训学员	65891	73748	7857	+11.9	3.7	4.3
	培训率（%）	3.7	4.4	0.7			
加工业	从业人员	7283475	6760990	−522485	−7.2		
	培训学员	373489	371716	−1773	−0.5	21.2	21.9
	培训率（%）	5.1	5.5	0.4			
交通和媒体行业	从业人员	1486119	1465435	−20684	−1.4		
	培训学员	60349	51782	−8567	−14.2	3.4	3.0
	培训率（%）	4.1	3.5	−0.6			
其他	从业人员	843163	698224	−144939	−17.2		
	培训学员	52601	50712	−1889	−3.6	3.0	3.0
	培训率（%）	6.2	7.3	1.1			
总计	从业人员	27756492	26381842	−1374650	−5.0		
	培训学员	1759931	1700093	−59838	−3.4	100.0	100.0
	培训率（%）	6.3	6.4	0.1			

来源：联邦就业局关于从业人员和企业的数据统计；联邦职业教育研究所的计算结果；自己计算得出

　　加工业的培训岗位供应量一直保持稳定，旅馆、餐饮业、不动产行业以及面向公司的服务行业的培训岗位供应量有所增长；旅馆、餐饮业的解约率却是最高的（参见 E4）。到目前为止进行的量化分析还不足以看出，各大行业的结构变化对培训岗位质量的影响有多大。

　　如果按 1999 年至 2004 年的趋势继续发展下去，可以预见，培训率和培训企业率虽十分稳定，但培训岗位的数量将会继续下降。

Ⓜ概念注释

　　培训率和培训企业率：培训率指的是，在一个企业或者行业中培训学员（并非实习生）在所有交社会保险员工中所占的比例。公务员、个体以及其他类似人群不计算在内。培训企业率是指，同一分类下（如按照行业类别或者企业大小划分）每一百个企业中能够提供学员培训岗位的企业所占的比例。计算在内的企业必须至少有一名交社保的员工。

　　关于数据来源的说明：由于联邦劳动局对就业人员和企业数据统计的调整——行业系统学中的

WZ73,1999 年后换到 WZ93,2003 年后换到 WZ03；培训学员对应的代号从 102 换成了 1999 年之后的 141,所以,为了使统计结果更具可比性,采用的是 1999 年之后的数据。

E4 培训关系的稳定性

培训合同解约：标志着不顺畅的职业培训关系

双元制职业教育中,培训关系的稳定性通过以下方式来考察：学员与企业签订的培训合同能否持续到最后。培训合同的终止并不意味着该学员培训的中断或者终止。他可以更换企业和培训岗位,也可以选择其他继续接受教育的途径。但无论如何,培训合同的终止都可以看作是影响培训关系的重要因素。合同终止的原因有很多,如：学员对培训岗位的期待与实际情况不符,企业培训岗位的要求和学员的能力之间存在差距,或者培训企业对学员在培训期间所取得的成绩不满意。

但无论什么原因,解约都会造成培训双方信心不足和时间、精力及其他资源的浪费。与其他培训生涯一路顺畅的学员相比,中途解约的学员意味着走了弯路,不但浪费了时间,还会导致其对自己今后职业发展方向非常迷茫和不自信。所以我们要讨论的是,此类现象会在哪些地方表现比较突出,与培训关系之间的哪些特征具有相关性,还有培训机会的社会分配是否也与之相关联。

解约率ⓂＭ在不同时间、不同培训领域、不同培训岗位、不同地区和不同学员特征等方面均有不同程度的呈现。这一数值可以体现职业教育的不稳定区域。解约或职业教育的中断问题并不是职业教育所独有。值得注意的是,下面分析的职业教育解约率还低于高校(不包括应用技术大学)学生的学业中断率。

相对稳定的解约率

手工业和自由职业的解约率高于工业和贸易行业

在过去十年中,解约率水平和它的行业分布格局保持相对稳定。不容忽视的是,1996 年至 2001 年手工业的解约率上升了 5 个百分点,之后几年基本与 2001 年持平,但到 2004 年又回到了 1998 年的水平(图 E4－1A,表 E4－1)。2004 年的各大培训领域中,手工业以 26％的解约率显示了其最不稳定的特征,其次是自由职业(约 24％)。工业和贸易行业中的比率为 18％,比手工业少四分之一(图 E4－1)。公共服务业以 6％的解约率位列最末,但作为一个培训领域,其在双元制职业教育中的意义并不大,因为学校职业教育才是输出该领域所需人才的主要板块。

新旧联邦州之间的差异

在区域性研究中,按照行业分布格局进行考察的解约率在新旧联邦州之间的差距较大。最显著的是工业和贸易行业范围内的职业,在整个考察时间段内,新联邦州的解约率都在 25％左右。而在手工业和自由职业中,按照各年平均值来算,新联邦州的解约率略低于旧联邦州(图 E4－1)。新联邦州工业的持续不稳定性是导致其工业和贸易行业职业类型的解约率远高于旧联邦州的原因。

不同职业的解约率之间存在较大差异

不同培训岗位Ⓜ的解约率存在较大差异。我们考察的是 2004 年培训岗位签约数量超过 1000 个的职业类型,其中最高和最低解约率的比值为 8：1。两种职业类型分别是餐饮专员(39％)和负责就业促进相关事宜的专员(4.6％)(表 E4－3A)。从 20 个最高解约率和

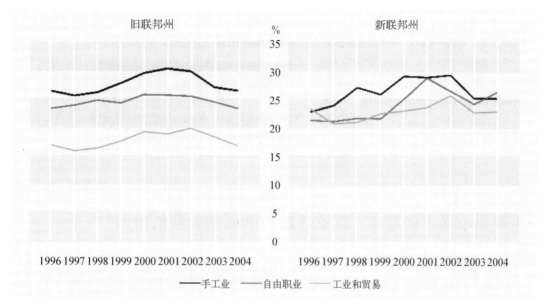

旧联邦州　　　　　　　　　　　　新联邦州

—— 手工业　　—— 自由职业　　—— 工业和贸易

图 E4 - 1：1996 年至 2004 年，新旧联邦州培训合同率解约率，按所选培训领域分类（单位：%）
来源：联邦统计局，职业教育统计，自己计算得出

20 个最低解约率的职业对比中可以识别出风险职业。

　　两个极端职业类型所体现出来的结构特征引起我们对这些职业的培训组织方式的反思。解约率最高职业群中的职业主要是餐饮、旅馆以及手工食品等服务性行业。最低解约率的职业群中的职业大都出自工业，此行业和商务类的职业完全没有出现在高解约率的职业群中。培训关系的顺利进行虽不能说明培训质量的好坏，但至少从时间上来讲是比较高效的。因此可以说，这里所展示的两组培训模式体现了相反的培训效率。仅从这一点来说，职业教育政策就面临着很大的挑战。过去十年，两个职业群之间的差距一直在扩大，这将会影响整个职业教育系统的效率，因此职业教育政策改革势在必行。

餐饮类职业的解约率最高，工业类职业解约率最低

　　表 E4 - 3A 清楚地呈现了前期教育背景对解约率的影响。从学员的前期学校教育水平差异来看，在高解约率的职业群中，13 个职业的解约率主要由最高获得普通中学毕业证的学员贡献。在低解约率的职业群中正好相反。其中大部分职业对于最高仅获得普通中学毕业证的学生来说没有签约机会。实科中学的毕业生和具备高校入学资格的学员获得了其中 90% 的培训岗位。性别间的解约率差别则几乎不存在（表 E4 - 2A）。

普通中学毕业生处于弱势，中级学校毕业和有更高学历的学生具有优势

　　在某些主要被实科中学毕业生和文理中学毕业生占领的培训岗位（律师助理、公证助理、健身行业商务人员、牙医助理和牙科技师）中也会出现高解约率的现象。原因主要是这些学员除了职业教育之外还有其他职业理想。所以，我们不能简单地认为学员的前期教育水平越低，解约率就越高。因此，培训合同解除所包含的社会原因还很难一言以蔽之。

解约的不同原因

Ⓜ概念注释

　　解约率：解约率是指在未到期之前解除的培训合同占所有新签订合同的比例。比例显示在整个培训期间的合同终止数量。因为报告年新签订合同的解约率需过几年才能计算，所以本报告的解约率数据是根据前几年开始的培训合同，按照联邦就业研究所的计算方法得出（参见 Althoff, H.（2002）：Vertragslösungen und Ausbildungsabbruch. In：Berufsbildung in Wissenschaft und Praxis，Heft3 / 2002)。在进行性别间解约率的比较时使用的是简单解约率,因为现有的数据并没有按照培训年归类。简单解约率指的是报告年中合同终止数量占所有新签订合同数量(不包含试用期的解约数量)的比例。

职业名称：报告中呈现的培训岗位或者只有一个职业名称,或者是有统一职业名称的综合体。按照联邦职业研究所的职业类型划分关系,新分类的职业包括许多前身职业。但这里仅考虑 2004 年签订培训合同数量超过 1000 个的职业类型。

关于数据来源的说明：关于学员前期教育背景的统计数据只在双元制职业教育范围内可考察,在全日制学校职业教育体系中,到目前为止还没有相关统计数据来考察培训解约的情况。

E5 就业市场中的结果：就业状况和不同职业群的收入

考察职业教育在就业市场中可用或者作为继续再教育生涯的起点,可以看出各个培训岗位能够给学员在职业发展和物质方面提供怎样的机会,也可以了解职业教育和劳动力市场的需求是否匹配。培训技能在职业中的应用也可以为之后的普教毕业学员提供一定的参考价值。下面将从三个方面对职业教育在就业市场的可用性进行考察：职业教育毕业后的接收率、毕业一年后的就业状况和收入状况。

接收率

接收学员是双元制职业教育培训系统的一大优点

学员在培训结束后能够顺利过渡到职场中被视为是双元制职业教育体系的一大优势。这一优势的一大保障是：大多数培训企业在学员培训期满后会留用大部分学员。尽管留用的岗位不一定与之前培训的岗位相匹配,但双方都能从中获益。对于企业来说,因为他们熟知学员的能力,能更好地安排学员的工作岗位,同时也可省去繁琐的招聘过程以及新员工适应过程中所产生的费用和时间。对学员来说,他们可以在获得一个比较稳定的经济基础前提下,在一个严肃的企业环境中做到学以致用。同时,他们也可以有时间和心情关注劳动力市场的情况或者规划自己的职业生涯。

不同行业、不同大小类型的企业和地区之间存在较大差异

然而,这一优点的效用总是因行业、企业规模和地区而有所差异。在工业、信贷保险行业以及交通运输及通信业的大型企业中(主要是以前一些国有企业),接收培训学员成为正式员工较为普遍,有些还会签订劳资协定。企业越小,接收率越低。新旧联邦州的地区差异也较明显：2000 年,在"接收能力最强"的大中型企业中存在 25 个百分点的差距(图 E5 - 1)。

显著下降的接收率

过去 5 年中,所有大小型企业的接收率普遍下降,而且无论在新联邦州还是旧联邦州均如此。这一趋势也在绝大部分提供培训岗位较多的行业中呈现。只有在服务业中接收关系相对稳定,其中个别职业甚至还有所上升(表 E5 - 2A,表 E5 - 3A)。新旧联邦州企业接收率的巨大差异反映了东部较为薄弱的经济和不稳定的劳动力市场。

给德国劳动力市场的内部就业模式带来危机

接收率的下降也对德国职业教育的主要优势和吸引力产生了消极影响。劳动力内部消化(企业倾向于招收自己培训的学员和劳动力)这一模式在中小型劳动力市场部门的执行情况如何、接收率下降了多少,还有待考察。但这一模式在过去使社会凝聚力和经济效

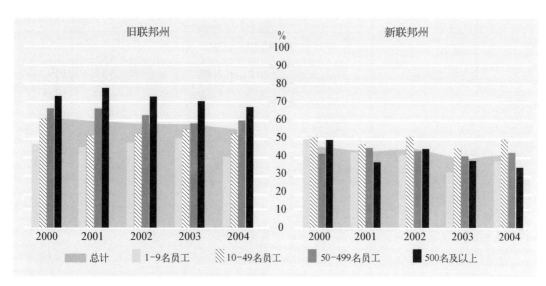

图 E5－1：2000 年至 2004 年企业接收率，按企业大小类型分类（占职业培训毕业人数的百分比）

来源：联邦就业研究所的企业调查

率相结合，被视为德国经济在国际竞争中的优势之一。

就业状况

表 E5－1 显示了 2004 年统计的 2001 年至 2003 年按照专业方向划分的职业教育毕业生的就业状况。就划分的三大状况——就业、失业、培训中来看，专业间的差别较大。而且，这些专业在双元制和全日制学校教育之间存在差异。

不同专业的从业率和失业率之间差别较大

表 E5－1：2004 年报告中 2001 年至 2003 年职业培训毕业生的就业状况*

主要培训方向		2001 年至 2003 年职业培训毕业生	从业人员（每周至少工作 14 小时）	失业人员或打零工者	非从业人员	学校学习
		单位：千				
培训课程/中级服务类（总计）		1184	66	16	3	14
其中：	经济和管理类	161	69	14	3	14
	财会类	89	67	8	/	22
	工商技术类	223	70	14	/	15
	土木工程/建筑工程，木结构，钢结构，水利工程，计划用水，土地改良，交通建设	97	61	31	/	7
	贸易，仓储	119	66	18	6	11
	医疗保健、护理服务	85	78	7	/	12
	酒店和餐饮	42	55	26	/	/
	美容美发	28	71	/	/	/
	其他	340	62	18	4	16

（续表）

主要培训方向		2001 年至 2003 年职业培训毕业生	从业人员（每周至少工作 14 小时）	失业人员或打零工者	非从业人员	学校学习
		单位：千				
职业专科学校（总计）		118	65	16	/	15
其中：	经济类，办公室工作和信息处理类	26	62	/	/	19
	医疗保健和社会服务	25	72	/	/	/
	其他	65	64	18	/	15

各专业方向的就业率在 55% 至 78% 之间。最高就业率在医疗和护理（78%）以及看护和社会服务专业方向（72%），最低的 55% 则在餐饮行业，其次是广义上的建筑行业。相反，失业率最高的是建筑业（30%）和餐饮业（21%），医疗和护理以及看护和社会服务行业则最低。

培训类型——双元制或是全日制学校职业教育对于就业机会的影响不及培训领域或者专业方向的影响，因为两种培训类型中的就业率和失业率一样高（表 E5 - 1）。

商务和管理类职业中选择继续培训的学员比例高

2002 年至 2003 年毕业的职业教育学员中，约 14% 选择在 2004 年继续进行培训。这一比例在两种培训类型中都差不多，但在双元制职业教育体系内的差距较大。在商务和管理方向的行业中选择继续培训的学员比例特别高，而在建筑和商业领域则低于平均水平（表 E5 - 1）。性别间的就业状况差异则可以忽略（表 E5 - 4A）。

收入[M]

收入的考察对象为从 22 岁至 25 岁的青年学员，前提是他们已经完成了一项职业教育。考察结果显示：不但在同一职业类型中，青年学员的收入存在较大差别，在不同职业类型但具有相同职业教育水平的青年学员的收入差距也比较明显。

未受培训的从业者的平均收入比受过培训的从业者低 25%

与国际上其他国家相比，德国是一个收入差距较小的国家。这一点通过本小节考察的从业人员收入也可以得到证明。尽管如此，这里体现的收入差距仍不容忽视。就给出的中等职业区的从业者收入总体情况来看，未接受过职业教育的全时工作人员的收入比接受过职业教育[M]的全时工作人员收入低 25%。然而不管是否参加过职业教育，女性之间的差距大于男性之间的差距。就性别来看，接受过职业培训的男性平均收入比相应女性的收入高出 12%，未参与过职业教育的男性平均收入则高出女性 15%（指的是绝对数）（图 E5 - 2）。

一般情况下，各专业人员的收入差距有限

考察中档职业人群的平均收入可以发现，职业教育毕业的从业人员收入在不同职业类型中[M]区别较大，最低（身体护理类职业）和最高（银行商务人员）收入差距超过 100%。一般情况下差距并没有那么大，在所选职业群的平均线下 15%（面包师）至平均线上 35%（银行商务人员）之间（图 E5 - 3）。就从业领域来看，手工行业的收入低于平均水平，而工业领域的专业工人、商业以及医疗卫生和教育类从业人员的收入高于平均水平（表 E5 - 5A）。典型的女性职业以及全日制学校职业教育体系提供的职业（病人护理、幼儿教育）属于收入较好的职业类型。但是，同一职业类型内部收入差距往往大于不同职业类型之间的差距

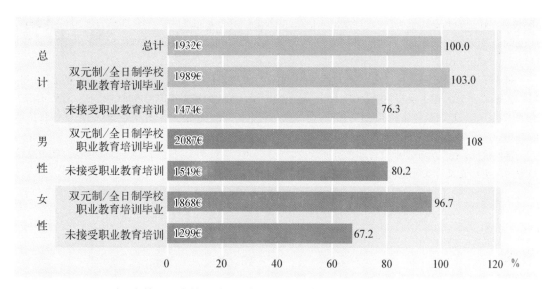

图 E5-2：2004 年，中档职业中接受过职业教育培训和未接受职业教育培训人员的平均收入*（%）
* 月总收入的平均值（包括津贴补助、加班费等其他收入）
调查基础：截至 2004 年 9 月 30 日，22 岁至 25 岁的从业人员
来源：就业研究所对从业人员的工作经历的抽样调查，扩展至 2004 年

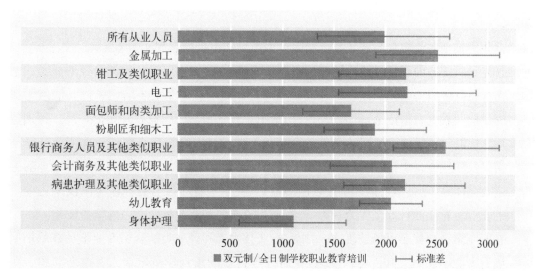

图 E5-3：2004 年接受过职业培训的从业人员平均收入*和标准差（单位：欧元）
* 月总收入的平均值（包括津贴补助、加班费等其他收入）；标准差体现了收入之间的差距
调查基础：截至 2004 年 9 月 30 日，22 岁至 25 岁的从业人员
来源：就业研究所对从业人员的工作经历的抽样调查，扩展至 2004 年

（参见图 E5-3 的分布图）。

在劳动力市场的就业机会差别与有不同职业教育背景的从业者之前收入之间的关系较小，更多的与他们的职业选择和发展机会以及不同的劳动力市场风险有关。

ⓜ**概念注释**

收入：此处的月工资指的是全年毛收入的十二分之一，包括所有的额外酬金（如加班费，圣诞节过节费等）。为了补偿计算过程中的误差，运用了填补方式（参见 Gartner，H.（2005）：The imputation of wages above the contribution limit with the German IAB employment sample；FDZ-Me hodenreport Nr.2 / 2005，Forschungsdatenzentrum der Bundesagentur für Arbeit im Institut für Arbeitsmarkt- und Berufsforschung (Hrsg.)，Nürnberg)。

职业群：根据联邦劳动局对职业的归类,以下职业代码用来指代相应的职业：化学和塑料加工(14,15),金属加工(22),钳工及相关职业(27－29),电工(31,32),面包师和肉类加工人员(39,40),泥瓦匠和造房木工(44,45),粉刷匠和建筑木工(50,51),商品营销员(68),银行营销员及相关职业(69),审计营销员(77,78),护理人员及相关职业(853,854),保健(90),幼儿教育类职业(864)。

培训状况：在双元制职业教育和全日制学校职业教育中,学员至少应有730天的培训经历,其中总结归类的职业群或属于双元制职业教育或属于全日制学校职业教育。

前景

德国职业教育系统至今仍保持着它的一项优势：让大部分青年能够获得合格的职业教育并为劳动力市场储备大量的专业人才。但不容忽视的是,想让尽可能多的青年获得较好的职业教育培训变得越来越困难。所以我们有必要重新考察职业教育体系所需的机构职能。

这些困难在职业教育与普教教育和劳动力市场的衔接处表现尤为明显：

- 首先是从普教向职教过渡时期。长期以来,特别在过去10年中,德国已经形成了一个多样化且各机构间相互独立的过渡职业教育。属于该体系的各培训机构无法给学员提供职业教育合格证书,也无法与双元制职业教育和学校职业教育相提并论。特别值得一提的是该板块中的职业基础教育年份与非学校教育机构设立的一些职业准备举措以及职业专科学校提供的相关培训课程。现如今,约有40%的青年在中学毕业后会进入该体系。所以,给该体系注入新的活力,使这些青年能够提前在该阶段中为今后的职业教育生涯打好坚实的基础,是当前相关教育和职业教育部门的重要任务。

- 在职业教育向就业市场过渡这一时期,行业技术类和商务类的合格专业学员在培训期满后失业率反而上升。可以预见,今后该类行业的培训学员申请人数也会减少。所以,鉴于即将到来的生育低谷年,不必担心因为这些中等职业教育领域失去了它的吸引力而无法保障这方面的专业人才的供应。

过去几年中,对职业教育的财政投入已经达到前所未有的高度。[①] 这给今后职业教育(包括双元制职业教育和全日制学校职业教育)的经费支持带来了新的问题：公共财政支持能否承受个人的培训负担？公共财政的使用方式能否促使职业教育结构一直达到优化的状态,而非权宜之计？

今后还需对全日制和非全日制职业学校给予更多的关注。我们的关注点不应仅仅局限于机构职能的合理划分和地区平衡上面,更主要的是从教学理论的角度对专业教育、普通教育和技能培训间关系进行重新定义。这一新定义也应考虑到,如何为职业教育学生能

---

① 2003年,联邦各州和职业学院(BA)为双元制职业教育领域约投入50亿欧元。参见,《2004年职业教育报告》,第110页。

够顺利进入高校创造更好的条件。

欧洲一体化进程也给德国职业教育的政策制定和实践带来了挑战。未来几年,在欧洲和本国职业教育体系的交替影响下所带来的政策性问题有待今后的职业报告在欧洲范围内进行比较之后给出答案。

F 高等教育

作为通过科研产生知识和通过初级、继续教育教学传播知识的机构,高等学校的意义日益重大。除了提供社会人力资源,高等学校在个人的均衡能力发展(能力习得)和社会参与中也发挥作用。二战后,高等教育的飞速发展在德国也反映出"从精英教育向大众高等教育"的功能转变。鉴于高等教育、科学和就业市场显著的全球化,德国面临着更加激烈的国际竞争。

德国高等教育体系的国际性有五大特征:(1)大学科研能力强,内部略有差异;(2)各领域高校(综合性大学与高等专科学校)的质量基本相同;(3)就学时间长,学程高度统一,且知识教育与职业培训相结合;(4)国家起支配作用,研究机构的控制力弱;(5)为大多数青少年和年轻成人提供的非大学的职业教育体系与高等教育体系的大学教育之间渗透性差。

从这些特点来看,德国高校体系当前正处于一个深刻变革的阶段。高等学校目前正在承受巨大的政策改革压力。首先,"博洛尼亚进程"使学位体制发生了根本性结构改变,远非仅仅增加了新学位的学业结构而已。其次,学位改革、精英卓越计划以及不断增强的竞争压力将导致新的组织机构通过方针制定、区分与协调而产生,超越高等专科学校与综合性大学的划分方式。再次,无论是国家与高校之间,还是高校之间的关系方面,新的管理规划和措施将增强机构的独立性和自控能力。

目前对于德国高等教育体制的未来状况只能有大致的认识。对于高等教育的发展,除政策改革外,增进大学就学需求也至关重要。就学需求基本取决于出生率发展、教育参与和直至高中毕业的求学时间,政策方面只起部分调节作用。向就业市场输出具有技能的毕业生属于高等学校的社会任务,随着社会经济结构变化,对具有高等技能的劳动力需求上升,因而这一任务也更艰巨。综合性大学也必须满足高等教育体系和科研体系对高级知识技能的需求。

投入就业市场的高校毕业生受大学新生、学习质量和学业完成率影响。随着大学就学需求的发展,也将涉及当前高等教育体系内部的问题,例如学位容纳力紧张和随之而来的入学限制或学习质量。学习时间过长和相对较高的肄业率一直被视为缺乏效率的表现,这也加剧了高校"产出量"相对较低的情况。

F1 高校升学情况

大学就读意愿处于转变状态

大学学习名额需求、高校负荷和就业市场上的大学生供应关键取决于具有大学就学资格者的就读意愿。从长时间的对比来看德国的大学就读意愿明显降低。决定读大学对于许多具有大学就学资格者来说越来越难;这一决定受许多因素(通常是与个人有关的若干难以预计的因素)的影响。造成的一个后果是大学就读意愿产生强烈的、有时是短期的波动(波动性)。为了达到就业市场和教育政策所追求的毕业生人数增加,除较高的学业完成率外,主要要求尽可能多的适龄学生确实兑现他们的大学就学选择。

从中学毕业的具有大学就学资格者人数(参看 D7)为潜在的国内大学生人数。从中学到大学的升学率Ⓜ决定读大学的人数总和,回答了这一潜在人数的利用情况。基于高校入学体制的不同,各国升学率各不相同。

升学率长期下降

多年来升学率虽有起伏,但整体呈下降趋势(图 F1‐1)。20 世纪 80 年代以前大多具有大学就学资格者选择就读大学。1980 年升学率还接近 87%(表 F1‐3web)。20 世纪 90 年代达到最低值 73%,但 1999 年以来再次上升。2002 学年升学率在 73%‐79%之间波动,2004 年度可能略有下降。对此起决定作用的主要是女生的大学就读意愿不断波动。

选择大学学习

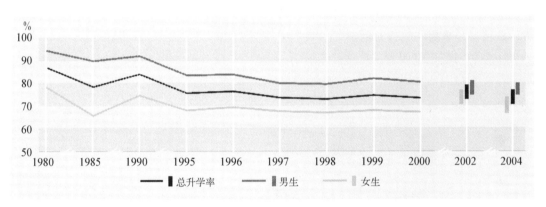

图 F1‐1:1980‐2004 年*高校升学率Ⓜ(总值与性别差异)

* 1980‐2000 年:由联邦统计局提供的升学率。2002、2004 年:根据高校信息系统(HIS)具有大学就学资格者调查得出的预期升学率(图中所示为最低与最高升学率跨度)

来源:联邦统计局,高校数据统计;高校信息系统具有大学就学资格者调查

高中毕业的吸引力不断上升(参看 B1)主要源自一种选择逻辑:不只是高校,还有形式多样的职业培训都是可以实现的。也有许多具有大学就学资格者最初反对进入大学学习,随着时间的推移而改变了选择。德国高校信息系统调查显示,1999 年度的升学率在中学毕业后的前三年从 66%上升至 74%,因为许多选择职业教育的毕业生出于对其职业发展机会的估计改变,而在之后选择大学的学习。

就业市场效应短期内也会有影响

性别和报考高校的学历资格对升学率的影响

女生的大学就读意愿通常低于男生(图 F1‐1,表 F1‐3web)。2000 年以前两性差距保持在 10 个百分点以上,近年来呈缓慢接近趋势。2002 年度有望再次出现超过 70%的攀升率,上一次出现是在 1990 年。一如既往地受大学教育框架条件影响,女生大学就读意愿会再次下降,因此预计 2004 年升学率会有所下降。20 世纪 90 年代初以来,获得高校报考资格的女生明显多于男生,因而大学新生中女生的比例仍在上升。

女生的大学就读意愿更低

具有应用技术大学就学资格的学生中，仅半数进入大学学习

　　报考高校的学历资格升学率差异的影响远甚于性别的影响力。具有普通或专业高校报考资格的中学毕业生（"高级中学毕业生"）升学率约80%，具有高等专科学校就学资格的学生则较少选择就读大学，20世纪90年代甚至不足半数（表F1－3web）。2002年度和2004年度升学率再次上升到60%左右，而2004年度已经开始下滑。这类学生中许多已经接受职业培训，就读大学是附加选择。尚需吸引更多具有高等专科学校就学资格的学生就读大学，尤其是工程技术学专业。

教育背景的影响

毕业评分越好，教育背景的影响力越小

　　毕业评分是对大学就读意愿最重要的影响因素。学习成绩可以部分弥补教育背景的不足。然而教育背景仍然有其独有的影响力，当然也存在其他各种影响因素（图F1－2，表F1－4web）。来自非大学教育家庭（包括职业培训后接受大学教育的父母）的大学就读资格学生，即便毕业评分不错，升学率仍低于平均水准。在此需要注意的是，大学就读资格者已经是经过严格预筛选过的群体。要想吸引更多年轻人就读大学，出自较低教育背景的大学就读资格者是重要的储备力量。

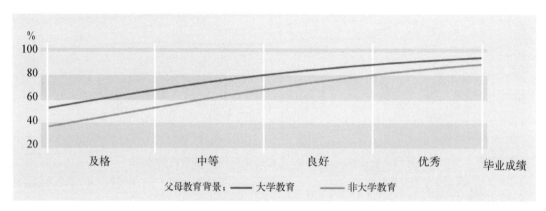

图F1－2：2002年具有大学就读资格者的大学就读概率（毕业成绩与教育背景影响）

来源：高校信息系统具有大学就学资格者调查（HIS/ZEW回归模型）

州际差别

巴伐利亚州、柏林和不来梅升学率最高

　　高校升学率在各州水平各异。除巴伐利亚州（大学就读资格者比例较低）外，柏林和不来梅升学率最高（表F1－1A）。巴登-符腾堡州的升学率也始终高于平均水平。

非传统大学生的升学情况

有职业技能者机会较少

　　各州开创大量针对非传统大学生的新途径，以便高校更多地向那些具备职业技能但没有传统大学就读资格的人敞开大门，例如通过入学考试或者职业技能认定（如满师考试合格证书等）。就统计数据来看，至今鲜有成效。在综合性大学中，高中毕业考试是获得大学就学资格的绝对主导形式（2004年占94%以上；表F1－2A）。应用技术大学的新生也有一半左右通过高中毕业考试获得入学资格；约30%来自高级专科中学。

大学就读意愿的条件

除不同年龄的大学就学资格者比率外,对高教需求最重要的影响因素是大学就读意愿。大学就读意愿的发展通常与短期效应相叠加(例如联邦教育促进法改革或者特定专业的就业市场高需求量)。除此之外还须注意,由于对受教育者的预备性教育有着较高的要求,职业教育对于有报考高校资格的毕业生需求量也不断增长。目前有争议的是,高校政策措施(如引进学费制度或者分级学位体制)会如何影响升学率?决定是否就读大学变得越来越复杂。除了个人的优先选择和读大学的资格以外,对(大学)就业市场的估计、对学习条件的评定和期望的修业年限,花费问题和学业资助以及不同教育方式的吸引力都影响了是否选择大学的决定。实践调查显示,对于放弃大学教育的决定,经济考量比学习安排方面的改革更有影响力。

Ⓜ概念注释

高校升学率:从中学进入高校的升学率是通过大学招录学年的新生人数与该年全部具有大学就学资格者的人数计算出来的。由于大学记录可能会有延迟,在计算升学率时必须使用两种方式,以求报告准确。

按照联邦统计局的方法,同一大学招录学年的新生人数(包括管理应用技术大学新生)与多年的数据总和之间取比例值。这种方法需要大约延后 5 年才能算出。目前给出的 2000 年前的比率均是以这种方式计算得出。由于在计算比率(学年新生)时不具备传统大学就学资格的新生也包含在内,可能会出现个别比率计算略高的情况,尤其在较小的联邦州。此外,柏林的数据也可能因为新联邦州的大学就学资格而出现偏差。

相反,德国高校信息系统(HIS)计算总大学就学率(不含管理应用技术大学新生)的方法,是根据具有大学就学资格者中学毕业后半年和 3 年半的书面调查产生。因此这种方法包含实际和预测因素。通过这种方法可以得出接受大学教育的最低比率或核心比率(已接受或确定接受大学教育)和最高比率(核心比率加上可能接受大学教育的比率)。

教育背景:通过教育背景可以将父母至少一方为高校毕业的具有大学就学资格者与其他具有大学就学资格者相区分。

F2 高校新生

尽管大学就读意愿呈下降或者停滞状态,但德国的大学新生数量和新生比例Ⓜ从长久来看几乎在持续上升。这种发展缘于大学就学资格者人数和大学就学资格者比率的增长。过去预期的高校需求压力减轻的情况并未发生。最终就业市场上有多少高校毕业生,取决于大学新生数量、学业成绩和就业率。

大学新生数量尤其取决于人口发展、教育参与的变化以及国外需求。在过去十年里,教育参与的发展对高等教育需求量上升的影响高于人口因素的影响。在较长时间内大学新生比例Ⓜ如实展现了年轻一代的教育行为、大学就学资格者及其父母的教育选择的转变。大学新生的专业差异方面引人注意的是,个别专业对大学就学需求的普遍发展影响各不相同。接下来从科类^M层面概述。

大学新生人数和新生比例

大学新生数量激增

　　1975 年以来大学新生数量的长久发展显示了一种不同推力引发的增长，因而也是不连续的。停滞期后一般随之而来的是快速膨胀期。1998 年至 2004 年，大学第一学位的就学需求人数由 27.2 万新生激增至 35.9 万。2004 年的轻微回落预示着长期的趋势回转还是短期的中断，目前尚无法判断。

1980 年以来大学新生比例几乎翻番

　　大学就学需求的增长首先源自教育参与的发展。1980 年至 2003 年大学新生比例几乎翻番（图 F2－1）。20 世纪 90 年代上半叶的下降是因为当时新联邦州的教育参与还明显较低，在那之后便稳步增长。出于结构原因，德国大学的新生比例在国际上只能做有限的对比。国家教育体系间培训学程的分布存在差异。即便考虑到这些不同，德国与其他工业发达因素的大学新生比例仍然存在差异（表 F2－4A）。

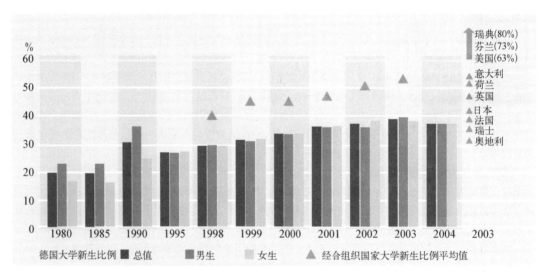

图 F2－1：1980－2004 年大学新生比例（总值与性别差异）
2003 年与个别经合组织国家比较

来源：联邦统计局，高校数据统计；经合组织：2005 年教育概览

学士阶段的大学新生仍然较少

　　大学新生在毕业所得学位（表 F2－8web）方面的不同显示了新学位，尤其是学士作为第一个具备职业技能的新学位，无论在综合性大学还是高等专科学校都日趋重要。然而，由于新学位至今提供较少，其学生人数与传统学位相比仍处于较低水平。值得注意的是，2004 年约 12% 的新生注册登记了综合性大学或应用技术大学的学士学程。鉴于新型分级学位结构即将落实，这一比重在接下来的几年中将快速增长。

1/3 的大学新生就读于应用技术大学

　　应用技术大学在大学新生总额中所占比例逐年增长，2004 年约占 1/3（表 F2－1A）。但这与长期追求的政策目标仍然相去甚远。

外籍大学新生比重

近 1/5 大学新生为外国国籍

　　外籍大学新生的比重由 15%（1997 年）上升至 19%（2004 年）。最多的是国外外籍生源，即具有外国国籍并在外国获得大学就读资格的学生（表 F2－3A）。若除去国外外籍生源的高比重,2004 年大学新生比例将下降约 6 个百分点。相对来说,德国在世界范围内落后于澳大利亚但远超美国,属于受热捧的留学目标国。

国内外籍生源——即具有外国国籍但在德国学校系统获得大学就读资格的学生,在过去几年约占 3%,远低于相应的人口比例。因而国内外籍生源仍有极大的开发潜力。

州际差异

大学新生比例在各州间差异明显[M](图 F2－2,横轴)。主要在市州、黑森、北莱茵-威斯特法伦、巴登-符腾堡及萨尔州年轻人选择大学教育的比例高于平均水平。与此相比,在城市化程度较低的州,主要是新联邦州,大学新生比例低于平均水平。尽管巴伐利亚州的大学就读意愿较高,但大学新生比例低于平均值,这缘于该州相对较低的大学就学资格者比率。

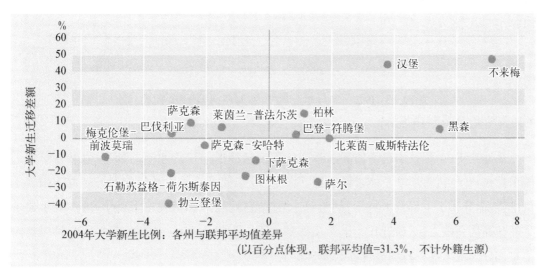

图 F2－2:2004 年各州大学新生比例和大学新生*迁移差额的对比

*　所涉各州大学新生人数

来源:联邦统计局,高校数据统计

关于精英卓越计划和高教质量的辩论及计划引进的大学学费制度对州际学生迁移不无影响。因为具有大学就学资格者不止在其获得入学资格的州上大学(表 F2－5web)。这种迁移也与区域课程设置有关,因此一个州的大学新生也将来自其他州的具有就学资格者计算在内。图 F2－2 也显示了各州大学生迁移的差额(纵轴)。三个市州迁移顺差额最大。大多旧联邦州及萨克森州虽然新生比例不同,但都保持着均衡或略有顺差的平衡。其他各州的大学迁出生多于迁入生。萨尔州也处于迁移逆差。勃兰登堡、下萨克森和石勒苏益格-荷尔斯泰因各州向不来梅、汉堡和柏林的学生迁移量巨大。 ·大学新生迁入市州

大学新生的科类分配[M]

专业选择对于就业市场政策具有重要意义。1975 年以来,大学新生的专业选择有了明显变化(图 F2－3 及表 F2－6web)。变化最大的是工程技术科学与法学、经济学与社会 ·法学、经济学与社会科学比重较大

科学这两大学科门类。后者人数大量增加(主要是经济学,表 F2 - 2A),工程技术科学则不同:1983 年至 1989 年尚有约 1/4 注册新生选择工程技术科学专业,90 年代这一学科门类的需求量无论从绝对还是相对意义上都有明显回落。

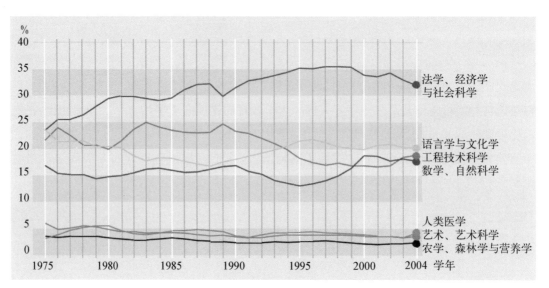

图 F2 - 3:1975 - 2004 年大学新生的学科门类分配(单位:%)

来源:联邦统计局,高校数据统计

工程技术科学的 需求循环	最近几年,工程技术科学的需求量增长程度已经低于平均水平。数学/自然科学类的需求量在 90 年代上半叶总体来说也是下降的;90 年代大学新生数量的回升基本上归因于信息学(部分属于工程技术科学)的走俏。数学/自然科学和工程技术科学经过 90 年代上半叶的强势突破之后,最近几年进一步得到加强。不仅在学科门类之间,在各学科门类内部也部分体现出优先权明显转移到大学新生手中。

女性的高校就学需求

大学新生中女生 比例上升	女性明显增多的就学人数推动了高教需求(尤其在 20 世纪 90 年代)的猛增。自 90 年代中期以来,女生的就学率与男生差距不大(图 F2 - 1,表 F2 - 1A)。几年来,综合性大学的女生比重始终维持在 50% 以上,应用技术大学的女生比重在 40% 左右摇摆。其原因在于大学专业方面始终有明显的差异,主要是工程技术科学在应用技术大学具有较重的分量(图 F2 - 4,表 F2 - 7web)。
医学成为女性专业;工程技术科学仍为男性专业	值得注意的是,医学和法学、经济学与社会科学持续地为女性所偏重。在过去的 30 年中,这些科类的女性比重由大约 1/3 上分别升到 2/3(医学)和逾 1/2(法学、经济学与社会科学)。工程技术科学的情况则不同,尽管这一科类的女性比重这期间几乎是原来的 3 倍,但并未超过 20%。变化最少的是数学/自然科学科类,其女性比重始终维持在 40% 左右。

高教需求的未来发展

预计大学新生数 量持高	按照德国各州文教部长联席会议(KMK)的规划,2020 年德国新生数量有望进入大致

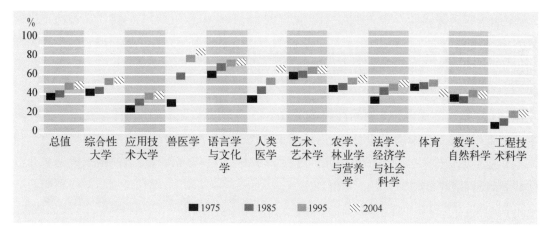

图 F2‑4：各年份女性大学新生及学科门类比例（单位：%）

来源：联邦统计局，高校数据统计

符合现在的新生数量水平的走廊地带。等到各州开始缩短高级中学的就读时间，2011 年至 2013 年大学学习名额甚至会明显超过过去几年所达到的最高水平。做出这一预测的最重要原因在于（除就读时间问题以外）到 2020 年能达到大学就读年龄的人数在全国只会略有减少，大学就学资格者比率则预计会大大上升。

　　若 KMK 规划的前提和预测（例如高升学率）准确，那么对高校容纳力的要求在未来几年将维持在高水平甚至还会增加。由于人口原因，大学新生数量的大幅下降最早将出现在 2020/25 年之后，即出生率低的年份（1970 年以后）出生的孩子到了大学就读年龄的时候。预计新旧联邦州的发展进程会有所不同。新联邦州的高校需求大约在 2008 年后就会大幅下降，其他因素（如东西流动性增大）只能部分抵消这一趋势。相反，旧联邦州的高校需求将会大幅上升。　　　　　　　　　　　　　　　　　　　　　　　　　　　　　　　　　　　明显的东西差异

　　眼下引起激烈讨论的高校政策措施，例如几个州计划引进的大学学费制度，可能出现的关于大学奖助贷学金的新规定，高校课程结构的改革以及新的高校入学形式——将对大学就读意愿和高教需求产生哪些影响，目前尚不清楚。

Ⓜ概念注释

　　大学新生比例：大学新生比例体现的是第一学期的大学新生在同龄人口中所占比例（不等同于各年龄人口中的受教育人口比例；参照 B2 章节）；这一指数体现的是高教领域受教育人口的变化。

　　大学新生比例的计算方法为：某一年龄的大学新生除以该年龄总人口的得数，再加上该学年新生所有年龄的比例即为总的大学新生比例。这种计算方法也被称为比例总和法或经合组织计算法，以国内和国际统计数据为根据。国内和国际计算之间最重要的差别在于是否包括管理应用技术大学（考虑到德国的情况）以及学年的界定（夏季学期和之后的冬季学期）。

　　学科门类：联邦统计局分类部门划分了九大学科门类：（1）语言学与文化学，（2）体育，（3）法学、经济学与社会科学，（4）数学、自然科学，（5）人类医学，（6）兽医学，（7）农学、森林学与营养学，（8）工程技术科学，（9）艺术、艺术科学。

　　各州大学新生比例：这一比例根据经合组织计算法得出，涉及获得高校入学资格的州，与大学录取无关。这一比例表明，对于该州相应年龄的人口来说，就读大学的具有大学就读资格者所占的比重（不包括管理应用技术大学）。这一比例中不包含以国外报考资格进入高校的新生。因此算出的比例比总的大学新生比例要低。这里学年指夏季学期和之后的冬季学期，与经合组织标准一致。

F3 高校学习效率：修业年限与学业中断

　　修业年限和学业中断是判断高校体系效率的重要指数。德国高教体系在国际上较为奇特的是相对较长的标准修业年限，而且还不时或多或少地超标。在大学中习得的能力和高校毕业生成功投入就业市场也是评价高校学习效率的重要原始值；目前由于数据基础不足只能给出部分报告。

总修业年限[Ⓜ]

综合性大学常常
超出标准修业年限

　　总修业年限指的是，经过多少学期之后毕业生获得第一学位并离开高教体系，也包括学习非学位专业的学期。学生上大学的时间因所获学位形式而各不相同（图 F3‑1）。年限最长的是工程硕士（综合性大学）和相应学位[Ⓜ]，2004 届毕业生中有 50% 花了 10.4‑14.6 学期[Ⓜ]。只有一小部分在最多 9 学期的标准修业年限内毕业。

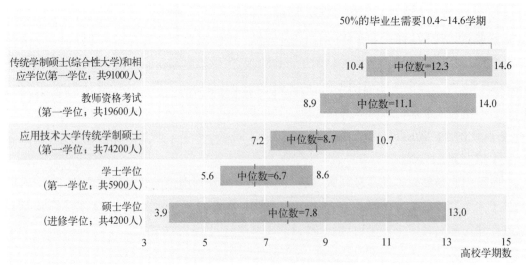

图 F3‑1：2004 年不同学位形式总修业年限(高校学期：较小和较大四分位数、中位数)

来源：联邦统计局,高校数据统计

应用技术大学修
业年限更短

　　应用技术大学的课程规划结构性更强，其实际修业年限更大程度地符合标准修业年限（工程硕士学程通常包括实习期共 9 学期）。

第一批本科毕业
生修业年限较短

　　迄今为止，学士学位的修业年限明显更短。有一半学生在第七学期时就完成了学业。由于学士学程相对较新，所以尚不能确定长期来看学士学程对于修业年限的缩短有多大的实际意义，尤其是根据其他国家的经验，引入分级学位体制并非必然导致修业年限缩短。[①]硕士学程的修业年限波动幅度较大（表 F3‑5web），这与学程的不同类型及其目标人群有关（表 F3‑4web）。

---

① Heublein，U.；Schwarzenberger，A.（2005）：Studiendauer in zweistufigen Studiengängen ‑ Ein internationaler Vergleich，HIS-Kurzinformation A2/2005.

2000‒2004 年综合性大学修业年限稍有回落

1995 年以来综合性大学修业年限的发展先是上升,近几年来又稍有回落。2000 年至 2004 年工程硕士(综合性大学)和相应学位的总修业年限减少,高等专科学校则发展趋势稳定(表 F3‒5web)。

个别专业的修业年限

法学修业年限短,工程技术科学长短跨度大

专业修业年限变化巨大(表 F3‒1A)。对比第一次国家考试之前的专业修业年限,法学和药剂学相对较短,人类医学最长,为 13 个学期,但这也仅稍微超出其 12 个学期的标准修业年限而已。引人注意的是综合性大学的工程技术科学专业和信息学较大的跨度:其最快的 1/4 学生与最慢的相差逾 4 个学期。

州际对比部分显示出明显差异(表 F3‒6web)。在所列出的全部综合性大学专业中,巴伐利亚州和萨克森州 1999 年和 2003 年的修业年限都低于平均水平。不同的修业年限并无统一的模式(图 F3‒2):修业年限的显著变化不仅体现在同一学程内,也体现在州内对比。同一高校内部也有着明显差异。这种丰富的差异性促使我们在探求修业年限高于平均水平的原因时,主要集中在单一学程的地方性差异。

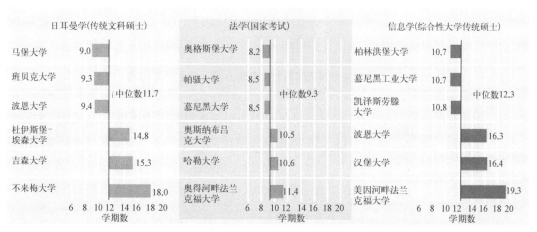

图 F3‒2:2003 年高校个别专业的中等专业修业年限(中位数)及最短和最长中等修业年限(单位:学期)*

* 只记德国第一学位毕业生

来源:联邦统计局,科学委员会测算

肄业率

学生在学程间、高校间的变动性并不等同于学业中断。这种变动性中一部分(例如转校引起)并不是效率问题。学业中断是指未毕业而长期离开高教体系。

近 1/4 综合性大学新生肄业

2004 届毕业生中,综合性大学肄业率为 24%,应用技术大学则为 17%(表 F3‒2A)。相对 2002 届有所下降。男生肄业率高于女生。综合性大学中,语言学与文化学、经济学、信息学和一些工程技术科学的课域肄业率尤高,超过 30%。高等专科学校的信息学和电工学课域也有类似情况。

通常在相邻专业内更换

有 20%大学新生会在学习过程中更换专业或者谋求别的学位。[①] 更换专业大多发生在同一科类内。极个别完全跨领域更换专业的主要是工程技术科学和自然科学的学生。

肄业的主要原因：缺少动力、经济问题、新的职业定位

导致肄业的决定性因素在于新的职业定位、经济问题,还有综合性大学里缺乏学习动力和学习认同(图 F3－3)。有些条件加强了肄业的决心：大学期间的广泛职业要求、成绩较差及其后续学业问题、对学业的错误预估。这些因素同时发生,就会增大肄业风险。此外,新的职业定位说明肄业也有利于明确职业定位。

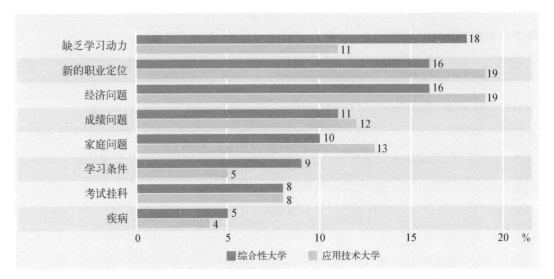

图 F3－3：2000/01 学年不同高校类型肄业的决定性因素(单位：%)

来源：高校信息系统大学肄业调查($n = 2802$)

德国肄业率在国际上处于中游

在国际比较中,德国肄业率处于中游(表 F3－3A),法国、意大利和瑞典明显偏高,日本和英国极低,但所对比国家的计算方法存在差异。

原因与措施

较长的修业年限和高肄业率不利于高等教育的效率。这不仅意味着个人的失意,还有资源的无效利用,阻碍提升高校毕业生人数的目标实现。本科获得学位的修业年限较短,有利于降低肄业率。引入分级学位体制将如何影响实际修业年限,目前还无法判定。

并不是所有延长修业年限的条件都与学习体制有关。将标准修业年限缩短至具有职业资格的第一学位尽管能够减少实际修业年限,但也会一直处于高于标准年限的状态。与教学改革相连的目标设置,即更好地组织学程以提高其"可读性",可能会使实际修业年限接近标准修业年限。最后也要注意硕士学位的升学率,因为这两个学程总共所需标准修业年限并未减少。

考虑原因：改善高校的升学和学业指导,实现半读就学

只有考虑了这一畸形现象出现的原因,修业年限和大学肄业的频率才能够持续减少。除学业安排和学业费用外,这里还需要注意三个因素：(1)中小学预备性教育的质量和中小学与高校的"相配性",例如可以通过高校自身的择生方法得以改善；(2)不仅在选择大

① Isserstedt,W. u. a. (2004)：Die wirtschaftliche und soziale Lage der Studierenden in der Bundesrepublik Deutschland 2003,Berlin,第 71 页及后页。

学教育前、也要在大学教育期间加强学业指导；(3) 增多针对半读生的供应。与国际相比，德国的高校半读学程明显紧缺，而相当大一部分学生出于不同原因事实上就是半读。

Ⓜ概念注释

总修业年限：总修业年限包括在一所德国高校度过的所有学期(高校学期)。因为可能出现的转专业而缺失的学期也计算在内。用于计算总修业年限的数据中，缺失的大多是多年以前的，当时一个毕业学年中有多达 30% 的高校学期没有记录。2003 年则只有 7% 数据缺失。

工程硕士(综合性大学)和相应学位：这一概念除综合性大学的工程硕士外，还囊括硕士学位和国家考试(不含教师资格考试)。教师资格考试另外显示。

以中位数和四分位数标示修业年限：修业年限以四分位数和中位数标出。中位数标明 50% 毕业生结束学业的界限值。较小四分位数给出界限值以下最快的 25% 毕业生的数值，较大四分位数则指界限值以上 25% 最长修业年限。利用中位数和四分位数可以避免过长或过短的修业年限严重改变中间值。

专业修业年限：专业修业年限包含在取得学位的专业学习的全部学期(专业学期)和在另一专业确实学习过的学期。

大学肄业率：大学肄业率指的是完全没有完成学业的大学新生所占的比重。转专业和转校不计入肄业率。高校信息系统对大学肄业率的计算方法是，根据毕业学年推断出对应的入校学年的肄业率。这里只考虑德国的大学新生。毕业生与相应新生的比例即肄业率(详细计算方法参看 www.his.de/pdf/Kia/kia200501.pdf)。经合组织算法是计算毕业生与典型新生学年的新生之比。

专业、课域、科类：按照统计局分类，所有专业被集合到大约 60 个课域中。例如数学、统计学、工艺数学和经济数学专业属于数学课域，而数学课域又属于数学/自然科学科类。

F4 高校毕业生

高校毕业生所满足的不仅是就业市场对高技能水平的专业劳动力的需求，还有高校自身对科学新生力量(例如科研)的需求。过去十年间德国高校毕业生人数并未上升。但也没有下跌，这得益于女生比重的大幅上涨。尽管由大学向职业的过渡变得困难，高校毕业生的工作条件和前景却并未像一些负面舆论("实习的一代""哲学博士出租车司机")所言出现了低劣工作(降级)或失业率升高的情况(参看 I2)。相反，大多数高校毕业生在经历一段专业不对口的过渡期后开始从事合适的职业。然而，投入就业市场的高校毕业生与专业技能需求和职业的迅速发展能否长期保持步调一致。

高校毕业生人数

2001 年第一学位毕业人数Ⓜ达 17.2 万人，为过去十年最低。这是 20 世纪 90 年代中期高校就读意愿大幅下跌(参看 F1、F2)的后果。2002 年以来第一学位毕业人数每年增长约 1 万人，尽管如此 2004 年(19.2 万人)仍未恢复到 20 世纪 90 年代水平(图 F4-1)。本科学位比重迄今跌幅较小。2004 年近 40% 毕业生出自应用技术大学(表 F4-1A)，个别专业这一比例甚至更高(例如工程技术科学专业)。

值得注意的是高校女毕业生人数的增长(表 F4-1A)。1995-2004 年间第一学位男毕

2004 年第一学位毕业人数比 1995 年更少

第一学位毕业生中女生占 50%

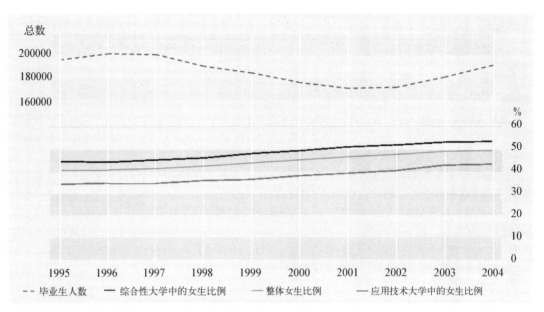

图 F4-1：1995-2004 年第一学位毕业生总数及女生比例(单位：%)

来源：联邦统计局，高校数据统计

业生人数减少 2 万，而女生则上涨大约 1.4 万。2003 年来女生总比重约占 50%。2004 年综合性大学毕业生中女生占 54%，应用技术大学的女毕业生占 44%(图 F4-1)。显然，不同的专业优先在毕业生中仍有所体现(表 F4-2A)。男生和女生都各有 1/3 以上以法学、经济学或者社会学为第一学位毕业。语言学和文化学中女毕业生更多。主要在工程技术科学和自然科学中女生少于男生。

　　总体来说，第一学位毕业在科类中的分布(图 F4-2、表 F4-2A)表明了 1995-2004 年间同样的明显移动，这一点大约 5 年前的首次注册入学时就已经有所显现(参考 F2)。引人注意的是工程技术科学的比重由近 1/4 减少到仅剩 17%。尽管 2001 年后自然科学的比重稍有上升(主要归功于信息学)，但这也无法弥补工程技术科学的比重减少。法学、经济学和

工程技术科学的
第一学位毕业生
比重减少

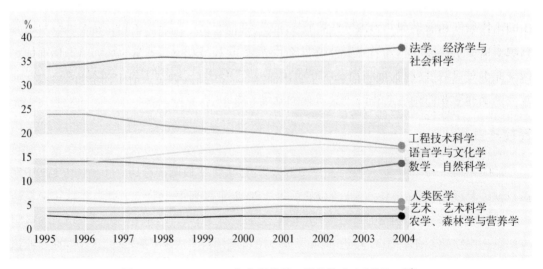

图 F4-2：1995-2004 年各科类第一学位毕业生(单位：%)

来源：联邦统计局，高校数据统计

社会学科类(法学和管理学课域是例外)与语言学和文化学科类同样获得比重的大幅增长。

1997 年来,尽管第一学位毕业的国内外籍生源[Ⓜ]人数翻番(表 F4‑3A)。然而与外籍居民人数(约 9%)相比,国内外籍生源在第一学位毕业生中所占比例(2.4%)处于相当低的水平。他们的专业选择自 1997 年来已适应德国第一学位毕业生的选择:1997 年工程技术科学还以近 1/3 占最大比重,2004 年国内外籍生源中最多(36%)的是以法学、经济学或社会科学专业获得第一学位。

国内外籍生源比重低于平均水平

1997 年来同样猛增的还有持外国就读高校资格的第一学位毕业生(国外外籍生源[Ⓜ]),2004 年第一学位毕业生中有 4.3%属于这一类(表 F4‑3A)。在这期间,法学、经济学和社会科学专业比工程技术科学更受欢迎,尽管仍有高于平均水平的国外外籍生源以工程技术科学毕业。

国外外籍生源人数猛增

各州毕业生率[Ⓜ]和国际比较

由于新生率上升(参看 F2),毕业生率自 1997 年以来几乎持续增长到约 1/5(表 F4‑7web)。尤其引人注意的是,女生的比率自 2003 年起超过男生,尽管差额细微。造成这种情况的原因在于具有高校就学资格者中女生比例持续上升(参看 D1)和大学新生中女生比例上升以及女生较高的学业完成率(参看 F3)——尽管女生的高校就学意愿略低(参看 F1)。

然而毕业生率(表 F4‑7web)远低于新生率(参看 F2)。这种差异也反映出新生与毕业生数量的悬殊[Ⓜ](表 F4‑3),尤其在综合性大学,毕业生比对应的新生少 6 万余人。

毕业生率明显低于新生率

各州毕业生率(表 F4‑7web)差异极大。其原因更多在于地域高校分布、专业多样化和学生迁移,而非及格率。市州毕业生率最高。旧联邦州中,巴登‑符腾堡州和莱茵兰‑普法尔茨州毕业生率以 22%高居榜首;巴伐利亚、萨尔和石勒苏益格‑荷尔斯泰因等州低于平均水平。除萨克森州外,新联邦州均低于平均水平,介于 14%到 17%之间。

各州毕业生率的性别比较也有明显差异,这部分归因于各州的专业设置。新联邦州女大学生毕业率自 1997 年起已经显著高于男生,因为该地区的高中女毕业生比例很高。相反,巴伐利亚和巴登‑符腾堡等州 2003/04 年的男毕业生率仍高于女生。

新联邦州女生毕业生率高于平均水平

国际对比显示,2000 ‑ 2003 年间许多国家也像德国一样毕业生率上涨(表 F4‑5A),然而德国数值低于平均水平。当然,这里需要考虑到各国高等教育事业结构的不同和高等教育在国家教育体系中的不同定位。

较之国际,毕业生率较低

高校博士毕业生和博士毕业生率[Ⓜ]

随着第一学位的时间跨度,博士人数也在变化(表 F4‑2A)。2004 年德国有 2.31 万博士毕业,其中最多的是超过 7400 人就读医学。在有重大研究政策意义的工程技术科学和自然科学科类,2000 ‑ 2004 年博士毕业生人数跌幅高于平均水平。

自然科学和工程技术科学博士人数下跌

各州博士毕业生率不同。市州由于高校密集、大学生迁入而博士毕业生率高于平均水平,除此之外较高的是巴登‑符腾堡州博士毕业生率达 2.7%(表 F4‑4A)。与第一学位毕业生不同,博士毕业生率中男生始终明显领先。2004 年只有 39%的博士毕业生为女生。

与国际相比,德国博士毕业生率高于平均水平,位居德国之上的只有瑞典和瑞士(表 F4‑5A)。

德国博士毕业率在国际上属于高水平

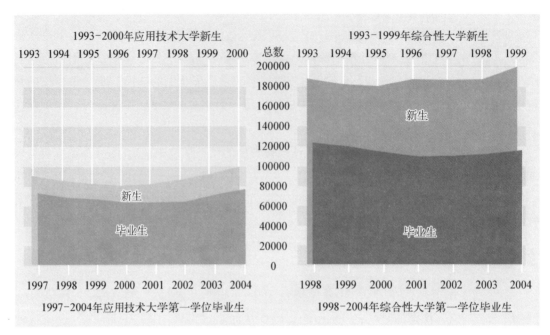

图 F4 - 3：4 年间(应用技术大学)和 5 年间(综合性大学)大学新生
(1993 - 2000)和第一学位毕业生(1997 - 2004)人数比较

来源：联邦统计局,高校数据统计

高校毕业生的入职情况

各专业的入职情
况差异很大

高校毕业生的入职情况随所属专业和毕业学年而不同。主要是兼职市场上变化的经
济状况起到一定作用。这要求毕业生在就业市场上随专业灵活变化。1997 和 2001 届毕业
生,主要是工程技术科学和自然科学领域,比 1993 年有更好的条件找到正式工作。[1]

对于有些专业方向来说,接受与专业相关的工作和自由职业,或者过渡性工作以避免
失业,是典型的职业开始。仅凭最初几个月的工作,不足以断定过程更长的职业融入。然
而总体来说几乎没有出现失业情况。大学毕业五年后入职条件大多趋同。

各专业方向在进入职业过渡期上时间上差异显著(图 F4 - 4)。工程技术科学类毕业生
大约一年后足足 90% 都融入正式工作,而人文和社会科学类这一比例甚至不足 60%。

工程技术科学与人文和社会科学毕业生差不多同样经常有读博打算或者继续深造。
这经常为人文和社会科学毕业生提供工作以外的备选方案,相反,对于工程技术科学则大
多是职业框架(博士学位)内的继续科学进修。

20 世纪 90 年代德国大学毕业生的入职情况较之其他欧洲国家,属于中等成效。斯堪
的纳维亚国家和英国毕业生入职更为顺利(表 F4 - 6A)。

职业活动的相合性

所从事的职业活动的相合性以毕业生的主观判断为准[M]。许多专业方向和工作领域

---

[1] 参看 Briedis，K.；Minks，K.-H. (2004)：Zwischen Hochschule und Arbeitsmarkt. Hannover.

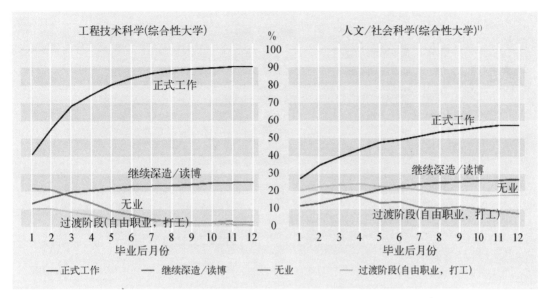

图 F4‑4：2001 届毕业生毕业后第一年入职情况示例（单位：%）

1) 语言学、文化学、人文科学和社会科学（不计教师资格考试毕业和教会毕业形式）

来源：高校信息系统毕业生调查（工程技术科学［综合性大学］：$n=589$；人文社会科学［综合性大学］：$n=696$）

的技能与职业特色无论纵向还是横向比较都无法一概而论。有如医学相对清晰的职业特色的，也有如社会科学特征不断变化的。

毕业后 1 年到 1 年半内是入职的第一阶段。高校毕业生的主观评价表明，有些人所担心的普遍降级并未出现（参看 I2）。对于其中超过 3/4 的毕业生来说，高校毕业是其工作必不可少或确实需要的前提条件（表 F4‑9web）。有些人此时已经有望得到第一次升职。工程技术科学和信息学的就职毕业生中已经有近 1/5 可以进入领导层（表 F4‑8web）。经济相关专业方向 1997 届的毕业生从业五年后领导人员的比重甚至上升到 35% 至 45%。这一时间段内再次下降的是低技能从业者比重，只有在语言学、人文科学和社会科学这一比重才高于平均水平。

所从事职业的相合性ᴹ表明，高校毕业专业人员的可用专业和非专业技能是否被使用、被使用到何种程度。总共约 3/4 的毕业生完全适合所从事的工作或主要适合职位（图 F4‑5，表 F4‑10web）。其中 1/4（应用技术大学）和 1/5（综合性大学）毕业生大约一年后已经归入主要适合职位和/或适合等级（不止专业对口）的工作，其原因在于额外的非专业要求，例如人事导向。平均只有 14%‑15% 工作不适合；只有人文、社会和教育学毕业生这一数值明显较高。

受过高等教育者的职业前景

预计未来几年高校毕业生会增加，因为 1998‑2003 学年入学的大量新生将离开高校。目前尚不能断言，对于德国技术发展尤为重要的工程技术科学和自然科学科类的毕业人数未来几年将会明显增加。个别职业领域可能紧缺这类人才。造成德国毕业生率在国际对比中很低的原因，不只是过低的大学就学需求（参看 F1），还有过低的高校学业完成率（参看 F3）。

（边注）职业活动中几乎看不出降级

（边注）更早升入领导层

（边注）大多数毕业生工作对口

（边注）毕业生人数（主要是自然和工程技术科学类）可能涨幅甚微

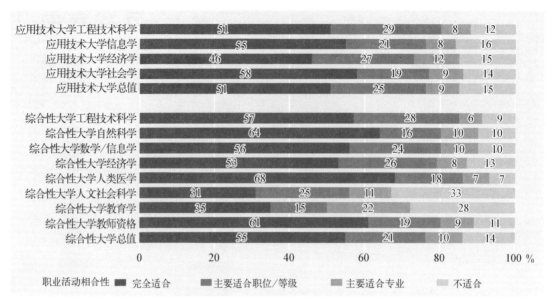

图 F4－5：大学毕业后 12－18 个月所从事职业活动的相合性(2001 届毕业生，单位：%)

来源：高校信息系统毕业生调查(*n* = 8103)

"人类财产"逐渐女性化

高校毕业女生的比重预计将继续上升。如果大学领域的劳动力供应越来越"女性化"，将以特殊的方式促进性别分工形式的改进和家庭职业的协调。如果大多数工程技术科学专业和一部分自然科学专业无法向女性提供更多机会，那么这些领域的新生力量短缺问题将更加尖锐。

绝大多数高校毕业生由高校到就业市场的过渡进行得非常顺利。然而职业和专业的灵活性在许多专业方向都变得更加重要。引进分级学位体制也将对入职过渡有所影响。本科学位在就业市场的接受度如何，年轻大学生们在参加工作时所追求的"值得雇佣"的能力会否因此增强，是否存在技能退化和职业能力退化的趋势，这些问题尚不得而知。

不可让学士学位陷入僵局

由本科过渡到硕士学位的可能性也很重要。根据对具有大学就学资格者的调查，本科生接受的原因除国际化以外，主要是继续深造的可能性。扩充和安排深造学程，以免学士学位陷入僵局，将变得更加重要。

对于高校毕业生未来的就业机会来说，有两大因素尤为重要：人口统计变化和持续不断的社会经济结构变化，后者通过社会工作上升的知识强度、新创造的价值和职业向服务型转型导致对技能资格更高的要求。就业市场研究和职业研究中的计算模式和规划表明，10 到 15 年后某些大学技能的专业方向可能会出现劳动力短缺。① 可能也会涉及德国高校和非大学研究的科研能力。

Ⓜ概念注释

高校毕业生人数：需要注意的是与第一学位、第二学位和博士毕业生相区分。

国内外籍生源／国外外籍生源：在德国获得大学就学资格的外籍大学新生、在读生和毕业生，称为国

---

① 实时信息参看 IAB 短篇报道 2005 年第 24 期：2020 年前的就业市场总结，长期更新。

内外籍生源。与之相区分的是在国外获得大学就学资格、到德国读大学的学生(国外外籍生源)。

毕业生率:毕业生率是指毕业生在该年综合性大学的 26 岁学生/高等专科学校(管理应用技术大学除外)的 25 岁学生中所占比例(所谓总比率参看表 F4－5A 注释)。这种计算方法符合经合组织算法,可进行国际比较。

博士毕业生率:同一年中获博士学位者与其同龄者人数之比相加构成博士毕业生率。28 岁博士毕业生与全部 28 岁学生之比,加 29 岁博士毕业生与全部 29 岁学生之比,以此类推。这也被称为净比率算法,经合组织系数也以此法算出。

作为博士毕业生统计数据的补充,要求有精确的博士生统计数据。

大学新生与毕业生人数对比:大学新生与毕业生人数在时间上跨 4 年(高等专科学校)或 5 年(综合性大学)相互比较。这里不考虑因个人或专业而异的修业年限。由综合性大学转至高等专科学校并顺利毕业的情况也不包含在内。

职业活动的相合性(自我评价):职业活动的相合性是一个多维概念,需要同时考虑专业、职位和所从事工作任务等级的相合性。这三大维度分别被分为五个级别,归为四种类型:(1) 完全相合的职员是所从事工作各方面都适合;(2) 完全不合的职员是这三个维度全不适合。此外还有两种混合类型;(3) 主要职位/等级适合的职员,例如从事领导工作,但专业技能不完全用到;(4) 主要专业适合的职员,尽管工作要求其专业基础,但从其自身发展来看,并未处于相应的职位级别。

与第 I 章的相合性计算不同,这里利用了其他特征,且观察的并非所有从业者,而仅是同一届毕业的从业者。

前景

德国高教体系目前正在进行的转变在这一章得到明显体现,尽管这只是其长远发展的一部分。大学新生(以及相应的毕业生)比重尽管还很低,但正在迅速上升,由此可以看出博洛尼亚进程的效果。外籍学生的比重作为国际化的标准也同样明显增加。学习效率板块表明即将迎来新的发展。

这些板块还展现了一些数量上的潜在基本流动,它们不受高教体系改革的影响,但具有重大的教育和就业市场政策意义。过去 30 年的大学就学需求的发展表明,第一次"大学生高峰"(至 1990 年左右)最初由出生率上升引起。与最初的预计不同,随之而来的是 1996－2003 年持续猛增,其主要原因在于教育参与度的极速发展(参看 B2)。

目前看来大学新生数量停滞不前,其原因在于因不可知变量(如新学程带来的前景)而停滞的大学就学意愿,还是入学限制加大导致的大学学习名额减少,抑或具有大学就学资格者的结构性延迟,目前尚不清楚。人口统计、教育参与和学校改革(尤其是中小学年限缩短)可能导致未来十年形成更高的大学生高峰。需要特别注意避免这种发展对于高校的教育质量和效率以及科研能力产生负面影响。这种发展将如何带来更多高质量的大学毕业生投入就业市场和满足科研体系的自身需求,很大程度上取决于高教体系内政策制定的条件。要达成增加高校毕业生人数的目标,只有通过协调对高教的高需求与相应的学业成果。高校多向有技能资格的职业教育毕业生(目前在大学生中比例极小)渗透、充分利用迄今开发较少的群体(如移民)和加强高校的继续教育活动,有利于加强高教系统的资格技能成果。继续加强高校的国际化也能够带来机会。

　　显而易见,就业市场上具有大学技能资格的劳动力供应很大程度上取决于女生的参与。长期来看,就业市场对高技能劳动力的需求在上升,而过去几年高校毕业生的人数却停滞不前。之所以没有下跌,也有女生比例上升的原因。尽管未来几年高校毕业人数会上升,但专业分配却始终严重失衡。尤其是女生比例低的专业方向,如工程技术科学,在这一膨胀趋势下被大大缩减。不仅高校,还有就业市场和职业体系都应做好思想准备,女生在未来就业市场上将占据越来越大的比例。家庭与学业、家庭与职业之间的关系和协调问题也随之越发迫切。

G 成人继续教育和学习

在各种政策和公众意见中,继续教育在教育事业中的地位逐渐上升应归功于科技的日新月异、社会经济结构的转型以及社会人口的老龄化(高预期寿命和低出生率的结果)。这点不仅在参加继续教育人群的量上得到了体现,也反映了个人与学习关系之间质的变化。在这种新的关系中,大家把学习看作是陪伴一生的事情,通过各种正式和非正式的学习方式获取知识。

现代社会的一大特征是,学习和受教育不再是儿童和青年时期的专利,这一过程也延伸到了成年时期。因此,个人需要适应变化了的条件,各大机构也应该及时针对变化了的要求做出应对措施,提供各种学习的可能性并扩大自身的接纳量。鉴于此,以下要点需特别注意:

- 来自不同社会和文化环境人群的继续教育和学习活动的发展;
- 与前期(机构性的)受教育经验相关的继续教育;
- 最后是发展机构性框架内容和资助能够提供继续教育的学习项目,在此过程中应特别注意与就业体系相挂钩。

参加继续教育培训能够拓展个人知识面,此外,在社会、经济和社会政治中还经常讨论,其是否能补偿个人在初级教育和青年时期耽误的能力培养,还是只能强化和累积个人已经掌握的能力。

近期的研究及相关政策(如欧盟委员会的一些政策性意见和举措)都表明:终身学习的意愿和能力很大程度上取决于所从事职业和社会环境能够提供的学习机会。这一事实对工作与社会条件和学习行为之间的关系考察来说尤为重要。在考察过程中也同时伴随着这样的问题:环境影响是强化性的还是补偿性的,影响力会有多大。

与此相对应的,本章节所考察的指标主要关注个人继续教育行为(既包括参加继续教育的情况也包括成人的非正式学习活动)与前期教育背景以及社会经济条件之间的关系、继续教育的收益成果以及机构性继续教育资源的发展,特别是经费支持。但需要在一开始就提醒大家注意的是,支撑有关成人继续教育和非正式学习这一主题的相关数据情况不容乐观。

G1 继续教育的参与情况^M

目前来看,德国继续教育的情况似乎处于矛盾之中:一方面,公众十分广泛也持续不断地讨论终身学习给个人发展、职业生涯以及确保老龄化社会中的人力资源带来的积极意义;另一方面,报告系统显示,1997 年以来个人参与继续教育的数据呈下滑趋势。

1997 年之前,继续教育参与率持续上升,特别是新联邦州地区的职业继续教育

　　90 年代前 5 年,全德范围内参加普通继续教育和职业继续教育的人数均显著增长——新旧联邦州之间存在明显差距(图 G1－1,表 1－3web)。1991 年至 1997 年,全德范围内的普通继续教育参与率从 22% 增至 31%,职业继续教育从 21% 增至 30%,但两者在新旧联邦州两个地区有不同的体现。在上述时间段内,旧联邦州普通继续教育的曲线一直高于职业继续教育,而在新联邦州则相反:参与职业继续教育的人数占多数,且起点较高(25%),增长幅度也大于旧联邦州。曲线走向的差异体现了新联邦州对职业教育的高投入和其所面临的挑战,这是其在向市场经济转型过程中的必经之路。

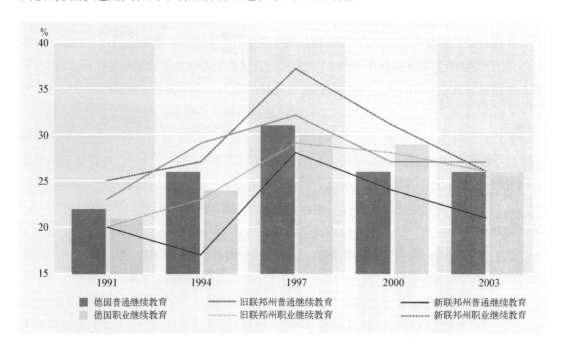

图 G1－1: 1991 年至 2003 年普通继续教育和职业继续教育的参与情况(单位: %)

来源: 2004 年继续教育报告体系 IX,第 16 页和第 22 页

1997 年之后,继续教育参与率开始下滑

　　全德范围内以及新旧联邦州两地区的曲线走向均从 1997 年的最高点开始下行,特别是新联邦州的职业继续教育曲线回落明显(从 37% 降至 26%),至 2003 年新旧联邦州的职业继续教育参与率曲线相交(26% 左右)。

　　在整个考察时间段内(1991 年至 2003 年),不同培训人群组之间继续教育参与率的差距几乎未发生变化。虽然从 1991 年至 1997 年所有培训人群组在普通继续教育和职业继续教育的参与度有所提高(图 G1－2),但就百分比来看,具有较低学校教育水平、中级学校教育水平[M]和文理中学毕业这三类人群间的差距变化微乎其微。有一例外:在职业继续教育中,中级学校毕业和具有更高教育背景的两类人群的参与率越来越接近。即便是在整体下降的 1997 年至 2003 年时期也是如此。虽然自 1997 年以来继续教育参与率回落明显,但 2003 年,各类继续教育人群组的参与率均略高于 1991 年(表 G1－1A)。

较高和较低职业资质者在参与职业继续教育情况中出现两极分化现象

　　同一时间段内,具有不同职业教育水平的人群之间也存在类似于上一段描述的结构划分,但具有最低(未接受过职业教育)和较高职业水平人群之间的差距更加明显。高校毕业人群与获得师傅资格或其他专科学校毕业人群参与职业继续教育的比例差距较小(图 G1－3)。

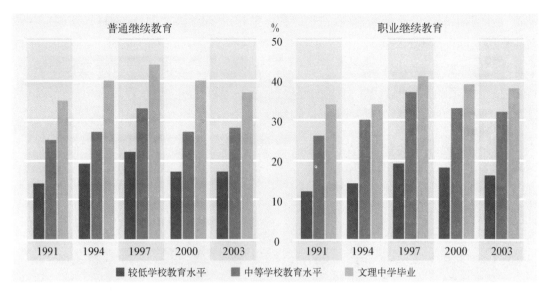

图 G1 - 2：1991 年至 2003 年普通继续教育和职业继续教育的参与情况，
按学员的学校教育水平分类（单位：%）

来源：2004 年继续教育报告体系 IX，表 A2

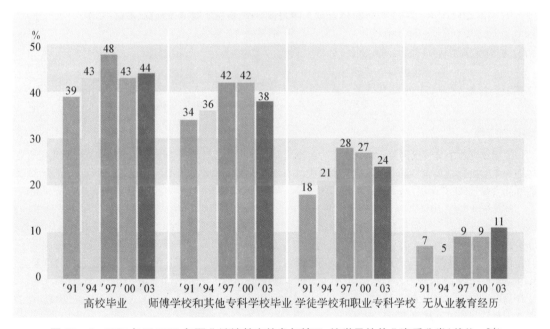

图 G1 - 3：1991 年至 2003 年职业继续教育的参与情况，按学员的从业资质分类（单位：%）

来源：2004 年继续教育报告体系 IX，第 19 页

　　按社会经济背景特征分类的考察也印证了上述继续教育参与的分类结构：公务员和职员的参与率最高，工人在职业继续教育中的参与率还不及公务员的二分之一（表 G1 - 2A）。显然，在职业继续教育中"马太效应"（强者愈强）持续显现。

継续教育普遍存在"马太效应"

德国与欧洲其他国家的比较

　　欧洲统计局在 2003 年的劳动力调查附加模块中针对 25 岁至 64 岁人群在过去一年中不同形式的学习活动做过一次调查。就欧盟 15 国来看，德国劳动力的学习情况处于下游水平

德国继续教育的情况在欧盟 15 国中处于靠后位置

(42%),而斯堪的纳维亚国家、奥地利和卢森堡以超过 80% 的比例位居前列(图 G1－4)。仅少数国家存在性别间的差异。

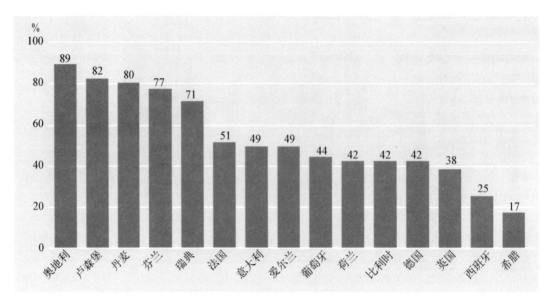

图 G1－4：2003 年欧盟 15 国成人学习参与率,包括所有学习形式(单位：%)[*]

[*] 英国的非正式学习类型未包括在内

来源：欧盟统计局劳动力调查,Ad-hoc-Modul 2003 关于终生学习的调查

Ⓜ**概念注释**

　　继续教育的参与情况调查：继续教育的参与情况调查在继续教育报告体系(BSW)中主要用来统计在过去一年中人们是否参与了以下继续教育分类的一项或多项：职业继续教育(形式有课程/培训班)或普通继续教育(形式有课程/培训班或讲座)。

　　欧洲统计局在 2003 年所做的劳动力调查中关于终生学习的附加模块调查结果可以用来比较欧盟 15 国的继续教育情况。该调查对形式教育的定义是：参加学校或高校提供的正规普通或从业(继续)教育；非形式教育是指参加形式教育外的教育机构所提供的有组织的学习内容(培训班、研讨课等)；非正式学习则包括：借助书籍、影印资料以及电脑和网络的自学形式、借助广播电视节目学习或者区图书馆；参见：Kailis，E.；Polos，S. (2005)：Lebenslanges Lernen in Europa. In：Eurostat, Statistik kurz gefasst, H. e. 欧洲统计局对终生学习的定义与其他继续教育的定义之间有出入,主要是对于非正式学习而言。所以,该数据也无法与其他调查结果进行比较。

　　学校教育：在继续教育报告体系中较低学校教育背景在旧联邦州是指获得或未获得小学或普通中学毕业证,在民主德国是指无任何学校教育、综合技术中学(POS)八年级毕业或小学毕业；具有中等教育背景是指中级学校毕业或综合技术中学十年级毕业；文理中学毕业这一分类是指文理中学毕业考试合格或民主德国高级中学(EOS)十二年级毕业。

G2 继续教育的经费

　　足够的经费支持是保障成年公民具有更好职业素养的前提。与学校和高校主要由国家出资的情况不同,继续教育的核心部分还是由市场经济来调控。因为相关数据的缺失,有关继续教育的总体经费状况还无法获得详细信息。因此,本小节将以部分领域作为代表展开分析。现有的数据资料可能有重叠,部分是通过少数样本数量抽样调查而获得,所以在区分单个特征时会有较大差异。同时,不同的数据调查均显示:职业继续教育和普通继续教育的机构性经费投入在过去几年中有所回落。

企业对职员继续教育的支出 Ⓜ

公共和私人雇主对雇员的继续教育投入巨大。他们会提供企业内部培训的项目,也会为职员报销全部或部分的外部课程费用,且同时继续支付员工的工资。

根据第二次欧洲企业继续教育调查(Continuing Vocational Training Survey, CVTS2)的结果我们可以估算,1999 年,企业、非营利私人组织和各级政府在继续教育方面的直接支出约为 94 亿欧元。该类支出在教育财政预算中的数值继续升高,2003 年达到了 100 亿欧元。

落到单个职员头上的继续教育支出因行业类别不同而不同。据最新可考数据(1999)显示:餐饮、皮革工业和建筑业的支出最少;通信与信贷/保险行业对员工的继续教育投入最多(图 G2-3A)。大型企业在这方面的表现总体优于小型企业。

企业继续教育的支出与行业及企业大小相关

普通继续教育承担机构的支出 Ⓜ

2003 年,业余大学、天主教和新教的继续教育承担者以及德国教育机构协会和联邦工作生活协会继续教育承担者在继续教育方面的支出为 14.6 亿欧元,用于举办各种继续教育活动,如培训班、单个活动或访学等。其中,业余大学的支出占三分之二。

1995 年之后,业余大学的支出总额起初一直呈上升趋势,但 2002 年以来则开始下滑(图 G2-1,表 G2-1A)。业余大学的支出通过学员的学费、各州和地方政府的补贴以及申请获得的第三方经费(如从联邦劳动局获得的经费支持)来获取。1995 年以来,就公共资助来看,州政府的补贴金额下降,但地方政府资助力度的上升弥补了回来。2004 年,43%业余大学的支出来自州与地方政府的补贴;39%来自学费收入;18%来自第三方经费,如《德国社会法典》第三部规定的促就业经费和联邦以及欧盟的经费支持(表 G2-1A)。业余大学的学员数量变化与支出变化情况之间并无联系。

继续教育支出与参与学员数量之间并无相关性

公共预算中继续教育方面的支出 Ⓜ

2003 年,联邦政府、州和地方政府在继续教育领域的支出为 12 亿欧元,其中业余大学获得 3.87 亿,其他继续教育相关机构获得约 4.8 亿。根据年度财务报表统计,教师培训相关机构获得 1.3 亿欧元,其他不同类型的继续教育项目(如:政治教育)总计获得 2.17 亿欧元。

2001 年至 2003 年,继续教育的公共支出呈下降趋势(图 G2-2,表 G2-2A),2002 之后甚至低于 1995 年的水平。与 2000 年相比,2003 年的公共继续教育支出(固定经费)下滑了 21%。

2001 年起,公共继续教育支出呈下降趋势

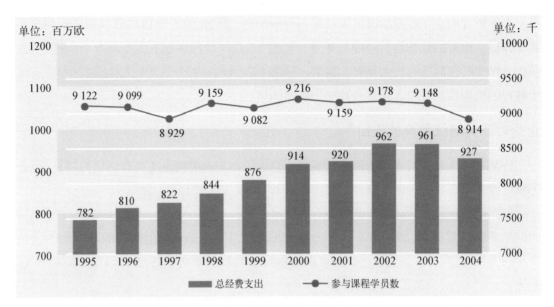

图 G2-1：1995 年至 2004 年业余大学的经费支出和参与课程学员数(单位：千)

来源：德国成人教育研究所，业余大学数据统计

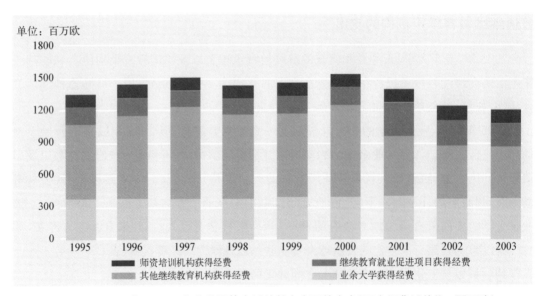

图 G2-2：1995 年至 2003 年公共预算在继续教育方面的支出(固定经费)(单位：百万欧)

来源：联邦统计局，年度数据统计

《德国社会法典》第三部框架下联邦劳动局的支出

1995 年以来,《德国社会法典》第三部的规定支出减半

1995 年以来,联邦劳动局在职业继续教育就业促进方面的支出下降明显(表 G2-3A)：1996 年为近 80 亿欧元，而到 2004 年则下降至 36 亿欧元。这点主要是因为学员数量的减少(参见 G4 部分)。在整个观察时间段内，与实际项目花费相比，生活费在资助经费中的比例约保持在 60% 左右，未见大的起伏变化。

继续教育参与者的支出 Ⓜ

2002 年,联邦职业教育研究所(BIBB)就继续教育做过一项调查。[①] 结果显示:参加职业继续教育人员的人均支出为 502 欧元。可以推算,全德在继续教育上的花费约为 138 亿欧元,其中 103 亿欧元为直接支出。

全德范围内总计 103 亿欧元用于职业继续教育

Ⓜ 概念注释

继续教育支出:每一项数据对继续教育的支出或者花费的定义都不一样。

企业对职员继续教育的支出:包括内部和外部的继续教育培训班费用。调查也将下列直接成本包含在内:(a) 需支付给继续教育提供方和外部培训人员的费用;(b) 差旅费、手续费和每日补助;(c) 内部培训人员的人工支出;(d) 场地和设备支出;(e) 支付给公共或其他机构的费用或用于继续教育培训项目的共同筹资基金;(f) 从公共或其他机构和共同筹资基金处获得的资助,即培训课程的津贴和开设培训课程的收入。继续教育培训课程的总费用为(a)至(e)的总和扣除(f)。此外还有人员缺失所产生的费用(参加继续教育培训班人员的劳动力成本)。

普通继续教育承担机构的支出:支出总计组成如下:全职、兼职以及名誉工作人员的费用支出;培训师/报告人的报酬和差旅费用支出;广告费用;房屋/房间/租金/水电煤的支出;员工进修支出;教学用具及图书馆方面的支出;商务支出/器具支出;其他支出。

公共预算中继续教育方面的支出:该类支出包括联邦层面的支出(不包括联邦劳动局)、联邦州层面的支出和乡镇层面的支出,且与相应的财政预算体系的职责范围相区别。固定经费是指公共财政预算中相应机构和领域从其责任方获得的经费。

联邦劳动局的支出:该类支出包括划拨给相关培训项目的职业教育培训相关的费用补贴以及给继续教育培训项目参与人员的生活费或部分生活费。

继续教育参与者的支出:联邦职业教育研究所的调查中除了形式化的继续教育类型之外还包括与工作有关的学习形式、自发组织的学习以及参加大型会议、展会等,前提是这些学习形式与其目前所从事的或即将从事的职业内容相关。继续教育培训参与者的支出包括直接费用和间接费用。直接费用包括参与费、学习和工作资料费、行程费、住宿费、餐饮费、孩子托管费金额以及其他费用(如考试费),均是按照根据实际产生的费用进行报销的方式获得。间接费用有可能由以下方式产生:收入损失(因为放弃工作、兼职、有偿加班、工作时间缩短以及无带薪假等导致的损失);损失的业余时间未考虑在内。直接费用可以通过劳动局(根据《德国社会法典》第三部)、《联邦教育促进法》——"师傅"资助(Meister-BAföG)、雇主或其他机构部门再获得;间接费用可以报销的部分包括《德国社会法典》第三部规定的生活费、《联邦教育促进法》——"师傅"资助框架下的生活费用及其他机构部分的生活费用补贴。

G3 成年人的非正式学习情况

成年人不仅仅参加一些系统的、有专业人员进行过程引导的继续教育培训项目,他们也会选择日常生活中一些丰富多彩的非正式学习方式Ⓜ来获得相应能力。本小节主要考察两个问题:不同人群参与继续教育非正式学习的情况如何? 非正式学习与继续教育之间的关系如何,是具有替代功能还是仅起补充作用? 能够支撑这两个问题的数据较少,且

① 参见:Bericht,U.;Krekel,E.;Walden,G.(2006):Berufliche Weiterbildung – Welche Kosten und welchen Nutzen haben die Teilnehmenden? Bundesinstitut für Berufsbildung, Berichte zur beruflichen Bildung, Heft 274.

大部分仅涉及与职业工作相关的学习情况。

工作中的非正式学习方式十分多样

继续教育报告体系(BSW－IX)的数据显示,与职业相关的成人学习活动包含了多种多样的非正式学习方式,且能够帮助学习者拓宽其职业知识。企业会组织不同规模的学习活动,或者由从业人员自己组织。这些学习方式均无法从一开始就设定他人或自我调节的程度。最简单的学习方式是观察和试验,因为学习者不需要具备较高的计划和实施能力;其次是专业文献的阅读和同事或上级在工作岗位上的教导和技术传授。除了专业文献资料阅读之外,成年人参与由企业组织的(企业组织的调研、质量管理小组或车间小组,监督监管等)或自发组织的(参加专业展览、电脑上的自学软件等)非正式学习活动的比例均较低(图 G3－1,表 G3－1A)。

主动性要求较高的非正式学习类型参与率较低

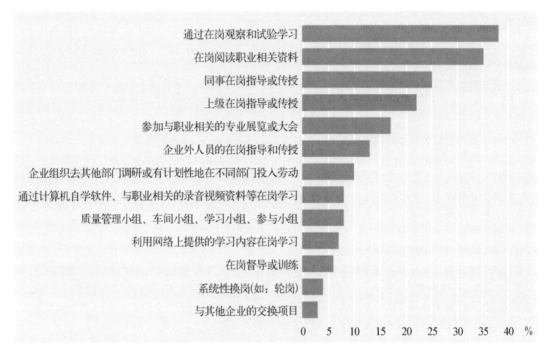

图 G3－1：2003 年从业人员参与职业相关非正式学习的情况(单位：%)

来源：2004 年继续教育报告体系 IX

非正式学习方式在过去几年中并未增长(图 G3－4A),在有些所列方式中还存在下降趋势。

非正式学习的参与情况与社会背景相关性较大

非正式学习虽然以学习者的自我组织能力为前提,同时也可以增强该种能力,但并非是一个个人能够决定的过程。它总是在社会和各种机构环境中进行。后者对个人学习兴趣发展和组织能力的影响或积极或消极,特别是对于企业组织的与工作相关的学习来说更是如此。

按非正式学习活动情况划分的三大行业组

按照行业对非正式学习参与情况的考察可以看出个人学习行为与经济状况以及工作组织条件之间的关系。按行业间非正式学习活动参与情况的区别可以将各行业分成 3 组(图 G3－2)：

- 第一组包括了在所有与工作相关的学习活动领域表现低于平均水平的行业。在这些行业中,鲜有观察/试验以及有组织的活动提供,且从业者对自学也少有激情。属于这

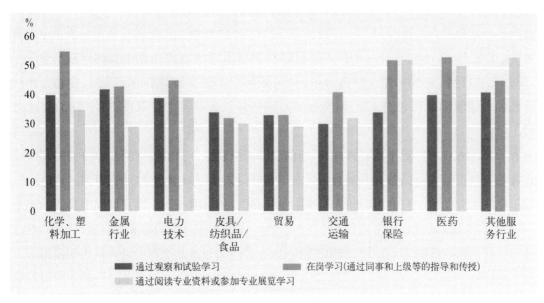

图 G3‐2：2003 年非正式性学习情况，按行业分类（单位：%）

来源：2004 年继续教育报告体系 IX，自己计算得出

一组的行业有：零售业、交通运输业以及皮革/纺织品和食品手工业。

● 第二组的行业通过观察/试验以及同事和上级的指导这样的方式为在岗学习提供了相对较好的学习条件，但在促进员工提高自学能力方面表现欠佳。传统的工业领域是这一组的主力军（图 G3‐2）。

● 第三组的特征是：总体来说，从业者在与工作相关的非正式学习活动中兴趣浓厚，特别是对那些需要自己组织（阅读专业书籍、参观展会）的学习活动以及在工作岗位的合作和指导等活动方式。银行和保险业、医疗卫生业和其他服务行业属于该组。

除行业所属外，职业地位和获得的最高教育水平也是影响非正式学习参与情况的因素。业务素质较高的和处于领导岗位的职员以及公务员参与非正式学习的比例高于工人（表 G3‐2A）。就欧洲范围内来看，较高教育水平的从业者参与非正式学习的机会高于较低教育水平者（图 G3‐5A）。与工作无关的非正式学习中也存在这一现象（图 G3‐6A）。

非正式学习的参与情况与工作情况、教育水平以及职业地位的关系说明了此类学习无法取代继续教育培训，而只是起到补充作用，两者之间显然是互补的关系。参加继续教育培训者也较为重视非正式学习（图 G3‐3）。参与继续教育是否促进了非正式学习行为，或者反过来与工作中非正式学习的机会结构是否引起了参与继续教育的兴趣，对此目前尚无定论。

〔旁注：继续教育与非正式学习方式之间为互补关系〕

Ⓜ概念注释

成年人的非正式学习：在继续教育研究中，关于成年人的非正式学习没有一个统一的概念。这里所使用的非正式学习概念是与机构性继续教育和教育组织的活动相区别的学习类型。在本小节中，继续教育和非正式学习这两个概念主要由所引用的数据来源决定：本报告中对职业相关的非正式学习情况的考察主要借助继续教育报告体系 IX。该体系对非正式职业学习的定义根据如下特征：通过观察和试验学习；阅读与职业相关的专业文献；同事在岗指导和传授；上级在岗指导和传授；参加与职业相关的专业展

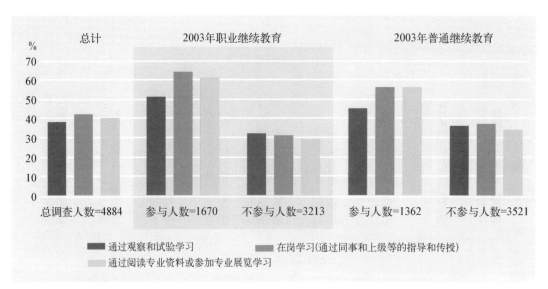

图 G3‑3：2003 年非正式学习活动与继续教育参与情况之间的关系(单位：%)

来源：2004 年继续教育报告体系 IX，自己计算得出

览/大会；企业外部人员的指导和传授；企业组织的调研；电脑上的自学软件等；质量管理小组、车间小组、参与小组；网络内容在岗学习；在岗督导训练；系统性换岗(如：轮岗)；与其他企业的交换项目(参见 2004 年继续教育报告体系 IX)。

G4 职业继续教育的劳动力市场收益

职业继续教育的收效较难评估

　　职业继续教育的劳动力市场收益虽很难考量，但并不意味着没有。但因为职业继续教育类型和个人职位转变原因的多样性，很难将继续教育培训活动与劳动力市场上的职位转变情况一一对应。此外，人们期待这些培训活动发挥作用的时间范围无从知晓，即通过培训获得的职业能力是在培训结束后立即显现还是需要经过一段较长的时间。这一点也加深了继续教育在劳动力市场收益考量的难度。

　　一项数据是由联邦劳动局(BA)面向职业教育就业促进项目的毕业学员所做的再就业调查提供。根据《德国社会法典》第三部第十一条的规定，学员参加由其组织的从业培训项目。虽然该项调查仅能提供一种继续教育培训类型的调查结果，但联邦劳动局的职业教育培训项目代表了目前市面上花费最大、参与人数最多且面向劳动力市场的机构性继续教育类型(参见 G2)。这类培训项目的劳动力市场收益仅能从培训结束后的就业状况这一点进行考量。

2000 年以来，继续教育促进就业项目持续收紧

　　根据《德国社会法典》第三部第 77 条，在就业促进政策框架下开展的培训项目主要应在帮助失业者或面临失业人员再就业上发挥其作用，使这些人员摆脱失业状态。2000 年后，对参加继续教育培训项目人员的门槛提高(2002 年 1 月 1 日实施的 Job-AQTIV-Gesetz，2003 年 1 月 1 日实施的 Hartz I，2004 年 7 月 1 日实施的 Maßnahmezerfitizierung – AZWW[①]

① 全称为 Anerkennungs- und Zulassungsverordnung – Weiterbildung AZWW vom 16.6.2004

等），且联邦劳动局也出台了相应的政策。这些使2000年以来参加继续教育培训项目人员数量锐减了65%（图G4－2，表G4－1A）。

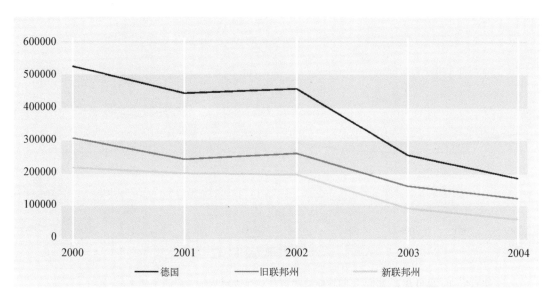

图 G4－1：2000 年至 2004 年参与职业继续教育就业促进项目的学员数，按地区分类

来源：德国劳动局

　　促就业培训的条件限制也体现了多方面的选择过程。从男女比例来看，女性参与人员的比例缩减（从49%降至44%）；从年龄来看，老年人比例下降，青年比例上升（30岁以下参与人员从26%升至32%）。最重要的一点是项目持续时间的缩减（表G4－1A）。虽然培训项目的时间长短并不能直接与培训质量相挂钩，但因为补修从业文凭或学习一门新的职业不可能在6个月内完成，所以人们有理由认为"短期培训"意味着"低质量培训"。

　　继续教育培训项目的收益通过学员在完成学业后的就业状况来考量。这点可以从联邦劳动局针对学员毕业6个月后的职场融入率调查ⓜ结果中获悉。2000年至2004年，两个时间段的曲线走向相似。培训结束1个月后获得义务社保职位的职场融入率在开始就不高的情况下（25%）又下降了3.5%，而失业率在一个较高的起点基础上（55%）又有所上升（图G4－2）。显然，许多参加就业促进项进修和继续教育项目的学员在向劳动力市场过渡过程中面临着较大困难。　　**学员在培训结束后较难融入劳动力市场**

　　从6个月之后的人员去向曲线可以看出过渡时期的困难并非全部原因。相比1个月时间段，2000年和2004年获得义务社保职位的人员比例均上升了15个百分点，而失业人员的比例则下降了18%。与2000年相比，2004年的从业人员比例下降至39.4%，但相比2002年却上升了7个百分点。2002年上升至44%的失业者比例在2004年降至39.7%，但却高于2000年的水平（37.6%）。相比"再就业和培训人员去向预测"（Hartz I）中70%的比例，培训参与者的现实就业情况还差得很远（表G4－2A）。

　　总体的再就业比例还存在年龄组的差异：30岁以下的劳动力比45岁以上人员能够更好地融入劳动力市场（图G4－3）。在新旧联邦州，较大年龄的继续教育学员面临的情　　**不同年龄段和不同地区之间存在较大差异**

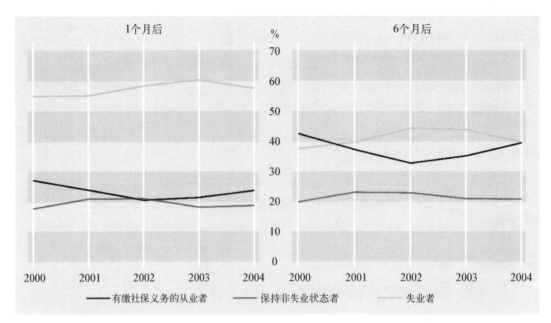

图 G4－2：2000 年至 2004 年职业继续教育就业促进项目结束后学员的去向(单位：%)

来源：德国劳动局,自己计算得出

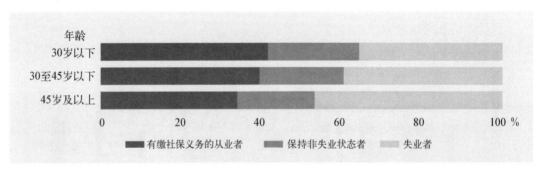

**图 G4－3：2004 年职业继续教育就业促进项目结束 6 个月后
学员的去向,按不同年龄组分类(单位：%)**

来源：德国劳动局,自己计算得出

况不容乐观(表 G4－3A)。地区间的差异也不容忽视。十大较高职场融入率职业中介所在地和十大较低职场融入率职业中介所在地区之间的差距在 15 至 20 个百分点之间(表 G4－4A)。

Ⓜ**概念注释**

　　学员去向与去向比例：职场融入率是指,在继续教育培训结束 6 个月之后,具有缴社保义务的从业者占所有去向可考人员的比例。失业率是指登记为"失业"的人员比例。"保持非失业人员"包括公务员、个体户、正在培训中的人员或未就业者。

　　关于数据来源的说明：本小节的数据针对的是按照《德国社会法典》第三部第 77 条规定的就业促进项目,数据采集截止日期为 2006 年 2 月。这里的统计时间段与官方职场融入率对照表(7 月至次年 6 月)不同,按照自然年(1 月至 12 月)来统计。联邦劳动局的人员去向调查包含了从业者和失业者统计中的数据。两者均包含在内的数据源(同时登记为"就业"和"失业")则归入从业者数据统计。

前景

　　参与普通继续教育和职业继续教育人数的下降和公共预算以及企业在继续教育方面投入的减少是对当前继续教育情况分析所得出的两大显著特征。但这两大事实显然与政治领域一直强调继续教育必要性的现象相矛盾，例如2001年教育论坛上，联邦和各州一致达成的最终决议中也体现出了政府抓继续教育的决心。

　　继续教育，特别是职业继续教育的一个重要功能是开拓潜在的劳动力和稳定已有的劳动力资源，但在过去15年，这一点并未在较低职业资质的人群中起到明显作用。同时也意味着，影响继续教育参与情况的社会选择机制并未改变，且具备较高、中等和较低职业资质的从业人群之间的差距也未缩小。

　　联邦劳动局提供的与职业相关的继续教育培训项目特别体现了对继续教育总体情况的断言：尽管投入了数量可观的经费，且过去几年的监管方式也有所改变，但效果却十分有限，地区间差异和年龄层之间的差距仍然存在。尤其是较低（30岁以下）和较高（45岁以上）年龄从业者之间参与继续教育项目的比例差距在拉大。这一点与政治经济领域力图提高法定退休年龄、面对人口发展变化充分利用较高年龄雇员的愿望又不相符合。职场融入率上的差异证明联邦劳动局的就业促进培训项目并没有成功达到让问题人员融入劳动力市场的目标。

　　虽然非正式学习和继续教育之间存在一定的关联，但希望通过前者来弥补后者缺陷的这一想法并未得到证实，两者之间只有互相补充的关系，无法相互取代。但工作和社会环境中好的非正式学习机会也可能唤起或增强学习者参加继续教育的兴趣。结合两种学习方式组织并获得丰硕的终生学习成果是未来发展的一个重要方向。

　　行政领域需思考的事实是：在欧盟15国中，德国在继续教育参与情况（包括非正式学习情况）中的表现排名靠后。长此以往，这一现象是否会给德国的经济竞争力带来消极影响目前尚无定论。

H 移民

H1 移民之于教育的意义

基于不同原因并以不同方式由他国到德国的移民运动（工作移民、回迁人员、寻求庇护者等）以及伴随着移民人口带来的文化和社会异质性给德国社会带来了较大的发展潜力，但同时也给各个阶段的教育事业带来了极大挑战。长期以来，人们都低估了这些挑战，并没有意识到他们能够带来的机会，如语言多样性和文化异质性为越来越紧密的国际交流关系提供便利。政治和经济领域都一致认为，教育和职业资格能力培养体系对移民（移民后代）能够成功融入德国社会起关键作用。特别在当今德国人口发展变化的趋势下，促进和培训青年移民——唯一一支儿童人口增长的队伍，对于保障未来德国社会生产力和人民幸福安康具有重要意义。

这一关键任务仅凭教育机构的一己之力无法完成，同时也需要社会、经济和政治领域等各方面的支持。因此，我们须使教育和培训机构在促进移民融入方面所做的努力、它们的内部结构和操作条件与教育机构的外部环境条件之间的紧张关系明朗化。另一方面我们需要讨论，移民在融入德国教育体系与通过教育得以融入这两方面遇到的问题以及可行的解决方法。本章讨论主题的出发点是：移民对德国社会来说既是机遇也是挑战。

对于儿童和青年移民来说，通过教育达到融入的目的和融入教育体系这两者之间密不可分。通过教育融入的目的是：让移民后代在德国受教育过程中能够获得与其他同龄德国孩子相当的教育水平和能力。虽然大部分移民孩童与德国孩童进入各教育机构的机会在形式上是平等的，但在较高的教育等级过程中，两者之间存在较大的现实差距。

过去 30 年间，具有移民背景的青年在学校教育和职业培训方面取得了明显进步，但在获得的教育水平方面与无移民背景青年之间的差距却未能缩小。此外，在能力掌握方面，前者也存在较大问题。最近，国际学生评估项目（PISA）和国际小学阅读能力研究（IGLU）的结果使公众了解到移民儿童和青年的状况。这两项调查揭示了：在学校教育中，由移民背景导致的差异在认知能力、不同教育等级的衔接阶段和中等教育阶段就读学校等方面普遍存在。导致这一现象的原因可以部分归结为移民家庭的平均社会经济资源较少，但这并不是原因的全部，无法很好地掌握德语也是其一项重要的社会文化特征。

教育实践和教育政策需要掌握以下具体信息：与移民身份相关的问题在不同教育阶段如何呈现？不同来源、不同地区和不同学校类型之间有何区别？在教育过程中这些差异会拉大还是缩小?

为呈现这些问题,本章主要考察以下四个方面:

- 从社会总体角度考察移民背景人口的数量与结构,同时会结合考虑国际、代际顺序、文化背景等因素(H2)。
- 从个人角度考察移民背景儿童、青少年和成人的教育参与情况、教育过程以及与来源地区相关的条件(H3)。
- 从机构角度考察教育系统与移民的关系,重点考察一些促进措施及其利用情况、成绩评定的公平性和机构性分离的影响(H4)。
- 从国际间比较的角度考察不同国家移民在能力获得方面的差异,同时也考虑各国不同的移民人口组成背景和各国教育机构与移民现象之间的处理情况(H5)。

社会总体角度和个人角度这两方面的考察有足够的数据支持(2005 年微型人口普查还引入就移民背景展开的专项调查),而从机构角度的考察和能力获得方面的考察则仅限于普通学校教育领域,学前教育领域情况作为补充。其他教育领域因为缺乏与移民教育情况和学习成果相关的代表性数据而无法深入考察。

H2 德国的移民情况

2.1 由“外籍人员”到“移民”的概念转变

移民并不是一种单一的社会情况,它更多的是带来了移民情况和文化身份的多样性,而这些与教育融入的相关性最大。所以,儿童和青年是以“直接移民”还是以二代移民的身份进入德国教育体系会有很大区别。同样,他们移居德国时的年龄也是影响因素之一。由于内迁和外迁的移民进程,德国的人口构成一直处于变化之中,与之相关的中小学人口以及职业培训生和大学生人口也在发生变化。因此,移民过程不仅关系到移民者个人,也会对德国教育机构的人口结构和组成产生影响。从这一角度出发,本小节将考察移民的数量规模和结构组成。

移民情况的多样化

针对德国的移民情况目前采用了一种新的统计方式,可以说是由“外籍人员”到“移民”的概念转变。之前德国官方统计中对移民的定义与国籍相挂钩,即“外籍人员”这一概念。从 IGLU 和 PISA 针对国际间中小学生的成绩开展调查研究以来,德国也意识到,“外籍人员”这一定义不利于准确定位德国移民的特征和数量,也不能有效地支撑相关教育政策和实践。“外籍人员”这一定义既未包括 1993 年 1 月 1 日之后从东欧地区归国回迁的德国人员,也未包括自己移民或因父母移民而入德国籍的人员。后者因 2000 年 1 月 1 日修订后的移民法生效更应囊括在内,因为该法律规定:在德国出生且父母一方在德国合法居留 8 年及以上的孩子可以根据出生地定国籍的原则获得德国国籍(参《国籍法》第四条)。

移民统计方式的变革……

借助 2005 年微型人口普查的结果,对于德国总体人口来说,以下几项具有代表性的数据信息可考:

- 国籍;

- 出生地:在德国或国外;

- 移居年份;

- 入籍情况;

- 父母双方的国籍、入籍情况和出生地;

- 与父母一起生活的孩子、青少年和初成年人的国籍、入籍情况和出生地;如有(外)祖父母,也会统计相应信息。[①]

……借助2005年
的微型人口普查

2005 年微型人口普查第一次按照个人和家庭的移民经历(第一、第二或第三代移民)和法律身份(德国人对非德国人)进行分类(表 H2－1)。拥有德国国籍不仅意味着拥有参政权,也显示了更为稳定的社会身份,而通过移民经验调查可以知晓,家庭外的社会文化环境受来源国或移居国的影响有多大。因此,这两种分类方式对移民融入问题的研究具有显著意义。与(之前的)"外籍人员"概念相比,"移民"这一(新)概念的确立使移民的数量和结构在数据统计中发生了显著变化。按照"移民"这一概念,2005 年德国具有移民背景的人口占总人口的比例为接近五分之一(18.6%),即 1530 万。这一数字比"外籍人员"概念下的统计数据翻了一番(表 H2－1)。新旧联邦州之间的移民比例也存在巨大差异。

表 H2－1: 2005 年德国人口和结构,按移民背景和移民类型分类

	移民身份称谓	是否为直接移民	父母特征		德 国	旧联邦州	新联邦州和东柏林
			移民到德国	国 籍	单位:千	%	
	有移民背景的人员				15332	18.6	21.5	5.2
其中	外籍人员				7321	8.9	10.2	2.7
	第一代移民[1)]	是			5571	6.8	7.7	2.4
	第二代移民	否	是		1643	2.0	2.4	0.3
	第三代移民	否	否		107	0.1	0.2	—
	德国人				8012	9.7	11.3	2.5
	第一代移民				4828	5.9	6.8	1.6
	东欧地区归国回迁人员[2)]	是		德国人	1769	2.1	2.5	0.5
	入德国籍人员[2)]	是		非德国人或后入籍人员	3059	3.7	4.3	1.2
	第二代移民				3184	3.9	4.5	0.9
	东欧地区归国回迁人员	否	是(双方)	德国人	283	0.3	0.4	0.0

[①] 为了保持不同移民类型的分类,本小节和下一小节的考察内容参考 2005 年微型人口普查。H4 和 H5 部分所用的大部分数据并非按 2005 年微型人口普查的归类方式进行调查和分类,因此,调查方式会在相应章节进行说明。

（续表）

移民身份称谓		是否为直接移民	父母特征		德　国	旧联邦州	新联邦州和东柏林
			移民到德国	国　籍	单位：千	%	
其中	入籍人员	否（自身加入德国籍）			1095	1.3	1.6	0.1
		否		至少父母一方加入德国籍				
	按照出生地定国籍原则确定的德国人	否	是	非德国籍（双方）	278	0.3	0.4	0.1
	具有单方面移民背景的德国人	否		父母一方为德国籍，另一方具有移民背景3)	1528	1.9	2.1	0.6
无移民背景人员		否	否	德国人	67133	81.4	78.5	94.8
人口总计					82465	100	100	100

　　1）第一代移民包括所有自身具有移民经历的人员；第二代移民指非自身移民，而父母具有移民经历者；第三代移民是祖父母辈有移民经历者。

　　2）这里的"东欧地区归国回迁人员"指的是所有回迁的德国人。在问卷调查时，其中有些被调查认为自身的回迁属于"入籍人员"，所以"东欧地区归国回迁人员"数量少于实际数量，而"入籍人员"的数量则多于实际。

　　3）非德国人、移民及/或入籍者。

　　来源：联邦统计局，2005 年微型人口普查（初步调查结果）

　　旧的统计方式对移民人口统计不全面，所以，与之相关的问题严重性也被低估。新的统计方式有利于政府根据现实情况处理移民融入问题。与教育政策制定密切相关的情况是这样的：12.7% 的人口为一代移民，在所有移民人口中占比超三分之二（表 H2‑1）。在广义的移民概念指引下，我们应清楚地认识到，不同的移民状况需要有不同的教育政策来应对。如不加以区别对待，我们容易或夸大或忽视所面临的政治挑战。

　　除法律身份和移民经验外，我们也需要特别关注移民的来源地区，它代表了不同的文化传统。五大来源类型[①]（图 H2‑1）可以用来区分移民人口的内部差异，这一分类可以将来自曾经的劳工输入国的"客籍工人"（主要是来自土耳其）与从东欧地区归国的人员这两组重要移民群体区分开来：

五大主要移民来源类型

- 土耳其
- 其他德国曾经的劳工输入国[②]
- 其他欧盟 15 国成员国[③]
- 其他国家
- 从东欧地区归国人员

[①] 外籍人员和东欧地区归国人员的国籍是指未到德国之前的国籍。入籍人员和具有移民背景的二代德国人的国籍是指未入德国籍之前的国籍和父母的国籍。

[②] 波斯尼亚和黑塞哥维那、前南斯拉夫地区、希腊、意大利、克罗地亚、葡萄牙、塞尔维亚和黑山、斯洛文尼亚、西班牙、摩洛哥。未包括突尼斯和马其顿。

[③] 欧盟 15 国有（不含德国及其曾经的劳工输入国希腊、意大利、葡萄牙和西班牙）：比利时、丹麦、芬兰、法国、爱尔兰、卢森堡、荷兰、奥地利、瑞典和英国。

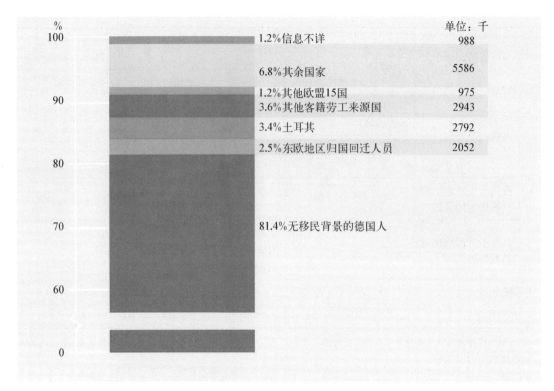

图 H2‑1：2005 年德国人口组成，按移民背景和来源地区分类

来源：联邦统计局,2005 年微型人口普查（初步调查结果）

　　不同考察主题下，来自不同来源地区的移民表现情况也不尽相同（土耳其例外），如特定来源国移民群体在教育志向和教育表现方面体现的差异。

2.2 具有移民背景的青年人口数量及组成

有移民背景的人员平均年龄较低

　　25 岁以下群体是教育体系的主体。在德国,超四分之一（27.2%）该年龄层人员具有移民背景（图 H2‑2）。

有移民背景人员内部也存在异质性

　　这一较高比例说明：具有移民背景人群的平均年龄明显低于无移民背景人群（图 H2‑1A），同时也表明教育政策方面对促进移民融入作为未来投资的重要性。移民人口的身份、移居时间以及种族所属多样性是移民儿童和青年融入德国教育体系面临的一项重要挑战（图 H2‑2,图 H2‑3）。

　　在具有移民背景的青少年群体中,外籍人员（第一、第二和第三代移民）是第一大群体,在所有 25 岁以下德国人群中占 10%。该年龄组中,来自东欧地区的归国人员比例为 3.1%,6.7% 的儿童和青少年加入了德国国籍,7.5% 的德国孩子为父母一方具有移民背景或符合出生地定国籍的原则。这就是说,生活在德国的 25 岁以下人群中,每十人中就有一个来自国外,不具有德国国籍。在有移民背景的青少年中约半数人拥有德国国籍,且自己并不是移民过程亲历者（图 H2‑1,表 H2‑1A）。

各个教育阶段均面临移民融入这一任务

　　有移民背景人群的年龄结构表明：各教育阶段都需要承担使移民孩子融入的任务。2005

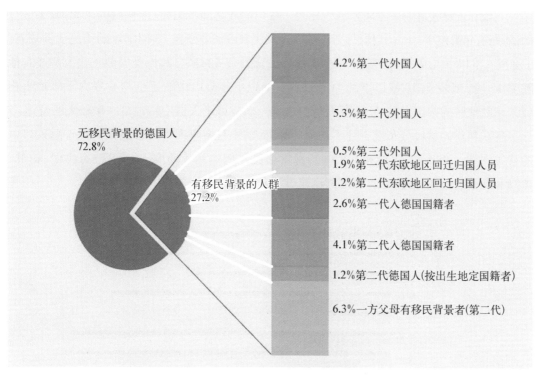

图 H2－2：2005 年，德国 25 岁以下人口组成，按移民背景和移民类型分类（单位：%）

来源：联邦统计局，2005 年微型人口普查（初步调查结果）

年，每 100 个 6 岁以下儿童中有超过 30 个具有移民背景，在后面几个年龄段中（6 岁至 10 岁以下，10 岁至 16 岁以下，16 岁至 25 岁以下）这一比例还保持在 24% 至 29% 之间（图 H2－3）。在更高年龄段中（特别是 45 岁及以上人群），具有移民背景人群的比例仅为前者的一半。

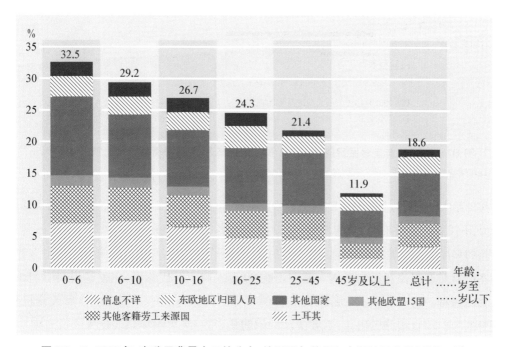

图 H2－3：2005 年，有移民背景人口的分布，按不同年龄组和来源地区分类（单位：%）

来源：联邦统计局，2005 年微型人口普查（初步调查结果）

儿童和青年人群的来源地区不尽相同。按当前或之前的国籍(指移民的来源国)来区分的话,所有年龄组中,土耳其移民、劳工输入国移民和欧洲非欧盟15国国家的移民比例较高。0岁至6岁以下儿童中,6.9%具有土耳其移民背景,7.6%来自其他德国劳工输入国或其他欧盟15国。6岁至10岁以下和10岁至16岁以下年龄组中的比例与6岁以下年龄组相似。东欧地区的归国人员超66万人(在0岁至25岁以下人群中),也是一个较大的群体。

有移民背景的人员在各州分布不均

各联邦州的移民分布也十分不均衡(图H2-4),且青年人中的移民比例高于总人口中的移民比例。2005年,汉堡和不来梅的青年移民比例达到了40%,在巴登-符腾堡、柏林、黑森和北莱茵-威斯特法伦州的比例也超过三分之一(表H2-2A)。

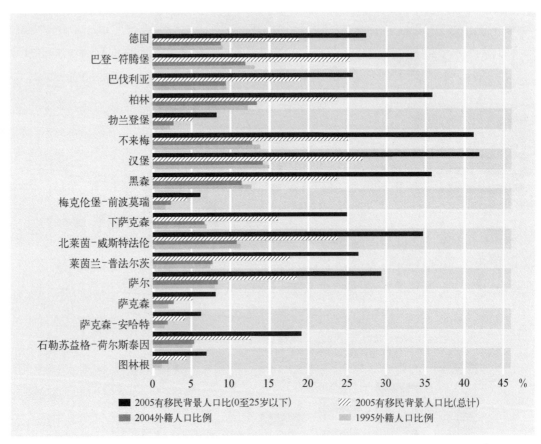

图H2-4:2005年有移民背景的人口比例以及1995和2004年外国人口比例(单位:%)

来源:联邦调查局,人口统计,2005年微型人口普查(初步调查结果)

在各个教育阶段提供融入性措施迫在眉睫

按外籍人口来算,过去10年的移民数量是下降而非上升。如果要观察整个教育和学习过程,我们不仅需要知道有多少具有移民背景的人群在各大教育机构就读,而且还需了解每年有多少新的移民进入德国教育体系。这一点对于一些补充的融入和促进措施的实施尤为重要。

在所有具有移民背景的低龄人群中,约190万人属于一代移民,也就是说,他们自身亲历了移民过程。这一数字占低龄移民人群的三分之一。为了尽可能准确估算教育机构需要面对的"真正"直接移民数量,需要关注的问题是,每一年龄组中该类迁入人员有多少。

在移民群体中,孩子和青少年自身是否经历了移民这一过程会产生许多差异(表H2-1A)。在土耳其低龄移民中,仅七分之一出生在国外,绝大部分出生在德国(87%)。而其他移民群体中,第二代移民的比例则明显较低。在东欧地区归国人员的低龄移民群体中,仅五分之二出生在德国;在来自其他欧盟15国的低龄移民群体中,这一比例为82%;在来自世界其他国家的低龄移民群体中为59%。相反,在东欧地区归国的和来自世界其他国家的低龄移民群体中,义务教育阶段后才进入德国教育系统的人数明显较高。在东欧地区归国人员中的高比例主要是因为20世纪80年代末和90年代初的归国潮。在未来,第一代东欧地区归国人员的移民数量会趋于零,而其他移民群体中将不会出现这一情况。因此,为这些直接移民提供长期有效的教育系统融入项目十分有必要。这一必要性也通过下一数据体现出来:2004年,从外国迁入的移民总计780175人,其中25岁以下为279662人。 移民群体间存在不同的移民经历

在所有联邦州,25岁以下的第一代移民比例均较高。下萨克森州(38%)和石勒苏益格-荷尔斯泰因州(36%)比例最高。此外,所有联邦州中,青少年直接移民的比例也较高。这些人群往往是在接受中等教育和职业培训时期进入德国教育系统(表H2-2A)。在德国出生的移民儿童和青少年比例也较高,但他们在入学前就已经能够受惠于较多的融入性举措。这一点在教育政策讨论中(终于)获得了足够的重视。 所有联邦州中直接移民的比例均相对较高

但第一代移民也需要根据其年龄和需求获得相应的融入举措。从他们在各自年龄组所占的比例中可以看出该类群体需要迅速获得相应促进措施的迫切性。直至19岁的各大年龄组中,直接移民的比例为5%至10%,这一区间的产生,主要是看每一年龄组中有多少"迁入年龄不详"的人员归入"该年龄段时迁入"这一项。19岁至25岁以下年龄组中的比例最高,应该是将外来求学人员也计算在内了(图H2-5,表H2-4web)。

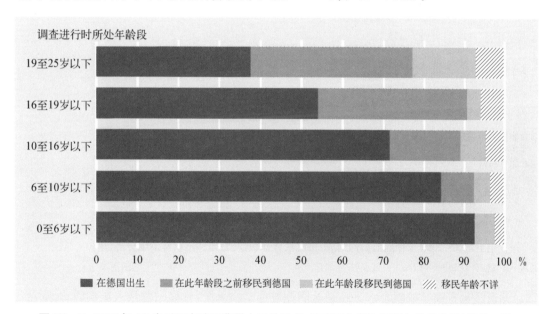

图H2-5:2005年,25岁以下有移民背景人口的组成,按移民年龄和不同年龄组分类(单位:%)
来源:联邦统计局,2005年微型人口普查(初步调查结果)

2.3 有移民背景人口的教育水平

本小节的内容也会按照移民的迁入时间(第一、第二和第三代移民)以及他们的来源地

区进行分类考察。第一代移民原则上应该在其家乡已接受过相应的教育——与移居时的年龄相关。另外一部分移民,尤其是第二和第三代移民接受的是德国教育机构提供的学习内容,在德国完成了普通教育和职业教育学业。

正如大家所预期的,年轻群体(25 岁至 45 岁)的受教育水平明显高于年长群体(45 岁至 65 岁),无论其有无移民背景。两个年龄组中,当地居民的教育水平均高于有移民背景的人群(图 H2-6)。无职业教育背景的所有年龄群体中,[①]有/无移民背景这两个群体的差距最为显著,在具备高校入学资格和高校毕业这两大人群组中,[②]两者的差距缩小。但是,总体数据无法呈现的不同来源地区移民组之间的差距也不容忽视。具体情况将在下文分析 25 岁至 35 岁以下年龄组时详细说明。这一年龄段的部分学员或还停留在初级培训阶段,或该刚结束该阶段的学习。

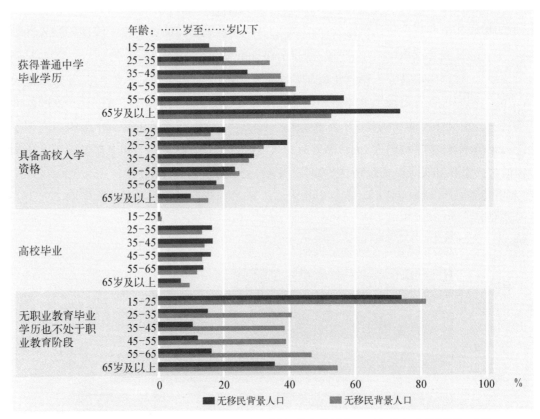

图 H2-6:2005 年德国人口的组成,按移民背景、教育背景和不同年龄组分类(单位:%)
来源:联邦统计局,2005 年微型人口普查(初步调查结果)

有无移民背景人员之间的教育水平相差较大

无论是从普通学校教育水平还是从职业教育学历来看,有移民背景人员的教育水平均低于无移民背景的德国人(表 H2-3A)。在 25 岁至 35 岁以下、无职业教育学历的移民群体中,有相当一部分人在调查时间段内还在上职业学校或高校。在相同年龄段的德国非移民群体中,无职业教育学历者的比例为 15%,而在移民群体中这一比例却达 41%。两个群体的性别间差异较为相似(图 H2-7,表 H2-5web)。在不同移民群体中也有不同程度的体现。

---

① 15 岁至 25 岁以下年龄段未囊括在内,因为他们还在攻读学业阶段。
② 需要注意的是,这里也包括到德国留学的外籍人员。

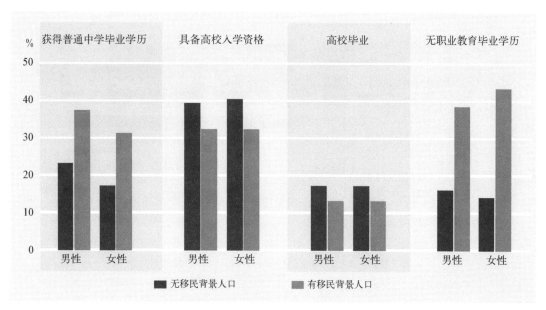

**图 H2‑7：2005 年，德国 25 岁至 35 岁以下的人口组成，按移民
背景、教育背景和性别分类（单位：%）**

来源：联邦统计局，2005 年微型人口普查（初步调查结果）

　　在有移民背景的群体内部，外籍人员的平均教育水平最低，"其他具有移民背景的德国
人"最高，东欧地区归国人员和入籍人员居中，两者之间稍有差异（图 H2‑8a）。这一对应
关系也体现在职业教育毕业情况中："其他具有移民背景的德国人"和东欧地区归国人员具
有较高的职业教育文凭（图 H2‑8b）。

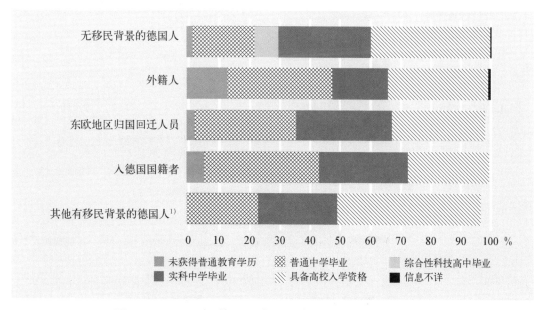

**图 H2‑8a：2005 年，德国 25 岁至 35 岁以下的人口组成，按移民
的类型和普通教育学历背景分类（单位：%）***

* 与总计 100% 存在偏差是因为有些毕业类型的占比人数过低以及未算入少数正在普通教育学校完成学业的学生
1) 指按出生地原则获得国籍的德国人和父母一方有移民背景的德国人

来源：联邦统计局，2005 年微型人口普查（初步调查结果）

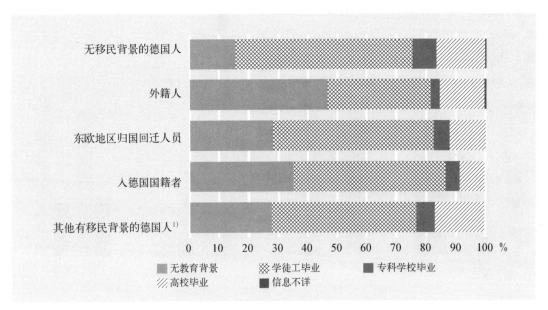

图 H2 - 8b：2005 年，德国 25 岁至 35 岁以下人口的组成，按移民
类型和教育背景分类（单位：%）*

＊ 与总计 100% 存在偏差是因为有些毕业类型的占比人数过低
1）指按出生地原则获得国籍的德国人和父母一方有移民背景的德国人
来源：联邦统计局，2005 年微型人口普查（初步调查结果）

　　将外籍人员和入籍人员再按其原国籍进行分类考察之后可以发现：从原德国劳工输入
国迁入的移民（特别是来自土耳其的移民）所具备的教育水平最低（图 H2 - 9）。这些输入的
移民在当时被安排干一些技术含量较低的工作。值得注意的是，"来自其他国家"这一移民群体
在具备高校入学资格和高校毕业这两项教育水平中的人数比例甚至高于无移民背景的德国人。

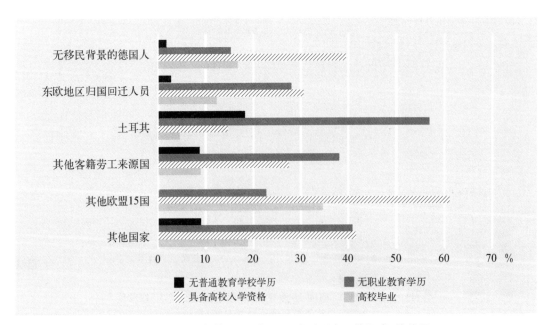

图 H2 - 9：2005 年德国 25 岁至 35 岁以下人口的组成，按移民
背景、来源地区和不同教育背景分类（单位：%）

来源：联邦统计局，2005 年微型人口普查（初步调查结果）

第二代和第三代移民在德国长大,在德国接受教育、完成学业。调查显示,其获得的教育水平与无移民背景的德国人相比却不尽相同。一方面,第二代和第三代移民在具备高校入学资格这项教育水平中的比例与无移民背景德国人持平;另一方面,在 25 岁至 65 岁以下人群中,前者无职业教育文凭的比例为 32%,是后者的 2 倍(16%)(表 H2 - 5web)。德国教育系统在促进较高学历移民人员方面卓有成效,但却未能够清除问题群体的教育障碍。

第二代和第三代移民在按照来源地区划分的群体中,教育水平发展也存在差异。在第二代和第三代移民中,东欧地区归国人员和劳工输入国移民在具备高校入学资格这一教育水平的人员比例明显高于第一代移民,而从其他国家迁入的移民在这一项的比例却呈下降趋势,但仍明显高于无移民背景的德国人。

根据德国具有移民背景人员的结构特点可以总结出以下几点小节内容,可为教育过程设置提供参考:

- 在德国教育体系中,具有移民背景的低龄人群(25 岁以下)比例高达 27%,比之前"外籍人员"概念指导下的统计数据高出 1 倍。
- 移民状况的多样性和不同来源组教育背景的差异要求教育政策战略采取有区别的促进融合举措来应对。
- 超过三分之二有移民背景的人员和三分之一的 25 岁以下低龄移民群体为第一代移民(直接移民)。这一现状表明,在各个教育阶段——从幼儿园到中小学和职业教育直至继续教育,仍需将语言和文化促进放在中心位置,虽然针对当前的直接移民采取的促进措施有目共睹。
- 虽然大部分具有移民背景的儿童和青少年出生和成长在德国,但教育体系中早期的社会融入工作成效有限。
- 10 岁以下移民儿童的融入情况越好,他们在今后的教育参与以及社会潜能发展和利用等方面就越能获得更好的机会。

H3 有移民背景儿童和青少年的教育参与情况与过程

因为缺少可以跟踪调查儿童和青少年教育生涯的纵向数据,目前只能借助单个教育领域以及各教育领域之间的衔接阶段的横向数据来再现其教育参与情况与过程。

各教育领域之间的衔接阶段如下:

- 幼托机构及家庭教育升入小学
- 普通教育时期各阶段升学情况
- 升入职业教育领域
- 升入高等教育
- 步入职场

三分之一的第二代和第三代移民无职业学历

3.1 有移民背景儿童在幼托机构及幼升小的教育情况

有移民背景的小孩中幼托机构的使用率也总体较高

　　社会上普遍认为,幼托机构对有移民背景小孩的家庭融入德国社会至关重要,且这一点最终也在《扩充保育法案》中确立下来。2000 年以来,4 岁至学龄前外来儿童参加幼托机构教育的比例超过 80%。这一数据虽然与德国孩子的比例一直存在着差距,但其参与率从 1991 年至 2004 年一直在向德国儿童靠拢(图 H3-1,表 H3-9web)。

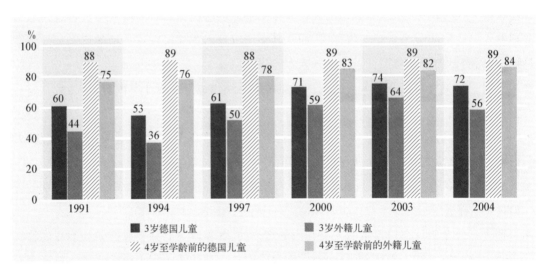

图 H3-1：1991-2004 年,德国 3 岁至学龄前儿童的幼托机构
利用情况,按有无德国国籍分类(单位：%)

来源：联邦统计局,不同年度的微型人口普查,自己计算得出

在有移民背景及教育程度较低的家长中使用率相对较低

　　根据德国青年研究所的一项保育调查,移民小孩的来源地区对孩子参与幼托机构教育的影响微乎其微,且参与率与性别也并不存在太大联系(图 H3-2A)。起重要作用的是父母的教育水平。孩子家长如最高仅获得普通中学毕业证,他们的参与率较那些较高学校教育水平家长的孩子低 5 个百分点,这点跟德国家庭的情况类似(图 H3-3A)。

提前和推迟入学情况：一样的趋势,不同的水平

　　有移民背景的儿童在小学入学情况中未体现出明显差异。但就提前和推迟入学的情况来看,有/无移民背景的儿童之间存在区别,但这些区别在各个联邦州之间体现不一,无法从全德的层面深入讨论。以 1995 年至 2004 年北莱茵-威斯特法伦州的入学情况为例,移民儿童的提前入学增长率和推迟入学的下降率与德国儿童持平(参见 C4),但移民儿童中提前入学者的比例比德国儿童少三分之一,而推迟入学的比例则高出 1 倍(图 H3-2,表 H3-10web)。

3.2 普通教育时期各阶段升学情况

　　PISA 调查结果显示：①无移民背景以及来自其他国家的学生主要就读于实科中学和

---

① 为了使本部分关于过渡阶段和不同学校类型之间的转换情况调查有据可循,此处引用的是 2000 年的 PISA 调查数据。因为 2003 年的 PISA 调查未囊括按学校类型划分的 15 岁青少年的过渡和学校转换的情况,所以此处采用 2000 年的 PISA 数据,它包含了小学推荐、五至七年级的上学情况以及调查期间所上的学校类型等信息。

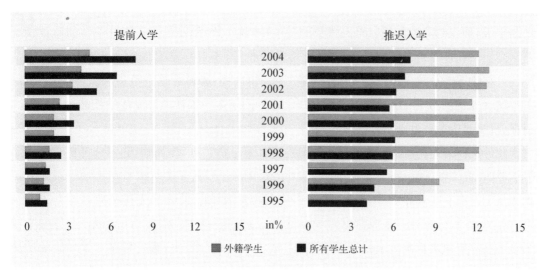

图 H3‑2：1995‑2004 年，北莱茵‑威斯特法伦州提前和
推迟入学的学生比，按国籍分类*（单位：%）

* 图 H3‑2 中的移民背景指的是被调查者或者其另一半的当前或之前的国籍，抑或是父母一方或双方为移民到德国。
来源：北莱茵‑威斯特法伦州学校数据统计

文理中学，而至少父母一方来自土耳其、其他客籍劳工国或原苏联加盟共和国的学生大多就读于普通中学和实科中学。在后者群体中也还存在显著差异：土耳其学生中半数就读于普通中学，仅八分之一就读于文理中学。来自其他客籍劳工国的学生中三分之一就读于普通中学，四分之一就读于文理中学（表 H3‑1）。

表 H3‑1：2000 年，9 年级学生中移民学生的比例，按学校类型和移民来源地区分类（单位：%）

移民背景/来源组	按不同学校类型分类的 15 岁青年			
	HS	RS	IGS	GY
	%			
无移民背景	16.6	38.6	11.6	33.2
有移民背景总计	31.8	29.7	14.0	24.6
其中：				
土耳其	48.3	22.1	17.0	12.5
其他客籍劳工来源国	30.0	31.4	13.6	25.1
原苏联地区归国人员	38.4	33.6	9.8	18.2
其他国家	20.5	29.3	15.5	34.6

来源：PISA E2000，自己计算得出

　　上述有或没有移民背景的 15 岁学生在就读中学中体现出来的差异在从小学过渡到下一阶段中学学校类型的过程中就已显现（表 H3‑1A）。至少父母一方出生在国外的学生在过渡期后选择直接进入普通中学的比例高于德国学生，且很少会在之后通过升级到高阶学校来改变现状。即便是在同样上文理中学或实科中学的学生中间也体现出了不同

有移民背景的学生降级比例翻倍

（表 H3 - 3A）。100 个选择在小学之后就读于文理中学的无移民背景学生中，83 人可以上完九年级，而在同等数量的有移民背景的学生中，这一数字仅为 77。实科中学的就读情况差异则更大：84% 的德国学生可以顺利完成学业，而来自移民家庭的学生这一比例仅为 73%。在中等教育第一阶段中，20% 有移民背景的学生选择普通中学，而无移民背景的学生中这一比例仅为 10%。总而言之，有移民背景的学生不仅在通往高级学校的过程中存在困难，且更难维持在此类学校。

有移民背景的学生中推迟入学的比例也较高
有移民背景的小学生留级率最高

此外，有移民背景的学生因为延迟入学或留级等原因比德国学生更容易延长整个中小学学业过程。2000 年 PISA 研究数据[1]表明，不少具有移民背景的孩子在小学阶段就有留级的经历。在一至三年级中，有移民背景学生的留级风险系数比无移民背景学生高出 4 倍。在六年级之后，这一来源背景差异导致的区别逐渐减少。需要指出的是，上特殊学校的学生在分析留级情况时未列入其中。但恰恰是在特殊学校中，具有移民背景学生的比例明显高于中等教育第一阶段中其他学校类型的平均水平。

在部分联邦州，有移民背景的学生延长中小学学业的比例高出无移民背景学生 1 倍（图 H3 - 4，表 H3 - 4A）。[2] 其中，土耳其裔学生的比例最高；来自东欧地区归国人员家庭以及其他客籍劳工国家庭的学生中比例也较高。

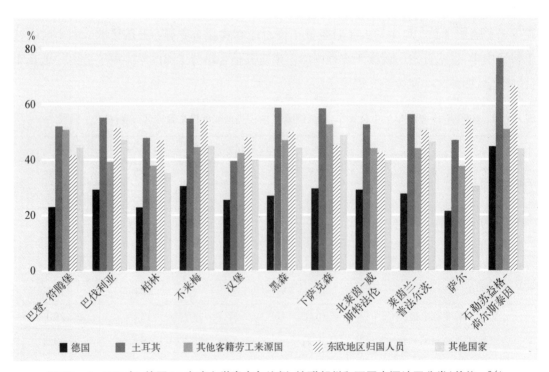

图 H3 - 4：2003 年，德国 15 岁晚上学青少年比例，按联邦州和不同来源地区分类（单位：%）
来源：PISA 2003，经 IPN 重新计算

---

① 参见 Krohne, J., Meier, U., Tillmann, K. J. (2004)：Sitzenbleiben, Geschlecht und Migration. In：Zeitschrift für Pädagogik，50(3)，S. 273ff.
② 以下关于中小学学业延长情况的调查以 2003 年 PISA 调查数据为依据。有移民背景的学生包括了所有至少父母一方在国外出生者。在德国国内比较中，按父母来源(土耳其、东欧地区归国人员等)的比较仅选择了来自移民家庭青少年的比例高于 10% 的联邦州。

以上所呈现的不同来源组在教育参与和升学情况中的差异也应考虑到不同联邦州的不同人口结构。正如 H2 部分指出的(图 H2 - 4),有移民背景的学生在学生总数中所占的比例在各州不尽相同:一方面,存在移民学生比例较高的州(特别是不来梅和汉堡),也有此类学生数量较少的州(如巴伐利亚、萨尔和石勒苏益格-荷尔斯泰因);另一方面,不同州中,学生移民来源的构成也存在较大区别(表 H3 - 3A)。

移民比例以及不同来源地区的移民组成存在较大的州际差异

造成这些差异的原因在于不同的移民方式和移民政策。后者不直接受教育政策的影响,却给各州的教育事业带来了特别挑战。

3.3 升入职业教育领域的情况

无论是职业教育数据统计还是其他单项调查的结果均表明,比起德国青少年,移民学员在双元制职业教育体系中获得一个培训名额的困难要大得多(图 H3 - 5)。培训生中外来学员所占的比例远低于同一年龄段外来人口在相应年龄段中的人口比例,且这一趋势在过去 10 年中仍在增强(表 H3 - 4A)。

过渡到职业教育的困难不断上升

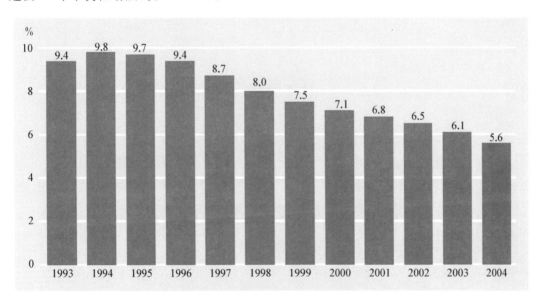

图 H3 - 5：1993 - 2004 年,旧联邦州外籍学生在所有培训生中的比例(单位：%)
来源：联邦统计局,职业教育统计;联邦职业研究所计算得出

总体来看,有和没有移民背景的普通中学毕业生过渡到职业教育阶段所面临的困难越来越大(参见 E1),[①]但两组人员中仍存在明显差异。通过比较可以得出：2004 年 11 月,有移民背景的青年在中学完成普通教育学业的比例较大,进入职业教育阶段的比例较小。对比德国青年,他们在职业教育中需要先完成职业教育预备课程(BVJ 或 BvB)的比例也较

---

① 文章下面将阐述有和没有移民背景青少年的教育和职业教育道路,内容以德国青年研究所所做的一项调查为依据。该调查选取了 2004 年普通中学毕业或其他学校类型毕业的同等文凭的毕业生为调查对象,在 2004 年 3 月和 2005 年 11 月期间分 5 次进行纵向调查。在 2004 年 3 月的第一次基础调查中共有 3922 名青年参与,其中 52.6% 来自移民家庭("有移民背景")。他们或是自己本身不在德国出生或未加入德国国籍,或者至少父母一方不在德国出生。最终有 1616 名青年参加了所有的 5 次调查,其中有移民背景的青年比例为 58.6%。针对为参加所有 5 次问卷调查的一项方法研究显示：有移民背景的青年拒绝跟踪调查的比例较少,所以他们在 5 次调查中在所有调查对象中的比例不断上升(Kuhnke, R：Methodenanalyse zur Panelmortalität im Übergangspanel. München/Halle：Deutsches Jugendinstitut 2005, S.25)。

在学校继续完成
普通教育的移民
学员比例较高

高。至 2005 年 11 月,有移民背景的青年在学校继续完成普通教育学员的比例仍较高,且明显高于德国青年在该项的比例。此外,该类学员中,原本已经进入职业预备阶段或职业教育阶段的学员在 2004/2005 学年结束后仍回到普通教育学校的比例也较高。结果显示,2005 年 11 月,在全日制义务教育结束 16 个月之后,有移民背景的学生中有 34% 的普通中学毕业生仍在上中学(无移民背景的学生中这一比例为 21%),且仅有 37% 的学生进入职业教育(无移民背景的学生中这一比例为 53%)。

根据德国青年研究所针对过渡阶段的调查,我们可以对有和没有移民背景的普通中学毕业生进行对比研究(图 H3－6)。2004 年 3 月至 2005 年 11 月,该机构调查了部分 2004 年普通中学毕业生的去向。

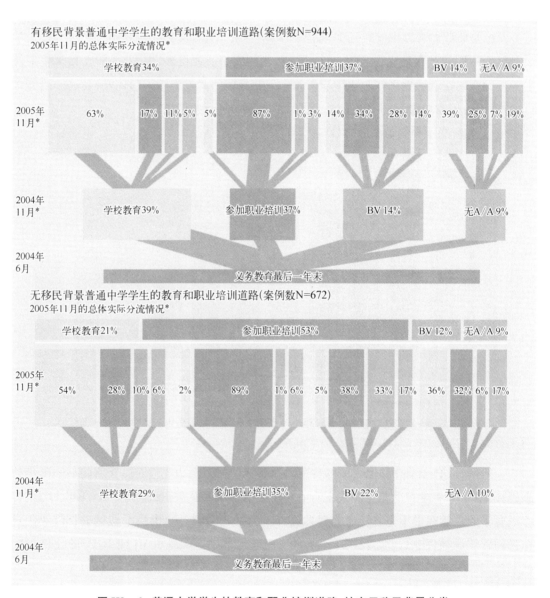

图 H3－6:普通中学学生的教育和职业培训道路,按有无移民背景分类

* BV＝参加职业预备 无 A/A＝无工作也无职业培训。横加数加起来不到 100%,因为存在其他可能去向(兵役、民事服役、社工或生态保护志愿者、实习生或者国外逗留),由于数量较少而未统计在内

来源:DJI 升学调查

在有移民背景的普通中学毕业生中,学员的过渡阶段情况也因性别和地区来源的不同而有差异。性别间的差异较小:女生较男生更倾向于在义务教育阶段结束后选择学校作为下一步的目标(35% 比 26%),且在 1 年半之后在学校上学的女生比例确实高于男生(38% 比32%);男生则更多地进入职业培训阶段(38% 比 34%)。按国籍来源来看,第一代和第二代土耳其移民学生中参加职业教育的比例最低,东欧地区归国人员的比例最高(表 H3 - 5A)。显然,在德国出生的土耳其人也未能很好地融入德国职业教育体系。

性别间差异较小,来源地区间的差异较大

一项有关职业教育伊始学员成绩、动机和态度的汉堡调(ULME)查可以看出有/无移民背景这两组青年在进入职业教育阶段的机会均等程度。① 该项调查囊括了该州 2002/2003 学年即将开启职业教育学业生涯的学生(13048 名学生),②虽然出自一个市州,却代表了一种普遍趋势。其调查结果显示了有和没有移民背景这两组学员在不同职业学校类型的典型差异(表 H3 - 6A)。有两点对职业教育政策至关重要的挑战值得注意:

- 职业教育开始阶段,不同类型职业学校(不提供合格职业教育文凭的职业专科学校和提供合格职业教育文凭的职业专科学校、职业学校)的新学员中,外籍学员总体成绩水平最低,但与没有移民背景的德国籍学员之间的差距却并不严重。在外籍学生中,土耳其、伊朗和阿富汗籍学生成绩最低,来自欧盟、俄罗斯和东南亚国家的学员成绩相对较高。由此可见,如要改善职业教育质量,极有必要在公共专业能力培养方面采取一些目的性更强的因材施教措施。③

外籍青年在职业培训初期所取得的成绩较低

- 在同等公共专业成绩水平的基础上,无移民背景的德国青年就读提供合格职业教育文凭的职业专科学校或职业学校的机会是外籍青年的 2 倍;如果不设立专业成绩这一门槛,前者的机会是后者的 5 倍(表 H3 - 7A)。

德国青年就读合格职业教育学校的机会高出一倍甚至四倍

BA/BIBB 针对 2004 年所有在联邦劳动局登记的 740000 名职业教育申请者所做的抽样问卷调查也十分具有代表性,且印证了汉堡调查研究的结果。④

不考虑个人因素的不同,有移民背景的青年通往职业教育的成功率明显低于德国青年。职业教育申请者中,德国青年的职业教育机会获得比例在 40%,而有移民背景青年的概率仅 29%;在获得中等职业教育水平者中,前者的比例上升至 47%,而后者仅上升至34%;数学成绩较好或很好的申请者中,前者获得职业教育机会的比例上升至 64%,而后者仅上升至 41%。这意味着,相对差距拉大,有移民背景的青年总体来说必须要比德国同龄青年取得更好的成绩才有相等的机会。此外,地区性的职场吸收情况也体现出了相同的趋势。在失业率低于 9% 的地区,德国青年参加学徒课的比例为 71%,而来自移民家庭的学生参与率仅为 44%(图 H3 - 5A)。

有移民背景的青年若要获得职业教育机会需拥有更好的成绩

有移民背景的青年在通往职业教育道路上所遇到的困难和机会不均等主要体现在其在合格的职业教育中所占的比例较低且随着时间进程呈下降趋势(表 H3 - 4A)。

---

① 关于移民身份有两个含义:国籍和在家里说的语言(除德语外的外语)。
② Lehmann,R. H. u. a. (2004):Untersuchung der Leistung, Motivation und Einstellung zu Beginn der beruflichen Ausbildung (ULME I). Hamburg.
③ 参见 Lehmann,R. H. (2004),a.a.O.,S. 112.
④ 需要注意的是,该调查结果仅对在联邦劳动局登记的申请者有效,不能推广至未登记人员。根据向职业教育过渡时期的实际青年人口数量,该结果可能对移民的情况有所歪曲。

3.4 高等教育的升学与高等教育的参与情况

学校教育中就已
经遇到了有决定
性作用的门槛：
预先筛选的意义

有移民背景的高
校就学资格具备
者的升学率较高

有移民背景的青年从中学升入大学的相关情况无全德范围的数据可供考察，但从整体形势来看，在所有具有大学就读资格者中，该类青年所占比例极少。筛选机制早已在大学前的各个教育阶段展开。在这一大背景下，一项有关高校层面移民背景影响大学升学率的最新调查研究结果就很容易理解了。[①] 该研究指出：在高校领域，具有移民背景的高校就学资格具备者的升学率远远高于无移民背景的高校就学资格具备者(图 H3 - 7)。按家庭语言来界定移民身份的话，家庭语言非德语的移民身份者读大学意愿最强烈，但这一组人员在所有具备高校就读资格的青年中所占比例最小。在其他不同移民身份划分组中，有移民背景的青年就读高校的意愿均高于无移民背景青年。

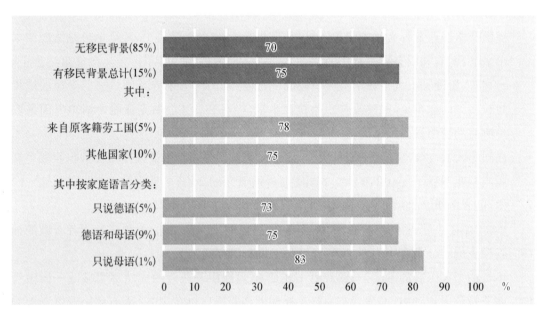

图 H3 - 7：2005 年具备高校入学资格人员的高校入学率，按不同
来源地区*及移民背景**分类(单位：%)

* 抽样调查中，各组成员的占比在括号中给出
** 该项调查中，移民背景是指具备高校入学资格人员具有外国国籍，或者父母至少一方在国外出生，或者家庭语言不是（不仅仅是）德语
来源：2005 年 HIS 有关具备高校入学资格人员的问卷调查

父母的教育水平明显对大学升学率有很大影响。在所有移民身份划分组中，出身于知识分子家庭的青年大学升学率明显高于非知识分子家庭背景的青年。有移民背景的青年总体就读大学意愿较高，这主要是因为，非知识分子家庭出生的青年读大学的意愿高于无移民背景的就读大学资格具备者。同样家庭出身的青年也是同样的情况。这类具有移民背景青年的升学意愿极其强烈：既然已经努力到这一步，就一定要上大学。

---

① Heine，C.，Sangenberg，H.，Sommer，D. (2006)：Studienberechtigte 2004. Unveröffentlicher HIS-Projektbericht. Hannover. 与其他高校信息体系(HIS)调查一样(参见 F1)，升学率基于具有高校就学资格者的就读意愿。

高等教育中有移民背景青年的社会结构

有关高等教育中有移民背景青年社会结构的调查结果仅适用于部分国内外籍生源,即在德国获得大学就读资格者。国内外籍生源绝不是一个均质的群体,且他们与德国生源在很多方面也存在差异。[①] 与德国生源的情况一样,国内外籍生源的女性比例在过去几年中持续增长,但比德国生源中的女性比例仍低5个百分点。

将国内外籍生源按来源国区分为客籍劳工国和其他国家两大类,并将他们与德国生源进行比较可以发现这几组人员最基本的区别在于父母的教育水平不同。很显然,调查结果体现出了三种截然不同的家庭成长氛围。"其他国家"生源组的学生主要来自有着更高教育水平的家庭,高出德国生源的比例,但来自客籍劳工国的生源情况则正好相反(图 H3-8)。

国内外籍生源的社会结构组成差异较大

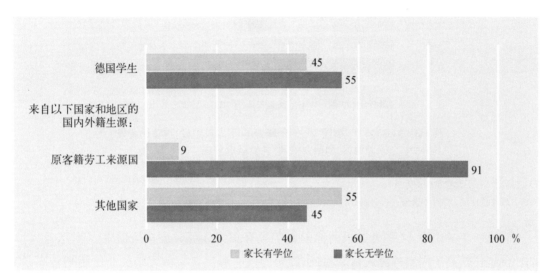

**图 H3-8:德国学生以及来自原客籍劳工国和其他国家的
国内外籍生源家长的职业背景(单位:%)**

来源:德国学生会第 17 次社会调查(2004)

国内外籍生源和德国生源或客籍劳工国生源和其他国家生源之间在升入高校或高校学习过程中体现出来的区别跟国籍相关性较小,与家庭文化背景相关性较大。具备高校入学资格的国内外籍生源就读高校的比例往往高于德国学生。这也解释了,除了不同学科偏好这一因素外,为什么前者往往倾向于就读应用技术大学(31%国内外籍生源,26%德国生源)在客籍劳工国生源中这一比例高达35%。由此可见,从"移民视角"来看,应用技术大学对高等教育阶段的社会开放性体现意义重大。

3.5 升入职场

如果移民人口无法融入职场,那么就无法想象其能够融入社会。过去 10 年中,步入从

---

① Isserstedt,W. u. a. (2004):Die wirtschaftliche und soziale Lage der Studierenden in der Bundesrepublik Deutschland. Berlin. 在外籍生源社会结构调查中将其按国籍区分为客籍劳工国和其他国家两大类。

业体系的道路愈发艰难,即便是对于无移民背景的年轻一代亦是如此(参见 E5),但对于有移民背景的年轻人来说则更为困难。在这一方面,他们的融入情况也是根据自身不同的移民情况而有所区别。这些差异可以通过 20 岁至 26 岁以下年轻人的培训和从业状况中得出(图 H3 - 9,表 H3 - 8A)。

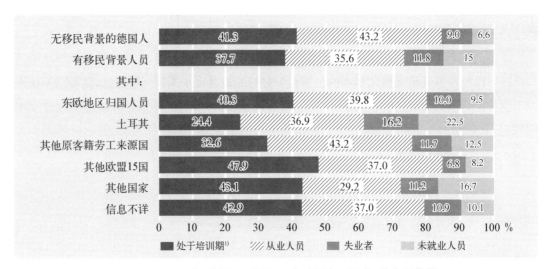

图 H3 - 9:2005 年,德国 20 岁至 26 岁以下人口组成,按移民背景、来源地区*和职业培训/从业状况分类

* 被调查者或其家长当前的或之前的第一国籍
1) 包括同时处于就业状态的人员
来源:联邦统计局,2005 年微型人口普查(初步调查结果)

有移民背景的青年较难融入职场

在这一年龄组中,无移民背景的德国青年虽有很大一部分还在培训中,[①]但从业人员的比例也还是高于同龄移民人员。相反,该年龄段有移民背景的青年失业比例则较高,特别是未就业人员的比例比前者高出 1 倍之多。

与德国同龄人相比,移民青年在升入职场时所遇到的最大困难在于前期的学校教育背景所造成的差异。对于 20 岁至 26 岁以下年龄段人群来说,无论其是否有移民背景,前期学校教育背景的影响趋势相似:教育程度越高,就业机会越好。但在同等教育水平的情况下,有移民背景青年在升入职场时的平均就业机会更低。在所有 4 类教育水平分类中,未获得普通中学毕业证、普通中学毕业、中级学校毕业或具备高校入学资格的有移民背景青年的从业率均低于无移民背景青年(图 H3 - 10)。

即便在同等教育水平线上,移民青年的就业率也较低

在所有按教育背景划分的对比组中,首先值得注意的并非失业人员比例的差距,而是有移民背景人员的从业率明显较低。特别是无学校毕业证书这一组的差距最大,仅半数有移民背景青年为就业人员(图 H3 - 10)。这说明,有移民背景青年的就业潜能远未充分利用。

有移民背景的群体间也存在两极化现象

按群体来源划分,有移民背景青年组在面临入职困难时存在两极化的现象(表 H3 - 8A)。五分之二的土耳其籍青年为失业(16%)或者未就业状态(23%),处于培训期的比例

---

① "培训期"这一分类对于该年龄段人员来说定义比较模糊。大部分情况是指中层的合格职业培训或上大学,但同时也不排除部分青年从普通教育向职业教育过渡的情况,也就是"过渡阶段"(参见 E1 和 H3.3)。

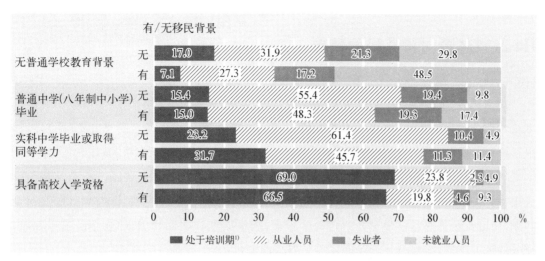

图 H3‑10：2005 年德国 20 岁至 26 岁以下人口组成，按移民背景、
职业培训/从业状况以及普通学校教育背景分类

1）包括同时处于就业状态的人员

来源：联邦统计局，2005 年微型人口普查（初步调查结果）

不到四分之一（24%），仅 37% 为从业状态。相反，来自欧盟 15 国的青年则有半数处在培训期，从业人员也占到了 37%，失业状态者比例较低（7%）。其他移民群体组在这两极间游走，其中东欧地区归国人员的情况较为乐观，而来自其他国家这一群体的情况则偏向消极。最后提及的这一群体中失业者或未就业者的比例远超平均水平，且从业人员比例也不到三分之一（29%）。可以认为，不同移民背景的青年群体之间存在的差异通过其普通教育和职业教育这些前期教育水平得以体现。

第一代与第二代移民之间的差异可以通过其融入职场的程度来分析。20 岁至 26 岁以下的第二代移民在培训期和从业状态的比例高于第一代移民，而第一代移民未融入从业体系的比例也远高于第二代移民（18.6% 比 8.5%）。

第一代和第二代移民间的差异

除来源地区和移民时间之外，不同文化来源的移民群体间的性别差异在职场融入方面也较为明显（表 H3‑8A）。在所选年龄段调查组中，无论从平均还是从单个移民分组群来看，女性在培训期和从业状态的比例均低于德国同年龄段的女青年。无移民背景的德国女性中未就业者的比例在 10% 以下，而这一比例平均值在有移民背景的女性中达 23%。其中，在土耳其裔（37%）和来自"其他国家"（24%）的女性中这一比例尤其之高。植根于文化的男女角色分配定势也决定了男性的未就业者比例远低于女性的半数（土耳其籍 6%，其他国家 9%）。

性别分工的差异成为女性移民群体的就业障碍

针对升入职场情况的调查不仅指出了有和没有移民背景群体之间以及不同移民来源群体之间存在的机会差，也同时使两个超越劳动力市场和教育培训政策的基本问题浮现：其一，主要是土耳其裔和来自"其他国家"的移民群体的基本教育和培训存在问题；其二，女性参与就业的文化问题。鉴于女性在教育中的中心地位，从长远来看这一问题须引起足够重视，既为了其自身能够成功融入，也为了其后代。

H4 教育体系对待移民的情况

　　社会环境、家庭背景以及教育机构中的成绩评价、促进和挑选结果等一系列因素决定了具有移民背景的儿童、青少年以及初成年者的教育道路。这些因素的交互影响,最后得出了他们获取认知能力以及自身社会发展方向和教育愿望的机会(参见 D6,H5)。

　　本小节以下内容主要涉及教育机构视角下这些因素之间的交互关系。因为就目前阶段来说,尚不可能全面记录教学过程中与移民相关的评价和选择机制、促进举措以及典型问题,所以本小节内容仅限于介绍普通学校教育(根据现有数据和信息)和学前教育领域。充分的数据支持,将对以下三个问题进行典型性分析:

- 特定地区学校的移民集中程度对学校和学习效果产生哪些影响? (4.1)
- 教师对有移民背景学生的评价是否得当? 在给分或者给出学生升学建议时,他们是否会有意识或无意识地歧视(或偏爱)移民? (4.2)
- 中小学和幼托机构的师资是否为恰当促进有移民背景儿童和青少年的能力做好了准备? 会特别采取哪些举措来促进他们的语言能力? (4.3)

4.1 中等教育第一阶段中的隔离显现

　　学习人员的组成也是影响有移民背景儿童和青少年能力发展的相关背景因素之一,可供教育政策导向做参考。这一点在德国分层次的中等教育阶段中,与学校结构特征密切相关并且伴随着较高的社会选择性。在中等教育第一阶段,学校类型与学生的社会阶层来源以及他们的"族裔"组成(这里指的是移民比例)之间相关性较大。这一联系也决定了他们取得的学习效果。有移民背景的中小学生在各大学校类型和单个学校中的分布显现了隔离的倾向。[①]

隔离:移民背景和较低的社会身份的结合给教育带来挑战

　　移民比例较高通常也意味着来自社会底层家庭的学生比重过高,这就会同时产生多种不同的问题,他们之间互为补充或者互相增强。在德国,社会隔离和"族裔"隔离相互关联,给教育政策带来了巨大挑战(图 H4-1)。

众多普通中学的移民学生比例较高

　　两类学校尤为突出:一类是文理中学(图中右下角),其学生的父母社会身份较高且移民比例低;另一类为普通中学(图中左上角)和个别综合中学,其学生父母社会身份低且移民比例高。在普通中学和一体化综合中学中,有移民背景的学生比例可高达 80% 甚至以上——因地区不同而不同,但在文理中学中平均比例低于 50%。

　　九年级学生中,总计 11% 的学生所在的学校移民学生(这里是指父母双方至少有一方出生在国外)比例占多数(表 H4-1A)。28% 的普通中学学生就读此类学校,而文理中学学生就读该类学校的比例仅为 1%。相反,79% 的文理中学学生就读的学校移民比例低于四

---

① 当具有特定社会身份或者具有移民背景的人员在教育机构和/或在居住区经常大量出现时,就会存在隔离现象。

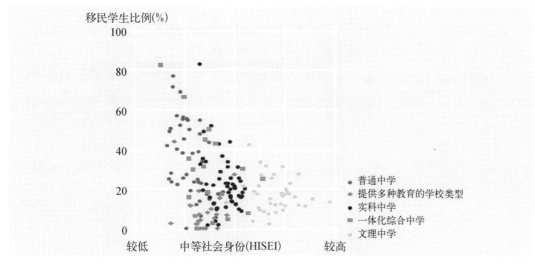

图 H4‑1：2004 年中等教育第一阶段各类学校中的来源家庭的
中等社会身份和移民学生比例，按学校类型分类*

* 为了能够清楚显示调查结果，图中选取了 219 所全德范围内中等教育第一阶段具有代表性的学校特征值，这些学校均参与了德国学生德语英语国际水平调查（DESI‑Studie），社会身份基于最高职业社会经济地位指数（HISEI）来确定，参见 D4。而文中的数据如果没有特别说明则是针对参与 2003 年 PISA 调查的 1478 所抽样学校（经过 IPN 的再计算）。两项调查在主要调查结果上体现出了一致性。

来源：DESI 2004，自己计算得出

分之一，而仅 31% 的普通中学学生就读此类学校。

　　初等教育阶段学生的分布情况与中等教育阶段的所有学校类型类似：61% 的小学生就读的学校移民比例低于四分之一，29% 就读于移民比例居中的学校（四分之一至二分之一），10% 就读于移民比例较高的学校（超过 50%）。

　　从家长为移民的青年角度来看这一现状，则显现出更为清晰的隔离程度（图 H4‑2，表 H4‑5web）：约四分之一具有移民背景的青年就读于移民比例超半数的学校，而无移民背

四分之一的移民
就读学校的移民
比例最低为 50%

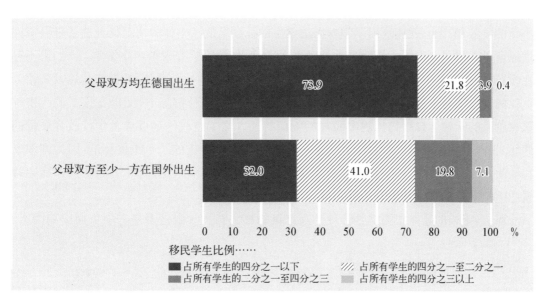

图 H4‑2：9 年级学生就读学校的移民学生比例，按有无移民背景分类（单位：%）

来源：PISA E 2003，经 IPN 重新计算

景青年就读此类学校的比例仅为二十分之一。

高移民学生比意
味着社会隔离的
加剧

在总体移民比例较高的学校中(超半数)主要聚集了家庭语言不是德语的学生(图 H4－3，表 H4－2A)。① 六分之一的学生与朋友交流时也使用他们的母语。而与之相反，就读学校移民比例较低(低于四分之一)的具有移民背景的学生与朋友甚至与父母说德语的比例较高(93% 和 72%)。移民比例非常高的学校所处的社会环境显然也具有典型的社会和族裔群体隔离的特征。

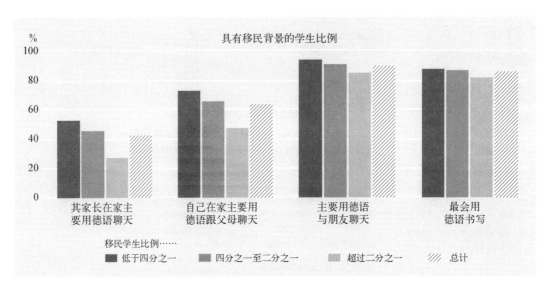

图 H4－3：具有移民背景的 9 年级学生及其家长的语言实践，按就读学校的移民学生比例分类(单位：%)

来源：DESI 2004，自己计算得出

社会空间性隔离
也是一大问题

可以推测，有移民背景以及来自社会身份较低家庭的儿童和青少年还存在就读学校类型空间分布不均匀现象，通常是因为社会问题导致。与其他国家相比，除了在大城市和人口密集区，德国的这种社会空间性隔离到目前为止还不那么明显。有学区划分(如上指定小学的学区)的地方就体现出了学校周边学生的社会组成。柏林的情况就证明了社会空间性隔离可以对一个德国大城市的小学工作直至所取得的学习效果产生影响。② 如果不存在学区义务，如大多数继小学之后的普通教育学校，地方性社会经济、社会文化以及外籍人员比例等因素对学习效果的影响较少，甚至没有。③ 在这种情况下，父母在孩子升入中等教育阶段的学校选择中仍体现出明显的隔离特征。除了地域的远近或者学校教育质量的好坏之外，可预见的移民背景学生比例也成为父母选择学校的一个重要标准，因为许多家长认为，过高的比例会影响该校的教育质量。由此产生的后果是，有着不同认知和社会背景学生的学校和学校类型间的差距越来越大。

那么，家长的这些猜测是否合理？高比例的移民背景学生是否是一项负面影响因素？

---

① 涉及具体的语言使用的调查细节仅能由 DESI(德国学生德语英语国际水平)调查提供。2003 年 PISA 的"家庭用语"调查仅能显示一般的调查结果。

② Ditton, H.；Krüsken, J. (2005)：Orientierungsarbeiten Jahrgangsstufe 2. Schuljahr 2003/04. Berlin.

③ Baumert，J. Carstensen，C. H.；Siegle，T. (2005)：Wirtschaftliche, soziale und kulturelle Lebensverhältnisse und regionale Disparitäten des Kompetenzerwerbs. In：PISA-Konsortium Deutschland (2005)：PISA 2003. Münster，S. 323ff.

根据 PISA 2003 的调查结果显示,①学习氛围确实会受到消极影响:大部分普通中学的学校领导层表示,他们的学生在学习上投入了"极大的热情",但移民比例极高(大于 75%)的同类学校仅有少数领导这样认为。PISA 2000 的阅读测试结果表明,存在较高移民比例的普通中学学生的阅读成绩也普遍较低,主要因为许多学生在家不说德语。② 在这些学校中还存在因社会经济身份而产生的其他针对所有学生的亏待情况,所以低阅读能力并不能仅归因于移民因素。在加深隔离的不同因素交互作用下,很难将移民因素产生的效果进行单独分析。但可以确定的是,德国有五分之一的普通中学学生的学习氛围很成问题,主要特征是:移民比例极高、学生的家庭社会身份较低、基本认知能力较少、学习较为困难以及行为问题。除了本身就不利的个人入学条件之外,这些学习条件更加重了学习的负担。

移民学生比例较高的学校学生的阅读成绩较低

五分之一的普通中学处于困境

隔离会加剧具有较高物质、文化和社会资源人群和具有较弱社会资源人群之间的分化,并将导致特权化和受亏待之间的对峙难以消除。尽管隔离现象的起因只存在于部分学校,但还是应呼吁学校教育政策,考虑如何减低隔离程度或者如何能够抵消其对学习效果的负面影响。特别是对学校设置和学区具有决定权的地方性学校教育机构,当然也要对学校教育实践者提出这一要求。

事实上,学校已经对这些不同的学习环境做出了反应(表 H4－3A):移民比例较高的学校总会提供一些德语作为外语以及母语类的语言促进性课程。此外,这些学校往往会为了学生融入社会和德语开设一些课外项目,与文化中心和协会合作,并特别为移民家庭提供家长晚会和观察访谈。

移民学生比例较高的学校采取了多样化的促进举措

4.2 有移民背景学生的成绩评定

在德国中等教育学校,移民学生比例、学生的社会背景与就读学校类型联系紧密,而由此导致的机构性隔离有时也会给部分教师在给学生打分和选择学生方面施加一定的影响。在过去几年中,学校的研究也获得各种不同的认识,特别是在诸如 PISA 这类大型成绩研究项目的框架下。有了这一基础,有移民背景学生在给分或成绩评定时是否得到公平对待,是否是在合适的教学法指导下进行学习都可以有相对确定的评价。

有移民背景的九年级学生的德语课平均成绩为 3.2(包含所有学校类型),相比其他学生 3.0 的平均值为低。在其余科目中差距有所缩小。从标准化测试来看,在取得同样专业成绩的情况下两组学生能够获得一样的分数。③ 结论就是:总体来看,中等教育第一阶段的教师能够根据给出与学生所获得成绩相符的分数是公平的。

中等教育第一阶段移民学生的给分相对公平……

而这点在小学阶段则并非如此。该阶段对移民学生的不公平对待主要体现在对升学学校的推荐上,因为选择不同的学校类型意味着今后不同的教育机会。基于移民特色的升

①　调查结果是由 IPN 对 PISA E 2003 的相关调查进行重新计算得出。
②　参见 Stanat,P.(im Druck):Schulleistungen von Jugendlichen mit Migrationshintergrund. In:J. Baumert,P. Stanat;R. Watermann (im Druck):Herkunfsbedingte Disparitäten im Bildungswesen. Wiesbaden.
③　Klieme,E.(2003):Benotungsmaßstäbe an Schulen. In Döbert,H.,von Kopp,B.,Martini,R.,Weiß,M.(2003):Bildung vor neuen Herausforderungen. Neuwied,S. 195ff.;DESI 2004,经 DIPF 重新计算。

学率(参见 H3)人们总是推测,移民学生在小学教师给出升学建议时受到了歧视。

教师给出怎样的升学建议不仅仅与学生在学校取得的成绩挂钩,也与社会出身相关。对这两个因素进行数据分析后可以得出,建议父母双方均在德国出生的学生上文理中学的概率是父母双方均不在德国出生的学生的 1.66 倍(表 H4－4A)。IGLU 的后续研究以及其他研究均表明,此类针对移民学生的歧视已经在小学阶段的打分上得以体现。在取得相同成绩的情况下,有移民背景学生得到的分数低于其他学生;不同的升学建议概率就是后果。[①]

……同等成绩下小学生的打分情况不容乐观

许多移民家长希望能够尽可能地为自己的孩子争取更好的教育机会,且他们的孩子也有强烈的学习动力,这就导致了只要所在联邦州允许这样做,这些家长不采纳教师给出的升学学校建议。若没有这一趋势,有移民背景学生就读质量较高中学的比例比目前的更低(参见 H3)。

父母的教育愿望可以修正一些不利影响

移民学生进入特殊学校和促进学校的比例较高也是一个特别需要注意的问题。有人指出,相关教育机构的特殊利益需求也会对进入该类学校继续学习的决定产生影响。例如:因为小学超负荷或者招不满,或者是出于为了获得一个地理位置的愿望。[②]

4.3 促进举措

学前教育阶段的早期语言促进

许多倡议要求对有移民背景的孩子在学前根据其语言能力促进其德语的学习。足够的德语知识是孩子能够跟上学校学习的前提。相应的,各州教育大纲把支持发展学前教育阶段的语言能力作为首要任务。在幼托机构中,语言促进是针对移民小孩融入举措的重要组成部分。语言促进的计划侧重点在各州不尽相同。有的较为重视交际和日常生活中的语言理解——包括非语言要素;有的则较为重视学生的认知发展,通过书写、文章和媒体来促进口语的提升。教学方法也呈多样化,有从宏观上把握语言促进,也有针对语言学习单方面的练习。特别是有移民背景的孩子能够从分层次的语言教学内容中受益,这些教学内容以游戏的方式引导学生掌握所学内容。

早期语言促进是幼托机构的主要融入举措

学前教育阶段的一些教学大纲考虑到孩子的多语需求,也会在促进移民孩子德语学习的同时帮助其学习母语(参见下面"双语教育"这一部分内容)。

语言水平等级的判断

有移民背景儿童和青少年想要获得有针对性的语言促进,前提是需要分析他们的长处和弱点。为了获悉他们的促进需求,在上小学时对其进行语言水平等级测定是一项重要的诊断工具。多数联邦州会在幼儿园的最后一年或者报名上小学时,以各种不同的方式测定

---

① 参见 Bos，W. u. a. (2004)：IGLU，Münster，S. 191－228；Ditton，H.，Krüsten，J.；Schauenberg，M. (2005)：Bildungsungleichheit. In：Zeitschrift für Erziehungswissenschaft，8 (2)，S. 299.但是在 20 世纪 90 年代中期的汉堡,外籍学生(无德国护照)为了获得文理中学的升学推荐所需要的成绩明显低于德国学生。Lehmann 和他的同事猜测,这些学生的老师已经考虑到了孩子们将来的融入需求而给予了相应的加分。参见 Lehmann，R. H.，Peek，R.；Gänsfuß，R. (1997)：Aspekte der Lernausgangslage von Schülerinnen und Schülern der fünften Klassen an Hamburger Schulen. Hamburg.

② 参见 Gomolla，M.；Radtke，F.-O. (2002)：Institutionelle Diskriminierung. Opladen.

所有学龄儿童的语言等级。根据该测试结果将采取不同的语言促进举措(也会特别为移民儿童提供相应促进内容)。

学龄儿童的语言等级测定方法部分是以标准化测试的形式进行的;部分则被当作粗线条的风险评估工具("筛查");部分则以观察的方式进行。这些测定方式的说服力和客观性不尽相同,所以测定的质量以及得出的判断也存在较大的缺陷。许多测定方式的实施和分析需要专业知识,而师范类的教师往往并不具备此类专业知识。德国的师资在移民学生的语言促进方面所具备的知识储备和能力往往也不够,尽管在教师职业培养时,他们在跨文化教育和德语作为外语方面也付出了极大的努力。

语言水平等级判断增加;判定方式存在争议

学校政策与项目

原则上来说,各州所采取的各项举措是为了尽可能抑制隔离现象继续加深,为招收刚到德国的儿童和青少年提供预备措施项目,这些项目的时长一般在 6 个月至 2 年。例如,萨克森自由州借助德语作为第二语言的一个教学计划,逐步将转入德国的移民学生成功融入正常班级。在这一项目中,帮助学生融入的师资都是经过特别培训的教师,且项目历时也因人而异,主要是根据需求,但也会考虑到相关学生的兴趣。有些联邦州仅为在义务教育结束前移民到德国的青年计划开设一些特别班。在不少联邦州,语言促进举措中还有附加的母语学习课程,但渐渐被撤销了。之前为这些课程预备的资金部分被转到促进德语学习项目上。附加的母语课程主要是德国曾经的劳工输入国家的语言,提供此类课程的学校主要集中在小学和普通中学。

德语作为第二语言得到促进,而母语课程则被缩减

关于其他语言促进举措(例如能够伴随整个学习生涯的德语作为第二语言的课程)目前所能掌握的信息较少。虽然所有联邦州均颁布了促进课程相关的行政法规,但仍无法获悉该项的资金支出方式。从单个联邦州来看,随着学校体系新的管理模式的确立,有些形式方法也会随之改变,基于此学校也将会在促进有移民背景儿童和青少年项目上获得资助。例如在汉堡,自 2005 年起,学校为特别促进项目所获得附加资金是根据一个社会目录而定。在其他州,如北莱茵-威斯特法伦,资金的划拨不再仅仅看有移民背景的学生数量或者学校的促进需求,而是依据一个学校与目标协定相关的基本办学理念。

语言促进举措的国际间比较

通过对其他高移民率国家的考察①可以发现:大部分国家在幼儿园或者初等教育时期有目的地搜集与移民儿童的语言能力相关的信息,通常是在整体评价儿童的框架内进行。极少数国家会在学前教育阶段提供系统性的、有教学理论支撑的语言促进课程,且通常情况下这类课程还会在初等教育和中等教育早期阶段继续在普通班级开设,同时还会有固定时间开设附加的语言促进课程。有些国家为新进移民儿童提供预备课程:他们在上普通班之前先去语言促进班学校。但这项举措通常在中等教育阶段才有,而非初等教育阶段。

国际上主要为移民学生开设普通班和辅助学习内容

有些国家引进了专门针对第二语言学习的详细教学理论和框架准则。极少数国家会

---

① Stanat, P.; Christensen, G. (2006): Where immigrant students succeed. Paris, Kapitel 5.

同时为移民学生提供学习母语的附加课程。移民学生比例较高的学校均会配备一些附加资源。

值得注意的重点是,语言促进措施并不仅仅局限于儿童和青少年。近来在欧洲许多国家,新移民进来的成人也有义务参加语言班(丹麦和荷兰 90 年代起就有此规定,在奥地利、德国和挪威开始于约两年前);如不参加,可能会面临惩罚。

双语教育

与美国、加拿大和澳大利亚不同,能够系统地顾及双语环境下长大孩子的母语教学的双语教育在德国尚未普及。近年来,有关系统推进双语教育利弊的讨论异常激烈。[①] 与该主题相关的研究分析表明:双语教学模式对有移民背景学生在第二语言学习方面并总是起到积极促进作用这一观点并未明显得到证实。[②] 但同时,双语教学模式的负面作用也无法得到证实。就这点来说,人们赞成或反对系统促进母语学习的决定取决于他们对在个人和社会层面能够用母语交流这一项附加能力的评价值——除德语作为交际用语的能力获得之外。

双语促进教学的效果无法清楚判断

在文化和语言多样化的社会中,移民的双语能力要作为一种社会资源来使用有一个前提:他们需要具备两种语言的基本文化能力。美国的研究结果表明:两种语言能力达到平衡的第二代移民青年具有其自身的优势。[③] 既有详尽的母语知识,同时也具备很强的第二语言能力的被调查青年显示出了较高的自我价值观念,且他们的学习成绩和职业前景都优于那些对母语知之甚少的青年。这一研究结果能够普及或者能否运用到德国目前尚无定论。德国的 DESI 研究表明一种迁移效应:在多语环境下长大的人,英语这一门外语会学得相对容易一些。

双语能力作为潜在的社会资源

德国中小学促进措施的参与情况

已经有相当一部分中等教育阶段的学校会提供德语作为外语以及母语类语言促进课程,并还有一些一般的促进举措,特别是移民学生比例较高的学校(表 H4 - 3A)。移民家庭自身也会以兄弟姐妹互助或者上补习课的形式来提高孩子的语言学习。但这些不同的举措普及面不尽相同[④]:

- 约 8% 的移民学生参加德语促进课程;来自土耳其的学生中这一比例更高,为 13%。
- 上母语课程的移民学生比例为 23%,来自其他原德国劳工输入国的青年参加比例高于土耳其裔青年(43%)。
- 29% 的移民青年每月上多次家庭作业辅导课,其中 8% 甚至达到每周多次。

① 参见 Reich,H. H. (2005):Forschungsstand und Desideratenaufweis zu Migrationslinguistik und Migrationspädagogik für die Zwecke des „Anforderungsrahmens". In:Bundesministerium für Bildung und Forschung/Ehlich,K. u. a. (2005):Anforderungen an Verfahren zur regelmäßigen Sprachstandsfeststellung als Grundlage für die individuelle und frühe Förderung von Kindern mit und ohne Migrationshintergrund. Bonn/Berlin,S. 121ff.

② 参见 Söhn,J. (2005):Zweisprachiger Schulunterricht für Migrantenkinder. Berlin.

③ 参见 Portes,A.;Rumbaut,R. G. (2001):Legacies. Berkeley.

④ 根据 DESI 调查的数据自己计算得出。

- 10%上课后辅导(每月至少 1 次),土耳其裔的比例甚至达到 16%。
- 最为普及的是通过兄弟姐妹辅导,比例达 34%,土耳其裔达 48%。

在德国,大家最为期待的是全日制学校提供的一些促进举措。一项全日制学校发展的最新调查结果表明,有较高移民学生比例的中小学会提供更多全日制学习内容。[①] 提供全日制学习的学校九年级移民学生比例远超平均值,高达 30.7%。

在开放式全日制学校,移民学生参与学校提供的课程比例与无移民背景学生相当。值得关注的是他们选择的学习内容(图 H4‑4,表 H4‑6web):有移民背景的儿童和青少年大多选择家庭作业辅导和与专业学科相关的促进措施,而较少参加一些跨学科的学习小组。显然,全日制学校的促进举措赢得了他的目标群体——移民学生。至于这些举措产生的效果如何,到目前为止尚未获得相关研究结果。

全日制学校的移民学生会利用专业相关的辅导内容

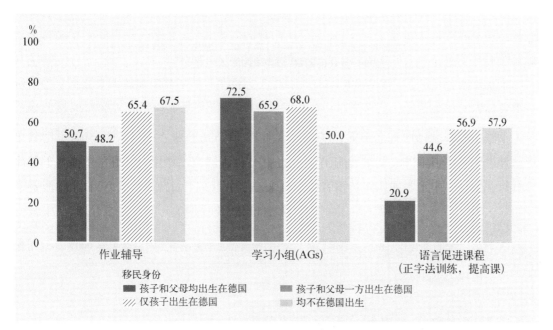

图 H4‑4:全日制学校提供项目的参与情况,按移民身份分类(单位:%)[*]

* 经加权平均的数据来源于一项针对参与了名为"未来、教育和辅导投资项目"的中等教育第一阶段学校的抽样调查;调查对象为全日制学校五、七、九年级的学生(案例数 n = 6783)。

来源:StEG,2005 基础调查

促进措施的质量评判标准

在两种语言环境下长大的儿童或青少年,其语言能力应该在受教育阶段长时间、不间断地得到加强,这样的语言学习成果才能得到有效发挥。如果教师把正确的说和写或者合理的选词这些基本语言技能放到重要高度,德语课的成绩差距就会缩小。[②] 在培训实验("雅各布夏令营")中也证实了进行系统性语言促进的必要性。[③]

---

① 参见 Holtapples,H. G. u. a. (in Vorb.):Ganztagsschule in Deutschland. München.
② 参见 DESI Konsortium (2006):Unterricht und Kompetenzerwerb in Deutsch und Englisch. Frankfurt a. M.,S. 26.
③ 参见 Stanat,P.;Baumert,J.;Müller,A. G. (2005):Förderung von deutschen Sprachkompetenzen bei Kindern aus zugewanderten und sozial benachteiligten Familien. In:Zeitschrift für Pädagogik,51 (6),S. 876‑891.

促进措施的质量
评判标准：历时、
连续性、各部门
的配合、个性化
促进方案和合格
的师资

根据专业性的讨论结果，促进措施的另一项评判标准是相关部门之间在语言促进方面的协调配合，尤其是在教育体系中的各大过渡阶段。这一点是学生积累语言能力的基础。此外还有基于对个人语言能力水平判断基础上的个性化促进方案。最后，不同科目都应该协同促进学生的语言发展，这样，有移民背景的学生可以在不同主题和不同知识领域发展其教育相关的语言能力。当然，有效的促进措施离不开有资质的教育人员，还需为学校和其他相关机构建立有效的支撑体系。

H5 移民学生学习情况之国际间比较

德国是欧洲移民率最高的国家。移民能否成功融入德国教育体系对德国的社会凝聚力和经济发展具有深远意义。与 H1 部分所阐释的内容相符，有移民背景的儿童和青少年能够获得与其他同龄人一样的知识能力是他们成功融入的重要标志。

本小节内容将借助 PISA 和 IGLU/PIRLS 这些测评学生学校成绩的调查数据来考察这一重要标志的现实情况。结果显示：具有移民背景的学生在认知能力方面所取得的成绩低于其他同龄人，这表明德国移民的情况仍是一大风险因素(5.2)。如将社会身份和其他条件也一并考虑在内，这一情况仍未改变(5.3)。当我们把学生的学习动机倾向(如教育愿望和对学校学习的态度)同时考虑在内时——从广义的行为认知能力概念来看，能够勾勒出一副与移民学生学习情况相关的完整图像(5.4)。

移民的机遇与风险状况分析最好放在国际比较中进行。因此，将德国的情况与经合组织国家进行对比是下文内容的主导思想。在比较的同时，我们应考虑到这些国家之间的移民人口存在较大差距(5.1)。

5.1 不同国家移民人口组成和政策的差异

H2 部分已经分析过德国的移民人口数量和组成。这些数据(表 H2－1)将被用来进行国际间比较。参与比较的国家为经合组织 14 个成员国，其参与了 2003 年 PISA 调查且有一定的移民人口比例，特别是家庭语言不是测试语言的学生占有一定的比例(指定比例：不低于 3%)。就这些国家而言，经合组织新近给出了移民这一概念的新定义，以下涉及内容均采用该定义。[①] 移民指的是第一代和第二代移民、父母双方均不在调查国家出生的学生，所有其他学生为非移民学生——比 H2 部分对移民学生的定义略为狭隘。

在此基础上，可以把这些国家分成 3 类：

a) 传统移民国家：3 个国家——澳大利亚、加拿大和新西兰的移民比例特别高，约占总人口的 20%；参与 2003 年 PISA 调查的 15 岁年龄群中，移民比例也同样居高(表 H5－1A)。这 3 个国家长期以来奉行系统的、兼顾利益的移民政策。该政策以吸收易融入人群

---

① Stanat，P.；Christensen，G. (2006)，a. a. O.

为导向,如:具备较高职业资质且极具语言知识发展潜力的人员。所以就社会身份来看,移民青年(一代移民)与当地青年并无区别(表 H5 - 6web)。约 70% 的第二代移民家庭语言主要为英语(表 H5 - 2A)。两组人员的父母受教育程度高于其他国家移民(几个斯堪的纳维亚国家除外)(表 H5 - 6web)。美国虽也属于传统移民国家,但其移民政策更多偏向于以家庭为导向而非就业市场为导向。该国的移民比例为 12% 至 14%,与德国相当,且两国的第二代移民家庭语言为该国语言的比例仅为 45% 左右。

b) 老牌欧洲殖民国家——法国、荷兰和比利时的移民比例仅为 10%。[①] 在这些国家中,第二代移民说该国语言的比例又比较高,为 60% 至 70%。就 PISA 给出的这些国家的移民比例来看(11% 至 14%),这些老牌的欧洲殖民国家跟第三类国家具有一定的可比性。

c) 二战后主要接收劳工移民的国家——德国也属于此类国家。根据 PISA 调查结果,德国、奥地利和瑞典的移民比例在 11% 至 14%,卢森堡(32%)和瑞士(20%)的比例则明显较高。这两个国家也深受劳工移民的青睐,且还有一个特征:新进移民比例特别高,且相当一部分人口具有外国国籍(表 H5 - 1A)。移民人口比例较低的是斯堪的纳维亚半岛的一些国家,瑞典除外,因其吸收了许多政治避难者。劳工移民国家中移民人口的语言融入情况不尽相同(表 H5 - 2A)。就第二代移民来看,在家说课堂语言的青年学生比例在奥地利为三分之一,在瑞士和法国为三分之二。德国以 55% 的比例位居这些比较国家的中间水平。但有 51% 的第一代移民青年指出,他们的家庭语言主要是德语。这在国际比较中比例较高。

德国移民的教育水平和社会身份明显较低

在所有的劳工移民目标国中,移民青年的家长与其他非移民青年家长相比受教育程度较低,且其经济、社会和文化身份也较低(表 H5 - 6web)。德国移民家庭和非移民家庭之间的差距是最大的。移民家庭能够提供给青年社会和文化资本极低,这是德国移民问题的一个中心要素。

可以肯定的是,就其社会文化和社会经济背景来看,在大多数参与调查的国家中,移民孩子未受到公正对待,特别是在德国。仅澳大利亚、加拿大和新西兰这几个国家例外,因为这几个国家对移民过程进行了严格把控,且这些国家(还有多数北欧国家)长期以来都在贯彻系统的语言促进措施(参见 H4)。这些国家的移民和教育政策能够帮助移民融入当地社会并缩小与非移民人员间的能力差距。

5.2 移民学生的成绩调查结果

根据现有调查结果,在 PISA、TIMMSS 和 IGLU/PIRLS 这些调查的国际比较研究中,有移民背景孩子和青年的平均测试成绩明显低于无移民背景的同龄人员。且前者内部的成绩差别也大于后者。

在小学阶段,有移民背景的儿童在德语文章阅读能力上与同龄人存在较大差距,特别是第一代移民(图 H5 - 1,表 H5 - 3A)。在德国小学中,在国外出生,后随父母移民到德国的学生与非移民学生之间的差距大于其他国家。而在德国出生的移民后代,即第二代移

小学中的移民学生明显处于劣势

---

① 这里未将英国列入,因为其参与比例未达到 PISA 2003 的要求。

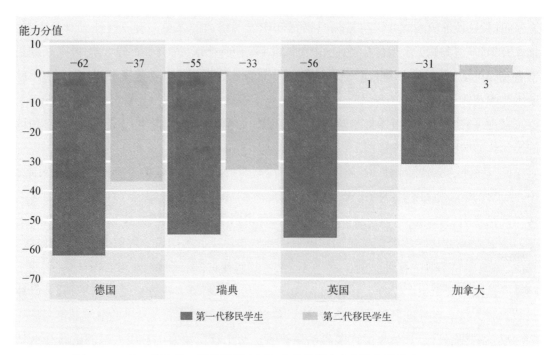

图 H5‑1：第一代和第二代移民学生相比非移民学生在平均阅读能力(IGLU2001)中的差距值，按所选国家分类(单位：能力分值)

来源：Schnepf，S. V. (2004)：How different are immigrants? Bonn，S. 14

民，与其他大多数相比国家情况一样其成绩差距稍小。英语国家的移民学生融入速度显然较快，其第二代移民具备的阅读能力与无移民背景人员无异。

在中等教育阶段，根据2003年PISA调查结果，在澳大利亚、加拿大和新西兰似乎已经不存在这一问题：非移民学生和第一、第二代移民学生约处于同一成绩水平线(图H5‑2，表H5‑4A)。这当然不能仅归功于学校饿促进政策。如前所述，这些国家的移民和教育政

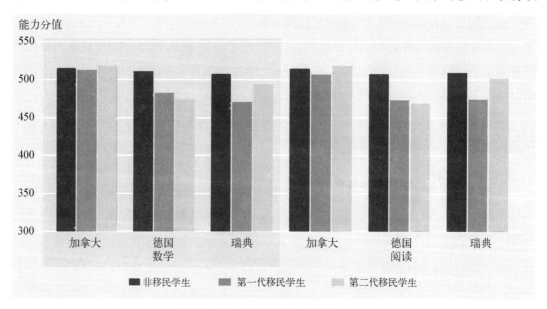

图 H5‑2：15 岁青年的数学和阅读测试成绩(PISA 2003)，按移民身份和所选国家分类(单位：能力分值)

来源：Stanat；& Christensen，G. (2006)，a.a.O.

策有意识地调控移民的教育水平和语言能力。

根据 2003 年 PISA 针对 15 岁青年的调查，在其余国家（表 H5‑4A），第一代移民的成绩大多低于第二代移民。在这点上，德国属于例外，原因在于两代移民青年的来源不同：第一代移民中多数来自东欧地区归国回迁人员，而第二代移民中土耳其裔占了多数。

在德国、奥地利、比利时、丹麦、法国、荷兰和瑞士，第一代和第二代移民青年的平均测试成绩值比非移民青年至少低一个能力等级。除法国之外，在 PISA 所调查的年级段中，这些国家的学校具有明显的分级体系。在阅读、数学、自然科学和问题解决这几方面的成绩调查结果也体现出了相同的差距。

PISA 2003 调查结果（根据经合组织相关报道）的成绩分布广度表明：较低能力领域的国际间差距最为明显。在阅读这一项中，所谓的"风险组"（最高仅能达到能力等级 1 级）在大多数国家中的比例至少为四分之一。在德国尤其之高：第一代移民中该类人员的比例为 42%，第二代移民中为 44%。而仅 14% 的德国无移民背景学生属于该"风险组"。

在 PISA 调查中：德国的第一代移民学生成绩优于第二代

在德国，阅读能力不达标的"风险组"人员尤其多

有移民背景的"风险组"人员比超过 40%，而无移民背景者中仅为 14%

5.3 原因分析

经过不同国家间的比较可以发现，移民学生的当地语言以及课堂语言水平是其学校成绩以及获得教育和职业机会的关键，也对移民的融入至关重要。[1] 就移民学生方面而言，二语习得主要与其学习动机、能力、学习机会以及学习花费的主观评估相关。事实上，除了社会身份，到达移居国的年龄、在移居国停留的时间长短、教育背景以及家庭或家长的语言（移居国语言）能力都属于影响因素。与主流社会较大的社会文化差距以及社会隔离现象的存在则会产生消极影响。

上述原因要素的重要组成部分可以借助 PISA 研究数据进行检测和说明。家庭语言的实践对学校成绩的重要性在以下调查结果中略见一斑：经合组织国家中，家庭语言非测试语言的第一代和第二代移民学生的数学成绩比非移民学生低 51 至 54 个能力点，而在家庭语言为测试语言的学生中，这一差距缩小到 25 至 29 个能力点。阅读成绩也是类似情况：差距分别为 56 至 70 点和 20 至 28 点。在家使用移居国语言显然对学生成绩极为有利。

家庭中缺少语言实践是造成经合组织国家中移民学生成绩差距拉大一半的原因

在 H4 部分已经通过 PISA 研究数据对隔离（尤其在普通中学）给学校文化和学习效果带来的影响进行了分析。在国际比较中也可以发现，调查国家中（除澳大利亚、加拿大、新西兰和一些斯堪的纳维亚国家之外）移民学生比例较高学校学生的经济和社会组成均不乐观。就师资和物质资源来看，这些学校与移民学生比例较低的学校之间并不存在差距。在许多西欧国家，移民比例较高的学校会特别面临学校学习氛围和学生纪律性较差等问题，如比利时、德国、卢森堡、荷兰、奥地利和瑞典。但是这并不一定与较差的成绩水平相挂钩（如果把家庭的社会经济身份也考虑在内的话），例如瑞典与荷兰的情况（德国的情况参见 H4 部分）。[2]

---

[1]　Esser, H. (2006)：Migration, Sprache und Integration. Berlin. http://www.wz-berlin.de/zkd/aki/files/AKI-Forschungsbilanz_4.pdf).

[2]　参见 Schnepf（2004），a. a. O.

来源国文化这一影响因素需要在土耳其裔和前南斯拉夫国家移民较多的典型国家中进行分析(表 H5 - 7web)。不论在哪个移居国,这两类移民学生的数学能力均低于经合组织国家 500 分的平均水平,且土耳其裔学生的平均成绩比前南斯拉夫国家的移民学生更低。

在一项用来阐释数学成绩情况的综合性分析中(表 H5 - 8web)可以发现:在德国,除家长的职业身份,家庭的语言实践、到达移居国的年龄和家长的教育水平也对孩子的成绩影响较大,且明显大于大部分参与比较的国家。将这些因素考虑在内,还可以看到移民身份(第二代)的(负面)影响,与其他国家相比该项的影响力也较强。德国移民学生的另一个特征是,直接移民德国的青年(第一代),往往是原东欧地区归国人员,在控制前面提及的影响因素的条件下,他们的数学测试成绩并不比无移民背景的青年差。该项综合分析表明:德国尤其应重视移民学生的语言促进,且应特别关注第二代移民青年,其中有许多具有土耳其移民背景。

如果移民学生已经将德语作为第二语言完全掌握,那么他们学习另一门外语就会有一定优势。在控制社会出身、性别、教育阶段和认知能力这些因素的条件下,母语非德语的学生在九年级期末的英语测试中表现较好。[①]

主要影响因素:父母职业身份、家庭语言实践、到达移居国的年龄、父母的教育水平

掌握多语者在学习英语这门外语时有一定优势

5.4 教育愿望与学校学习态度

能力的掌握不仅仅依靠认知能力,也包含学习态度和学习动力导向。从这两个因素对不同学生群体的自我评价调查结果来看,不同国家得出了较为一致的结果(图 H5 - 3,表 H5 - 9web)。

来自移民家庭青年的实际成绩虽然较低(表 H5 - 4A),但与其他同学一样对自己在数学方面的天赋充满了自信,有些则更甚(对数学的自我概念),特别是第一代移民学生。德国的移民青年与其他国家一样对数学这门课的学习兴趣较为浓厚,相比无移民背景的同龄学生而言,他们更确信能够通过较好的数学成绩改善教育和就业机会(工具性动机);由此,他们对学校学习的态度总体来说较为积极(图 H5 - 3)。

移民青年有较好的学习态度和较高的学习动力

这些调查结果使我们注意到移民学生身上有一项非常可贵的资源:与其同学相比,他们的学习动力更足,对学校的态度也更为开放。在澳大利亚、加拿大和新西兰,有移民背景的学生中认为能够获得高校毕业证书的比例比非移民学生高出 20 个百分点(表 H5 - 5A)。在其他国家中,在同等数学成绩和同等家庭社会身份的条件下,移民学生的教育愿望高于非移民学生。在德国亦是如此。总体来说,德国 15 岁青年想要获得高校毕业证书的愿望特别低,仅与瑞士相当。但考虑到社会和学校背景(学校类型和学习成绩),在同等条件下,第一代和第二代德国移民学生的教育愿望高于无移民背景学生。

……也有较高的教育愿望

移民学生较高的学习动力是一种重要潜在力量,有助于人们在教育学方面着手对移民背景儿童和青年的学习促进和提出要求。

---

① 参见 DESI Konsortium (2006),a.a.O.,S. 26.

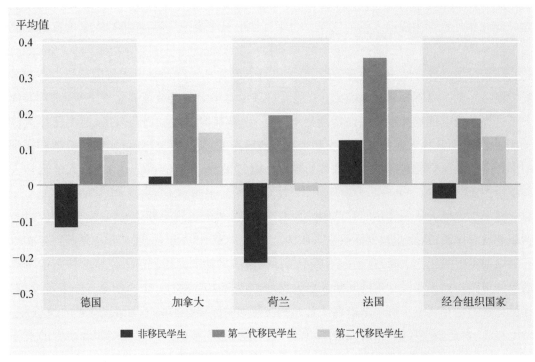

**图 H5－3：非移民学生、第一代和第二代移民学生对学校学习的态度
（学校学习态度指数的平均值），按所选国家分类**

来源：Stanat，P. & Christensen，G.（2006），a.a.O

总结与前景

　　本章节第一次展示了移民背景人口的实际数量和其多样性。调查基础为 2005 年微型人口普查数据。该调查跳出了"国籍"这一单一划分标准，人们还能从中获悉移民背景人口的出生地是否为德国、移居德国的年龄以及是否加入德国国籍这些数据信息。由此，我们才可能按照个人和家庭的移民经历（第一或第二代移民）以及移民的国籍身份区分不同的移民情况。按照 2005 年微型人口普查对移民背景的复杂定义，德国约五分之一人口（18.6%）具有个人或家庭移民经历，这一数据是之前仅按"国籍"这一标准来统计的数据的 2 倍。而处于受教育年龄段（25 岁以下）的移民儿童和青少年在同龄人口中的比例则更高，为 27.2%。换句话说：德国平均每 4 个儿童或青少年中就有超过 1 人具有移民背景。

　　2005 年微型人口普查的数据使教育机构在促进移民学生融入方面面临着更大且不同的挑战。特别因为超三分之二的移民人口为第一代移民，而 25 岁以下转入德国教育体系的移民学生比例达三分之一。这意味着：在教育系统的各个阶段（从幼儿园到中小学直至继续教育）对该类人群的语言和文化促进举足轻重。

　　通过对移民儿童和青少年的教育参与情况和教育过程的考察可以看出教育体系面临着极大的困难。过去 10 年中，4 岁以上有移民背景儿童与无移民背景儿童在幼托机构的利用频率上有所靠近,虽然不同组别之间还存在一定差距。但在幼升小阶段的差距却有所拉大:2004 年外籍学生提前入学的比例仅为所有学生平均值的一半,而推迟入学的比例则高出 1 倍。

在普通学校教育的中等教育阶段,有移民背景和无移民背景学生在就读学校类型的分配中极不平衡。以下具体研究表明:有移民背景学生不但很难就读高层次学校,而且即便上了这类学校也很难持续读完。特别是 15 岁的土耳其裔学生和回迁人员,他们往往就读于普通中学,而其他无移民背景学生和来自其他国家的移民大部分就读于实科中学和文理中学。学校生涯中的选择机制带来的影响是:有移民背景的青年在具备高校入学资格人群中所占比例极少。

移民学生进入从业体系的道路则尤为艰辛,且在两大过渡时期均有体现:从学校过渡到职业教育体系;从职业教育体系进入职场。1994 年至 2004 年,旧联邦州中外国青年在双元制培训生中的比例下降,且远远落后于其他同龄人的比例。他们进入完全合格职业资质培养的道路相比无移民背景的同龄人更为坎坷。比较成问题的一个事实是:总体来说,有移民背景的青年要想获得一个培训生名额所要达到的成绩必须高于无移民背景的同龄人。

在 20 岁至 26 岁以下年龄人群中,有移民背景的青年不但进入双元制职业培训的概率更低,其就业率也更低,而失业人员和未就业人员的比例更高。但值得注意的是,按来源地划分的不同移民群体间存在较大差异:在进入职场时,主要是土耳其裔和其他原劳工输入国的青年面临较大困难。这两组人员中,女性未就业比例特别高。这说明:在考虑移民融入问题时,除了劳动力市场和培训市场的问题之外,女性就业参与这一基本的文化问题也有待解决。

教育体系中教育机构以及教学法上是如何对待移民学生的情况仅能在普通教育学校和幼托机构中获取一些有用信息。教师给移民学生打分存在歧视这一趋势出现在小学阶段,而并未在中等教育阶段中出现。在升入中等教育第一阶段的过程中,在选择机制和社会空间差异的共同作用下,导致了学校间移民学生的比例相差较大。超四分之三的高移民学生比例会给学校带来沉重的负担,面临该问题的主要是德国五分之一的普通中学,集中在城市人口密集区。社会、文化以及与教育相关的隔离问题不仅仅因为文化冲突而给教育政策带来了极大挑战。

普通教育学校——特别是小学、普通中学和综合中学以及幼托机构,为促进移民孩子的德语能力提供了多样化的学习内容以满足需求。同时兼顾母语的双语促进方案因为颇具争议,所以逐渐被取消;而全日制学校所提供的内容则得到扩充,且受到移民学生的普遍欢迎。大多数联邦州在学生上小学前或者小学注册时会对其进行覆盖面较广的语言等级测定。但测试方式以及教学人员的测试专业化水平还有待改进,以便获得个性化的测试结果,制定因人而异的促进方案。

根据国际间学校成绩的比较结果,有些国家(澳大利亚、加拿大、新西兰)已经通过系统的移民/融入和教育政策成功平衡了第二代移民的能力差距。在欧洲劳工移民国家组中,德国的移民就其教育背景和社会身份来看与剩余人口的差距最大。比较不一样的一点是:因为第一代移民学生主要由东欧归国回迁人员组成,所以其在中等教育学校中的能力测试值高于主要由土耳其裔青年组成的第二代移民学生。影响移民学生学校成绩的因素主要为：家庭中的语言实践、到达移居国的年龄以及父母的教育水平。在德国，这几大因素的影响力大于其他参与比较的国家。总体来看，PISA 研究表明了采取相应对策的紧迫性：两代移民学生中有 40% 属于阅读能力极低的所谓的"风险组"，而无移民背景青年中该类学生比仅为 14%。

遗憾的是，无可用数据可以考察哪些促进方式对哪些人员产生了怎样的效果。对移民和教育情况虽经过了几十年的讨论，但在使用了微型人口普查和国际学校成绩调查这些新的数据之后必须认识到，德国在这方面所面临的形势比以往更为严峻。德国的移民及其孩子在教育体系中以及进入职业体系时所面临的问题不容忽视。有关如何制定成功的机构和教学法策略方面的知识越是欠缺，就越应该要求相关部门和人员在这方面应做的努力强度更大、更系统化。

I 教育的影响和收益

人们常说：不是为学校，而是为生活而学习。鉴于此，我们有必要考察各个人生阶段中教育的收益。个人和社会能够从教育机构获得哪些收益，将通过教育参与情况与其在生活中的影响这两者之间的联系进行分析。面对国家资金分配的矛盾日益激烈，教育的影响也对分配给教育体系的资源利用情况至关重要。分析教育收益能够获悉三大教育基本目标的实现情况：个人管理能力的获得、人力资源的培养与所需潜在劳动力的开发以及促进社会参与和机会均等。

从个人角度来看，重点在于不同的教育背景是如何影响事业的成功（如收入或是失业风险）和生活质量（如政治参与）的。但"集体利益"也能体现教育的收益，对"第三方"（如一个企业）或是整个社会来说就是如此，可被称作"外部收益"。特别是教育对于经济增长的意义。

"收益"这一概念一般来说是褒义的，意思是说，个人和社会均为之付出会获得相应的回报。但是，教育的影响并非总是积极的，这里需要注意两个方面。一方面，教育也会带来一些我们不希望看到的"副作用"，主要有：低水平就业岗位的增加；人员外流至他国（"人才流失"）或者高职业资质女性的无子女现象增多。另一方面则更成问题，一些受教育不足的群体，面对日益增长的职业资质要求，将终身受到社会的不公平对待。所以，本章节内容除了分析教育的正面收益，也会涉及上述两方面内容。

虽然教育体系之外的影响最受关注，但教育体系内部的影响也不容忽视。在传统的教育生涯中，升学、学习内容的次序以及学习地点等这些教育顺序应相对固定，但如今却存在多种选择和组合模式。教育带来的收益多数情况下不仅仅与第一普通学校学习或培训学历相关，更多地是与教育积累中新的学习策略和非传统的教育生涯相挂钩。所导致的一个后果是：积极参与教育人群和不积极人群之间的教育收益差距逐渐拉大。

教育收益的范围往往被局限于经济方面，而根据经合组织的定义，我们还应看到教育的质量收效（如对生活方式和健康状况的影响），而后者又能间接带来经济效益（如医疗支出减少）。本章节的分析内容正是基于对"教育收益"的这一广义理解。有关教育影响的许多说法和结论仅凭一些实例证据尚不足以明确，得出的结论有时甚至会相互矛盾，而且有些收益无法直接归因于某些特定的教育活动。一般来说，对最终学习成果产生影响的不仅仅是这些互相衔接的教育机构，还有其他一些学习环境（如：家庭）和非正式学习过程。

I1 教育、就业与收入

　　事实最能证明,个人在教育方面投入越多,在职场生活中所获得的回馈也就越多。具备较高职业资质者在检测事业成功与否的各项指标中的表现均优于较低职业资质者。相关的收益计算已表明,个人在教育上的支出是有效投资。[①] 随着培训和教育水平的上升,个人的职业选择机会和在职场中的工作条件、自主权和威望都会有所改善。但随着较高职业资质者之间针对有限的热门工作岗位的竞争越来越激烈,这些优势发挥的效果会下降,最终结果是他们会从事一项与自身职业教育背景相符的工作。

与职业资质挂钩的就业机会[M]

教育水平决定了个人的就业意愿和就业机会

　　个人的教育水平会影响求职机会、失业风险以及工作意愿。综观 25 岁至 65 岁以下人群(图 I1 - 1),2004 年,70% 为从业,8% 失业,22% 未就业。从业人员比例随着从业教育背景的高低而不同,无从业教育背景人员的就业率明显低于高校毕业者。而失业者和未就业人员的比例与之呈镜像关系变化:无从业教育背景人员的失业率和未就业率最高,而高校毕业人群则最低。在国际比较中,所有国家均存在这一规律(表 I1 - 3A)。

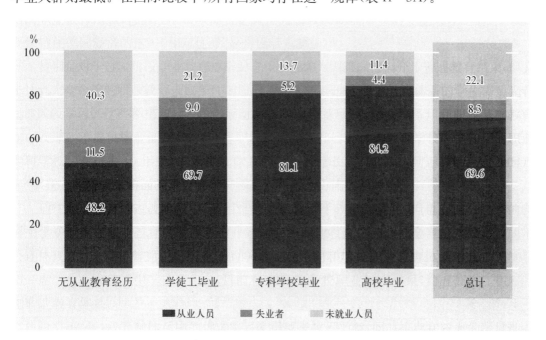

图 I1 - 1:2004 年,25 岁至 65 岁以下人口中从业人员、失业者和
未就业人员比例,按从业教育水平分类(单位:%)

来源:联邦统计局,微型人口普查

　　在一次按年龄和所获教育背景进行的分类考察中,单个的教育群体也呈现出基本类似的规律(表 I1 - 1A)。55 岁至 65 岁以下的群体中,教育水平越低,其未就业者比例就越高。

---

① 参见:Sachverständigenrat zur Begutachtung der gesamtwirtschaftlichen Entwicklung (2004):Jahresgutachten 2004/05. Wiesbaden.

女性的未就业者
比例为男性的2倍

男性和女性之间按教育水平进行考察的就业参与情况在参与水平和就业结构上均有较大差别(图 I1 - 2,表 I - 8web)。在女性中,因教育职业资质而导致的就业参与差距大于男性。在所有教育背景分类组中,女性的从业率均低于男性,且女性的未就业者比例约为男性的 2 倍。

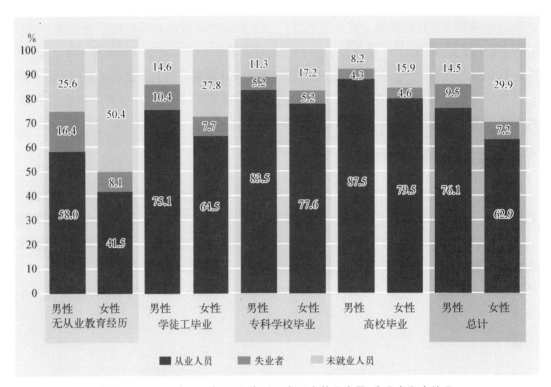

图 I1 - 2：2004 年,25 岁至 65 岁以下人口中从业人员、失业者和未就业
人员比例,按从业教育水平和性别分类(单位：%)

来源：联邦统计局,微型人口普查

低职业资质者的
就业机会存在地
域差异

将与职业资质挂钩的就业情况在不同联邦州之间进行比较可以发现,职业资质较低人群的就业机会比其他职业资质人群与其所居住的联邦州之间联系更为紧密：各州中,无从业教育背景人员的从业率最大相差 24 个百分点,而这一数字在高校毕业者这一人群中仅约为 7 个百分点。各州间与职业资质挂钩的失业者比例也不尽相同。总体来看,新联邦州劳动力市场对从业教育背景的利用情况不如旧联邦州。

不同职业教育水
平的就业情况变
化也不尽相同

1999 年至 2004 年,对具有较高职业资质的人群来说,因教育水平而不同的从业情况的发展变化并不十分明显。值得注意的是发生在不同性别间的反向变化：从业率在具有中等或者较低职业资质的男性中呈下降趋势,而在同等职业资质的女性中却有所增长。女性对非全时就业机会的意愿和利用率的上升应是一个重要原因。

教育和收入

平均来看,教育背景较高人员的职业收入高于较低人员。这一结论在全世界范围内都适用。例如,在经合组织国家中,高校毕业者的收入优势相比中等教育第二阶段毕业者至少高出 50%。① 与职业资质相关的这一收入差异[Ⓜ]是刺激个人教育投入的一项重要标准。但同时,这点也指出了劳动力市场上可能存在的不公平现象。因为收入差距不仅与教育水平以及隐藏其后的产出效益相关,还与其他一系列因素挂钩,例如:社会来源、性别、族裔、居住地、所从事的行业、企业大小以及从业环境等。

2004 年德国的情况如下(表 I1 - 5A):在 17 岁至 65 岁人群中,以获得职业教育毕业证书的全职工作人员的月平均毛收入为基准(= 100),那么应用技术大学毕业者的收入高出 39%,大学毕业者的收入高出 51%,而无职业教育毕业证书人群的收入则低 18%。无论是新旧联邦州还是男女性别间的比较,均可发现这一因职业资质导致的收入差距(图 I1 - 3)。而通过 1994 年和 2004 年这两个时间段的比较则可以发现:随着低水平就业岗位的增加,高校毕业者的相对收入水平有所下降。这两个年份相比,无职业教育毕业证人群的收入差距则有所上升(表 I1 - 5A)。

高职业资质会带来高收入

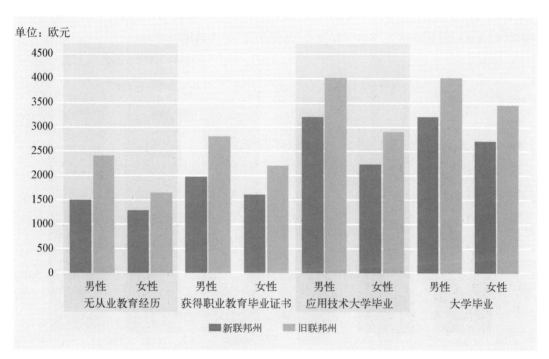

图 I1 - 3:2004 年,新旧联邦州 17 岁至 65 岁全时就业人员的平均月毛收入
(中位数),按职业资质水平和性别分类(单位:欧元)

来源:SOEP 2005,自己计算得出(案例数 n = 7876)

一项针对 25 岁至 35 岁全时就职人员的收入调查显示:高校毕业人员在大学学业开始之前是否有职业培训毕业证对其收入影响较小。在 1984 年和 1994 年这两个时间段,有职业培训毕业证的高校毕业者收入约比无职业培训毕业证者高出 4%,而到了 2004 年,这一细微优势已不复存在(表 I1 - 6A)。复合型职业资质会带来何种其他的优势条件还有待考察。

具备多项职业资质未必带来收入优势

---

① 参见:经合组织 (2005):Bildung auf einen Blick,Paris,S. 146.

从业教育与所从事职业的对等情况

低水平就业是教育
普及的负面效应?

　　长期以来,通过教育所获得的职业资质能否与职业生涯对等这一问题一直受到人们的深度关注。公众通常认为,劳动力市场的不景气和低水平就业岗位的增加导致许多人从事的工作低于自身所获得的职业资质。为了全面获取有关这一问题影响的相关信息,我们不仅仅需要考察高学历背景人员的情况,也需要将未获得学位的从业人员所面临的不对等风险也纳入考察范围。对个人来说,低水平就业意味着收入减少。

五分之一高校毕
业生低水平就业

　　历时多年的社会经济调查(SOEP)为从业教育与所从事职业的对等[Ⓜ]情况提供了分析依据。首先较为明确的是:低水平就业绝不是仅仅是高职业资质人员面临的现象(图I1-4,表I1-7A)。2004年,约20%的应用技术大学或大学毕业从业者认为所从事职业低于其职业资质能力,其中大部分(超75%)认为不对等程度在稍低到中等之间(类型A),这点因专业不同而不同(参见F4)。获得职业教育毕业证书的人群中认为自己是低水平就业者的比例稍低(17.2%),但其中认为不对等程度极高(类型B)的人数比例较高。

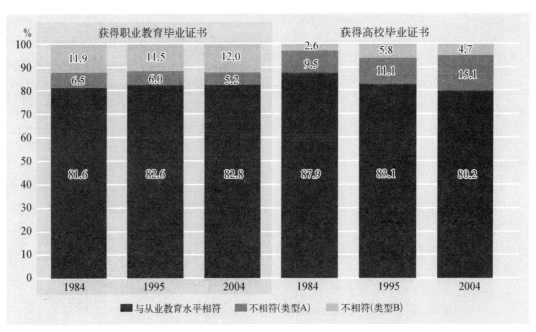

图 I1-4: 1984*、1995 和 2004 年,从业教育与所从事职业的
对等情况[Ⓜ],按职业资质水平分类(单位:%)

＊ 1984 年的数据仅适用于旧联邦州
来源:基于 SOEP 于 1984(案例数 $n=3863$),1995(案例数 $n=4453$),2004(案例数 $n=8854$)这几个年份的调查自己计算得出

旧联邦州高校毕
业生的低水平就
业风险上升

　　在各个考察阶段中(1984、1995、2004),两组人员从事低水平岗位的风险并且在新旧联邦州中发展的趋势不同。对于旧联邦州中高校毕业从业人员来说(特别是对于男性),1984年以来这一风险在增加(表I1-7A),因为相比 1984 年,2004 年其从事低水平岗位的人员高出 8 个百分点。这一发展趋势显示了劳动力市场的竞争压力增长,且工作要求和职业资质间兼容性较高的公共职业的实际雇佣情况更为受限。未来较长一段时间将会出现的高

校毕业生的缩减可能会使职业与就业资质不对等的情况得到扭转。

在新联邦州，大学毕业生工作不对等的风险较低，甚至低于旧联邦州，而且对于获得职业教育毕业证的人员来说，低水平就业人员也有所下降。但这一积极成就却因为新联邦州的高失业率有所抵消。值得注意的是新联邦州针对劳动力市场的一些减负措施带来了效果：越来越多的人从就业转入退休状态或去旧联邦州就业。

新联邦州的低水平就业现象减少

性别之间的差距一直存在，且较为显著（表 I1 - 7A）。在新旧联邦州，两组职业资质人员中女性从事低水平岗位的比例均较高。可能存在的一个根本原因是：女性选择职业培训岗位或大学专业时较少以市场为导向。

女性的低水平就业率更高

Ⓜ概念注释

与职业资质挂钩的就业机会：百分比的大小是指相关人员在被考察组中的占比，因此从业人员、失业者和未就业人员的比例相加为 100%。失业者比例的基数为所有人员，而非从业人员，失业者的定义遵从国际劳工组织（ILO）的规定。

与职业资质相挂钩的收入：计算数据来源于社会经济调查；分析是基于 17 岁至 65 岁从业人员所给出的月毛收入；考察对象仅针对全时工作人员。

职业教育、大学毕业生和高校毕业生：职业教育指双元制职业教育、职业专科学校、卫生学校、专科学校、公务员培训学校和其他类似培训学校；大学毕业生是指综合性大学、技术大学以及国外大学的毕业生。高校毕业生包括了应用技术大学毕业生和大学毕业生。横向数据经过了标准预测因素的加权平均。

从业教育与所从事职业的对等（SOEP 调查方法）：从业教育与所从事职业的对等情况是根据被调查的从业人员给出的有关其教育背景、与职业的相关性及其职业地位的信息而得出。我们将考察结果分为 3 类：对等、低/中等程度不对等（类型 A）、极不对等（类型 B）；参见 Büchel, F.; Weißhuhn, G. (1997): Ausbildungsinadäquate Beschäftigung der Absolventen des Bildungssystems. Berlin.

I2 教育、生活和社会参与

除职场之外，教育也对个人生活和社会参与发挥着重要作用。个人通过教育赢得的优势往往也伴随着社会收益，而其他影响则表明教育带来的意想不到的效果。

教育与健康

过去 150 年中预期寿命的增长除了与医疗卫生及工作条件的改善和人们生活富裕程度不断提高息息相关之外，也与不断增长的教育水平密不可分。研究表明：预期寿命随着学校教育程度的提高而上升，[1]而且得病的概率也不同。许多疾病在小学或普通中学毕业人群中在比文理中学毕业人群中更容易出现（图 I1 - 2）Ⓜ。

教育影响人们对待健康的态度和行为

可想而知，这主要是一些与教育相关的社会经济因素在起作用：较高的收入、较好的工作条件、压力较小的职业或失业风险较低（参见 I1）。多因素条件下的分析表明，除

---

[1] 参见：Mielck，A. (2000)：Soziale Ungleichheit und Gesundheit. Bern, S. 70 f. 以及 Gärtner, K. (2002)：Differentielle Sterblichkeit - Ergebnisse des Lebenserwartungssurvey. In：Zeitschrift für Bevölkerungswissenschaft，27，S. 185 - 211.

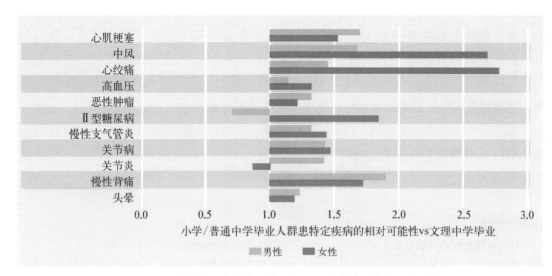

图 I2－1：小学/普通中学毕业人群与文理中学毕业者相比患特定
疾病的相对可能性，按性别分类（单位：比值比）*

＊ 所给风险值对年龄进行了校正

来源：罗伯特·科赫研究所（das Robert-Koch-Institut），2003 年健康调查电话采访（案件数＝8318），自己计算得出

此之外教育还有一项独特的影响效果：①教育程度影响个人对（健康状况方面的）未来的
预防和投资。② 此外，个人对待健康的态度和一些健康行为也因受教育程度不同而不同：
文理中学毕业的男性有烟瘾的比例低于普通中学毕业的男性，在运动方面，后者的积极性
也仅为前者的一半（表 I2－3web）。

　　教育水平因为不同水平的阅读能力很大程度上会对各自的健康素养产生影响，③其中
起关键作用的是与健康相关的知识获取、评价以及最重要的转换到实践中去的能力。与健
康相关的行为除了影响个人之外，也会对外部产生影响。如果员工少生病，病假相应减少，
这对企业（对同事也一样）来说是有利的。同样，母亲在孕期以及教育孩子时期有健康意识
的行为会给社会带来积极的影响，并且可以减轻医疗系统的负担。

民主参与

政治参与率随着
个人教育水平的
增长而上升

　　因教育水平不同而导致的民主参与差异可以通过参与选举的情况来考察：教育水平
较低人员的平均参与率较低。④ 除了参与选举外，还有其他不同的政治参与形式（表 I2－
4web）。随着学校教育水平的上升，个人参与公共意见和利益实现的意愿增强（图 I2－2）。
在参与民间组织和党派方面，因教育水平不同而产生的差距极大。同样，在一些短时的义
务形式类活动方面，参与意愿也存在一定差距。教育水平高低所带来的影响不仅体现在参
与意愿上，也体现在实际的参与率上。

　　这些与教育水平相关的政治参与差异也会导致不同团体的利益发声和实现方面的机

---

① 其中一项研究参见 Becker，R.（1998）：Bildung und Lebenserwartung in Deutschland. In：Zeitschrift für Soziologie，27，S. 133－150.
② 参见：经合组织（2005）：Bildung auf einen Blick 2005. A. a. O.，S. 170.
③ 参见：经合组织（2005）：Bildung auf einen Blick 2005. A. a. O.，S. 169.
④ 参见：例如 Hradil，S.（2005）：Soziale Ungleichheit in Deutschland. Wiesbaden，S. 471.

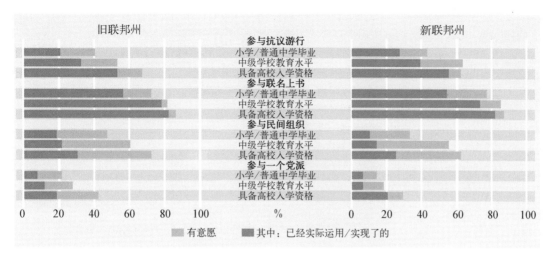

图 I2‑2：2002 年，新旧联邦州中有意愿的和已经实际运用的政治影响方式，按学校教育背景分类（单位：%）

来源：ALLBUS 2002（旧联邦州：案例数 $n=1787$；新联邦州：案例数 $n=750$），自己计算得出

会不均等，从而增强了不公平现象。

志愿服务[①]

志愿服务又是一个将个人和社会收益联系起来的例子，它以完成重要的社会任务和功能给个人带来实现自我的满足感，而通过教育所获得的能力是志愿服务活动的基础。在青年时期，志愿服务已随受教育水平的提高而增加（参见 D5）。在所有人群中，志愿服务参与率以及参与时间也随着个人教育水平而水涨船高（表 I2‑1A）。50% 的专科学校或者高校毕业人员在志愿服务中表现积极，而这里比例在无职业教育背景人员中仅为三分之一。由于不均衡的参与率与不均等的机构影响力相关，所以名誉职位方面也显现出了与教育水平相关的影响趋势，例如：高校毕业人员一般更多地在社会重要领域参与政治活动。

高校毕业/专科学校毕业者的志愿服务率较高

志愿服务的参与情况虽然在不同的人生阶段变化不是很大，但不同教育背景人群间的差距一直存在（表 I2‑1A）。老年人中教育水平越高者，在志愿服务上的投入越多（也包括时间上的投入）。因此，直至老年，教育不仅是生活的重要组成部分，也是一项十分有价值的社会资源。志愿服务最为活跃的领域为：业余休闲领域、教堂、体育运动以及文化音乐领域（图 I2‑3，表 I2‑5web）。

休闲、教堂和文化是志愿服务的主要领域

教育与无子女现象[M]

德国属于低出生率国家。公众经常讨论不断上升的教育水平——教育普及的一项非预期效果对此现象的影响。总体来看，德国大学毕业的女性中无子女者超过三分之一。[②]单看旧联邦州，这一比例甚至高达 37%。从 1993 年至 2004 年，这一比例增加了约 9 个百

---

① 与 D5 部分不同的是，这里采用了时间预算调查法，因为这一方法更适用于对成年人在志愿服务方面进行历时较长的教育收益考察。
② 由于数据来源和年龄等限制因素，不同调查研究中大学毕业女性的无子女率有所不同。此处引用的数据可视为下限。

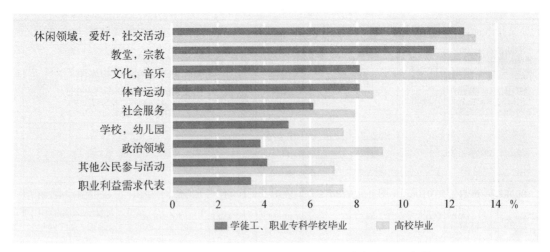

图 I2 - 3：2001/02 年度，较为活跃领域中公民参与志愿服务的
情况，按从业教育背景分类[*](单位：%)

* 不包括双元制培训生和/或 25 岁以下人员

来源：联邦统计局，2001/02 时间预算调查(案例数 $n \geq 8014$)

无子女的高学历
女性比例增加

分点(图 I2 - 4)。在新联邦州，无子女现象虽较少，但也呈增长趋势。这一现象中也体现了不同教育水平人员之间的区别(表 I2 - 6web，表 I2 - 7web)。在其他出生率较高的国家，如法国和斯堪的纳维亚半岛的一些国家，也显现出类似趋势，虽然其不同教育背景人员间的差距并不明显。[①]

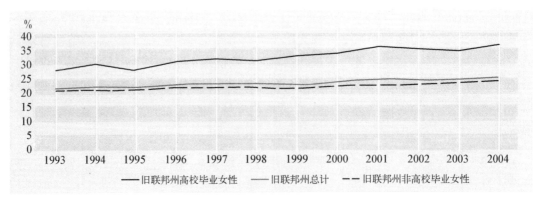

图 I2 - 4：1993 年至 2004 年，旧联邦州 38 岁至 43 岁女性中无子女
女性的比例，按最高教育水平分类(单位：%)

来源：1993 - 2004 年微型人口普查，经过家庭因素加权平均，2006 年联邦人口研究所分析得出

　　即使较长的受教育时间会导致生育的时间推迟，也不能说无子女现象是高教育水平引起的。它主要是由工作的组织形式、与性别相关的工作分工以及现有的小孩照料措施等因素所决定的。恰恰是对极具工作意愿的高职业资质女性来说，想要在职业和家庭之间获取

如何平衡事业和
家庭起决定作用

平衡或者在决定养育后代这件事情上得到伴侣的支持显得尤为困难，且她们的生活方式也有所不同：高职业资质女性往往单身或者与伴侣未婚同居。

---

① 参见：Hoem, J.(2005)：Why does Sweden have such high fertility? In：Demographic Research，13，Article 22，S. 559 - 572.

通过国际比较可以发现：不同的出生率与社会富裕水平和女性的高从业率均无关系。相反，恰恰在那些女性从业率较高的国家出生率也较高，而在一些女性从业率较低的南欧国家出生率则较低。出生率较高的工业国家，如法国或斯堪的纳维亚国家会通过一系列的家庭政策进行调节：既有完备的日托服务(参见 C)，也有带薪休产假和哺乳假，还有对传统男性养家模式的摒弃。[1]　对于高学历女性来说，这些措施正好降低了其因生育而带来的职业风险。

从国际比较无法看出女性从业率与出生率之间的关联

家庭政策是重要影响因素

Ⓜ **概念注释**

　　事件发生的概率(比值比)：特定事件发生的可能性是在控制其他影响因素的情况下与相关组进行比较中得出。根据此方法得出：小学或普通中学毕业人员患某种疾病的风险高于文理中学毕业生。数值 2 意味着，风险系数为 2 倍。

　　无子女现象：根据现有的数量，女性的无子女现象仅能做一些粗略的分析。在本报告所引用的微型人口普查中，无子女现象由家庭中是否有 18 岁以下人员而决定，与家庭成员之间有无亲戚关系无关。而在 SOEP 调查中，以受访女性是否有自己的孩子为标准。但分析已经表明，在同年龄段人群中，且同时考虑到新旧联邦州的不同发展，两个数据源得出了同样高的无子女率；参见：Scharein, M.; Unger, R. (2005): Kinderlosigkeit bei Akademikerinnen? Die Aussagekraft empirischer Daten zur Kinderlosigkeit bei Akademikerinnen. In: BiB-Mitteilungen, Heft 2/2005, S. 6 - 13.

I3 教育、经济增长与社会收益

　　人们一致认为：教育对社会经济增长和人们生活富裕起关键作用。因为政府资金分配矛盾的日益尖锐，很多人已不再无条件地支持教育事业在资金分配中所拥有的特殊地位，人们多次质疑分配给教育的额外资源所能够带来的社会收益。基于这一背景，以事实证明教育的社会收益这一项工作迫在眉睫。一个社会的教育水平与其经济能力的关系将是我们的分析重点。在德国，很多人认为持续不变的经济弱增长和"PISA 调查结果所带来的冲击"并不是巧合。

教育也能促进国民经济增长

　　考察众多的文献资料后可以发现，许多相关结论之间矛盾重重。经合组织在经过了 40 年的经济增长调查之后于 1998 年得出结论：就教育对经济增长的贡献来说更多的是停留在理论层面，而非大家普遍接受的结果。[2]　幸亏有了先进的理论和调查方法，且数据质量也有所提高，针对社会人力资本对经济增长贡献的调查有了更为牢固而可信的结果。以 2003 年由经合组织组织的一项名为"经合组织国家中经济增长的根源"调查为例。该调查在 21 个成员国内考察了制约人均国民生产总值的重要因素改变所带来的影响，考察时间段为 20 世纪 70 年代初至 90 年代末。25 岁至 65 岁以下人员的平均受教育年限延长一年，

较长的教育时间对经济增长的影响存在互相矛盾的调查结果

---

[1]　参见：Neyer, G. (2003): Family policies and low fertility in Western Europe. In: Journal of Population and Social Security, 1, Suppl., S. 46 - 93; Kröhnert, St.; Klingholz, R. (2005): Emanzipation oder Kindergeld? Der europäische Vergleich lehrt, was man für höhere Geburtenraten tun kann. In: Sozialer Fortschritt, 54, S. 280 - 290.

[2]　经合组织 (1998): Human capital investment. Paris, S. 63.

则人均国民生产总值持续增长 4% 至 7%。但这一在教育扩容时期所体现的增长效益并不意味着未来依旧如此，因为如花费在学历教育阶段的平均时间持续增长，它对经济增长的贡献则会降低。如今，在教育经济领域已经不仅仅以量(受教育年限)的观察为重点，其他两大因素也越来越受重视：学历教育背后的能力和人生各阶段中教育学习时间的不同分配。

从业人员的产出上升是教育对经济增长最为关键的影响效应。深入分析影响经济增长重要因素可以得出：在大多数经合组织国家，过去 10 年至少一半的经济增长应归功于劳动产出的上升(根据从业人员的人均国内生产总值)。在这一点上，劳动力的职业资质、知识、能力和专业水平至关重要。这里再引用一些有关经济增长的新研究，这些研究又引用了针对国际间学校成绩调查的研究结果。例如：Hanushek 和 Kimko 两人在调查 1960年至 1990 年不同国家的经济增长率时，使用了劳动力资质这一指标。该指标主要通过各国学生在数学和自然科学这两门的平均成绩来考察，主要数据来源于国际教育成就评价协会(IEA)的研究成果。调查结果显示：人力资本的质量能够用来解释经济增长率之间的差距。[1] 利用同样的质量考察指标，Gundlach 在对 113 个国家的样本调查中指出：从业人员人均国民生产总值差异中 22% 至 46% 是由人力资本导致(图 I3 - 1)。[2]

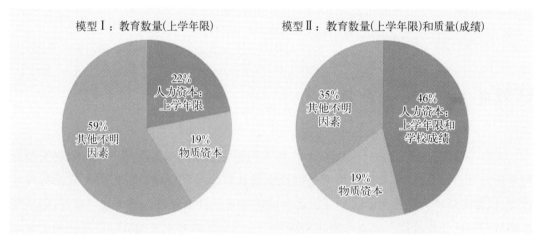

图 I3 - 1：导致从业者国际间人均国民生产总值差异的决定因素[*]

[*] 1990 年国家间横向比较，案例国家数 $n = 113$

来源：Gundlach, E.; Rudmann, D.; Wößmann, L. (2002)：Second thoughts on development accounting. In：Applied Economics，43，S. 1359 - 1369

社会整体的教育水平增长也会间接影响经济增长　　这些有关经济增长的最新研究证明：教育投资的总体社会效益远超个人的收益，这也正是教育的外部收益(参见本章引言)。[3] 这些收益的取得主要因为充足的优质劳动力有利于新技术的接受和适应，而这又会给经济增长带来新动力。[4] 社会教育收益带来的其他

[1] Hanushek, E. A.; Kimko, D. D. (2000)：Schooling, labor-force quality, and the growth of nations. In：American Evonomic Review，90，S. 1184 - 1208.

[2] 对于所选的 23 个经合组织国家而言，人均国内生产总值的差距甚至完全由人力资本差异导致。有针对性地选择这些国家作为子样本是为了较大范围地排除技术差异对经济增长的影响效果。参见：Gundlach, E.; Rudman, D.; Wößmann, L. (2002)：Second thoughts on development accounting. In：Applied Economics，43，S. 1359 - 1369.

[3] Sachverständigenrat zur Begutachtung der gesamtwirtschaftlichen Entwicklung (2004)，a.e.O.

[4] 参见：Ciccione, A.; Papaioannou, E. (2005)：Human capital, the structure of production and growth (www.econ.upf.edu/crei/people/ciccone/papers.htm).

间接经济增长效益也值得期待。值得一提的是：一个社会不断增长的教育水平会长期给以下方面带来正面影响：健康水平、政治稳定、社会凝聚力以及贫困、犯罪率和环境破坏的减少。[①] 借助于宏观经济效益率与个人效益率[M]之间的比较可以对这些教育效应给全球经济带来的影响进行粗略的评估。[②] 这些有关经济增长的最新研究认为：改善人力资本的质和量应是以促进经济为导向的政治战略的重要组成部分。这一目标已经写入欧盟的"里斯本战略"，根据这一目标，欧洲应该成为全球最具创新能力和经济增速最快的地区。

成本-效益-计算方式零星地提供了一些具体的教育措施带来的社会净收益。这里值得一提的是美国在学校教育领域针对特定的"风险组"采取的干预措施评价研究。[③] 这些调查研究有着前期的实验性研究设计，并最终得出：这些干预措施给个人和社会均带来有利的效益，主要有：进入特殊学校就读的人数减少、留级人数减少、毕业率上升、收入上升（对国家来说税收收入增加）以及犯罪率下降。将这些效益通过成本-收益-计算后，这些干预措施实际的社会净收益为：每投入一美元，有 2 倍至 7 倍的产出。这些调查结果表明：为那些在教育中处于劣势的群体提供早期的促进措施政策十分重要。

学前教育可以带来积极的净收益

[M]概念注释

收益率：收益率是一种衡量标准，例如：与一定教育水平相挂钩的长期收入所得（与低一级教育水平相比有更多的收入），同时也要考虑所投入的成本。个人收益率是指个人除成本之外的预期更多净收入，社会收益率是指除社会总成本之外的预期更多的毛收入。此类社会收益率有时也根据宏观经济生产函数来计算。与传统的投入收益计算方式相比，本方法的计算结果得出的利润率高出几倍，这更能说明教育带来的外部收益。参见：Sachverständigenrat zur Begutachtung der gesamtwirtschaftlichen Entwicklung (2004)：Jahresgutachten 2004/05.

I4 人生阶段中教育的差异和积累

认为教育生涯是由少数界限分明的阶段相衔接而成的一个整体这一看法已经与现实相去甚远。以二至三个过渡阶段——幼升小、向职业教育阶段过渡以及进入职业生涯为显著标志的简单阶段性教育生涯的划分在以前较为普遍（至少对于男性来说），现如今这一观念已被与"7 阶段社会"（K.-U. Mayer）较为类似的多变性教育阶段理念所取代（根据体系划分的不同可能出现更多教育阶段）。考察这一多样性的教育生涯需要较长的时间跨度，至少跟踪调查至 30 岁或 35 岁。

由多种过渡阶段组成的教育生涯

教育的第一阶段时间延长了，进入职业生涯的时间自然也推迟了。教育过程与所获学历之间在时间上的脱离表明教育结构的转变、教育类型的多样化以及互相之间较强的渗透

[①] 这些效应要经过很长一段时间才能显现；可以参看：McMahon，W.（1999）：Education and development. Measuring the social benefits. Oxford.

[②] Gundlach，E.（2005）：Mehr Wohlstand für alle durch ein besseres Bildungssystem：Bildungspolitik als Antwort auf Globalisierung. Kiel.

[③] Belfield，C.（2005）：The promise of early childhood education. New York.

通过教育积累和
补修提升自身机遇

性。教育过程的可选性越来越多，且变得越来越灵活，人们可以重新补修之前未获得的学历，重新积累各种知识和能力。这不仅能平衡教育短板、纠正之前的决定，也能稳步发展自身的兴趣和潜力。但是这些教育道路并不是对所有人都开放，是否能够利用这些途径很大程度上又与个人以及结构上的一些前提条件相挂钩。这些教育蓄积阶段往往会变成因学业成绩不足造成的盘旋等待期（参见 E1）。首当其冲的往往是那些没有获得学校教育学历和/或未获得职业教育学历的人。

教育时间延长

不仅在较长时间的历史比较中，单就最近一段时间就可以看出教育时间的延长已经成为一种趋势。就 1998 年至 2004 年这段时间来看，德国 15 岁青年的预期平均教育时间[M]增加了 1 年，达到 7.8 年。从国际间比较来看，这一数值处于领先地位，仅有斯堪的纳维亚国家和法国能够达到（表 I4‑1A）。但是，单看教育时间并不足以说明教育的实质效益和能力的掌握情况。除了义务教育时间延长外，导致教育时间延长的原因还有 3 个：首先是较长教育阶段的参与率上升（如就读文理中学或上大学）；其次是教育系统中潜在的无效学习，如留级（参见 D2）或较长的大学就读时间（参见 F3）；最后是以改善就业市场机会和教育机会为目标的职业教育过渡体系的扩充（参见 E1）。诸如缩短文理中学就读时间之类的对应措施还未显现其效果。教育时间的延长会导致人生阶段中工作时间相应缩短，这一趋势会因较大年龄者的低从业率而得到增强。

普通学校教育学历补修

教育系统的结构性变化也体现在越来越多的学生（尽管数量有限）在上了职业教育学校之后再补回普通学校教育学历（表 I4‑3web）。特别是对普通中学的学生来说，为了消除普通中学学历在今后生活和职业生涯中带来的劣势，补修更高的普通学校教育学历不失为一种途径（参见 E1）。达到具备高校就读资格的更高普通学校教育学历可以通过多种途径获得（表 I4‑2A）。2004 年，30 岁至 35 岁人群中无普通学校教育学历背景者占 3%（表 B3‑1A）。而在 80 年代中期至末期，同一人群义务教育阶段结束时，学校统计数据显示其未获得毕业证的比例高达 7%。[①]　显然，这部分人中约有半数在之后补修了普通学校教育学历。

个人教育生涯充
满多样化选择

有关个人教育生涯的调查显示了就读教育机构与所获得的学校教育学历之间逐渐脱离的趋势（参见 D7）。根据 LiFE 调查研究[M]的结果，九年级学生就读的学校类型很难说明其今后所获得的学校教育学历。例如：当时就读普通中学的 30%学生最终获得比普通中学毕业更高的学历，实科中学的 30%学生获得高于中级学校教育的学历，文理中学的 25%学生未参加文理中学毕业考试。

这种多样性选择的实际应用范围很广。例如：约四分之一普通中学毕业生完成了职业专科学校或师傅学校的学业。实科中学毕业生中约 20%完成了大学学业。文理中学毕

① BMBF（2005）：Grund- und Strukturdaten 2005. Berlin，S. 84.

业生的后续从业教育道路也呈多样化态势(图 I4‑1)。另一趋势也较为明显：与学校教育背景相关的一些权利不一定会在实际运用中施行。通过改善其他较低等级形式教育的机遇，学校教育学历的功能越来越多样化。

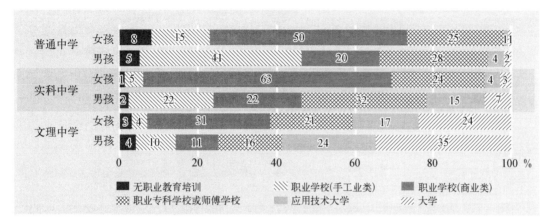

图 I4‑1：1966/67 年度出生的学生的从业教育情况，按其九年级时就读的学校类型分类(调查时间至其 35 岁)

来源：Hermut Fend，Bildung als Ressource der Lebensbewältigung-Ergebnisse der LifE-Studie[M] (n = 1527)

多样化教育的利用者：教育蓄积者

教育过程是一个积累的过程。毕业证书，如普通学校毕业证是后续教育过程的前提，特别是对职业教育来说。[①] 根据德国履历调查[M]显示，1964 年出生的调查者中约 40% 在 35 岁时已经开始第二职业教育[M]，30% 已经完成的职业培训多于一种。1971 年出生的人中，27% 在 27 岁时已经开始第二职业教育。约 60% 的第二职业教育为进阶教育培训，而且选择第二职业教育很少是因为需要一个盘旋等待期过渡，或是为了重返某一教育过程或职业。除了在职业培训结束后又开始进入高校学习的文理中学毕业生外，还有另外一类特殊的高等教育蓄积人群，他们通过第二(重新参加文理中学毕业考试)和第三种(高校入学规定)教育途径来到高校完成学业。该类人群具有较强的继续教育动力和全心投入职场的激情，因此在教育和职业变动的灵活性较大。在 2004 年大学新生中，该类人群占比小于 5%(参见 F1)。

具备第二职业教育学历者的比例较高

在较长的教育生涯之后仍未获得职业教育学历者

未获得普通(义务)学校教育学历并不意味着教育生涯的结束。1964 年和 1971 年出生的人群中，约 30% 补修了当时未能获得的普通教育学历，但 1940 年和 1960 年出生的人群中，这一比例仅为 3%。[②] 约 40% 未获得普通学校教育学历者也未能获得职业教育学历。[③]

①　参见：Hillmert，S.；Jacob，M. (Hrsg.) (2004)：Qualifikationsprozesse zwischen Diskontinuität und Karriere. In：Hillmert，S.；Mayer，K.-U.：Geboren 1964 und 1971. Wiesbaden，S. 65‑89.

②　Solga，H. (2003)：Jugendliche ohne Schulabschluss und ihre Wege in den Arbeitsmarkt，in：Cortina，K. u. a. (Hrsg.)：Das Bildungswesen in der Bundesrepublik Deutschland，S. 729.

③　Solga，H. (2004)：Ausgrenzungserfahrungen trotz Integration – Die Übergangsbiographien von Jugendlichen ohne Schulabschluss，in：Hillmert，S.；Mayer，K.-U. (Hrsg.) (2004)，a. a. O.，S. 39‑63.

职业教育学历的重
要性高于普通学
校学校教育学历

而对于今后的职业机会和生活来说,职业教育学历比普通学校教育学历更为重要(表 I4 -4web)。特别是对那些没有普通教育学历而在职业培训中仅参加过一些"促进措施"(Solga)但也未获得职业教育学历者来说,前景更为暗淡。他们缺少一份稳定职业生涯所必须的重要前提条件。

自 1950 年以来,无职业教育学历者比例明显下降。[1] 他们中虽然大部分为普通中学学生,但是也有出自文理中学或实科中学的人。面对教育的扩容,他们毫无优势可言。这些无职业教育学历青年的一个共同点是他们源自教育水平较低的社会劣势群体,他们最容易面临失去教育机会或教育短缺的风险。

Ⓜ概念注释

预期教育时间:这一数值累积了 15 岁至 29 岁年龄组的受教育者参与时间,调查的是实际时间花费,而非理论上一帆风顺的教育过程。数据源自劳动力调查研究。

LifE——调查研究:该调查以 1966/67 年度出生者的教育过程为研究对象。1979 年至 1983 年间,每年有 2000 名来自法兰克福以及黑森州两个乡镇的孩子参加问卷调查。2002 年再次针对这一群体发起问卷调查,以便获得他们直至 35 岁的教育过程信息。基于该项调查的相关地域选择,这一抽样调查并不具备很强的代表性。

德国履历调查[马克斯·普朗克研究所(Max-Planck-Institut)的教育研究,柏林]:自 80 年代以来,该项调查选取了从 19 世纪 20 年代至 1971 年出生的多个同一年出生的群体作为调查对象,询问内容为其生活和教育经历。1998/99 年,当调查中最年轻的两组人员(1964 和 1971 年出生者)分别到达 35 和 27 岁时,对其进行相关内容的询问。他们的回答内容是本小节相关分析结论的依据;参见:Hillmert, S.; Mayer, K.-U (Hrsg.) (2004): Geboren 1964 und 1971. Neuere Untersuchungen zu Ausbildungs- und Berufschancen in Westdeutschland. Wiesbaden.

第二职业教育:这里的第二职业教育这一概念仅包括第一职业教育顺利结束后的完全职业资质培训。除第二职业教育外还有其他一些进阶性质的培训形式,如:师傅培训、技工培训或者商业管理培训以及高等教育。

---

[1]　参见:Wagner, S. (2005): Jugendliche ohne Berufsausbildung. Aachen.

总　结

《德国国家教育报告》第一次把德国教育事业作为综合体系进行全面的实证调查。该报告从一开始就规划了其可持续性，以官方统计以及一些具有代表性的调查研究为基础，计划每两年更新一次各个方面与教育相关的信息。选择一些可持续考察的指标来进行分析是教育报告的一大特点。报告虽以问题为导向，但并不对此进行评论，也不给出建议，留待读者自己从所呈现的调查结果中得出相关结论。

此教育报告有哪些重要的调查结果？

在 A 章节（"框架条件改变后的教育情况"），本报告首先注意到教育政策和实践与一系列的条件结构紧密联系，前者本身无法对后者施加影响，但对教育系统的运作能力却至关重要。近年来，这些框架条件变得越来越严峻，尤其是持续下降的人口出生率和老龄化现象要求教育系统做好充分的应对措施。此外，近年来德国经济增速放缓，公共支出面临缩减的压力，长此以往，教育领域也必然受到影响。

国际化和全球化水平的上升使教育事业面临新的挑战。持续放开的德国经济市场与日益国际化的劳动力市场要求教育机构能够给中小学生、培训生和大学生传授相应的能力，以便其在国际交流和国际劳动力市场中具备独立行动的能力。同时，向服务型和知识型社会的转型要求劳动者具备一些新的职业技能，这一点也影响着教育机构的培养任务。

家庭形式和其他生活方式的多样化（主要有：多孩家庭的减少、单亲家庭增多、生育年龄推后以及母亲的从业率上升等）影响着学校和家庭之间的关系。通过推广儿童和青少年的全日制教学举措，表明教育政策已经意识到这一转变带来的后果，并采取了相应措施。

B 章节（"德国教育的基本信息"）主要考察了贯穿整个教育领域的三大指标——教育支出、教育参与情况与公民的教育水平。

近年来，教育支出占国内生产总值的比重有所下降。根据经合组织的调查数据，德国 2002 年的教育支出占国内生产总值的 5.3%，低于经合组织国家平均水平（5.7%），但人均教育支出与经合组织国家平均水平几乎持平。不论是与其他经合组织国家还是德国各州内部进行比较，不同教育领域获得的资金支持均有较大差异。较为引人注意的是，2003 年培养一个双元制培训生的年花费为培养一个大学生支出的 2 倍。

2004 年，从学前教育领域至高校的各大德国教育机构中，约有 1700 万人就读。过去几年中，教育参与率持续上升，特别在学前和高等教育这两个领域，与其他经合组织国际相比，参与率也较高。相较于教育机构的使用情况，更为重要的是人们是否有效利用了花费在教育上的时间。各种与教育相关的举措（例如：上学年龄提前、缩短至文理中学毕业所需年限、缩短大学学业年限)旨在缩短教育的耗时。

除教育参与率之外,公民的教育水平在过去的几十年中也得到了提升:较为明显的是获得实科中学和具备高校入学资格的人数增多,获大学毕业文凭的人数也有所增加。将60岁至65岁以下人群与30岁至35岁以下人群进行比较,年轻组中具备高校入学资格的人数比为年老组的2倍。相比之下,普通中学毕业学历则渐渐失去其意义。女性的教育成果特别值得注意,因为她们的教育水平紧逼男性,且在有些方面甚至超过男性。新旧联邦州之间的教育水平差异到目前为止已经较为明显:在新联邦州,获得职业教育文凭者的比例较高;在旧联邦州,具备高校入校资格者的比例较高。20年来,未获得职业教育毕业文凭的学生比一直居高不下。

针对单个教育领域的各项考察指标得出了哪些考察结果?

"婴幼儿时期的教育、照管和培养"(C章节)这一章节考察内容的重要性主要体现在:来自教育水平较低家庭的孩子通过这一方式也可以得到教育促进。约90%的儿童在上小学之前都会参与学前教育。与来自较高教育水平家庭的孩子相比,来自教育水平较低家庭的孩子上幼儿园的时间普遍较晚,且比例也较低;外籍儿童上幼儿园的比例也较低。从学前教育机构的整体使用情况来看,新旧联邦州之间差距较大:在旧联邦州,因为90年代中期幼儿园名额享有权的实施,虽然就读名额显著上升,但东部非市州地区的供给率(主要体现在全日制就读名额的提供上)仍明显高于西部。两地区在3岁以下幼儿托儿所名额提供情况上的差距更为明显。在新联邦州,三分之一该类幼儿群体能享受幼托机构的照料,而在2002年的旧联邦州比例仅为3%。在幼儿园的入学年龄上,新旧联邦州之间的差距也较为明显:尽管引入幼儿园名额享有权,但旧联邦州中,4岁才上幼儿园的儿童比例较高,而在新联邦州,83%的3岁小孩儿已经获得幼儿园上学名额。

幼托机构的工作质量在很大程度上与该机构的教师相关。在这些机构的教师中,有超过三分之二的师资仅获得专科学校毕业学历,且其中仅有一小部分为具备医疗卫生教育知识的专业人员。在东部非市州,幼托机构教育人员的比例明显高于西部。与其他教育机构的师资相比,幼托机构的教育人员普遍学历较低、非全时工作者比例越来越高,且临时工越来越多。

以往各州统一的入学年龄为6周岁,提前入学为个例,暂缓入学的数量则较多。而最近的发展趋势则相反:2002/03学年开始,提前入学者超过了推迟入学者;各州尝试逐步安排提早入学或使之灵活机动化。

D章节("学龄期的普通教育和非形式学习"):因为中等教育第一阶段有多种不同的学校类型,所以从小学至中等教育第一阶段后续学校类型的过渡就显得尤为重要。这一过渡阶段是今后教育生涯的重要衔接点。调查结果显示,出自社会底层家庭的孩子即便在同等成绩的情况下仍会受到不公正对待。来自社会较高阶层家庭的孩子上文理中学的机会是来自熟练工家庭孩子的4倍。学生可以在中等教育第一阶段换学校类型("升级"到更好的学校类型或"降级"到较差学校类型)。在旧联邦州,"降级"的情况多于"升级",而在新联邦州两者几乎持平。在这一"升级"和"降级"过程中也体现了社会差异:来自社会底层的学生,特别是有移民背景的学生不仅很难升入更高级别的学校,想要保持"不降级"状态甚至都很困难。

在国际比较中，德国属于留级率较高的国家之一。这不仅提高了教育成本，也使人们怀疑留级的效果。因此，近期有几个州的留级现象仅以特例的方式出现并非偶然。

中小学生成绩和学校教育总体质量是教育政策讨论的焦点。调查显示：获得较高普通学校毕业证的学生比例增加；据 2000 年至 2003 年的 PISA 调查研究，德国学生的能力也有所提升，主要体现在数学上。但有一个基本问题毫无改善迹象：未能获得学校毕业证书的肄业生比例居高不下，且有较大一部分学生的学业能力较低。这一现象与社会出生和移民背景相关。各州的教育政策也特别以提升来自社会底层家庭的学生为目标，通过一些全日制的教育和辅导内容来促进其学业发展。

儿童和青少年的能力发展并不仅仅局限于学校领域和学历教育。这一点可以通过电脑的使用情况来说明。总体来看，在朋友圈和家庭的学习活动中，自主的非正式学习过程对该年龄段的孩子来说越来越重要。自愿参加社团、教堂的社会服务等活动对青少年的个性发展和性格养成十分有帮助。因为他们迫切需要了解人与人之间如何很好地进行沟通以及自己的承受能力，并且认为参与此类活动的学习收获对自己的帮助很大。全日制学校能够通过为学生创造基本能力和文化技能获取所需的其他空间来有效利用这些潜在的教育资源，例如：开放其他的学习场所。

E 章节（"职业教育"）：高等教育层面以下的职业教育体系能够为多数青年提供完全合格的职业教育内容，且为经济领域储备了大量具备较高职业资质的专业人才。但近年来，要保持住德国经济的这一"相对优势"显得困难重重。

特别是对于过渡阶段职业教育体系的青年来说尤为困难。他们介于普通教育结束，但又未达到完全合格的职业教育录取条件的阶段。40%想要进入职业教育体系的学生需要先在过渡阶段学习。这些举措包括：联邦劳动局的职业预备项目、职业预备年和职业基础教育年以及那些不提供毕业证，但教授一些职业基础知识和后补普通教育学校应学知识的职业专科学校。在过去 10 年中，进入过渡体系的学生数增长了 44%，达到近 50 万人（2004）。显然，这意味着未来将面临重要青年资源和潜在劳动力流失的危险。

通往职业教育的过渡阶段中，最困难的是教育水平较低的青年，但也有四分之一的实科中学毕业生在职业教育过渡体系中开始他们的职业教育之路。社会身份差异导致的不公还体现在：未获得普通中学毕业证的学生在双元制和学校职业教育体系中几乎无法获得一席之地。在普通中学毕业生中，目前有 10%在学校职业教育体系，约五分之二在双元制职业教育体系。

过去 10 年，双元制体系中的供求关系变得越来越不平衡，同时也存在较大的区域性差异。2004 年，177 个职业中介所在区域中仅有三分之一表示供需关系刚好能达到平衡。

此外，学员从职业教育向职场的过渡之路也越来越艰难。5 年来，企业对双元制毕业生的接收率明显回落，且新旧联邦州之间存在较大差距。此外，在多个职业中，职业教育毕业生的失业率远高于平均失业率，这增加了青年学员职业生涯初期的不稳定性。

作为知识的产出和传授机构，高校的作用越来越大（F 章节）。除了在规划中或已经开始的一些高校政策改革之外，德国高校现状的一大特点是：过去 10 年高校就读名额需求的显著上升。到目前为止,还没有相应的有力措施来缓解高校就读名额需求过旺的现象,且未来 10 至 15 年也不会出现。因此,德国高校想要再承接其他的教育任务(如继续教育),更好地完成现有任务(如第一职业培训)或是想要通过科研投入来增强德国作为知识和创新强国的地位会显得力不从心。

尽管从普通教育学校进入高校的学生比例有所下降或停滞,但因为申请高校入学名额的青年越来越多。长期来看,高校的入学新生数量仍呈增长趋势。90 年代,女性就读高校的比例显著增长,这是高校就读名额需求较旺的主要原因:目前,大学中女生的比例超过50%,应用技术大学中约占 40%。

在国际比较中,德国的高校就读时间特别长,通常都会超过正常修业年限,且主要体现在大学中。中途肄业者人数也较多,2004 年大学肄业者比例为 24%,应用技术大学中为 17%。

当 1998 年至 2003 年间入学的大量新生毕业时,高校毕业生的数量在接下来几年中会有所增长,但对技术发展至关重要的工程和自然科学领域的毕业生数量增长有限。2003年以来,高校毕业生中女生数量约占 50%,预计还会增长,因为她们的成功毕业率较高。除少数学科领域之外,大部分高校毕业生到目前为止能够找到一份与自己教育水平相当的职业。在未来,年轻女性在学术型人力资源中比例上升,德国的劳动力市场和就业体系应对此做好准备。就人口发展趋势和可用潜在劳动力来看,如果未来对国民经济可用的工作能力(特别是对职业资质需求较高的工作)对女性的依赖程度上升,这将给高校的家庭友善型政策和在工作与家庭中找寻平衡的愿望带来新的挑战。

G 章节("成人继续教育与学习"):虽然公众对"终生学习"的讨论异常激烈,但调查结果显示:1997 年以来,德国公民的继续教育参与率显著下降,且花在这方面的公共和私人支出也有所减少。2000 年至 2003 年,公共支出回落 20%,减少到 12.14 亿欧元,与 1995 年持平。联邦劳动局的相关支出回落幅度更大:从 68.08 亿欧元(2000 年)下降至 36.16 亿欧元(2004 年)。

如果人们认为获得新的劳动能力以及弥补之前的教育短板是继续教育一项重要任务,那么过去 10 年的事实证明,这一点作用其实并未有效得到发挥。低职业资质人群和高职业资质人群的继续教育参与率仍存在较大差距,前者的参与率仍处于较低水平。

联邦劳动局的一些促进举措表明:尽管联邦劳动局在过去几年中集中资金,且改革了监管机制,但机构性继续教育对劳动力市场的积极影响效应有限。2004 年,参加职业继续教育促进措施的人员中,40% 在 6 个月之后仍为失业状态。值得注意的是,自改革生效以来,年轻组(30 岁以下)与年长组相比,这些措施的参与情况朝着不利于年长组的方向发展,导致两者的参与率差距拉大。这与政治经济领域一直努力的方向正好相反,因为面对人口发展变化,恰恰需要充分利用年长者的劳动潜能。

在欧盟 15 国中,德国的继续教育参与率处于较低水平,这一点也值得深思。

学界和公众都很关注非正式的继续教育学习形式,但尚不能借此来弥补学历继续教育的缺陷。对成人来说,这两种形式互为补充。将两种形式有机结合,为终生学习提供有效的组织策略是继续教育政策的重要指导方向。

特别主题章节 H("移民"):这一章节首次呈现了德国移民背景人口的数量和其异

质性。调查基础是 2005 年的微型人口普查。该调查对移民人口的界定摒弃了之前的"国籍"这一判断标准，而是根据个人和家庭的移民经历对移民人口进行了分类（第一和第二代移民）。

根据这一界定方式，德国约有五分之一的人口有移民背景。该类群体的人口数量是之前按国籍界定的外籍人口数量的 2 倍，而在受教育阶段的人群中（25 岁以下），有移民背景的孩子和青少年比例则更高，占同龄人的 27%。换句话说：每 4 个小孩或青少年中，就有超过 1 个有移民背景。特别是移民人口中有超过三分之二的人属于第一代移民，且 25 岁以下群体中有三分之一是移民后参与德国教育体系。这一点意味着，我们需要在各个教育层面——从幼儿园到中小学和职业教育直至成人教育都应注重促进该类人群的语言和文化发展。

考察有移民背景的儿童和青少年的教育参与情况可以发现移民给教育事业带来的挑战：过去 10 年，有/无移民背景的 3 岁以上儿童在幼托机构的利用上的差距缩小，虽然个别群体之间差距仍较大。但在幼升小阶段体现出来的差距则十分明显：2004 年移民小孩提前入学的比例仅为整体的一半，而推迟入学的比例则为后者的 2 倍。

在中等教育阶段的不同普通教育学校类型中，有/无移民背景的学生分布极不平衡。有移民背景的学生不但很难进入较高层次的学校类型，还面临降到更低层次学校的危险。普通教育学校类型中的选择机制直接导致有移民背景的青年在具备高校入学资格人员中的比例极低。

移民人群的入职道路也异常艰难，需跨过两道门槛：从普通教育学校进入职业教育体系；从职业教育过渡到职场。有移民背景青年进入具有合格资质的职业教育培训领域的难度远大于无移民背景青年。特别成问题的是：有移民背景的青年如想要获得一个双元制职业教育培训名额，其所要达到的平均成绩需高于无移民背景的同龄人。

在 20 岁至 26 岁以下人群中，与无移民背景人员相比，有移民背景人员不仅在双元制职业教育培训中的比例较低，从业率也更低，而失业者及未就业人员的比例则更高。需要指出的是，在移民人员中，因为移民的来源地不同而呈现出差异：主要是来自土耳其以及其他客籍劳工来源国的移民青年在入职过程中遇到了较大困难。该类人群中，女性未就业人员比例尤其高。这说明，在促进该类群体融入过程中，除了劳动力市场和培训市场的问题之外，还需要考虑基本的文化问题（女性参与工作）。

移民学生在不同学校类型的不均衡分布影响了学习成员的构成。学校类型、学生的社会出身和他们的民族组成之间有着紧密的联系。有移民背景的青少年在不同学校类型的分布具有被隔离的倾向。约四分之一有移民背景的青年就读于移民学生占多数的学校，而这一比例在无移民背景的学生中仅为二十分之一。移民学生比例较高的学校主要集中了在家和在朋友圈都不说德语的学生。在移民学生比例较低的学校中，有移民背景的学生跟朋友和父母主要说德语。可以肯定的是，五分之一的普通中学学习环境很成问题，因为其移民学生比例较高，而这些学生往往又出自社会身份较低的家庭，且学习和行为上也存在问题。针对移民学生在普通教育学校类型中较大的分布差异是否与教师评分和其给出的学校建议相关这一问题需要区别来看：中等教育第一阶段的教师对有/无移民背景学生的成绩评定与其所取得的成绩相符,但在小升初阶段的后续学校选择推荐上则不然。结果显示:教师的推荐不仅与学生的成绩挂钩,还要看学生的社会出身。家长在德国出生的学生与家长不在德国出生的学生相比,在同等阅读能力的条件下,前者获得上文理中学推荐的机会是后者的 1.66 倍。

不同举措都旨在帮助有移民背景的孩子在上小学之前系统地发展其语言能力。学前教育的教育大纲将语言能力发展置于优先地位。在幼儿园的最后一年或者小学入学前对儿童进行语言等级能力测试有助于分析孩子们在这方面的长处和弱点。全日制学校提供的针对移民学生的语言促进举措被寄予厚望。

在学校成绩的国际比较中,仅有少数国家(澳大利亚、加拿大和新西兰)通过系统性移民融入和教育政策能够使一二代移民之间的学业能力达到平衡。在欧洲劳工移民国家中,德国属于移民群体的教育背景和身份与其他居民相差最大的国家。但有一点在德国比较特殊:德国的第一代移民主要由来自东欧地区的归国回迁人员组成,所以在中等教育阶段的成绩调查结果中,第一代移民的能力要高于土耳其裔学生占多数的第二代移民。在德国,下列与移民学生成绩相关因素的影响力强于其他国家:家庭使用语言、移居到德国的年龄和父母的教育水平。学校成绩调查结果表明:系统并有重点地促进土耳其裔的学生德语语言能力的提升迫在眉睫。较为遗憾的是,没有可靠数据能够说明,何种形式的促进方式对何种人群起到了哪些影响效果。

最后一章节 I 的主要内容为"教育的影响和收益"。公民所达到的学校教育和职业教育水平不仅在生活的多个领域对个人产生了积极的影响,也对整个社会大有益处。教育水平越高,个人获得一个长期合适职位的概率就越大。教育的影响效应也延伸到职业之外,如个人的健康状况和政治参与情况等。教育给企业、机构和社会带来的收益也与个人的机会发展相符。最新的经济调查表明:教育投资不仅能够正面影响经济增长和创新能力,也能在社会政治方面获益。

只有当人们把在教育过程中所获得的能力运用起来的时候,教育的收益才能真正实现,因为教育收益的正面效应自身无法发挥。一个重要标志是教育影响的长期有效性。个人可以将其生活建立在一个稳定的基础教育之上,然后通过后续教育的积累获得更多的机会,并从中获益。反之,个人将终生生活在因教育短缺所带来的后果之中。从长期来看,社会发展也会受到过去年代教育效果的影响。

如今,哪些教育收益和影响会长期发挥其作用已经不单单取决于第一学校或职业教育学历。人们通过后续参加的一些教育活动而取得的学历也发挥其重要作用,但并不是所有人都能够有效利用这一开放的教育系统。面对同样多样化的教育选择,成功的"教育积累者"和不成功的"教育贫瘠者"之间的两极分化现象越来越严重。如果不能提高较低的学校教育水平,那么很多人就已经输在起跑线上了。因此,我们的重要任务是:尽可能减少"教育贫瘠者"的比重。

表格附件

表中符号释义

　　—＝无

　　0＝数值大于零,但小于单位值的一半

　　／＝因数值不确切,暂无说明

　(n)＝因抽样范围小,所得值意义有限

　　·＝无可用数据

　　X＝类别不适用

因部分数值化整,总数会存在一定偏差。

表 A2–1A：1992、2003 和 2004 年各州公共教育支出在国家总预算和国内生产总值中所占的比例

区　　域	教育支出			在国家总预算中所占比例			在国内生产总值中所占比例		
	1992	2003	2004	1992	2003	2004	1992	2003	2004
	百万欧元			单位：%					
全德国	63882	84251	85814	14	18.3	18.8	3.9	3.9	3.9
联邦	3423	3576	3842	2.2	2.6	2.9	0.2	0.2	0.2
各州总体	60458	80675	81972	20.1	24.8	25.4	3.7	3.7	3.7
西部非市州	44527	60511	61602	20.8	25.7	26.4	3.3	3.5	3.5
东部非市州	10544	13177	13254	19	22.2	22.9	7.8	5.2	5.1
市州	5388	6987	7115	17.1	22.5	22.8	3.7	3.9	3.9
巴登-符腾堡州	7515	10565	10851	20.9	26.8	27.9	3.1	3.3	3.4
巴伐利亚州	8767	11795	11753	21.3	26.1	26.5	3.1	3.1	3
柏林	3330	4099	4129	17.3	21.7	22.1	4.8	5.2	5.2
勃兰登堡州	1750	2225	2236	17.4	19.6	19.6	7.1	4.7	4.6
不来梅	598	753	771	16.2	20	20.2	3.1	3.2	3.2
汉堡	1460	2135	2215	17	25.2	25.5	2.5	2.8	2.8
黑森州	4430	5776	5884	20.3	24.3	24.5	2.9	3	3
梅克伦堡-前波莫瑞州	1366	1760	1740	19	22.9	22.7	7.7	5.7	5.5
下萨克森州	5775	7486	7655	21.8	26.2	27.1	3.9	4.1	4.1
北莱茵-威斯特法伦州	12922	18085	18507	20.7	25.8	26.3	3.3	3.9	3.8
莱茵兰-普法尔茨州	2619	3565	3578	20.4	24.5	24.5	3.4	3.8	3.7
萨尔州	722	910	921	18.5	23.9	25.8	3.4	3.6	3.5
萨克森州	2972	4203	4159	17	22.9	23.9	6.6	5	4.8
萨克森-安哈特州	2363	2693	2858	21.1	22.5	24.3	9.2	5.8	6
石勒苏益格-荷尔斯泰因州	1776	2328	2453	19.6	24.5	25.3	3.3	3.5	3.6
图林根州	2093	2297	2261	21.5	23.2	23.7	9	5.3	5.1

来源：联邦统计局，基于年终结算统计(1992、2003)和财政预算统计(2004)计算得出；国民经济总结算

表 A2–2A：1992、2003 和 2004 年各州每位居民的国内生产总值(以当时绝对价格为单位)

州	1992		2003		2004	
	国内生产总值	每位居民的国内生产总值	国内生产总值	每位居民的国内生产总值	国内生产总值	每位居民的国内生产总值
	当时绝对价格					
	百万欧元	欧　元	百万欧元	欧　元	百万欧元	欧　元
全德国	1646620	20431	2163400	26217	2215650	26856
巴登-符腾堡州	244525	24274	316988	29685	323735	30241
巴伐利亚州	279601	23946	384375	31004	397441	31976

(续表)

州	1992		2003		2004	
	国内生产总值	每位居民的国内生产总值	国内生产总值	每位居民的国内生产总值	国内生产总值	每位居民的国内生产总值
	当时绝对价格					
	百万欧元	欧 元	百万欧元	欧 元	百万欧元	欧 元
柏林	69731	20185	78663	23194	79473	23460
勃兰登堡州	24518	9638	47266	18348	48526	18888
不来梅	19009	27772	23513	35481	23960	36147
汉堡	58726	35015	77045	44467	78494	45210
黑森州	150281	25566	192587	31621	195992	32186
梅克伦堡-前波莫瑞州	17789	9497	30893	17777	31440	18219
下萨克森州	148988	19803	183157	22932	185803	23232
北莱茵-威斯特法伦州	388189	22069	469672	25985	482009	26671
莱茵兰-普法尔茨州	76279	19801	93902	23147	96256	23715
萨尔州	21508	19921	25383	23877	26585	25107
萨克森州	44857	9618	83476	19260	85807	19919
萨克森-安哈特州	25692	9146	46120	18190	47308	18850
石勒苏益格-荷斯泰因州	53745	20188	67012	23773	68192	24131
图林根州	23182	9083	43347	18194	44631	18876

来源：国民经济总结算

表 A3－1A：2003 年各州和乡镇收支情况

州	基 础 数 据					参 数 值					
	税收	结清后的收入	纳税支出	结清后的支出	6月30日的居民人数	纳税支出	筹资余额		每位居民的税收	每位居民结清后的收入	每位居民结清后的支出
	百 万 欧 元				千	占支出中百分比	百万欧元	占支出中百分比	欧 元		
全德国	208827	320148	25817	358920	82520	7.2	38772	10.8	2531	3880	4349
巴登-符腾堡州	29995	42213	2264	44593	10678	5.1	2380	5.3	2809	3953	4176
巴伐利亚州	33588	47911	1838	52041	12398	3.5	4130	7.9	2709	3865	4198
柏林	7711	16522	2254	20889	3392	10.8	4367	20.9	2274	4872	6159
勃兰登堡州	5048	10877	942	12222	2576	7.7	1345	11	1960	4222	4744
不来梅	1870	3472	488	4277	663	11.4	805	18.8	2822	5239	6454
汉堡	7146	9246	998	10594	1733	9.4	1348	12.7	4124	5336	6115

（续表）

州	基 础 数 据					参 数 值					
	税收	结清后的收入	纳税支出	结清后的支出	6月30日的居民人数	纳税支出	筹资余额		每位居民的税收	每位居民结清后的收入	每位居民结清后的支出
	百 万 欧 元				千	占支出中百分比	百万欧元	占支出中百分比	欧 元		
黑森州	18388	25553	1832	28321	6091	6.5	2768	9.8	3019	4196	4650
梅克伦堡-前波莫瑞州	3417	7688	595	8671	1738	6.9	983	11.3	1966	4424	4990
下萨克森州	17964	27688	2812	31948	7987	8.8	4260	13.3	2249	3467	4000
北莱茵-威斯特法伦州	46685	67096	6161	76801	18075	8	9705	12.6	2583	3712	4249
莱茵兰-普法尔茨州	9164	14049	1384	15956	4057	8.7	1907	12	2259	3463	3933
萨尔州	2432	3925	455	4443	1063	10.2	518	11.7	2288	3692	4179
萨克森州	8867	19754	889	20309	4334	4.4	555	2.7	2046	4558	4686
萨克森-安哈特州	4978	11407	1058	12776	2535	8.3	1369	10.7	1963	4499	5039
石勒苏益格-荷尔斯泰因州	6853	9902	1038	11306	2819	9.2	1404	12.4	2431	3513	4011
图林根州	4720	9875	809	10803	2382	7.5	928	8.6	1981	4145	4535

来源：联邦统计局，2003 年总公共财政的计算结果

表 A3－2A：1991 年至 2004 年各地方的纳税支出和清偿支出情况（单位：百万欧元）

年	纳 税 支 出				清 偿 支 出			
	总 计	其 中			总 计	其 中		
		联 邦	州	乡镇/联合乡镇		联 邦	州	乡镇/联合乡镇
	百 万 欧 元							
1991	36813	20256	12201	4356	67158	47081	15806	4271
1992	40549	22407	13087	5055	75683	50227	20848	4608
1993	43395	23417	14407	5571	66694	35906	24252	6536
1994	48015	27127	15218	5670	80535	45551	28507	6477
1995	47215	25433	16012	5770	105012	62178	35954	6880
1996	48743	26026	16864	5853	99299	56939	34771	7589
1997[1]	50892	27308	17904	5680	141878	96578	37001	8299
1997[1]	50814	27308	17902	5604	141700	96578	37001	8121
1998	52826	28720	18568	5538	140404	95526	36338	8540

（续表）

年	纳税支出				清偿支出			
	总　计	其　中			总　计	其　中		
		联　邦	州	乡镇/联合乡镇		联　邦	州	乡镇/联合乡镇
	百　万　欧　元							
1999	65344	41087	19018	5239	158325	117951	31966	8408
2000	63334	39149	18985	5200	184295	143678	32606	8011
2001	62372	37627	19507	5238	181468	140235	33219	8014
2002	62150	37063	20020	5067	190910	143401	38757	8752
2003	62311	36875	20541	4895	211614	153680	48312	9622
2004	61894	36274	20831	4789	220787	160040	52933	7814

1）自 1998 年报告以来方法上出现过变革。国家部门按照 1995 年欧洲国民经济总核算体系（ESVG95）进行了重新划分，自 1998 年以来，联邦、各州、乡镇和联合乡镇以及商营的医院和高校诊所相应地不再计入公共财政，而计入公共企业。为了进行比较，1997 年的数据以旧的划分方式呈现，而以新的划分方式（不含追补供应的承办方，不含商营的医院和高校诊所）描述

来源：联邦统计局，1991－2003 年年终结算统计；2004 年财务统计

表 A3－3A：1992、2003 年总支出中纳税支出和供应支出所占比例

州	1992						2003					
	总支出[1]	纳税支出[2]	供应支出[3]	纳税支出在总支出中所占比例	供应支出在总支出中所占比例	纳税支出和供应支出在总支出中所占比例	总支出[1]	纳税支出[2]	供应支出[3]	纳税支出在总支出中所占比例	供应支出在总支出中所占比例	纳税支出和供应支出在总支出中所占比例
	百　万　欧　元			单位：%			百　万　欧　元			单位：%		
全德国	303661	18829	15003	6.2	4.94	11.14	358920	25817	23888	7.19	6.66	13.85
巴登-符腾堡州	42111	2079	2050	4.94	4.87	9.81	44593	2264	3418	5.08	7.67	12.74
巴伐利亚州	47747	1964	2549	4.11	5.34	9.45	52041	1838	4109	3.53	7.9	11.43
柏林	21776	677	906	3.11	4.16	7.27	20889	2254	1312	10.79	6.28	17.07
勃兰登堡州	11381	101	4	0.89	0.04	0.92	12222	942	61	7.71	0.5	8.2
不来梅	4128	574	225	13.91	5.45	19.36	4277	488	368	11.41	8.62	20.03
汉堡	9809	748	720	7.63	7.34	14.97	10594	998	946	9.42	8.93	18.35
黑森州	25743	1713	1386	6.65	5.38	12.04	28321	1832	2154	6.47	7.61	14.08
梅克伦堡-前波莫瑞州	8212	64	104	0.78	1.27	2.04	8671	595	47	6.86	0.54	7.41
下萨克森州	29777	2270	1559	7.62	5.24	12.86	31948	2812	2514	8.8	7.87	16.67
北莱茵-威斯特法伦州	68077	5690	3667	8.36	5.39	13.74	76801	6161	5942	8.02	7.74	15.76
莱茵兰-普法尔茨州	14117	1146	831	8.12	5.89	14.01	15956	1384	1303	8.67	8.17	16.84

（续表）

州	1992						2003					
	总支出[1]	纳税支出[2]	供应支出[3]	纳税支出在总支出中所占比例	供应支出在总支出中所占比例	纳税支出和供应支出在总支出中所占比例	总支出[1]	纳税支出[2]	供应支出[3]	纳税支出在总支出中所占比例	供应支出在总支出中所占比例	纳税支出和供应支出在总支出中所占比例
	百 万 欧 元			单位：%			百 万 欧 元			单位：%		
萨尔州	4400	611	279	13.89	6.34	20.23	4443	455	449	10.24	10.1	20.34
萨克森州	19668	103	117	0.52	0.59	1.12	20309	889	134	4.38	0.66	5.04
萨克森-安哈特州	12300	93	2	0.75	0.02	0.77	12776	1058	125	8.28	0.98	9.26
石勒苏益格-荷尔斯泰因州	10876	898	602	8.25	5.54	13.79	11306	1038	937	9.18	8.29	17.47
图林根州	11148	98	2	0.88	0.02	0.89	10803	809	68	7.49	0.63	8.12

1）结清后的支出
2）公共领域和其他领域的纳税支出
3）供应支出包含给供应接受者的补助
来源：联邦统计局，总公共财政的计算结果

表 A4‑1A：2004 年世界贸易中领先的进出口等级

等级	出 口 国家（或地区）	数值	占世界贸易份额	较 2003 年变化	等级	进 口 国家（或地区）	数值	占世界贸易份额	较 2003 年变化
		单位：十亿美元	单位：%				单位：十亿美元	单位：%	
1	德国	912.3	10.0	21.0	1	美国	1525.50	16.1	17.0
2	美国	818.8	8.9	13.0	2	德国	716.9	7.6	19.0
3	中国内地	593.3	6.5	35.0	3	中国内地	561.2	5.9	36.0
4	日本	565.8	6.2	20.0	4	法国	465.5	4.9	17.0
5	法国	448.7	4.9	14.0	5	英国	463.5	4.9	18.0
6	荷兰	358.2	3.9	21.0	6	日本	454.5	4.8	19.0
7	意大利	349.2	3.8	17.0	7	意大利	351	3.7	18.0
8	英国	346.9	3.8	13.0	8	荷兰	319.3	3.4	21.0
9	加拿大	316.5	3.5	16.0	9	比利时	285.5	3.0	22.0
10	比利时	306.5	3.3	20.0	10	加拿大	279.8	2.9	14.0
11	中国香港[1]	265.5	2.9	16.0	11	中国香港[5]	272.9	2.9	17.0
12	韩国	253.8	2.8	31.0	12	西班牙	249.3	2.6	20.0
13	墨西哥	189.1	2.1	14.0	13	韩国	224.5	2.4	26.0
14	俄罗斯	183.5	2.0	35.0	14	墨西哥	206.4	2.2	16.0

（续表）

等级	国家（或地区）	数值 单位：十亿美元	占世界贸易份额 单位：%	较2003年变化 单位：%	等级	国家（或地区）	数值 单位：十亿美元	占世界贸易份额 单位：%	较2003年变化 单位：%
15	中国台湾	182.4	2.0	21.0	15	中国台湾	168.4	1.8	32.0
16	新加坡[2]	179.6	2.0	25.0	16	新加坡[6]	163.9	1.7	28.0
17	西班牙	178.6	2.0	14.0	17	奥地利	117.8	1.2	18.0
18	马来西亚	126.5	1.4	21.0	18	瑞士	111.6	1.2	16.0
19	沙特阿拉伯[3]	126.2	1.4	35.0	19	澳大利亚	109.4	1.2	23.0
20	瑞典	122.5	1.3	20.0	20	马来西亚	105.3	1.1	26.0
	全球[4]	9153.0	100.0	21.0		全球[4]	9495.0	100.0	21.0

1) 中国香港：出口本地区自产商品：200亿美元，进口商品的再出口：2456亿美元
2) 新加坡：出口本国自产商品：986亿美元，进口商品的再出口：810亿美元
3) 数值由世界贸易组织秘书处估算得出
4) 数据包含所观察范围内的进口商品的再出口或用于再出口的进口
5) 中国香港：其中留在境内的进口量为273亿美元
6) 新加坡：其中留在国内的进口量为828亿美元
来源：世界贸易组织，2005年国际贸易统计，第21页，表I.5

表 A4‑2A：国际比较中德国经济的市场开放度*（单位：%）

国家群组地区国家	1995	2000	2001	2002	2003	2004
	外贸在国民总收入中的比例（单位：%）					
经合组织国家	38.0	43.5	42.6	42.2	·	·
高收入的非经合组织国家	145.2	152.6	147.6	·	·	·
中等收入的国家	53.1	62.2	61.5	65.2	69.0	73.7
低收入国家	39.4	43.2	42.4	44.7	46.1	·
发展程度最低的国家[1]	55.4	55.1	56.1	54.9	55.6	57.9
全球	43.7	50.3	49.3	49.6	52.3	·
东亚和太平洋地区	67.1	73.3	69.8	71.9	79.1	87.6
拉丁美洲和加勒比海地区	34.5	44.9	45.2	49.1	50.0	54.8
中东和北非	59.5	58.8	55.9	60.7	62.4	·
南亚	27.5	31.2	30.6	32.7	33.1	·
撒哈拉以南非洲	62.9	69.6	69.4	73.4	70.5	70.8
全球	43.7	50.3	49.3	49.6	52.3	·
德国	47.8	67.0	68.3	67.6	67.9	71.1
法国	43.9	55.4	53.9	52.1	50.5	·

（续表）

国家群组地区国家	1995	2000	2001	2002	2003	2004
	外贸在国民总收入中的比例（单位：%）					
意大利	50.9	56.1	55.7	53.4	50.8	·
英国	57.3	57.8	56.7	54.3	52.1	·
美国	23.6	25.9	23.9	23.2	·	·
日本	16.7	19.9	19.8	20.8	21.6	·
巴西	17.5	23.5	28.5	30.0	30.3	40.0
中国	46.5	49.7	49.3	55.2	66.3	76.1
印度	23.5	28.8	27.7	31.1	31.3	·
印度尼西亚	55.6	76.5	74.1	59.5	55.8	59.9
墨西哥	60.9	65.6	58.6	56.5	58.4	63.2
韩国	59.0	78.8	73.4	69.0	73.4	·

＊ 国民经济的市场开放度是由外贸总额（出口＋进口）在国民总收入中的比例、国家的分类来定义的

1）按照联合国的分类划分。

来源：世界银行，世界发展指标，2005 年 CD-ROM 和数据库；联邦统计局，国民经济总结算

表 A4－3A：1991－2003 年不同年龄段人群在德国与外国间的迁移

年	总　计	人群年龄段				
		18 岁以下	18－25 岁	25－40 岁	40－65 岁	65 岁及以上
		人　　数				
迁　入						
1991	1182927	273997	244815	421629	207015	35471
1992	1489449	326292	321925	549644	253622	37966
1993	1268004	264767	266855	472953	225842	37587
1994	1070037	219467	214676	390628	208364	36902
1995	1096048	222080	223318	400098	214674	35878
1996	959691	182704	209205	354299	185667	27816
1997	840633	148479	189530	311197	165989	25438
1998	802456	138144	189076	297003	156123	22110
1999	874023	157617	199870	319317	172642	24577
2000	841158	132060	200550	316640	169656	22252
2001	879217	135459	216331	332626	172827	21974
2002	842543	123743	209000	319601	168157	22042
2003	768975	104400	190257	296038	157930	20350
2004	780175	95612	184049	308275	172738	19501

(续表)

年	总　计	人群年龄段				
		18 岁以下	18 - 25 岁	25 - 40 岁	40 - 65 岁	65 岁及以上
		人　数				

	迁　出					
1991	582240	92098	105419	234615	131098	19010
1992	701424	117614	127246	281589	154631	20344
1993	796859	116463	147831	336427	177622	18516
1994	740526	108776	132277	311480	166536	21457
1995	698113	95878	119218	295688	165405	21924
1996	677494	86780	119370	287011	163487	20846
1997	746969	105582	125848	315369	177117	23053
1998	755358	124881	123662	313023	171274	22518
1999	672048	93872	119778	280443	157267	20688
2000	674038	99022	122635	279213	153381	19787
2001	606494	69298	112109	255780	149535	19772
2002	623255	71149	118639	262753	150280	20434
2003	626330	69693	117438	265365	152925	20909
2004	697632	73726	122504	296274	178971	26157

	迁移差额					
1991	600687	181899	139396	187014	75917	16461
1992	788025	208678	194679	268055	98991	17622
1993	471145	148304	119024	136526	48220	19071
1994	329511	110691	82399	79148	41828	15445
1995	397935	126202	104100	104410	49269	13954
1996	282197	95924	89835	67288	22180	6970
1997	93664	42897	63682	- 4172	- 11128	2385
1998	47098	13263	65414	- 16020	- 15151	- 408
1999	201975	63745	80092	38874	15375	3889
2000	167120	33038	77915	37427	16275	2465
2001	272723	66161	104222	76846	23292	2202
2002	219288	52594	90361	56848	17877	1608
2003	142645	34707	72819	30673	5005	- 559
2004	82543	21886	61545	12001	- 6233	- 6656

来源：联邦统计局，人口迁移统计

表 A5‑1A：1970‑2004 年德国经济总体及服务业的毛附加价值(单位：十亿欧元)

年	总体毛附加价值	其中的服务业毛附加价值	服务业毛附加价值在总体毛附加价值所占比例
	按 1995 年价格		单位：%
	单位：十亿欧元		
旧联邦州			
1970	824	430	52
1971	847	450	53
1972	883	474	54
1973	925	496	54
1974	934	512	55
1975	920	520	57
1976	966	542	56
1977	997	564	57
1978	1027	589	57
1979	1072	615	57
1980	1085	630	58
1981	1089	644	59
1982	1085	648	60
1983	1100	661	60
1984	1133	681	60
1985	1162	701	60
1986	1192	725	61
1987	1209	747	62
1988	1255	778	62
1989	1309	809	62
1990	1382	861	62
1991	1453	919	63
德　　国			
1992	1635	1057	65
1993	1619	1072	66
1994	1655	1092	66
1995	1690	1127	67
1996	1710	1158	68
1997	1742	1183	68
1998	1783	1217	68
1999	1824	1263	69
2000	1887	1310	69
2001	1911	1345	70

（续表）

年	总体毛附加价值	其中的服务业毛附加价值	服务业毛附加价值在总体毛附加价值所占比例
	按 1995 年价格		单位：%
	单位：十亿欧元		
2002	1916	1357	71
2003	1919	1362	71
2004	1954	1380	71

来源：联邦统计局，国民经济总结算

表 A5－2A：1973－2004 年科学和信息类职业、人员服务业及其他服务业的从业人员情况

年	从业人员总计	整　体		其　　中					
				科学和信息类职业		对人服务业		其他服务业	
	单位：千	单位：千	单位：%[1]	单位：千	单位：%[1]	单位：千	单位：%[1]	单位：千	单位：%[1]
旧联邦州									
1973	27066	13963	51.6	2375	8.8	2469	9.1	9119	33.7
1976	25752	14089	54.7	2557	9.9	2577	10.0	8955	34.8
1980	26874	14905	55.5	2682	10.0	2742	10.2	9481	35.3
1985	26626	15367	57.7	3003	11.3	3013	11.3	9351	35.1
1989	27742	16402	59.1	3369	12.1	3226	11.6	9807	35.4
德　　国									
1991	37445	22381	59.8	4701	12.6	4563	12.2	13117	35
1995	36048	22488	62.4	5057	14	4932	13.7	12499	34.7
1998	35860	23521	65.6	5455	15.2	5398	15.1	12668	35.3
2000	36604	24348	66.5	5681	15.5	5771	15.8	12896	35.2
2002	36536	24806	67.9	5965	16.3	6043	16.5	12798	35
2004	35659	24679	69.2	6018	16.9	6134	17.2	12527	35.1

1）在所有从业人员中的比例

来源：联邦统计局，微型人口普查

表 A6－1A：1975－2004 年与离异单亲共同生活的儿童比例（按年龄段划分，单位：%）

年	旧 联 邦 州			新联邦州地区和东柏林		
	儿童的年龄段					
	6 岁以下	6－15 岁	15－18 岁	6 岁以下	6－15 岁	15－18 岁
	在该年龄段所有儿童的比例，单位：%					
1975	2.0	3.7	3.5	X	X	X
1976	2.3	4.1	4.1	X	X	X
1977	2.3	4.4	4.5	X	X	X
1978	2.0	4.6	4.5	X	X	X

（续表）

年	旧 联 邦 州			新联邦州地区和东柏林		
	儿童的年龄段					
	6 岁以下	6－15 岁	15－18 岁	6 岁以下	6－15 岁	15－18 岁
	在该年龄段所有儿童的比例,单位：%					
1979	1.9	4.6	4.8	X	X	X
1980	1.9	4.6	4.8	X	X	X
1981	2.0	4.8	5.2	X	X	X
1982	2.0	5.0	5.6	X	X	X
1983[1]	·	·	·	X	X	X
1984[1]	·	·	·	X	X	X
1985	2.8	5.6	6.6	X	X	X
1986	2.8	6.0	7.1	X	X	X
1987	2.8	6.4	7.3	X	X	X
1988	2.7	6.4	7.6	X	X	X
1989	2.6	6.5	7.7	X	X	X
1990	2.7	6.1	7.0	X	X	X
1991	2.8	6.3	7.2	6.8	10.9	12.0
1992	2.6	6.6	7.4	6.6	10.4	11.8
1993	2.7	6.5	7.4	6.0	9.8	12.1
1994	2.8	6.8	7.7	7.6	10.4	12.2
1995	3.1	7.0	8.3	7.0	10.7	12.4
1996	3.1	7.1	8.5	6.9	10.8	12.4
1997	3.1	7.6	8.8	6.8	10.8	12.9
1998	3.3	7.9	8.7	6.8	10.9	12.3
1999	3.3	8.3	9.7	7.1	11.8	12.9
2000	3.4	8.4	10.3	6.0	11.9	14.3
2001	3.7	8.9	10.5	6.4	12.5	14.7
2002	4.0	9.0	10.8	6.0	12.7	15.0
2003	3.8	9.3	11.5	5.8	12.0	15.8
2004	3.9	9.7	12.1	5.3	12.3	14.8

1) 微型人口普查中没有 1983 年和 1984 年的数据

来源：联邦统计局,微型人口普查(1975 年欧洲共同体劳动力抽样检查);自己计算得出

表 A6－2A：**2003 年旧联邦州和新联邦州和东柏林的非全时工作、全时工作和失业母亲*情况相较 1991 年的变化(按照最小孩子的年龄划分,单位：%)**

家里最小孩子的年龄 (单位：岁)	每周非全时工作[1] 20 小时以内	每周非全时工作[1] 21－35 小时	全时工作[1][2]	失 业	无业人员
	单位：%				
新联邦州和东柏林					
3 岁-6 岁以下	8.6	8.4	－33.7	11.2	5.0

（续表）

家里最小孩子的年龄 （单位：岁）	每周非全时工作[1] 20 小时以内	每周非全时工作[1] 21－35 小时	全时工作[1][2]	失 业	无业人员
	单位：%				
6 岁-15 岁以下	7.3	4.3	－ 24.7	9.4	3.5
15 岁及以上	4.7	2.3	－ 7.7	6.4	－ 6.0
旧联邦州					
3 岁-6 岁以下	13.3	0.8	－ 6.4	2.9	－ 12.2
6 岁-15 岁以下	13.6	3.6	－ 7.9	2.0	－ 11.9
15 岁及以上	8.7	5.0	－ 0.8	2.0	－ 15.0

＊ 微型人口普查结果：15 岁至 65 岁以下的母亲

1）2003 年数据中不含暂时停职休假（如双亲假）的母亲

2）每周 36 小时及以上

来源：Engstler, H./Menning, S.：官方统计所反映的家庭情况，柏林，2003 年，第 245 页；联邦统计局，数据报告"官方统计所反映的家庭情况"中更新后的表格，波恩，2004 年，第 17 页；自己计算得出

表 B1－1A：2003、2004 年不同教育领域及资助部门的教育预算及其在国内生产总值所占份额（单位：十亿欧元，%）

教 育 领 域		支 出								国内生产总值 中的百分比	
		单位：十亿欧元									
		2003							2004	2003	2004
		国 家				私 人	外 国	国民经济整体			
		联邦	州	乡镇	合计						
A)	教育过程中的支出[1]	9.1	62.7	18.2	90.1	31.9	0.0	122.0	121.7	5.6	5.5
10	公立预备学校、学校、高等学校	1.5	55.0	12.5	69.0	2.3	0.0	71.3	71.3	3.3	3.2
11	学前教育[2]	0.0	0.8	2.9	3.7	1.1	0.0	4.8	—	0.2	—
12	普通教育学校	0.1	36.7	8.0	44.8	0.6	0.0	45.5	—	2.1	—
13	职业学校[3]	0.0	6.9	1.5	8.5	0.1	0.0	8.6	—	0.4	—
14	高等学校[4]	1.3	10.6	0.0	12.0	0.5	0.0	12.4	—	0.6	—
20	私立预备学校、学校、高等学校	0.0	4.0	3.3	7.3	2.9	0.0	10.2	10.6	0.5	0.5
21	学前教育[2]	0.0	0.7	3.1	3.9	1.9	0.0	5.7	—	0.3	—
22	普通教育学校	0.0	2.5	0.1	2.6	0.3	0.0	2.9	—	0.1	—
23	职业学校[3]	0.0	0.7	0.0	0.7	0.5	0.0	1.2	—	0.1	—
24	高等学校[4]	0.0	0.1	0.0	0.1	0.2	0.0	0.3	—	0.0	—
10 + 20	预备学校、学校、高等学校（总计）	1.5	59.0	15.8	76.3	5.2	0.0	81.5	81.9	3.8	3.7
11 + 21	学前教育（总计）	0.0	1.6	6.0	7.6	3.0	0.0	10.6	—	0.5	—
12 + 22	普通教育学校（总计）	0.1	39.2	8.2	47.4	1.0	0.0	48.4	—	2.2	—
13 + 23	职业学校（总计）	0.0	7.6	1.6	9.2	0.6	0.0	9.8	—	0.5	—

（续表）

教育领域		支 出								国内生产总值中的百分比	
		单位：十亿欧元									
		2003							2004	2003	2004
		国　家				私人	外国	国民经济整体			
		联邦	州	乡镇	合计						
14＋24	高等学校（总计）	1.3	10.7	0.0	12.0	0.7	0.0	12.7	—	0.6	—
30	双元制教育中的企业培训	0.1	0.5	0.5	1.1	12.5	0.0	13.6	13.5	0.6	0.6
31	公共领域	0.1	0.5	0.5	1.1	0.0	0.0	1.1	—	0.0	—
32	非公共领域	0.0	0.0	0.0	0.0	12.5		12.5		0.6	
40	企业、私立非营利性组织、地方政府[5]	0.3	0.8	0.5	1.6	8.6	0.0	10.1	10.3	0.5	0.5
50	其他教育机构	7.2	2.4	1.5	11.2	0.6	0.0	11.8	10.8	0.5	0.5
51	青年工作机构	0.1	0.1	1.1	1.4	0.1	0.0	1.5	—	0.1	—
52	其他公立教育机构[6]	0.2	2.2	0.3	2.7	0.2	0.0	3.0	—	0.1	—
53	其他私立教育机构[7][8]	6.9	0.0	0.1	7.1	0.3	0.0	7.4		0.3	
60	学生用于补习、学习工具等方面的支出	0.0	0.0	0.0	0.0	5.0		5.0	5.1	0.2	0.2
B)	教育参与者的资助[9]	7.4	2.9	1.8	12.1	1.1	0.0	13.1	12.3	0.6	0.6
10	地方政府的教育资助	1.5	1.4	1.3	4.2	1.1	0.0	5.3	5.4	0.2	0.2
11	学生资助	0.6	0.6	1.3	2.5	0.1		2.5	—	0.1	—
12	大学生资助	0.9	0.8	0.0	1.7	1.0		2.7	—	0.1	—
13	给进修生的补助	0.0	0.0	0.0	0.0	0.0		0.0	—	0.0	—
20	联邦劳动局给教育参与者的资助[7][8]	4.4	0.0	0.0	4.4	0.0	0.0	4.4	3.6	0.2	0.2
30	给19岁以上有资格获得子女补贴费的教育参与者的子女补贴费	1.4	1.4	0.5	3.4	0.0	0.0	3.4	3.4	0.2	0.2
A＋B)	教育预算	16.5	65.6	20.0	102.2	33.0	0.0	135.2	134.0	6.2	6.0

1）教育预算，按照2003年纲领界定；2004年部分数据为暂时数据

2）幼儿园、学前班、学校幼儿园

3）包括专科学校、职业学院、卫生学校

4）不含治疗疾病、研究和发展的支出

5）对寄宿和走读进修花费（不含参与者的人员花费）的估算基于微型人口普查的就业者（不含接受培训者）及第二次职业进修调查（CVTS2）中每位从业者的平均进修花费。在走读进修（如高等学校中）方面可能存在的二次计算无法避免

6）包括公职人员培训（部分为估算）、公共管理服务及大学生课程的官方数据

7）国家和地方财政给私立成人教育机构的补助，以及联邦劳动局给超企业界限的私立培训场所和继续教育场所的补助，可能存在的二次计算（双元制培训、进修）无法避免

8）联邦劳动局分配给教育过程和教育资助的教育支出基于联邦劳动局数据

9）公共财政基于补助和贷款基础（总额）为资助教育参与者的生活费用所支出的花费，包括德国结算银行的联邦教育促进补助和大学生服务支出

来源：联邦统计局，教育预算

表 B1－2A：2003 年各州高校在教学和研究方面为每位大学生的支出* 情况(单位：欧元)

州	高等学校[1]' 总计		无人类医学的高等学校[2]		无人类医学的综合性大学		应用技术大学	
	教学和研究	教学	教学和研究	教学	教学和研究	教学	教学和研究	教学
	欧 元							
全德国	10900	6300	9200	5600	10200	5500	6100	5400
巴登-符腾堡州	13200	7400	11200	6600	13300	6700	6500	5900
巴伐利亚州	12600	7100	10400	6300	12000	6400	6300	5600
柏林	10700	6100	8700	5200	9300	4900	5500	4900
勃兰登堡州	9700	6200	9700	6200	9700	5300	7100	6100
不来梅	11100	6200	11100	6200	13300	6500	6300	5300
汉堡	10400	6200	9000	5700	10500	6000	4900	4600
黑森州	8300	4900	7400	4600	8400	4600	4600	4200
梅克伦堡-前波莫瑞州	13200	8500	11200	7300	12800	7400	7200	6400
下萨克森州	13600	8100	11400	7200	13600	7700	6900	6200
北莱茵-威斯特法伦州	9200	5300	7600	4600	7900	4200	6000	5500
莱茵兰-普法尔茨州	9000	5600	7900	5100	9000	5200	5600	5100
萨尔州	13600	7800	10900	6600	12500	6900	5700	5200
萨克森州	11500	6700	9800	5900	10500	5300	7400	6700
萨克森-安哈特州	11800	7100	10000	6400	12200	6500	5800	5100
石勒苏益格-荷尔斯泰因州	10900	6400	7900	5100	9700	5400	5500	4600
图林根州	10700	6500	9300	5900	10300	5700	6300	5700

* 人员支出包括下设的公职人员社会公共福利税、常用物品开支、投资支出
1）包括艺术高校,管理应用技术大学,医疗机构
2）包括艺术高校,管理应用技术大学
来源：联邦统计局,高校资金统计

表 B2－1A：2004 年不同年龄段和性别的教育参与者在教育领域和人口中的分布情况

年 龄 段	教育参与者					人 口
	总 计	其 中				
		初等教育机构[1]	普通教育学校	职业培训	高等学校	
	总 数					
	总 计					
0－3	308900	308900	—	—	—	2139164
3－6	1885181	1867500	17681	—	—	2295976
6－10	3161230	316800	2844430	—	—	3196168
10－16	5204358	—	5160483	43792	83	5248500
16－19	2682166	—	1370251	1303930	7985	2902054
19－25	2676684	—	211525	1429665	1035494	5820876

（续表）

年 龄 段	教育参与者					人 口
	总 计	其 中				
		初等教育机构[1]	普通教育学校	职业培训	高等学校	
	总 数					
25－30	693843	—	12771	63890	617182	4745248
30－35	215880	—	6871	39425	169584	5288825
35－40	92504	—		20155	72349	6937651
40岁及以上	60431	—	—		60431	43926387
无数据	29651		842		28809	—
总计	17010828	2493200	9624854	2900857	1991917	82500849
男						
0－3	157700	157700	—			1097267
3－6	960290	951300	8990	—	—	1177165
6－10	1622943	172400	1450543	—	—	1639684
10－16	2671711	—	2647334	24345	32	2692543
16－19	1383147	—	670330	710306	2511	1490370
19－25	1351834	—	102333	754469	495032	2956171
25－30	397425	—	6839	37429	353157	2410315
30－35	123729	—	2908	18060	102761	2696175
35－40	51221	—	—	9398	41823	3562188
40岁及以上	30883	—	—		30883	20631749
无数据	16409	—	522		15887	—
总计	8767292	1281400	4889799	1554007	1042086	40353627
女						
0－3	151200	151200	—	—	—	1041897
3－6	924891	916200	8691	—	—	1118811
6－10	1538287	144400	1393887	—	—	1556484
10－16	2532647	—	2513149	19447	51	2555957
16－19	1299019	—	699921	593624	5474	1411684
19－25	1324850	—	109192	675196	540462	2864705
25－30	296418	—	5932	26461	264025	2334933
30－35	92151	—	3963	21365	66823	2592650
35－40	41283	—	—	10757	30526	3375463
40岁及以上	29548	—	—		29548	23294638
无数据	13242		320	—	12922	—
总计	8243536	1211800	4735055	1346850	949831	42147222

1）年龄划分以出生年份为准

来源：联邦统计局，微型人口普查，学校数据统计，高校数据统计，人口统计

表 B2‐2A：2004 年各州不同年龄段和性别的教育参与率*（单位：%）

州	……岁人员的教育参与率[1]				
	0 岁‐3 岁以下	3 岁‐6 岁以下	16 岁‐19 岁以下	19 岁‐25 岁以下	25 岁‐30 岁以下
	单位：%				
总　计					
全德国	14.4	82.1	92.4	46.0	15.8
巴登-符腾堡州	10.8	93.3	91.9	46.6	14.0
巴伐利亚州	7.3	82.9	91.6	39.8	12.6
柏林	36.0	83.3	94.3	51.2	25.1
勃兰登堡州	50.3	83.2	86.0	36.3	12.8
不来梅	11.8	80.4	105.8	70.1	25.8
汉堡	21.5	77.5	96.5	53.9	22.3
黑森州	10.2	86.7	93.7	47.8	16.0
梅克伦堡-前波莫瑞州	44.6	75.5	84.9	40.1	12.1
下萨克森州	6.5	68.5	100.1	46.9	13.8
北莱茵-威斯特法伦州	6.2	78.7	95.4	51.6	19.0
莱茵兰-普法尔茨州	11.5	93.3	85.7	44.1	17.2
萨尔州	12.0	90.0	89.1	48.7	10.1
萨克森州	37.4	82.2	91.0	44.1	14.2
萨克森-安哈特州	53.1	79.9	86.3	41.1	13.9
石勒苏益格-荷尔斯泰因州	11.3	76.2	89.3	42.5	12.7
图林根州	34.2	78.7	87.2	38.8	11.6
男					
全德国	14.4	81.6	92.8	45.8	17.5
巴登-符腾堡州	10.5	91.8	93.3	47.1	16.7
巴伐利亚州	7.4	81.4	92.9	40.1	13.9
柏林	35.9	83.1	93.7	50.2	25.8
勃兰登堡州	47.2	85.9	86.1	34.6	12.5
不来梅	12.0	81.2	107.5	73.0	28.8
汉堡	20.3	74.2	96.5	55.6	25.3
黑森州	10.5	84.8	94.4	49.6	18.9
梅克伦堡-前波莫瑞州	47.8	83.5	84.7	36.6	12.3
下萨克森州	5.7	67.3	99.9	46.1	15.6
北莱茵-威斯特法伦州	6.2	77.2	95.3	52.4	21.5
莱茵兰-普法尔茨州	11.0	91.0	86.8	43.5	18.3
萨尔州	15.1	90.7	89.6	48.9	11.4
萨克森州	43.2	89.9	90.6	42.3	15.1

(续表)

州	……岁人员的教育参与率[1]				
	0 岁－3 岁以下	3 岁－6 岁以下	16 岁－19 岁以下	19 岁－25 岁以下	25 岁－30 岁以下
	单位：%				
萨克森-安哈特州	50.6	83.5	85.3	37.3	13.1
石勒苏益格-荷尔斯泰因州	10.5	80.2	89.4	42.9	14.3
图林根州	30.0	76.3	87.6	36.4	12.5
女					
全德国	14.5	82.7	92.0	46.3	14.0
巴登-符腾堡州	11.2	94.9	90.5	46.1	11.3
巴伐利亚州	7.1	84.5	90.2	39.4	11.4
柏林	36.2	83.5	95.0	52.1	24.4
勃兰登堡州	53.7	80.4	85.8	38.3	13.2
不来梅	11.5	79.6	104.0	67.4	22.7
汉堡	22.7	81.0	96.6	52.4	19.3
黑森州	10.0	88.6	92.9	46.1	13.2
梅克伦堡-前波莫瑞州	41.2	66.9	85.2	44.1	11.9
下萨克森州	7.4	69.7	100.3	47.8	11.8
北莱茵-威斯特法伦州	6.1	80.2	95.4	50.9	16.5
莱茵兰-普法尔茨州	12.0	95.7	84.6	44.7	16.1
萨尔州	8.8	89.3	88.5	48.5	8.7
萨克森州	31.3	74.0	91.4	46.3	13.2
萨克森-安哈特州	55.7	76.1	87.4	45.6	14.8
石勒苏益格-荷尔斯泰因州	12.1	72.1	89.2	42.1	11.0
图林根州	38.6	81.3	86.8	41.4	10.4

＊教育参与率：一州教育机构的参与者人数与该州居民人数之比

1) 未引用 6 岁至 16 岁以下人群的参与率，因为所有州该年龄段人员因义务教育而几乎 100%参与教育

来源：联邦统计局，微型人口普查；学校数据统计；高校数据统计；人口统计

表 B2－3A：1975－2004 年不同教育领域的教育参与者及其在相应年龄段人口中的参与率

年[1]	幼儿园[2]		普通教育学校				职业学校		高等学校	
			总　　计		其中中等教育第二阶段					
	人数	比率[3]（单位：%）	人数	比率[4]（单位：%）	人数	比率[5]（单位：%）	人数	比率[6]（单位：%）	人数	比率[7]（单位：%）
旧联邦州										
1975	1609000	59.4	10128258	79.6	476140	17.4	2180465	27.9	836002	9.1
1976	1502000	60.7	10137209	80.2	466107	16.5	2147583	27.0	872125	9.3

（续表）

年[1]	幼儿园[2]		普通教育学校				职 业 学 校		高 等 学 校	
			总　　计		其中中等教育 第二阶段					
	人数	比率[3]（单 位：%）	人数	比率[4]（单 位：%）	人数	比率[5]（单 位：%）	人数	比率[6]（单 位：%）	人数	比率[7]（单 位：%）
1977	1491000	65.1	10011484	80.0	476860	16.3	2209809	27.1	905897	9.5
1978	1423000	66.2	9776457	79.5	506829	16.9	2349801	28.0	938752	9.7
1979	1424000	67.9	9489497	79.0	582283	18.8	2492450	28.8	972068	9.9
1980	1426000	68.8	9186427	78.5	641689	20.1	2576244	28.7	1036303	10.3
1981	1473000	71.7	8865531	78.4	679223	21.0	2598246	28.3	1121434	10.9
1982	—	—	8472132	78.3	694288	21.6	2601247	28.0	1198330	11.4
1983	—	—	8042612	78.3	694971	22.2	2616767	28.0	1267263	11.8
1984	1424000	68.6	7590386	78.0	682363	22.4	2657778	28.4	1311699	12.0
1985	1555000	73.4	7212581	77.9	663289	22.8	2668513	28.7	1336674	12.0
1986	1546000	72.7	6954724	78.2	634289	23.4	2600822	28.5	1366057	12.0
1987	1532000	73.2	6777778	79.5	606408	24.0	2508515	28.3	1409042	12.4
1988	1597000	76.0	6707376	80.6	578814	25.0	2401090	28.0	1464994	12.8
1989	1628000	74.4	6734495	81.2	550602	25.6	2256951	27.2	1504563	12.9
德　　国										
1992	2396000	74.3	9344364	83.5	634255	25.7	2473329	27.1	1834341	13.3
1993	2401000	73.4	9557729	84.0	662826	26.5	2453398	28.0	1867264	14.0
1994	2212000	69.1	9759711	84.1	692176	27.1	2434593	28.9	1872490	14.6
1995	2314000	74.6	9931111	84.3	705733	27.1	2445925	29.7	1857906	15.1
1996	2333000	78.2	10070211	84.3	721117	26.8	2490246	30.6	1838099	15.5
1997	2290000	80.1	10146472	84.8	741710	27.0	2549897	31.5	1824107	16.0
1998	2264000	81.5	10107641	84.7	761163	27.2	2600918	31.8	1801233	16.4
1999	2230000	80.7	10048395	84.8	765822	27.5	2656450	32.2	1773956	16.6
2000	2334000	84.0	9960447	85.0	752902	27.3	2681837	32.1	1799338	17.1
2001	2387000	85.3	9870445	85.0	759427	27.7	2694175	31.9	1868666	17.9
2002	2383000	85.3	9780277	84.8	766982	27.6	2699669	31.6	1939233	18.5
2003	2269000	82.3	9727034	84.9	789700	27.9	2725523	31.5	2019831	19.2
2004	—	—	9624854	84.8	825209	28.4	2762608	31.7	1963598	18.6

1) 1975 年对应学年为 1975/76 冬季学期，幼儿园的数据为次年 3/4 月数据，比率基于当年 12 月 31 日人口数
2) 年龄划分以调查时儿童年龄为准
3) 3－6.5 岁人群中的比例
4) 6－19 岁人群中的比例
5) 16－19 岁人群中的比例
6) 16－25 岁人群中的比例
7) 19－30 岁人群中的比例
来源：联邦统计局，微型人口普查；学校数据统计；高校数据统计；人口统计

表 B3 - 1A：2004 年不同普通学校教育、年龄段和性别的人口(单位：%)*

年 龄 段	还在接受学校教育	有普通学校文凭					无普通学校文凭
		普通中学文凭[1]	综合性科技高中文凭	实科中学文凭[2]	高校入学资格[3]	无文凭相关数据	
		单位：%					
总 计							
15 - 20	61.9	13.2	—	17.4	3.1	0.8	3.7
20 - 25	2.7	22.3	—	34.2	36.2	1.4	3.1
25 - 30	0.2	25.1	—	32.4	38.1	1.0	3.1
30 - 35	/	26.9	11.4	24.8	32.9	0.9	3.1
35 - 40	/	29.2	12.4	25.2	29.4	0.9	2.8
40 - 45	/	32.4	14.4	22.7	26.8	1.0	2.8
45 - 50	/	38.0	14.5	19.3	24.6	0.9	2.7
50 - 55	—	45.1	13.6	15.7	21.9	1.2	2.5
55 - 60	/	53.5	7.8	15.6	18.9	1.3	2.9
60 - 65	/	63.7	2.7	14.6	15.5	1.1	2.5
65 岁及以上	/	74.5	0.8	10.9	10.3	0.9	2.4
总计	4.5	43.6	7.1	19.3	21.7	1.0	2.8
男							
15 - 20	59.6	15.8	—	17.2	2.6	0.8	4.0
20 - 25	2.9	26.6	—	33.1	32.7	1.5	3.2
25 - 30	/	28.2	—	30.8	36.7	1.1	3.0
30 - 35	/	30.0	11.2	21.3	33.8	0.9	2.7
35 - 40	/	32.8	12.3	20.8	30.4	1.0	2.8
40 - 45	/	35.3	14.3	18.3	28.3	1.0	2.8
45 - 50	/	39.2	14.0	16.1	27.1	0.9	2.6
50 - 55	—	44.1	13.5	13.0	26.0	1.2	2.2
55 - 60	/	51.9	7.4	13.0	23.6	1.5	2.6
60 - 65	—	61.3	2.6	11.6	20.7	1.4	2.4
65 岁及以上	/	70.3	0.9	9.6	16.0	1.0	2.2
总计	4.5	42.9	7.2	17.1	24.5	1.1	2.7
女							
15 - 20	64.3	10.4	—	17.5	3.6	0.8	3.3
20 - 25	2.5	17.9	—	35.4	39.9	1.2	3.0
25 - 30	/	22.0	—	34.1	39.6	1.0	3.1
30 - 35	/	23.7	11.5	28.4	32.0	0.9	3.5
35 - 40	/	25.5	12.6	29.9	28.3	0.8	2.8
40 - 45	/	29.3	14.5	27.3	25.2	0.9	2.8

（续表）

年 龄 段	还在接受学校教育	有普通学校文凭					无普通学校文凭
		普通中学文凭[1]	综合性科技高中文凭	实科中学文凭[2]	高校入学资格[3]	无文凭相关数据	
		单位：%					
45－50	/	36.8	14.9	22.7	22.0	0.9	2.8
50－55	—	46.1	13.7	18.3	17.9	1.2	2.8
55－60	/	55.1	8.2	18.4	14.0	1.1	3.3
60－65	/	65.9	2.8	17.5	10.4	0.8	2.5
65 岁及以上	/	77.5	0.8	12.0	6.2	0.9	2.6
总计	4.4	44.3	6.9	21.5	19.1	0.9	2.9

＊ 调查对象为 15 岁及以上人员，51 岁及以上人员对于教育文凭的问题可自愿回答，比例是在提供普通学校文凭数据的人员中的比例

1) 包括国民学校文凭
2) 包括同等文凭
3) 包括应用技术大学入学资格
来源：联邦统计局，微型人口普查

表 B3－2A：2004 年不同职业教育文凭、年龄段和性别的人口（单位：%）＊

年 龄 段	有职业教育文凭				无职业教育文凭	
	学徒/短期培训[1]	专科学校文凭[2]	高校文凭[3]	无文凭相关数据	合 计	其中未受培训者[4]
	单位：%					
总 计						
15－20	3.2	—	—	0.3	96.4	66.1
20－25	42.2	2.4	1.8	1.3	52.2	19.0
25－30	54.8	6.0	12.5	1.8	24.9	15.7
30－35	56.2	8.3	17.9	1.8	15.9	14.4
35－40	57.3	10.1	17.1	1.8	13.6	13.3
40－45	57.6	10.7	16.3	1.7	13.7	13.6
45－50	57.2	10.2	16.6	1.8	14.2	14.2
50－55	57.0	9.5	16.5	1.8	15.2	15.2
55－60	56.4	9.4	14.8	1.7	17.7	17.7
60－65	56.4	9.4	12.2	1.4	20.5	20.5
65 岁及以上	48.8	6.9	7.4	1.2	35.7	35.7
总计	50.5	7.7	11.9	1.5	28.4	23.3
男						
15－20	3.3	—	—	0.2	96.4	64.3
20－25	44.1	1.6	1.3	1.3	51.5	20.3
25－30	56.0	5.4	11.4	1.7	25.4	14.4
30－35	55.3	9.2	19.1	1.9	14.5	12.7

（续表）

年 龄 段	有职业教育文凭				无职业教育文凭	
	学徒/短期培训[1]	专科学校文凭[2]	高校文凭[3]	无文凭相关数据	合　计	其中未受培训者[4]
	单位：%					
35－40	55.1	11.7	19.3	1.9	12.1	11.6
40－45	56.0	12.1	18.4	1.7	11.8	11.6
45－50	55.7	11.7	19.2	1.7	11.6	11.6
50－55	56.1	11.6	20.0	2.0	10.3	10.3
55－60	54.6	12.0	19.7	1.9	11.8	11.8
60－65	55.9	12.7	17.7	1.7	12.0	12.0
65 岁及以上	56.9	11.6	13.0	1.6	17.0	17.0
总计	51.4	9.6	14.8	1.6	22.5	17.1
女						
15－20	3.1	—	—	0.3	96.4	68.0
20－25	40.1	3.4	2.2	1.3	52.9	17.6
25－30	53.7	6.6	13.6	1.8	24.4	17.0
30－35	57.0	7.4	16.6	1.7	17.3	16.2
35－40	59.6	8.6	14.8	1.7	15.3	15.0
40－45	59.2	9.2	14.0	1.7	15.8	15.6
45－50	58.7	8.8	13.9	1.8	16.8	16.8
50－55	57.9	7.4	13.0	1.6	20.0	20.0
55－60	58.3	6.7	9.8	1.4	23.9	23.8
60－65	56.9	6.2	6.9	1.2	28.8	28.8
65 岁及以上	43.0	3.5	3.3	0.9	49.3	49.3
总计	49.7	5.9	9.1	1.4	33.9	29.3

＊ 调查对象为 15 岁及以上人员,51 岁及以上人员对于教育文凭的问题可自愿回答,比例是在提供职业教育文凭数据的人员中的比例

1) 包括同等职业专科学校文凭、职业预备年或职业实习

2) 包括师傅/技术员培训、民主德国的卫生学校文凭及专科学校文凭

3) 包括应用技术大学文凭,高等工程技术学院文凭,管理应用技术大学文凭,教师培训以及博士学位

4) 不在职业学校或高等学校接受培训

来源：联邦统计局,微型人口普查

表 B3－3A：2004 年各州不同普通学校教育的 25 岁至 65 岁以下年人口（单位：%）＊

州	还在接受学校教育	有普通学校文凭					无普通学校文凭
		普通中学文凭[1]	综合性科技高中文凭	实科中学文凭[2]	高校入学资格[3]	无文凭相关数据	
		单位：%					
德国	0.0	38.8	10.5	20.9	25.9	1.0	2.8
巴登-符腾堡州	/	43.9	1.1	24.1	26.3	1.5	3.1

(续表)

州	还在接受学校教育	有普通学校文凭					无普通学校文凭
		普通中学文凭[1]	综合性科技高中文凭	实科中学文凭[2]	高校入学资格[3]	无文凭相关数据	
		单位：%					
巴伐利亚州	/	49.7	1.2	22.8	22.8	1.3	2.1
柏林	/	22.1	14.1	20.8	37.6	0.4	4.8
勃兰登堡州	/	18.3	50.7	6.6	21.0	2.2	1.1
不来梅	/	36.3	/	24.0	32.5	/	4.7
汉堡	/	29.1	1.3	23.5	40.9	1.5	3.7
黑森州	/	36.6	1.2	27.5	30.8	1.2	2.8
梅克伦堡-前波莫瑞州	/	18.5	51.2	8.5	19.0	0.9	2.0
下萨克森州	/	42.7	1.3	28.7	23.8	1.2	2.3
北莱茵-威斯特法伦州	/	44.5	0.9	21.6	28.0	0.8	4.2
莱茵兰-普法尔茨州	/	50.3	0.8	22.3	24.2	0.3	2.1
萨尔州	/	56.2	/	17.7	21.8	/	3.0
萨克森州	/	15.2	56.1	5.8	21.9	/	0.6
萨克森-安哈特州	/	20.1	54.6	5.5	18.0	0.5	1.3
石勒苏益格-荷尔斯泰因州	/	39.2	1.5	29.9	25.5	1.2	2.7
图林根州	—	17.4	54.0	6.4	20.8	0.7	0.9

* 脚注见表 B3-1A

来源：联邦统计局，微型人口普查

表 B3-4A：2004 年各州持不同职业教育文凭的 25 岁至 65 岁以下人口(单位：%)*

州	职业教育文凭				无职业教育文凭
	学徒文凭[1]	专科学校文凭[2]	高校文凭[3]	无文凭相关数据	
	单位：%				
德国	56.7	9.4	15.6	1.7	16.6
巴登-符腾堡州	52.7	10.2	16.5	1.8	18.8
巴伐利亚州	56.5	9.3	14.7	2.7	16.9
柏林	45.6	9.8	24.4	0.9	19.2
勃兰登堡州	61.1	16.0	15.1	1.4	6.4
不来梅	51.5	4.9	17.2	3.2	23.0
汉堡	48.7	4.3	23.7	3.0	20.5
黑森州	54.4	7.7	18.8	1.8	17.3
梅克伦堡-前波莫瑞州	60.9	16.2	13.1	2.1	7.9

(续表)

州	职业教育文凭				无职业教育文凭
	学徒文凭[1]	专科学校文凭[2]	高校文凭[3]	无文凭相关数据	
	单位：%				
下萨克森州	59.4	7.3	14.1	1.8	17.5
北莱茵-威斯特法伦州	57.0	6.4	14.4	1.5	20.8
莱茵兰-普法尔茨州	57.1	8.8	14.4	0.6	19.2
萨尔州	58.0	6.4	11.9	1.5	22.4
萨克森州	62.6	16.5	15.6	0.5	4.8
萨克森-安哈特州	65.3	13.8	12.4	1.3	7.2
石勒苏益格-荷尔斯泰因州	60.6	8.5	14.6	2.2	14.0
图林根州	61.4	16.4	14.7	2.2	5.4

* 脚注见表 B3 - 2A

来源：联邦统计局，微型人口普查

表 C1 - 1A：1994 - 2002 年各州幼托机构为 3 岁以下儿童提供的可用名额、3 岁以下儿童总数以及供给率

州	1994			1998			2002		
	名额	3岁以下儿童	供给率[1]	名额	3岁以下儿童	供给率[1]	名额	3岁以下儿童	供给率[1]
	总	数	单位：%	总	数	单位：%	总	数	单位：%
全德国	150753	2394792	6.3	166927	2393836	7.0	190914	2232569	8.6
西部非市州	64242	2014187	1.4	37412	1968133	1.9	43509	1788960	2.4
东部非市州	59897	227404	40.0	94623	271971	34.8	108944	294615	37.0
市州	26614	153201	20.7	34892	153732	22.7	38461	148994	25.8
巴登-符腾堡州	4318	350743	1.2	4454	342957	1.3	7231	310818	2.3
巴伐利亚州	4136	397985	1.0	5269	386305	1.4	7538	354562	2.1
柏林	24805	86408	28.7	27970	86803	32.2	30676	85666	35.8
勃兰登堡州	21292	39335	54.1	26360	50789	51.9	24552	54807	44.8
不来梅	1218	19177	6.4	1290	18866	6.8	1706	17056	10.0
汉堡	5655	47616	11.9	5632	48063	11.7	6079	46272	13.1
黑森州	3946	185197	2.1	4793	185695	2.6	6301	171074	3.7
梅克伦堡-前波莫瑞州	11507	29493	39.0	10937	35529	30.8	14429	38410	37.6
下萨克森州	3909	254885	1.5	4547	253690	1.8	5335	230276	2.3
北莱茵-威斯特法伦州	8884	579568	1.5	13902	560809	2.5	10867	508181	2.1
莱茵兰-普法尔茨州	1186	127904	0.9	1728	123108	1.4	2965	110173	2.7
萨尔州	545	31643	1.7	715	28841	2.5	1180	24804	4.8

（续表）

州	1994			1998			2002		
	名额	3岁以下儿童	供给率[1]	名额	3岁以下儿童	供给率[1]	名额	3岁以下儿童	供给率[1]
	总	数	单位：%	总	数	单位：%	总	数	单位：%
萨克森州	23592	71897	32.8	20866	86488	24.1	27976	96069	29.1
萨克森-安哈特州	19553	45529	42.9	23936	50750	47.2	30412	53709	56.6
石勒苏益格-荷尔斯泰因州	1228	86262	1.4	2004	86728	2.3	2092	79072	2.6
图林根州[2]	14979	33664	44.5	12524	40757	30.7	11575	42931	27.0

1) 供给率反映的是每100名3岁以下儿童中的名额数

2) 图林根州仅以2.5岁以下儿童作为参考数值基础，因为按照法律要求2.5岁以上儿童的名额已属于幼儿园

来源：联邦统计局，儿童和青少年福利中心数据统计；人口统计

表 C1 - 2A：1994 - 2002 年各州幼托机构为 3 - 6.5 岁儿童提供的可用名额、该年龄段儿童总数*以及供给率

州	1994			1998			2002		
	名额	3-6.5岁儿童	供给率[1]	名额	3-6.5岁儿童	供给率[1]	名额	3-6.5岁儿童	供给率[1]
	总	数	单位：%	总	数	单位：%	总	数	单位：%
德国	2471688	3160293	78.2	2486780	2750325	90.4	2550399	2773513	92.0
西部非市州	1835836	2453467	74.8	2053175	2327466	88.2	2078619	2293497	90.6
东部非市州	503650	521210	96.6	308808	271716	113.7	341328	324693	105.1
市州	132202	185616	71.2	124797	151143	82.6	130452	155323	84.0
巴登-符腾堡州	395714	428107	92.4	431478	404819	106.6	414407	399715	103.7
巴伐利亚州	366473	485171	75.5	380443	459581	82.8	395853	452178	87.5
柏林	88206	113546	77.7	73118	83543	87.5	78240	86938	90.0
勃兰登堡州	93814	96468	97.2	54942	51307	107.1	62061	64112	96.8
不来梅	15032	22824	65.9	17485	21193	82.5	17208	20988	82.0
汉堡	28964	49246	58.8	34194	46407	73.7	35004	47397	73.8
黑森州	176578	223043	79.2	198151	212197	93.4	199008	211780	94.0
梅克伦堡-前波莫瑞州	65491	72287	90.6	37298	34594	107.8	40267	42189	95.4
下萨克森州	198741	298930	66.5	230413	292144	78.9	248249	298964	83.0
北莱茵-威斯特法伦州	450615	715401	63.0	546684	670320	81.6	550432	650330	84.6
莱茵兰-普法尔茨州	144938	160302	90.4	152348	149693	101.8	152118	143892	105.7
萨尔州	33873	40533	83.6	35229	36240	97.2	33637	33230	101.2
萨克森州	157243	159041	99.0	97105	84969	114.3	107464	102309	105.0
萨克森-安哈特州	93106	101189	92.0	57281	52751	108.6	59374	58932	100.8

（续表）

州	1994			1998			2002		
	名额	3-6.5岁儿童	供给率[1]	名额	3-6.5岁儿童	供给率[1]	名额	3-6.5岁儿童	供给率[1]
	总　数		单位：%	总　数		单位：%	总　数		单位：%
石勒苏益格-荷尔斯泰因州	68904	101980	67.6	78429	102472	76.5	84915	103408	82.1
图林根州[2]	93996	99712	94.3	62182	55753	111.5	72162	65841	109.6

　　* 下列地区相关人口数据不含学前班儿童总数，2002：柏林，汉堡，黑森州；1998：柏林，汉堡，黑森州，不来梅，梅克伦堡-前波莫瑞州，下萨克森州；1994：柏林，汉堡，黑森州，不来梅，梅克伦堡-前波莫瑞州，下萨克森州，萨克森州，石勒苏益格-荷尔斯泰因州

　　1) 供给率反映的是每100名3-6.5岁儿童中的名额数量

　　2) 图林根州以2.5-6.5岁儿童为相关人群，因为按照法律要求2.5岁以上儿童的名额已属于幼儿园

　　来源：联邦统计局，儿童和青少年福利中心数据统计；人口统计

表 C1-3A：1998-2002 年各州幼托机构为 3 岁至入学前儿童提供的可用全日名额*

州	带午餐的全日名额		1998-2002年间的变化		在名额总额中的比例	
	1998	2002			1998	2002
	总　数		总　数	单位：%	单位：%	
全德国	732208	924378	192170	26.2	29.4	36.2
西部非市州	335749	490394	154645	46.1	16.4	23.6
东部非市州	301523	334977	33454	11.1	97.6	98.1
市州	94936	99007	4071	4.3	76.1	75.9
巴登-符腾堡州	18667	29386	10719	57.4	4.3	7.1
巴伐利亚州	70364	156330	85966	122.2	18.5	39.5
柏林	69600	74424	4824	6.9	95.2	95.1
勃兰登堡州	53260	58815	5555	10.4	96.9	94.8
不来梅	6360	6505	145	2.3	36.4	37.8
汉堡	18976	18078	-898	-4.7	55.5	51.6
黑森州	52034	62798	10764	20.7	26.3	31.6
梅克伦堡-前波莫瑞州	35704	40241	4537	12.7	95.7	99.9
下萨克森州	31765	37959	6194	19.5	13.8	15.3
北莱茵-威斯特法伦州	121927	152599	30672	25.2	22.3	27.7
莱茵兰-普法尔茨州	21367	28144	6777	31.7	14	18.5
萨尔州	3076	5125	2049	66.6	8.7	15.2
萨克森州	94742	105986	11244	11.9	97.6	98.6
萨克森-安哈特州	55635	57773	2138	3.8	97.1	97.3
石勒苏益格-荷尔斯泰因州	16549	18053	1504	9.1	21.1	21.3
图林根州	62182	72162	9980	16.0	100.0	100.0

　　* 全日名额是指含午餐且时长不少于6小时的名额

　　来源：联邦统计局，儿童和青少年福利中心数据统计，自己计算得出

表 C1－4A：2002 年各地区个别承办类型的幼托机构为入学前儿童提供的可用名额

承 办 类 型		幼托机构中的可用名额					
		西部非市州		东部非市州		市　　州	
		总　　数	单位：%	总　　数	单位：%	总　　数	单位：%
公立和私立承办方合计		2122128	100	450272	100	168913	100
其中：私立承办方总计		1348669	63.6	213136	47.3	73638	43.6
其中：福利社团	宗教性[1]	1070660	50.5	46527	10.3	28490	16.9
	非宗教性[2]	179908	8.5	125051	27.8	20042	11.9
其他私立承办方	青年协会等[3]	619	0	114	0	84	0
	经济企业	3972	0	4656	1.0	1446	0.9
	其他法人等[4]	93510	4.4	36788	8.2	23576	14.0

1）宗教性福利社团：德国福音教会相关承办方的社会福利等事业，天主教慈善团体及其他天主教承办方；犹太人中央福利协会，公法中的其他宗教社团
2）非宗教性福利社团：劳动者福利协会，平等福利总联合会，德国红十字会
3）青年协会，青年群体，青年社团联合会
4）其他法人，其他社团，还包括未归入私立承办方的父母自发组织
来源：联邦统计局，儿童和青少年福利中心数据统计，自己计算得出

表 C2－1A：1991－2004 年 3 岁至入学前儿童对幼托机构的使用率（单位：%）

年	3 岁－入学	4 岁－入学	3-4 岁以下	4-5 岁以下	5-6 岁以下[1]	6 岁及以上[1]	3 岁－入学	4 岁－入学	3-4 岁以下	4-5 岁以下	5-6 岁以下[1]	6 岁及以上[1]
	旧 联 邦 州						新联邦州和东柏林					
	单位：%											
1991	73.4	84.6	47.6	79.5	89.4	87.0	91.5	91.9	90.2	92.3	93.0	89.3
1994	72.6	86.1	42.2	78.8	92.5	89.3	91.7	92.7	88.9	90.8	94.4	93.4
1997	78.0	86.6	56.4	83.2	89.6	87.7	85.9	86.1	85.0	84.8	87.2	86.3
2000	82.1	88.3	67.5	87.2	90.0	87.4	87.4	87.9	85.4	88.5	87.2	87.8
2003	83.1	88.1	70.5	85.8	90.3	88.3	88.5	89.8	86.0	89.8	90.4	88.9
2004	82.5	88.1	68.6	86.7	89.6	87.6	87.3	88.8	83.8	88.0	90.5	88.7

1）在每 100 名同龄儿童（不含已入学儿童）中的比例
来源：联邦统计局，微型人口普查

表 C2－2A：2004 年 5 岁至入学前儿童对幼托机构的使用率（按照儿童的国籍和相关人员的教育水平划分，单位：%）

儿童的国籍相关人员的教育水平	尚未入学的 5 岁以上儿童（1998、1999 年出生）	其中：	
		上幼托机构	未上幼托机构
	单位：千	单位：%	
儿童总计	1095	89.2	10.8
按照儿童的国籍			
德国国籍	965	89.6	10.4
非德国国籍	130	86.2	13.8

(续表)

儿童的国籍相关 人员的教育水平	尚未入学的 5 岁以上儿童 (1998、1999 年出生)	其中：	
		上幼托机构	未上幼托机构
	单位：千	单位：%	
按照相关人员的最高文凭			
无学校文凭	42	83.3	16.7
普通中学文凭	383	88.3	11.7
中等学历,综合性科技高中文凭	323	89.9	10.1
应用技术大学/高校入学资格	303	92.1	7.9

来源：联邦统计局,微型人口普查

表 C2－3A：2004 年不同家庭模式、就业情况和地区的 3 岁至入学前儿童对幼托机构的使用率(单位：%)

家庭模式就业情况		3 岁至入学前儿童	其中：	
			上幼托机构	未上幼托机构
		单位：千	单位：%	
全 德 国				
有孩子的夫妻家庭		2270	83.1	16.9
其中：	父母双方均无业	208	72.6	27.4
	父母一方无业	941	80.1	19.9
	父母双方均从业	1121	87.5	12.5
单亲家庭		355	83.4	16.6
其中：	无业	170	79.4	20.6
	从业	184	87.5	12.5
西部非市州				
有孩子的夫妻家庭		1901	83.2	16.8
其中：	父母双方均无业	151	74.8	25.2
	父母一方无业	826	80.5	19.5
	父母双方均从业	923	87.0	13.0
单亲家庭		242	81.8	18.2
其中：	无业	115	77.4	22.6
	从业	128	85.2	14.8
东部非市州				
有孩子的夫妻家庭		253	86.6	13.4
其中：	父母双方均无业	36	72.2	27.8
	父母一方无业	73	80.8	19.2
	父母双方均从业	145	92.4	7.6

（续表）

家庭模式就业情况		3岁至入学前儿童	其中：	
			上幼托机构	未上幼托机构
		单位：千	单位：%	
单亲家庭		69	88.4	11.6
其中：	无业	35	82.9	17.1
	从业	/	/	/
市　　州				
有孩子的夫妻家庭		115	73.9	26.1
其中：	父母双方均无业	21	57.1	42.9
	父母一方无业	41	70.7	29.3
	父母双方均从业	53	83.0	17.0
单亲家庭		42	85.7	14.3
其中：	无业	/	/	/
	从业	/	/	/

来源：联邦统计局，微型人口普查

表 C3－1A：2002 年各州儿童早教、幼儿园教育和混龄教育工作领域不同工作强度的幼托机构教育人员

州	人员＇总计	每周 38.5 小时及以上	每周 32 至 38.5 小时以下	每周 20－32 小时	每周 20 小时以下[1]
	总　数	单位：%			
全德国	288744	45.8	13.5	28.4	12.3
西部非市州	217814	51.3	8.5	26.9	13.3
东部非市州	48298	20.3	38.2	35.5	6.0
市州	22632	48.2	8.4	28.1	15.3
巴登-符腾堡州	41528	62.3	5.0	16.2	16.4
巴伐利亚州	38950	58.3	8.7	21.1	11.9
柏林	14038	56.9	5.6	26.7	10.9
勃兰登堡州	9136	18.6	46.3	29.3	5.8
不来梅	2351	31.8	19.8	33.0	15.4
汉堡	6243	35.0	10.4	29.5	25.1
黑森州	21743	37.7	7.6	38.0	16.6
梅克伦堡-前波莫瑞州	5857	21.7	25.3	46.2	6.8
下萨克森州	24538	20.6	15.0	55.2	9.2
北莱茵-威斯特法伦州	60415	59.7	9.8	17.7	12.8
莱茵兰-普法尔茨州	17922	53.4	3.1	32.0	11.5
萨尔州	3685	51.0	4.9	34.8	9.4

（续表）

州	人员'总计	每周 38.5 小时及以上	每周 32 至 38.5 小时以下	每周 20 - 32 小时	每周 20 小时以下[1]
	总　数	单位：%			
萨克森州	12936	14.8	36.9	41.4	6.9
萨克森-安哈特州	11606	25.7	35.7	34.1	4.5
石勒苏益格-荷尔斯泰因州	9033	25.4	11.4	45.4	17.8
图林根州	8763	22.3	43.8	27.7	6.2

* 儿童和青少年福利中心数据统计中，"儿童早教"这一概念用于 3 岁以下儿童。文章中"早教"适用于从出生到入学前的所有年龄段儿童

1) 包括兼职

来源：联邦统计局，儿童和青少年福利中心数据统计，自己计算得出

表 C3－2A：1990/91 及 2002 年不同年龄段和地区儿童早教、幼儿园教育和混龄教育工作领域的幼托机构教育人员

年 龄 段	德国西部[1]				德国东部[1]			
	1990		2002		1991		2002	
	总　数	单位：%	总　数	单位：%	总　数	单位：%	总　数	单位：%
20 岁以下	10569	6.6	12067	5.0	283	0	432	0.9
20 - 25	32440	20.3	36004	15.0	14890	12.6	1099	2.3
25 - 30	35088	21.9	34215	14.2	21778	18.4	1596	3.3
30 - 35	28917	18.1	28533	11.9	20882	17.7	4716	9.8
35 - 40	21901	13.7	34720	14.4	19874	16.8	7979	16.5
40 - 45	12139	7.6	36977	15.4	13470	11.4	8646	17.9
45 - 50	8191	5.1	33184	13.8	11854	10.0	10175	21.1
50 - 55	6998	4.4	16708	6.9	12824	10.9	7643	15.8
55 - 60	3059	1.9	6530	2.7	2176	1.8	5332	11.0
60 - 65	675	0	1351	0.6	48	0	666	1.4
65 岁及以上	217	0	157	0	34	0	14	0
总计	160194	100	240446	100	118113	100	48298	100

1) 德国西部：2002 年含柏林；1990 年不含东柏林；德国东部：2002 年不含柏林；1991 年含东柏林

来源：联邦统计局，儿童和青少年福利中心数据统计，自己计算得出

表 C3－3A：1994－2002 年各州幼托机构教育从业人员*的职业化、学术化和专业化**（单位：%）

州	职 业 化			学 术 化			专 业 化		
	1994	1998	2002	1994	1998	2002	1994	1998	2002
	单位：%								
全德国	1.3	1.6	1.7	1.7	1.9	2.0	66.9	70.0	71.9
西部非市州	1.6	1.8	1.9	1.9	2.1	2.2	58.5	64.1	66.2
东部非市州	0.4	0.5	0.5	0.6	0.6	0.7	89.3	94.3	94.5

（续表）

州	职业化			学术化			专业化		
	1994	1998	2002	1994	1998	2002	1994	1998	2002
	单位：%								
市州	1.8	2.1	1.9	2.7	3.0	2.8	71.7	76.6	78.1
巴登-符腾堡州	1.0	1.0	1.2	1.2	1.2	1.5	63.9	77.8	70.7
巴伐利亚州	1.0	1.1	1.3	1.2	1.3	1.4	47.7	50.1	51.0
柏林	1.0	1.0	1.1	1.7	1.7	1.8	80.0	85.2	87.7
勃兰登堡州	0.3	0.5	0.5	0.5	0.7	0.8	86.8	92.0	94.3
不来梅	7.9	7.5	7.7	9.1	8.5	8.8	66.6	69.1	68.8
汉堡	1.8	2.7	1.5	3.2	4.1	2.9	50.1	58.6	60.0
黑森州	3.7	3.8	4.2	4.6	4.6	5.1	62.2	65.1	73.7
梅克伦堡-前波莫瑞州	0.7	0.5	0.9	0.9	0.8	1.1	90.4	91.0	88.5
下萨克森州	1.3	1.9	3.1	1.6	2.0	3.3	57.4	66.9	72.4
北莱茵-威斯特法伦州	1.5	1.9	1.4	1.8	2.2	1.6	60.0	62.5	66.3
莱茵兰-普法尔茨州	1.7	1.4	1.9	2.1	1.7	2.1	62.3	65.7	72.7
萨尔州	0.4	0.6	0.6	0.6	0.8	1.1	54.6	59.8	64.6
萨克森州	0.3	0.4	0.4	0.4	0.6	0.6	89.4	92.3	93.5
萨克森-安哈特州	0.6	0.4	0.6	0.7	0.4	0.7	87.7	99.0	97.9
石勒苏益格-荷尔斯泰因州	3.2	2.8	2.6	4.1	3.4	3.0	53.9	63.0	63.3
图林根州	0.4	0.6	0.4	0.5	0.6	0.4	93.3	94.9	95.8

＊ 儿童早教、幼儿园教育和混龄教育工作领域的人员

＊＊职业化：社会教育学硕士，社会福利机构硕士工作人员，教育学硕士；学术化：职业化人员连同持其他高校文凭的教师及人员；专业化：职业化人员连同教育者及医疗卫生教育者（专科学校）

来源：联邦统计局，儿童和青少年福利中心数据统计，自己计算得出

表 C3－4A：2002 年各州幼托机构不同职业教育文凭的教育人员＊情况（单位：%）

州	人员＊总计	其中：							
		社会教育学硕士	教育者	托儿所保育员	其他社会职业和教育职业	医疗卫生职业	其他文凭	实习大学生	未受培训
	总数	单位：%							
全德国	288744	1.7	70.2	16.1	1.1	0.6	1.9	4.9	3.5
西部非市州	217814	1.9	64.3	20.2	1.1	0.5	1.9	6.0	4.1
东部非市州	48298	0.5	94.0	0.9	1.1	0.5	1.0	0.8	1.1
市州	22632	1.9	76.2	8.5	1.2	2.1	3.3	3.6	3.2
巴登-符腾堡州	41528	1.2	69.5	12.6	0.6	0.3	1.2	6.7	7.7
巴伐利亚州	38950	1.3	49.7	41.2	0.3	0.2	0.5	5.4	1.4

(续表)

州	人员'总计	其中:							
		社会教育学硕士	教育者	托儿所保育员	其他社会职业和教育职业	医疗卫生职业	其他文凭	实习大学生	未受培训
	总数	单位：%							
柏林	14038	1.1	86.6	1.7	0.9	2.4	2.8	2.3	2.1
勃兰登堡州	9136	0.5	93.8	0.8	1.3	0.9	1.0	0.9	1.0
不来梅	2351	7.7	61.2	7.6	1.4	1.1	4.3	9.9	6.9
汉堡	6243	1.5	58.5	24.1	2.0	1.6	4.1	4.1	4.1
黑森州	21743	4.2	69.5	10.5	1.3	0.5	2.9	6.9	4.3
梅克伦堡-前波莫瑞州	5857	0.9	87.6	2.3	2.7	0.8	1.8	1.2	2.7
下萨克森州	24538	3.1	69.3	19.2	2.9	0.4	1.5	1.1	2.6
北莱茵-威斯特法伦州	60415	1.4	64.9	17.3	0.7	0.6	3.2	7.7	4.0
莱茵兰-普法尔茨州	17922	1.9	70.8	12.6	1.4	0.9	0.9	8.2	3.3
萨尔州	3685	0.6	64.0	24.6	1.0	0.5	0.5	5.5	3.3
萨克森州	12936	0.4	93.2	1.2	1.3	0.7	1.1	0.5	1.7
萨克森-安哈特州	11606	0.6	97.2	0.2	0.5	0.1	0.6	0.4	0.4
石勒苏益格-荷尔斯泰因州	9033	2.6	60.7	23.8	2.8	0.5	3.7	0.6	5.3
图林根州	8763	0.4	95.4	0.4	0.6	0.4	0.6	1.5	0.6

* 儿童早教、幼儿园教育和混龄教育工作领域的人员

来源：联邦统计局，儿童和青少年福利中心数据统计，自己计算得出

表 C4－1A：1995－2004 年各州所有入学情况中提前入学所占比例(单位：%)

州	1995	1996	1997	1998	1999	2000	2001	2002	2003	2004
	单位：%									
全德国	2.5	2.7	2.9	4.1	4.8	4.9	5.8	6.6	7.8	9.1
西部非市州	2.8	3.1	3.2	4.4	5.0	5.1	6.1	6.8	8.2	9.6
东部非市州	1.0	0.9	0.9	1.6	1.5	1.9	2.3	3.0	3.1	3.0
市州[1]	3.3	3.4	3.9	5.2	6.3	7.5	7.3	8.7	10.7	13.4
巴登-符腾堡州	1.5	2.0	3.0	5.3	6.6	6.9	8.0	8.8	9.9	11.3
巴伐利亚州	3.9	4.0	3.8	4.3	4.8	4.3	6.5	8.1	9.0	11.1
柏林	2.7	2.5	2.5	3.8	4.7	5.8	6.4	7.4	8.9	13.0
勃兰登堡州	1.4	1.3	1.2	2.3	2.3	3.1	4.0	6.1	6.5	7.3
不来梅[1]	7.1	7.9	9.7	10.8	11.4	14.1	·	11.8	17.5	18.2
汉堡	3.0	3.7	4.2	5.5	7.1	7.9	8.8	9.7	10.9	12.1
黑森州	7.1	7.5	7.3	8.3	8.8	8.9	9.4	6.7	11.4	13.1
梅克伦堡-前波莫瑞州	1.2	1.0	1.1	1.6	1.8	2.0	2.7	2.7	2.7	2.8

(续表)

州	1995	1996	1997	1998	1999	2000	2001	2002	2003	2004
	单位：%									
下萨克森州	2.5	2.9	3.2	4.6	5.1	5.1	5.8	6.7	7.5	7.9
北莱茵-威斯特法伦州	1.7	1.9	1.8	2.7	3.3	3.6	4.1	5.4	6.8	8.1
莱茵兰-普法尔茨州	1.9	2.5	2.7	3.3	3.8	3.7	4.3	5.1	5.9	7.9
萨尔州	4.1	4.7	4.6	5.9	5.9	5.5	6.4	7.0	8.2	8.6
萨克森州	0.9	0.7	0.6	1.1	1.2	1.4	1.6	2.0	2.3	1.0
萨克森-安哈特州	0.9	0.9	0.7	1.4	1.4	2.0	2.0	2.3	2.5	2.8
石勒苏益格-荷尔斯泰因州	2.4	2.5	2.8	4.1	4.7	4.7	5.4	6.5	6.3	6.5
图林根州	0.9	1.0	1.1	2.3	1.2	1.5	1.9	2.6	1.8	2.2

1）不来梅 2001 学年没有关于提前入学人数的可用数据。因此德国和市州数据中不含不来梅数据

来源：联邦统计局，学校数据统计；巴伐利亚州和巴登-符腾堡州统计局；自己计算得出

表 C4 - 2A：1995 - 2004 年各州所有入学情况中推迟入学所占比例（单位：%）

州	1995	1996	1997	1998	1999	2000	2001	2002	2003	2004
	单位：%									
全德国[1]	8.4	8.3	7.9	7.4	6.9	7.0	6.7	6.3	5.6	5.7
西部非市州	7.9	7.5	6.8	6.4	6.3	6.4	6.4	6.0	5.4	5.4
东部非市州	9.2	10.1	11.9	12.3	11.0	10.3	9.1	8.3	7.6	7.8
市州[1]	12.3	12.1	12.2	12.1	10.2	9.2	7.6	7.1	5.3	5.0
巴登-符腾堡州	9.1	8.4	7.2	6.4	6.9	6.1	6.4	6.2	5.8	5.9
巴伐利亚州	3.8	3.8	3.6	3.7	3.7	4.4	4.5	4.1	4.0	4.2
柏林	11.6	12.0	12.9	12.8	11.0	10.5	9.1	8.4	6.2	5.6
勃兰登堡州	8.1	8.2	9.7	9.0	8.4	7.7	7.5	8.5	8.0	7.7
不来梅[1]	16.3	14.8	12.9	13.1	12.3	12.2	•	9.0	4.9	7.9
汉堡	12.3	11.2	10.6	10.4	7.8	5.6	5.0	4.0	3.8	2.7
黑森州	8.5	8.6	8.2	8.0	7.9	7.8	8.0	8.3	6.5	8.6
梅克伦堡-前波莫瑞州	12.2	14.1	16.7	17.9	16.4	14.6	12.9	11.7	10.2	8.9
下萨克森州	10.0	9.5	8.6	8.4	7.5	7.7	7.8	7.2	6.4	6.6
北莱茵-威斯特法伦州	7.9	7.5	6.7	6.2	6.4	6.6	6.4	5.9	4.9	4.3
莱茵兰-普法尔茨州	7.9	7.7	6.8	7.0	7.1	7.4	6.9	6.7	5.4	4.6
萨尔州	7.9	7.1	6.7	6.5	6.9	3.8	3.5	2.8	5.1	5.6
萨克森州	11.0	12.3	14.3	15.1	14.4	13.6	12.6	10.5	9.6	8.6
萨克森-安哈特州	8.2	8.6	10.2	11.0	8.5	7.7	5.3	4.3	4.2	4.7
石勒苏益格-荷尔斯泰因州	14.4	12.5	11.7	10.8	9.2	9.1	8.4	7.1	7.1	6.7
图林根州	6.1	6.7	8.2	7.6	6.6	7.3	5.8	5.9	4.9	8.9

1）不来梅 2001 学年没有关于推迟入学人数的可用数据。因此德国和市州数据中不含不来梅数据

来源：联邦统计局，学校数据统计

表 C4－3A：1995－2004 年不同性别的所有入学情况中提前入学和推迟入学所占比例（单位：％）

年	提前入学		推迟入学	
	男　生	女　生	男　生	女　生
	单位：%			
1995	1.9	3.1	10.4	6.4
1996	2.1	3.4	10.1	6.3
1997	2.2	3.7	9.7	6.0
1998	3.2	5.1	9.1	5.5
1999	3.7	5.9	8.6	5.2
2000	3.9	6.0	8.7	5.1
2001[1]	4.5	7.1	8.4	4.9
2002	5.1	8.1	7.9	4.7
2003	6.2	9.5	7.0	4.1
2004	7.2	11.0	7.1	4.1

1) 不含不来梅

来源：联邦统计局，学校数据统计；巴伐利亚州和巴登-符腾堡州统计局；自己计算得出

表 C4－4A：2003 年欧洲个别国家义务教育开始时间及就读初等教育机构的 5－7 岁儿童所占比例（单位：％）

国　　家[1]	义务教育开始于	儿童就读初等教育机构的年龄[2]		
		5 岁	6 岁	7 岁
		比例（单位：%）		
6 岁儿童几乎都还没就读初等教育机构的国家				
丹麦	7 岁	0.0	0.0	96.6
芬兰	7 岁	0.0	0.5	96.3
波兰[3]	7 岁	0.0	0.9	97.4
瑞典	7 岁	0.0	3.3	98.5
少于三分之二的 6 岁儿童就读初等教育机构的国家				
匈牙利[4]	6 岁	0.0	27.5	94.9
德国	6 岁	0.1	49.0	99.3
捷克	6 岁	0.0	53.9	89.2
斯洛伐克	6 岁	0.0	56.1	96.8
奥地利	6 岁	0.0	61.0	98.0
卢森堡[5]	6 岁	0.5	63.8	96.7
几乎所有 6 岁儿童就读初等教育机构的国家				
比利时	6 岁	1.3	95.2	100.1
冰岛	6 岁	0.1	98.1	99.0

（续表）

国　　家[1]	义务教育开始于	儿童就读初等教育机构的年龄[2]		
		5 岁	6 岁	7 岁
		比例（单位：%）		
希腊	6 岁	1.0	98.3	99.0
挪威	6 岁	0.0	99.5	99.2
荷兰[6]	4 岁	0.0	99.6	100.2
英国	4 岁至 5 岁	100.9	99.9	101.0
爱尔兰[7]	4 岁	99.3	100.0	100.0
西班牙	6 岁	0.0	101.6	101.5
意大利	6 岁	0.4	102.7	102.0
法国	6 岁	1.4	100.8	101.7
葡萄牙	6 岁	1.5	101.1	107.0

1) 以 6 岁儿童就读初等教育机构的情况划分国家
2) 由于调查学生数据和人口数据的规定日有偏差，可能存在超过 100% 的比例。经合组织未对此发表进一步说明
3) 波兰：自 2004/05 学年起必须提前一年入学
4) 匈牙利：儿童自 5 岁起有义务参与学校活动
5) 卢森堡：4 岁以上儿童义务就读的学前班（Spillschoul）不属于初等教育领域
6) 荷兰：没有独立的学前教育。儿童自 4 岁起可以就读初等教育（Basisonderwijs），5 岁以上的儿童有义务就读
7) 爱尔兰：没有独立的学前教育。儿童自 4 岁起可以就读幼儿班（infant classes），但并非义务性
来源：经合组织，2005 年教育概览；欧洲委员会，2005 年欧洲教育指数

表 D1－1A：2004/05 学年各州学生在中等教育第一阶段*各学校类型的分布情况

州	学生人数	其中就读：						
		不受学校类型限制的定向阶段	普通中学	实科中学	提供多种学程的学校类型	文理中学	一体化综合中学	私立华德福学校
	总数	单位：%						
巴登-符腾堡州	702880	0.1	29.2	35.2	X	33.5	0.5	1.5
巴伐利亚州	805898	0.1	36.5	30.4	X	32.3	0.2	0.4
柏林	133106	X	12.3	20.3	X	38.7	27.7	0.9
勃兰登堡州	113190	X	X	17.9	X	33.3	48.3	0.5
不来梅	37336	1.37[1]	13.9	19.4	4.8	29.5	17.5	1.1
汉堡	87648	0.8	14.4	10.7	3.5	41	28	1.6
黑森州	366135	9.1[1]	11.9	25.1	X	36.8	16.4	0.7
梅克伦堡-前波莫瑞州	94720	X	5.5	27.7	25.3	34.9	6.2	0.4
下萨克森州	525782	X	23.5	37.1	0.2	34.4	4.3	0.6
北莱茵-威斯特法伦州	1222245	X	23.2	28.2	X	32.1	15.9	0.6
莱茵兰-普法尔茨州	262370	X	18.3	26.7	16	33.5	5	0.4

(续表)

州	学生人数	其中就读:						
		不受学校类型限制的定向阶段	普通中学	实科中学	提供多种学程的学校类型	文理中学	一体化综合中学	私立华德福学校
	总数	单位: %						
萨尔州	62487	X	0.5	2.2	44.5	35.2	16.6	1.1
萨克森州	206538	X	X	X	65.1	34.6	X	0.3
萨克森-安哈特州	126531	X	X	X	60.9	37.1	1.8	0.2
石勒苏益格-荷尔斯泰因州	184035	X	25.2	36.1	X	30.8	6.6	1.3
图林根州	115148	X	X	X	59.3	38.3	2	0.4

＊ 不含特殊学校

1) 即将终止的学校类型

来源: 联邦统计局,2004/05 学年学校数据统计

表 D1－2A: 2004/05 学年各州前一学年就读小学的五年级生＊在各学校类型中的分布情况

州	学生人数[1]	其中就读:(单位: %)					
		不受学校类型限制的定向阶段	普通中学	实科中学	提供多种学程的学校类型	文理中学	一体化综合中学
全德国	725729	2.2	21.5	24.6	6	37.6	8
德国西部	669720	2.4	23.4	26.5	1.9	37.3	8.5
德国东部	56009	X	X	0.8	55.8	41	2.4
巴登-符腾堡州	111253	0.2	30.9	32.5	X	35.9	0.6
巴伐利亚州	127684	0.3	42.8	21.3	X	35.3	0.3
柏林	26360	X	8.7	18.9	X	42.3	30
勃兰登堡州	14479	X	X	20.3	X	34.8	44.9
不来梅	5480	X	X	X	31.6	42.1	26.3
汉堡	14070	2.4	24	X	X	44.9	28.8
黑森州	58020	26.3	4.4	14.4	X	40	14.9
梅克伦堡-前波莫瑞州	8857	X	X	4.8	43.2	44.4	7.6
下萨克森州	84714	X	17.6	36.7	X	41.1	4.6
北莱茵-威斯特法伦州	186910	X	17.8	28.5	X	36.8	17
莱茵兰-普法尔茨州	42612	X	15.9	25.9	15.7	37	5.5
萨尔州	9907	X	0.9	1.8	39.9	38.6	18.9
萨克森州	21629	X	X	X	63	37	X
萨克森-安哈特州	13330	X	X	X	51.9	45.3	2.8

（续表）

州	学生人数[1]	其中就读：（单位：%）					
		不受学校类型限制的定向阶段	普通中学	实科中学	提供多种学程的学校类型	文理中学	一体化综合中学
石勒苏益格-荷尔斯泰因州	29070	X	21.8	36.4	X	34.7	7.1
图林根州	12193	X	X	X	56.2	41.3	2.5

* 由于柏林和勃兰登堡州施行小学六年制，因此这两个州以七年级为参考点。德国和德国东部的数值不包括柏林和勃兰登堡州。因无法证实汉堡的小学升学率，故呈现五年级各学校类型的学生分布

1）不含特殊学校和私立华德福学校

来源：联邦统计局，2004/05 学年学校数据统计

表 D1－3A：同一级学生的五年级（2000/01）*和九年级（2004/05）在各州各学校类型中的分布情况

州	年级	学生人数[1]	其中就读：						
			不受学校类型限制的定向阶段	普通中学	实科中学	提供多种学程的学校类型	文理中学	一体化综合中学	私立华德福学校
		总数	单位：%						
全德国	五年级	861297	16.3	21.3	18.1	7.6	29.1	6.9	0.7
	九年级	875463	X	25.6	26.6	9.6	30.3	7.2	0.6
德国西部	五年级	731131	15.1	25	20.2	1.6	29.3	7.9	0.8
	九年级	747976	X	29.7	30	1.9	29.6	8.2	0.7
德国东部	五年级	130166	22.7	0.6	6.2	41.3	27.9	1.1	0.2
	九年级	127487	X	1.9	6.5	54.9	34.8	1.8	0.2
巴登-符腾堡州	五年级	122051	0.2	34.3	31.1	X	32.5	0.5	1.4
	九年级	126613	X	33.8	34.2	X	30.2	0.5	1.3
巴伐利亚州[2]	五年级	144634	0.3	54	12.4	X	32.6	0.4	0.4
	九年级	144299	X	42.2	29.5	X	27.6	0.3	0
不来梅	五年级	6218	87.7	X	X	X	X	11.1	1.2
	九年级	6465	X	22.3	27.6	X	32.1	16.9	1.1
汉堡	五年级	15219	2.5	26.9	X	X	43.8	25.2	1.6
	九年级	15176	X	11.6	17	5.1	37.6	27.2	1.6
黑森州	五年级	64226	33.7	5.2	13.6	X	30.6	16.2	0.6
	九年级	64532	X	19	29.3	X	33	18	0.6
梅克伦堡-前波莫瑞州	五年级	22231	X	3.3	36.4	17.5	37.8	4.8	0.3
	九年级	23085	X	10.4	35.8	15.2	32.4	6	0.2
下萨克森州	五年级	88612	93.3	X	X	X	2	4.1	0.6
	九年级	89408	X	28.7	36.6	0.5	29.6	4	0.5

（续表）

州	年级	学生人数[1]	不受学校类型限制的定向阶段	普通中学	实科中学	提供多种学程的学校类型	文理中学	一体化综合中学	私立华德福学校
		总数	单位：%						
北莱茵－威斯特法伦州	五年级	201887	X	19.5	29.4	X	34.6	15.9	0.7
	九年级	211359	X	26.5	27.8	X	29.3	15.8	0.6
莱茵兰－普法尔茨州	五年级	45882	X	20.6	26.3	14.9	33	4.7	0.4
	九年级	46066	X	23.9	26.1	16	28.7	4.8	0.4
萨尔州	五年级	11302	X	0.8	1.6	42.7	37.7	16.2	0.9
	九年级	11580	X	0.4	2	49.3	31.1	16.3	0.9
萨克森州	五年级	49380	X	X	X	66	33.8	X	0.2
	九年级	48715	X	X	X	66.2	33.6	X	0.2
萨克森-安哈特州	五年级	30345	97.4	X	X	X	2.5	X	0.2
	九年级	28163	X	X	X	60.3	37.9	1.5	0.2
石勒苏益格-荷尔斯泰因州	五年级	31100	X	22.5	37	X	33	6.2	1.2
	九年级	32478	X	30.5	35.2	X	26.8	6.2	1.2
图林根州	五年级	28210	X	X	X	61.4	37.3	1.2	0.2
	九年级	27524	X	X	X	62.5	35.7	1.5	0.2
柏林	七年级	35015	X	8.9	21.5	X	41.5	27.4	0.6
	九年级	34476	X	12.5	21.9	X	37.5	27.5	0.6
勃兰登堡州	七年级	32249	X	0	18.6	X	32.2	48.9	0.3
	九年级	32947	X	0	18.1	X	34.4	47.2	0.3

＊ 由于柏林和勃兰登堡州施行小学六年制，因此这两个州以七年级（2002/03 学年）为参考点。德国和德国东部的分布情况中不包括柏林和勃兰登堡州

1) 不含特殊学校学生

2) 在巴伐利亚州，对于五年级未转入文理中学的学生而言，普通中学是常规学校，因此在这里，七年级对于升入高级学校类型（尤其是实科中学）起决定作用。七年级实科中学生的比例较之五年级增长了一倍，从该年级的 12% 增长到 27%，而普通中学比例下降了 17%

来源：联邦统计局，2000/01、2002/03、2004/05 学年学校数据统计

表 D1－4A：2004/05 学年七到九年级的学校类型过渡＊

学校类型配对（A－B）	转变方向（A→B 或 B→A）	全 德 国		德国西部		德国东部	
		总数	单位：%	总数	单位：%	总数	单位：%
转变学校类型者’总计（7 岁至 9 岁）		79787	100	62676	100	17111	100
普通中学-实科中学	A→B	10185	12.8	10114	16.1	71	0.4
	B→A	20242	25.4	18986	30.3	1256	7.3
实科中学-文理中学	A→B	1851	2.3	1622	2.6	229	1.3
	B→A	21026	26.4	20047	32	979	5.7

(续表)

学校类型配对 （A－B）	转变方向 （A→B 或 B→A）	全 德 国		德国西部		德国东部	
		总数	单位：%	总数	单位：%	总数	单位：%
提供多种学程的学校类型- 文理中学	A→B	5431	6.8	42	0.1	5389	31.5
	B→A	4151	5.2	1026	1.6	3125	18.3
普通中学-文理中学	A→B	279	0.3	277	0.4	2	0
	B→A	1398	1.8	1382	2.2	16	0.1
升级`总计		17746	22.2	12055	19.2	5691	33.2
降级`总计		46817	58.8	41441	66.1	5376	31.4
普通中学-提供多种学程的 学校类型	A→B	1513	1.9	1203	1.9	310	1.8
	B→A	389	0.5	241	0.4	148	0.9
提供多种学程的学校类型- 实科中学	A→B	691	0.9	122	0.2	569	3.3
	B→A	2505	3.1	590	0.9	1915	11.2
普通中学-一体化综合中学	A→B	855	1.1	800	1.3	55	0.3
	B→A	1504	1.9	1157	1.8	347	2
实科中学-一体化综合中学	A→B	2341	2.9	1661	2.7	680	4
	B→A	1412	1.8	965	1.5	447	2.6
提供多种学程的学校类型- 一体化综合中学	A→B	182	0.2	32	0.1	150	0.9
	B→A	216	0.3	137	0.2	79	0.5
文理中学-一体化综合中学	A→B	2302	2.9	1582	2.5	720	4.2
	B→A	1314	1.6	690	1.1	624	3.6

* 不含从/向私立华德福学校和特殊学校的过渡

来源：联邦统计局，2004/05 学年学校数据统计；汉堡教育体育局，管理处：2004/05 学年专业统计

表 D1－5A：1994－2004 年有特殊教育促进需求的学生人数发展情况及促进率

促 进 重 点	有特殊教育促进需求的学生		变化 （单位：%）	特殊教育促进率[1]（单位：%）	
	1994	2004		1994	2004
总计	382330	476958	19.8	4.26	4.96
学习	217646	242777	10.4	2.43	2.52
看	4030	6539	38.4	0.05	0.07
听	9942	13578	26.8	0.11	0.14
说	31247	45484	31.3	0.35	0.47
身体发展	19411	27524	29.5	0.22	0.29
精神发展	53976	73413	26.5	0.6	0.76
情绪/社会发展	20605	43434	52.6	0.23	0.45
其他	25473	24209	－5.2	0.28	0.25

1）在普通教育学校所有学生中的百分比

来源：德国各州文教部长联席会议统计报告(2003)，第 170 号文件；联邦统计局，2004/05 学年学校数据统计

表 D1‐6A：2004/05 学年各年级向特殊学校的过渡

年　级	（A）过渡至特殊学校			（B）转变自特殊学校		
	总　数	单位：%[1]	单位：%[2]	总　数	单位：%[1]	单位：%[2]
一年级	1975	X	7.66	306	0.04	X
二年级	4231	0.51	18.6	1118	0.13	4.1
三年级	4482	0.56	19.6	1504	0.19	6.2
四年级	4438	0.57	16.7	453	0.06	1.7
五年级	5047	0.64	17.2	2432	0.31	8.2
六年级	4166	0.51	12.3	594	0.07	1.8
七年级	4059	0.48	10.4	1140	0.13	2.8
八年级	3336	0.36	7.9	358	0.04	0.9
九年级	2263	0.24	5.6	450	0.05	1
十年级	1124	0.12	6	653	0.09	1.5
十一年级	135	0.02	15.2	12	0	0.1
十二年级	84	0.03	16.8	—	—	—
十三年级	22	0.01	6.5	—	—	—
无数据	11429	0.12	2.7	9	0	0
总计	46791	0.51	11	9029	0.1	2.1

（A）向特殊学校的过渡：

1）转至特殊学校的学生数与上一年级时在其他普通教育学校体系的学生(不含特殊学校生)人数的比例关系

2）转至特殊学校的学生在该年级所有特殊学校生中的比例

（B）从特殊学校的过渡

1）从特殊学校转校的人数与其他普通教育学校体系的学生(不含特殊学校生)总数的比例关系

2）从特殊学校转到普通教育学校的学生数与上一年级时所有特殊学校生人数的比例关系

来源：联邦统计局，2004/05 学年学校数据统计

表 D2‐1A：2004/05 学年各州不同学制阶段的复读情况

州	复　读							
	初等教育 （1－4 年级）		中等教育第一阶段 （5－10 年级）		中等教育第二阶段 （11－12/13 年级）		总　　计 （1－12/13 年级）	
	总数	单位：%	总数	单位：%	总数	单位：%	总数	单位：%
全德国	45480	1.4	185000	3.6	22349	2.9	252829	2.8
德国西部	39540	1.4	154251	3.7	16958	2.8	210749	2.8
德国东部	5940	1.4	30749	3.6	5391	3.1	42080	2.9
巴登-符腾堡州	6348	1.4	15885	2.3	1583	1.8	23816	1.9
巴伐利亚州	6325	1.2	48292	6	2517	2.8	57134	4.1
柏林	975	0.9	6450	3.6	2072	4.8	9497	2.9
勃兰登堡州	942	1.4	4612	3.4	604	1.7	6158	2.6
不来梅	567	2.3	1341	3.6	466	6	2374	3.4

（续表）

州	复 读							
	初等教育 （1－4 年级）		中等教育第一阶段 （5－10 年级）		中等教育第二阶段 （11－12/13 年级）		总 计 （1－12/13 年级）	
	总数	单位：%	总数	单位：%	总数	单位：%	总数	单位：%
汉堡	1111	1.9	2178	2.5	598	3.2	3887	2.4
黑森州	3795	1.6	15601	4.3	2158	3.9	21554	3.2
梅克伦堡-前波莫瑞州	875	2	4416	4.7	318	1.7	5609	3.6
下萨克森州[1]	5230	1.5	13704	2.6	1146	1.6	20080	2.1
北莱茵-威斯特法伦州	10048	1.3	40718	3.4	6574	3.3	57340	2.6
莱茵兰-普法尔茨州	2922	1.7	7201	2.8	967	2.5	11090	2.4
萨尔州	966	2.4	2227	3.6	384	4.2	3577	3.2
萨克森州	1264	1.2	5832	2.8	1192	3.9	8288	2.4
萨克森-安哈特州	1344	2.3	6231	4.9	574	2.1	8149	3.8
石勒苏益格-荷尔斯泰因州	2228	1.9	7104	3.9	565	2.5	9897	3
图林根州	540	0.9	3208	2.8	631	3.3	4379	2.3

1）下萨克森州中等教育第二阶段的复读仅涉及 11 年级

来源：联邦统计局，2004/05 学年学校数据统计

表 D2－2A：2004/05 学年各年级不同性别的复读生情况

年 级	复 读 生					
	总 计		男		女	
	总 数	单位：%	总 数	单位：%	总 数	单位：%
初等教育	45480	1.4	24924	1.5	20556	1.3
一年级	12212	1.5	6796	1.7	5416	1.4
二年级	15361	1.9	8153	1.9	7208	1.8
三年级	11323	1.5	6211	1.6	5112	1.3
四年级	6468	0.9	3698	1	2770	0.7
无数据	116	X	66	X	50	X
中等教育第一阶段	185000	3.6	108661	4.2	76339	3
五年级	19670	2.5	11105	2.7	8565	2.2
六年级	16520	2.1	10813	2.6	5707	1.5
七年级	34522	4	20939	4.7	13583	3.2
八年级	42676	4.6	24611	5.2	18065	4
九年级	47338	5.1	27599	5.8	19739	4.3
十年级	23924	3.2	13406	3.7	10518	2.7
无数据	350	X	188	X	162	X

（续表）

年　级	复　读　生					
	总　计		男		女	
	总　数	单位：%	总　数	单位：%	总　数	单位：%
中等教育第二阶段	22349	2.9	12490	3.7	9859	2.3
十一年级	10889	3.7	6133	4.7	4756	2.9
十二年级	7985	3	4379	3.7	3606	2.4
十三年级	3475	1.6	1978	2.1	1497	1.2
’总计	252829	2.8	146075	3.2	106754	2.4

来源：联邦统计局，2004/05学年学校数据统计

表 D2－3A：1995/96 学年至 2004/05 学年间不同学校类型和性别的复读率发展情况（单位：%）

学年	性别	复　读　率									
		初等教育	中等教育第一阶段	按照学校类型					中等教育第二阶段	按照学校类型	
				普通中学	实科中学	提供多种学程的学校类型	文理中学	一体化综合中学[1]		文理中学	一体化综合中学[1]
		单位：%									
1995/96	总计	1.8	3.6	3.4	5.3	3.4	2.9	—	2.5	2.5	—
	男	2.1	4.2	3.8	6.1	4.3	3.5	—	3	3	—
	女	1.6	2.9	2.8	4.6	2.4	2.3	—	2	2	—
2000/01	总计	1.9	4.1	4.3	6	3.9	3.2	—	3.2	3.2	—
	男	2.1	4.9	4.8	6.9	4.8	4	—	4.1	4.1	—
	女	1.6	3.3	3.5	5.1	2.8	2.5	—	2.5	2.5	—
2004/05	总计	1.4	3.6	4.1	5.1	4.6	2.3	2.6	2.9	2.7	4.8
	男	1.5	4.2	4.6	5.8	5.5	2.8	3	3.7	3.5	5.6
	女	1.3	3	3.6	4.5	3.6	1.9	2.2	2.3	2.1	4.1

1）一体化综合中学复读生人数从 2004/05 学年开始有联邦层面的数据

来源：联邦统计局，1995/96、2000/01、2004/05学年学校数据统计

表 D2－4A：九年级和十年级不同学校类型"复读生和休学生"及"正常就读生"的 PISA 2000 专业成绩

专业成绩		学　校　类　型				
		普通中学	实科中学	文理中学	提供多种学程的学校类型	一体化综合中学
		阅　读				
（1）九年级复读生与休学生	平均值	76.72	99.73	124.68	85.93	84.82
	总　数	256	305	203	84	89
（2）九年级正常就读生	平均值	83.13	104.4	124.1	97.51	95.33
	总　数	371	565	714	190	181

（续表）

专 业 成 绩		学 校 类 型				
		普通中学	实科中学	文理中学	提供多种学程的学校类型	一体化综合中学
（3）十年级正常就读生	平均值	89.3	115.06	134.25	111.79	103.04
	总　数	47	217	427	85	109
平均值差异	（1）与（2）	6.41	4.67**	0.58	11.58***	10.51**
	（1）与（3）	12.58***	15.33***	9.57***	25.86***	18.22***
数　学						
（1）九年级复读生与休学生	平均值	78.73	100.39	122.45	89.55	88.9
	总　数	153	167	120	41	50
（2）九年级正常就读生	平均值	84.06	104.88	124.97	99.97	96.68
	总　数	197	307	387	106	102
（3）十年级正常就读生	平均值	89.14	113.83	134.36	109.75	102.27
	总　数	26	120	242	47	62
平均值差异	（1）与（2）	5.33***	4.49	2.52	10.42*	7.78
	（1）与（3）	10.41***	13.44***	11.91***	20.2***	13.37*

显著平均值差异：* $p<0.05$，** $p<0.01$，*** $p<0.001$.

来源：德国 PISA 组织（2001）：PISA 2000，学生基础能力之国际比较，奥普拉登，第 474 页

表 D3－1A：各学校类型 2002－2004 年全日制学校供给的扩建及 2004 年全日制学校运行的组织模式

学 校 类 型	年			2004 年组织模式		
	2002	2003	2004	完全制约	部分制约	开放型
	总　　数			单位：%		
小学	1757	2106	2766	4.3	6.3	89.5
不受学校类型限制的定向阶段	185	186	177	7.3	15.3	77.4
普通中学	618	777	939	21.1	27.7	51.2
提供多种学程的学校类型	329	504	553	1.4	12.3	86.3
实科中学	288	330	400	13.8	16.8	69.5
文理中学	386	499	644	19.3	9.2	71.6
一体化综合中学	488	493	507	74	6.5	19.5
私立华德福学校	30	40	63	54	4.8	41.3
特殊学校	1315	1333	1432	62.6	3.5	33.9

来源：德国各州文教部长联席会议秘书处（2006），德国各州全日制普通教育学校报告——2002 年至 2004 年，波恩，表 2.1.1 及之后表格，第 4 页起

表 D3－2A：2004 年各学校类型中全日制学校在所有学校中的比例(单位：%)

州	全日制学校比例								
	小学	不受学校类型限制的定向阶段	普通中学	提供多种学程的学校类型	实科中学	文理中学	一体化综合中学	私立华德福学校	特殊学校
	单位：%								
全德国	16.3	15.8	18.1	24.9	13.3	20.6	69.5	35	41.2
巴登-符腾堡州	1.4	100	15.7	X	4.3	12.3	100	13	37.6
巴伐利亚州	7.1	100	13.8	X	22.3	24.9	100	16.7	43.5
柏林	43.7	8.8	1.7	X	3.6	4.1	84.1	—	57.9
勃兰登堡州	10.6	11.1	X	X	6.3	9.2	38.9	100	44.4
不来梅	12.1	17.8	27.8	27.6	22.2	15.4	61.5	—	—
汉堡	3.4	—	7.6	26.7	7.7	94.6	21.1	—	40.4
黑森州	5.4	38.8	35.6	X	35.5	31.2	76.7		34.7
梅克伦堡-前波莫瑞州	6.8	X	0	37.3	—	48.2	106.3	100	17.5
下萨克森州	1.9	X	25.3	—	22	20.1	84.8	—	16.7
北莱茵-威斯特法伦州	18.3	X	20.3	X	4	4.5	97.2	82.1	31.9
莱茵兰-普法尔茨州	11.5	X	35.9	33.7	18.8	13.6	26.3	33.3	63.1
萨尔州	29	X	—	57.7	—	57.1	66.7	25	53.7
萨克森州	94.3	X	X	53.3	X	59.7	X	—	89.9
萨克森-安哈特州	3.9	X	X	4	X	12.4	100	100	100
石勒苏益格-荷尔斯泰因州	7.8	X	16.6	X	5.1	8.5	69.6	60	7.1
图林根州	97.1	X	X	40.1	X	26.9	50	100	100

来源：德国各州文教部长联席会议秘书处(2006)，德国各州全日制普通教育学校报告——2002 年至 2004 年，波恩，表 2，表 2.1.1 及之后表格，第 4 页起

表 D3－3A：2002－2004 年各州全日制学校在普通教育学校中的比例(单位：%)

州	全日制学校的比例		
	2002	2003	2004
	单位：%		
全德国	9.8	10.8	12.5
巴登-符腾堡州	5.8	7.1	8.9
巴伐利亚州	2.3	2.6	2.9
柏林	21.9	22.1	23.6
勃兰登堡州	10.7	11.2	15.6
不来梅	4.6	7.4	9.2
汉堡	5.7	6.2	10.1

（续表）

州	全日制学校的比例		
	2002	2003	2004
	单位：%		
黑森州	13.7	13.6	16.2
梅克伦堡-前波莫瑞州	8.1	12.9	15.4
下萨克森州	6.2	7.3	10.5
北莱茵-威斯特法伦州	14.6	15.3	16.3
莱茵兰-普法尔茨州	5.7	7.1	8.3
萨尔州	4.3	5.5	5.7
萨克森州	22.3	24.4	27
萨克森-安哈特州	9.6	10	14
石勒苏益格-荷尔斯泰因州	3.6	4.4	8
图林根州	21.4	31.9	34.9

来源：德国各州文教部长联席会议秘书处：《德国各州全日制普通教育学校报告——2002 年至 2004 年》，波恩，2006 年，表 3.1.1，第 30 页

表 D3-4A：1994-2002 年各州学童托管所的可用名额、六岁半至十岁半儿童总数以及供给率

州	1994			1998			2002		
	名额	六岁半至十岁半儿童	每 100 名儿童的名额供给率[1]	名额	六岁半至十岁半儿童	每 100 名儿童的名额供给率[1]	名额	六岁半至十岁半儿童	每 100 名儿童的名额供给率[1]
	总	数	单位：%	总	数	单位：%	总	数	单位：%
全德国	631332	3642655	17.3	572503	3654314	15.7	454560	3205154	14.2
西部非市州	106636	2640356	4	132680	2860488	4.6	160436	2702916	5.9
东部非市州	427918	767015	55.8	349253	572091	61	213488	314889	67.8
市州	96778	235285	41.1	90570	221736	40.8	80636	187350	43
巴登-符腾堡州	13125	458057	2.9	15743	490044	3.2	22242	467194	4.8
巴伐利亚州	24990	514061	4.9	31936	559442	5.7	37649	531453	7.1
柏林[2]	80031	152217	52.6	71957	133015	54.1	61452	103930	59.1
勃兰登堡州	93830	144194	65.1	82085	110014	74.6	45407	62724	72.4
不来梅	4044	24314	16.6	4184	25601	16.3	4381	23954	18.3
汉堡	12703	58754	21.6	14429	63121	22.9	14803	59466	24.9
黑森州	17700	241850	7.3	21446	259665	8.3	24385	246284	9.9
梅克伦堡-前波莫瑞州	49692	110295	45.1	45518	79481	57.3	25823	40809	63.3
下萨克森州	10091	331133	3	12666	365363	3.5	15672	350740	4.5
北莱茵-威斯特法伦州	29950	765819	3.9	37146	826707	4.5	43065	772298	5.6

（续表）

州	1994			1998			2002		
	名额	六岁半至十岁半儿童	每100名儿童的名额供给率[1]	名额	六岁半至十岁半儿童	每100名儿童的名额供给率[1]	名额	六岁半至十岁半儿童	每100名儿童的名额供给率[1]
	总　数		单位：%	总　数		单位：%	总　数		单位：%
莱茵兰-普法尔茨州	5013	174454	2.9	6185	187651	3.3	8117	173070	4.7
萨尔州	997	44734	2.2	1599	46572	3.4	2670	41563	6.4
萨克森州	121925	232225	52.5	110033	173961	63.3	76825	97145	79.1
萨克林-安哈特州[2]	71371	145051	49.2	62615	109310	57.3	36355	59036	61.6
石勒苏益格-荷尔斯泰因州	4770	110249	4.3	5959	125045	4.8	6636	120316	5.5
图林根州[2]	91100	135252	67.4	49002	99326	49.3	29078	55176	52.7

1) 每100名六岁半至十岁半儿童的平均可用学童托管所名额总数

2) 柏林和图林根州(1994、1998、2002 年)及萨克森-安哈特州(1994、1998 年)的学童名额增加了上学童托管所的学童名额

来源：联邦统计局，1994、1998、2002 年儿童和青少年福利中心数据统计，自己计算得出

表 D4-1A：2002-2005 年私人家庭配备电脑和接通互联网的情况(单位：%)

特　征	调　查　年　份			
	2002	2003	2004	2005
	单位：%			
1) 配备电脑	在所有家庭中的比例			
－ 总计	57	62	66	67
－ 按照年龄段	在家庭成员中的比例			
10-24 岁	—	90	93	95
25-54 岁	—	79	84	88
55 岁及以上	—	37	41	49
2) 接通互联网	在所有家庭中的比例			
－ 总计(a)	43	51	57	58
－ 总计(b)[1]	在至少一个成员低于 75 岁的家庭中的比例			
德国	46	54	60	62
欧盟 15 国	39	43	46	53
－ 按照年龄段	在家庭成员中的比例			
10-24 岁	—	75	85	87
25-54 岁	—	68	74	80
55 岁及以上	—	28	32	41

（续表）

特　征	调　查　年　份			
	2002	2003	2004	2005
	单位：%			
3）使用互联网	在所有家庭中的比例			
－ 总计	46	52	58	61
－ 按照年龄段	在家庭成员中的比例			
10 - 24 岁	71	78	86	89
25 - 54 岁	58	65	73	76
55 岁及以上	16	18	22	27
－ 按照社会群体	在家庭成员中的比例			
从业人员	—	68	74	78
接受培训者	—	81	90	92
失业者	—	47	59	59
大学生	—	97	99	99
中小学生	—	86	93	95
－ 为了学校/高校培训[2]	在使用互联网的人群中的比例			
从业人员	—	5	8	—
接受培训者	—	41	46	—
失业者	—	·	·	—
大学生	—	95	96	—
中小学生	—	74	75	—

1）在至少一个成员低于 75 岁的所有家庭中的比例
2）仅 2003 和 2004 年有互联网作为教育目的的可比较数据
来源：联邦统计局"企业和家庭信息技术"调查（2002,2003,2004,2005）

表 D4 - 2A：2003 年德国和经合组织不同性别电脑相关知识的最重要中介机构（单位：%）

	学　校	朋　友	家　庭	自　学	其　他
德国女生	18.5	11.5	35.6	30.1	4.3
德国男生	8.8	20.5	18.8	47.6	4.3
德国总体	13.8	15.9	27.3	38.8	4.3
经合组织女生	33.7	12.9	24.4	25.1	4
经合组织男生	18.5	21.9	15.3	40.2	4.1
经合组织总体平均情况	26	17.5	19.8	32.7	4

来源：德国 PISA 组织（2004）：PISA 2003,德国青少年教育水平,第二次国际比较结果,明斯特;通过 IPN 补算

表 D4－3A：2003 年电脑相关知识(电脑知识测试中正确答题的比例)与最重要的学习地点的相关性*(单位：%)

性　别	学　校	朋　友	家　庭	自　学	其　他	总　计
	单位：%					
女生	51	55	57	60	49	57
男生	49	65	66	76	54	69

* 仅 PISA－I 抽样检查

来源：德国 PISA 组织(2004)；PISA 2003,德国青少年教育水平,第二次国际比较结果,明斯特(通过 IPN 补算)

表 D5－1A：2004 年最重要的活动领域中 14－19 岁人员对能力习得的自我评价(单位：%)

活 动 领 域	很大程度	较大程度	较少程度	完全没有	总　计
	单位：%				
体育/运动	14.0	41.3	43.0	1.7	100
学校	8.2	47.5	40.2	4.1	100
教会/宗教	15.7	40.4	34.8	9.0	100
事故/急救服务/消防	20.4	51.9	24.1	3.7	100
文化/音乐	18.3	55.0	25.0	1.7	100
业余活动/交际	20.4	51.0	24.5	4.1	100

来源：2004 年志愿者研究,自己计算得出

表 D5－2A：1999、2004 年 14－19 岁人员耗时最多活动的组织框架(单位：%)

组 织 形 式	1999	2004
	单位：%	
组织和机构	85.3	78.9
其中：		
社团	47.5	45.8
教会/宗教团体	16.8	12.3
国家/地方机构	12.0	11.0
协会	6.6	5.4
私立机构/基金会	0.7	4.2
党派	1.7	0.2
结构较弱的组织形式	11.5	17.1
其中：		
公民自发组织/项目	3.9	8.2
自组群体	6.6	8.0
自我互助组合	1.0	0.9
其他	3.2	4.0
总计	100	100

来源：1999、2004 年志愿者研究,自己计算得出

表 D5‑3A：2004 年重要活动领域中 14‑19 岁人员耗时最多活动的组织框架(单位：%)

活动领域 / 活动组织形式	学校/幼儿园	教会/宗教	事故/急救服务/消防	体育/运动	文化/音乐	业余活动/交际
	单位：%					
组织和机构	57.6	89.7	96.3	89.5	56.0	73.0
其中：						
社团	21.2	29.5	44.4	84.3	35.6	54.2
协会	4.2	3.4	20.4	1.7	5.1	2.1
教会/宗教团体	5.9	46.6	5.6	0.0	8.5	10.4
国家/地方机构	24.6	6.8	18.5	3.5	5.1	2.1
结构较弱的组织形式	35.6	6.8	3.7	9.9	39.0	16.7
其中：						
私立机构	1.7	3.4	7.4	0.0	1.7	4.2
自我互助组合	1.7	0.0	0.0	4.7	5.1	0.0
公民自发组织或项目	21.2	0.0	0.0	1.7	15.3	6.3
自组群体	12.7	6.8	3.7	3.5	18.6	10.4
其他	6.8	3.5	0.0	0.6	5.0	10.3
总计	100	100	100	100	100	100

来源：2004 年志愿者研究，自己计算得出

表 D5‑4A：2004 年 14‑19 岁学生的志愿活动率，按照就读的学校类型与全日制或半日制学校划分

学校形式 半日制/全日制学校	学 生 总 数	参与志愿活动	
		是	否
		单位：%	
学校类型总计	837	38.4	61.6
其中：			
普通中学	94	23.4	76.6
实科中学	250	37.2	62.8
文理中学	394	44.7	55.3
一体化综合中学	55	25.5	74.5
中等中学/中级中学	(9)	(44.4)	(55.6)
特殊学校	(9)	(22.2)	(77.8)
其他学校类型	(26)	(42.3)	(57.7)
全日制学校	85	36.5	63.5
半日制学校	752	38.6	61.4

来源：2004 年志愿者研究，Alter U20

表 D6‑1A：2003 年 15 岁人员的 PISA 技能水平，2000‑2003 年间的成绩变化* 以及 2003 年各州的社会陡度**

州	2003 年技能平均值				成 绩 变 化			2003 年阅读能力的社会陡度
	阅读	数学	自然科学	解决问题	阅读增长	自然科学增长	数学增长	
经合组织	·	·	·	·	−6	0	11	·
巴伐利亚州	518	533	530	534	8	22	27	26.2
巴登-符腾堡州	507	512	513	521	7	8	15	39.9
柏林	481	488	493	507	·	·	·	39.5
勃兰登堡州	478	492	486	504	*19*	*16*	*33*	31.8
不来梅	467	471	477	491	*19*	*16*	*38*	47.7
汉堡	478	481	487	505	·	·	·	43.8
黑森州	484	497	489	507	8	8	*23*	38.6
梅克伦堡-前波莫瑞州	473	493	491	502	6	*13*	*24*	35.0
下萨克森州	481	494	498	506	7	*22*	*26*	41.8
北莱茵-威斯特法伦州	480	486	489	500	−2	*11*	10	42.2
莱茵兰-普法尔茨州	485	493	497	508	0	8	12	31.2
萨尔州	485	498	504	500	1	*19*	*26*	38.9
萨克森州	504	523	522	527	*13*	*23*	*39*	32.8
萨克森-安哈特州	482	502	503	501	*27*	*32*	*49*	38.0
石勒苏益格-荷尔斯泰因州	488	497	497	509	10	*11*	14	44.0
图林根州	494	510	508	511	*12*	*13*	*31*	29.3

*　显著增长以斜体表示

**　社会陡度是描述社会出身与所习得的能力之间关系的(通常为线性的)函数。陡度的上升成为关系紧密度的指示器。基于(最高)职业地位国际社会经济指标(HISEI)测定社会出身。缺失数值已填补；与技能测定时不同，此处未考虑特殊学校生

来源：德国 PISA 组织(2004)：PISA 2003，德国青少年教育水平，第二次国际比较结果，明斯特；通过 IPN 补算

表 D6‑2A：2003 年各国阅读技能分布情况的第 10 和第 90 百分位数(单位：能力分值)

国　　家	中等阅读技能	
	第 10 百分位数	第 90 百分位数
澳大利亚	395	644
奥地利	354	617
比利时	355	635
加拿大	410	636
瑞　士	373	615
捷　克	362	607
德　国	341	624
丹　麦	376	600

（续表）

国　　家	中等阅读技能	
	第 10 百分位数	第 90 百分位数
西班牙	354	597
芬　兰	437	641
法　国	367	614
希　腊	333	599
匈牙利	361	597
冰　岛	362	612
爱尔兰	401	622
意大利	341	598
日　本	355	624
韩　国	428	634
卢森堡	344	601
荷　兰	400	621
新西兰	381	652
挪　威	364	625
波　兰	374	616
葡萄牙	351	592
斯洛伐克	348	587
瑞　典	390	631
美　国	361	622

来源：德国 PISA 组织（2004）：PISA 2003，德国青少年教育水平，第二次国际比较结果，明斯特，第 99 页

表 D6－3A：就读学校期间两个时间点阅读成绩的性别差异*

国　　家[1]	IGLU 2001（小学结束时）	PISA 2003（15 岁）
意大利	0.12	0.36
法　国	0.16	0.35
捷　克	0.18	0.28
德　国	0.19	0.39
匈牙利	0.21	0.28
荷　兰	0.22	0.19
加拿大	0.25	0.29
美　国	0.27	0.29
冰　岛	0.28	0.53

（续表）

国　　家[1)	IGLU 2001(小学结束时)	PISA 2003(15 岁)
土耳其	0.28	0.3
希　腊	0.31	0.34
挪　威	0.31	0.45
瑞　典	0.33	0.34
新西兰	0.40	0.26

＊ 所描述的是标准化的成绩差异。两项研究的分值无法直接比较。因此将平均差额(女生-男生)分别转换为德国的标准偏差

1) 国家按照 IGLU 2001 成绩的性别差额大小划分

来源：BOS 等(2004)；IGLU,德国个别州的国内和国际比较,明斯特；德国 PISA 组织(2004)；PISA 2003,德国青少年教育水平,第二次国际比较结果,明斯特

表 D7-1A：2004 年各州普通教育和职业教育学校的毕业生及其文凭种类和性别

文 凭 种 类	总　　计		男		女		同龄人口[1)	
	总数	单位：%[2)	总数	单位：%[2)	总数	单位：%[2)	男	女
全 德 国								
无普通中学文凭	82212	8.5	52565	10.5	29647	6.3	499692	472275
有普通中学文凭	288124	29.6	167782	33.6	120342	25.5	499692	472275
有中级学校文凭[3)	499140	52.2	241224	49.1	257916	55.5	491106	464590
有应用技术大学入学资格	123396	13.2	66777	14	56619	12.4	476271	455466
有普通高校入学资格	263509	28.3	116411	24.4	147098	32.3	476271	455466
总计	1256381		644759		611622			
德 国 西 部								
无普通中学文凭	59669	8	37665	9.8	22004	6.1	384225	363169
有普通中学文凭	237116	31.7	136222	35.5	100894	27.8	384225	363169
有中级学校文凭[3)	387010	53.1	186032	49.6	200978	56.7	374723	354374
有应用技术大学入学资格	107526	15.2	58433	16.3	49093	14.1	359236	347931
有普通高校入学资格	195872	27.7	87916	24.5	107956	31	359236	347931
总计	987193		506268		480925			
德 国 东 部								
无普通中学文凭	22543	10	14900	12.9	7643	7	115467	109106
有普通中学文凭	51008	22.7	31560	27.3	19448	17.8	115467	109106
有中级学校文凭[3)	112130	49.5	55192	47.4	56938	51.7	116383	110216
有应用技术大学入学资格	15870	7.1	8344	7.1	7526	7	117035	107535
有普通高校入学资格	67637	30.1	28495	24.3	39142	36.4	117035	107535
总计	269188		138491		130697			

（续表）

文凭种类	总计		男		女		同龄人口¹⁾	
	总数	单位：%²⁾	总数	单位：%²⁾	总数	单位：%²⁾	男	女
巴登-符腾堡州								
无普通中学文凭	8738	7	5392	8.4	3346	5.5	63924	60731
有普通中学文凭	47776	38.3	27218	42.6	20558	33.9	63924	60731
有中级学校文凭³⁾	60493	49.7	29206	46.7	31287	52.8	62493	59267
有应用技术大学入学资格	13741	11.5	9052	14.9	4689	7.9	60565	59173
有普通高校入学资格	36913	30.8	17406	28.7	19507	33	60565	59173
总计	167661		88274		79387			
巴伐利亚州								
无普通中学文凭	11800	8.4	7575	10.5	4225	6.2	72387	68061
有普通中学文凭	52650	37.5	30331	41.9	22319	32.8	72387	68061
有中级学校文凭³⁾	62929	45.9	29114	41.2	33815	50.9	70660	66475
有应用技术大学入学资格	15907	11.8	8926	13	6981	10.5	68506	66734
有普通高校入学资格	27941	20.7	12482	18.2	15459	23.2	68506	66734
总计	171227		88428		82799			
柏林								
无普通中学文凭	4019	11.1	2423	13	1596	9	18606	17640
有普通中学文凭	10218	28.2	6037	32.4	4181	23.7	18606	17640
有中级学校文凭³⁾	16195	44.9	8273	44.9	7922	45	18424	17617
有应用技术大学入学资格	3073	8.2	1699	9	1374	7.3	18880	18716
有普通高校入学资格	12918	34.4	5682	30.1	7236	38.7	18880	18716
总计	46423		24114		22309			
勃兰登堡州								
无普通中学文凭	3268	8.6	2224	11.5	1044	5.7	19416	18374
有普通中学文凭	9263	24.5	5863	30.2	3400	18.5	19416	18374
有中级学校文凭³⁾	17999	47.3	8904	45.9	9095	48.8	19416	18632
有应用技术大学入学资格	2613	7.1	1271	6.5	1342	7.8	19421	17301
有普通高校入学资格	12046	32.8	4912	25.3	7134	41.2	19421	17301
总计	45189		23174		22015			
不来梅								
无普通中学文凭	786	12	472	14.2	314	9.7	3328	3223
有普通中学文凭	2145	32.7	1189	35.7	956	29.7	3328	3223
有中级学校文凭³⁾	3928	59.6	1961	58.7	1967	60.5	3341	3252

（续表）

文 凭 种 类	总 计		男		女		同龄人口[1]	
	总数	单位：%[2]	总数	单位：%[2]	总数	单位：%[2]	男	女
有应用技术大学入学资格	871	12.4	441	12.8	430	12.1	3438	3565
有普通高校入学资格	2139	30.5	923	26.8	1216	34.1	3438	3565
总计	9869		4986		4883			
汉　　堡								
无普通中学文凭	1785	11.2	1094	13.3	691	9	8227	7678
有普通中学文凭	4983	31.3	2894	35.2	2089	27.2	8227	7678
有中级学校文凭[3]	6852	44	3441	42.6	3411	45.6	8075	7482
有应用技术大学入学资格	2279	13.4	1180	13.9	1099	13	8487	8467
有普通高校入学资格	5503	32.5	2473	29.1	3030	35.8	8487	8467
总计	21402		11082		10320			
黑　森　州								
无普通中学文凭	5639	8.6	3547	10.5	2092	6.6	33773	31852
有普通中学文凭	20025	30.5	11442	33.9	8583	26.9	33773	31852
有中级学校文凭[3]	28806	45.1	14027	42.8	14779	47.5	32794	31114
有应用技术大学入学资格	9812	15.6	5120	16	4692	15.1	31999	31040
有普通高校入学资格	19445	30.8	8791	27.5	10654	34.3	31999	31040
总计	83727		42927		40800			
梅克伦堡-前波莫瑞州								
无普通中学文凭	2453	9.2	1649	11.9	804	6.2	13818	12890
有普通中学文凭	5612	21	3427	24.8	2185	17	13818	12890
有中级学校文凭[3]	12797	47.2	6331	45.2	6466	49.2	14000	13141
有应用技术大学入学资格	1027	3.9	647	4.7	380	3.1	13707	12451
有普通高校入学资格	6614	25.3	2665	19.4	3949	31.7	13707	12451
总计	28503		14719		13784			
下萨克森州[4]								
无普通中学文凭	8776	9.5	5587	11.7	3189	7.1	47786	44896
有普通中学文凭	25420	27.4	14845	31.1	10575	23.6	47786	44896
有中级学校文凭[3]	80802	89.4	39662	85	41140	94.1	46641	43700
有应用技术大学入学资格	12029	13.9	6604	14.9	5425	12.9	44174	42143
有普通高校入学资格	22829	26.4	9854	22.3	12975	30.8	44174	42143
总计	149856		76552		73304			

（续表）

文　凭　种　类	总　计		男		女		同龄人口1)	
	总数	单位：%2)	总数	单位：%2)	总数	单位：%2)	男	女
北莱茵-威斯特法伦州								
无普通中学文凭	14408	6.9	9099	8.5	5309	5.2	107648	102042
有普通中学文凭	50261	24	28928	26.9	21333	20.9	107648	102042
有中级学校文凭3)	102066	49.8	49237	46.9	52829	53	105075	99692
有应用技术大学入学资格	41847	21.5	21358	21.6	20489	21.4	99078	95559
有普通高校入学资格	58956	30.3	26038	26.3	32918	34.4	99078	95559
总计	267538		134660		132878			
莱茵兰-普法尔茨州								
无普通中学文凭	3709	7.7	2341	9.5	1368	5.8	24669	23632
有普通中学文凭	15923	33	9088	36.8	6835	28.9	24669	23632
有中级学校文凭3)	22015	46.8	10071	41.9	11944	52	24050	22987
有应用技术大学入学资格	5621	12.6	2834	12.5	2787	12.8	22737	21796
有普通高校入学资格	11573	26	5129	22.6	6444	29.6	22737	21796
总计	58841		29463		29378			
萨　尔　州								
无普通中学文凭	998	8.4	606	9.9	392	6.8	6091	5752
有普通中学文凭	4247	35.9	2403	39.5	1844	32.1	6091	5752
有中级学校文凭3)	5197	44.2	2526	41.8	2671	46.7	6049	5716
有应用技术大学入学资格	2515	22.3	1230	21.2	1285	23.5	5793	5463
有普通高校入学资格	2579	22.9	1183	20.4	1396	25.6	5793	5463
总计	15536		7948		7588			
萨克森州								
无普通中学文凭	5152	9.2	3410	11.8	1742	6.4	28942	27251
有普通中学文凭	12297	21.9	7852	27.1	4445	16.3	28942	27251
有中级学校文凭3)	29126	51.1	14513	49.5	14613	52.8	29291	27682
有应用技术大学入学资格	3945	6.9	2005	6.8	1940	7.1	29629	27211
有普通高校入学资格	16674	29.3	7216	24.4	9458	34.8	29629	27211
总计	67194		34996		32198			
萨克森-安哈特州								
无普通中学文凭	4864	13.9	3313	18.4	1551	9.1	17972	17029
有普通中学文凭	6081	17.4	3671	20.4	2410	14.2	17972	17029

（续表）

文 凭 种 类	总 计		男		女		同龄人口[1]	
	总数	单位：%[2]	总数	单位：%[2]	总数	单位：%[2]	男	女
有中级学校文凭[3]	19999	56.6	9514	52.3	10485	61.2	18174	17133
有应用技术大学入学资格	2459	7.1	1217	6.7	1242	7.6	18184	16373
有普通高校入学资格	9425	27.3	3882	21.3	5543	33.9	18184	16373
总计	42828		21597		21231			
石勒苏益格-荷尔斯泰因州								
无普通中学文凭	3030	9.6	1952	11.9	1078	7	16395	15305
有普通中学文凭	13686	43.2	7884	48.1	5802	37.9	16395	15305
有中级学校文凭[3]	13922	46	6787	43.7	7135	48.6	15547	14692
有应用技术大学入学资格	2904	10.2	1688	11.7	1216	8.7	14460	13990
有普通高校入学资格	7994	28.1	3637	25.2	4357	31.1	14460	13990
总计	41536		21948		19588			
图林根州								
无普通中学文凭	2787	8.5	1881	11.3	906	5.7	16715	15923
有普通中学文凭	7537	23.1	4710	28.2	2827	17.8	16715	15923
有中级学校文凭[3]	16014	48.4	7657	44.8	8357	52.2	17079	16012
有应用技术大学入学资格	2753	8.4	1505	8.7	1248	8.1	17215	15483
有普通高校入学资格	9960	30.5	4138	24	5822	37.6	17215	15483
总计	39051		19891		19160			

1）不同文凭种类的毕业生在同龄居民中的比例与年龄有关。无/有普通中学文凭：15 岁至 17 岁以下人员；中级学校文凭：16 岁至 18 岁以下人员；应用技术大学入学资格与普通高校入学资格：18 岁至 21 岁人员

2）以同龄人口中的百分比显示

3）有实科中学文凭或类似文凭的毕业生

4）下萨克森州包括以中级学校文凭升入中等教育第二阶段高级中学的毕业生

来源：联邦统计局，2004/05 学年学校数据统计；人口统计

表 D7－2A：2004 年普通教育学校和职业学校不同文凭种类和性别的德国和外国毕业生

文 凭 种 类	毕业生总计		德 国 人				外 国 人			
			男		女		男		女	
	总数	单位：%[1]	总数	单位：%[1]	总数	单位：%[1]	总数	单位：%[1]	总数	单位：%[1]
无普通中学文凭	82212	8.5	43028	9.5	23882	5.6	9537	19.7	5765	12.9
有普通中学文凭	288124	29.6	145879	32.3	101890	23.8	21903	45.3	18452	41.2
有中级学校文凭[2]	499140	52.2	225947	50.9	240377	57.1	15277	32.2	17539	40.4
有应用技术大学入学资格	123396	13.2	63067	14.8	53399	13.1	3710	7.5	3220	6.7

（续表）

文 凭 种 类	毕业生总计		德 国 人				外 国 人			
			男		女		男		女	
	总数	单位：%[1]	总数	单位：%[1]	总数	单位：%[1]	总数	单位：%[1]	总数	单位：%[1]
有普通高校入学资格	263509	28.3	112396	26.3	142116	34.9	4015	8.1	4982	10.4
总计	1256381	X	590317	X	561664	X	54442	X	49958	X

1）与下列年龄段的同龄居民相比：无和有普通中学文凭：15 岁至 17 岁以下人员；中级学校文凭：16 岁至 18 岁以下人员；应用技术大学入学资格和普通高校入学资格：18 岁至 21 岁人员

2）有实科中学文凭或类似文凭的毕业生

来源：联邦统计局，2004/05 学年学校数据统计，人口统计

表 D7‑3A：1996、1999 和 2004 年无文凭的特殊学校生

年	无普通中学文凭的特殊学校毕业生		
	总 数	在无普通中学文凭的所有毕业生中的百分比	在所有特殊学校毕业生中的百分比
1996	32751	41.6	78
1999	35306	42.2	78.2
2004	39585	48.1	79.1

来源：联邦统计局，1996/97、1999/2000、2004/05 学年学校数据统计

表 D7‑4A：不同文凭种类、学程及毕业年份的中学毕业生

文凭种类及学程	1996		1999		2004	
	总 数	单位：%	总 数	单位：%	总 数	单位：%
无普通中学文凭	78747	100	83761	100	82212	100
普通中学	29828	37.9	29202	34.9	26066	31.7
提供多种学程的学校类型	5796	7.4	7064	8.4	6798	8.3
实科中学	3933	5	4691	5.6	3496	4.3
文理中学	1661	2.1	1705	2	861	1
一体化综合中学	4689	6	5681	6.8	5212	6.3
私立华德福学校	89	0.1	112	0.1	194	0.2
特殊学校	32751	41.6	35306	42.2	39585	48.1
有普通中学文凭	274983	100	276666	100	288124	100
普通中学	174493	63.5	167283	60.5	168583	58.5
提供多种学程的学校类型	13804	5	15787	5.7	22020	7.6
实科中学	9579	3.5	12135	4.4	9768	3.4
文理中学	3165	1.2	3554	1.3	2868	1
一体化综合中学	21636	7.9	25680	9.3	26930	9.3

（续表）

文凭种类及学程	1996		1999		2004	
	总　数	单位：%	总　数	单位：%	总　数	单位：%
私立华德福学校	392	0.1	518	0.2	359	0.1
特殊学校	8516	3.1	8968	3.2	9487	3.3
普通中学夜校	558	0.2	537	0.2	510	0.2
实科中学夜校	779	0.3	1093	0.4	1166	0.4
文理中学夜校	75	0	32	0	2	0
补习学校	—	—	127	0	15	0
走读生（不在校内学习而参加考试）	8933	3.2	8612	3.1	4529	1.6
双元制体系中的职业学校	14432	5.2	12291	4.4	13821	4.8
职业预备年	13904	5.1	15434	5.6	18949	6.6
职业基础教育年	2371	0.9	2133	0.8	6705	2.3
职业专科学校	1596	0.6	1680	0.6	2412	0.8
专科学校	750	0.3	802	0.3	—	—
有中级学校文凭	404239	100	439964	100	499140	100
普通中学	35214	8.7	36038	8.2	45977	9.2
提供多种学程的学校类型	44076	10.9	43456	9.9	62333	12.5
实科中学	200809	49.5	215607	49	215671	43.2
文理中学	29373	7.2	33200	7.5	47852	9.6
一体化综合中学	34719	8.6	40099	9.1	40622	8.1
私立华德福学校	1129	0.3	1312	0.3	1743	0.3
特殊学校	656	0.2	804	0.2	881	0.2
实科中学夜校	2222	0.5	2546	0.6	3438	0.7
文理中学夜校	52	0	78	0	75	0
补习学校	18	0	207	0	101	0
走读生（不在校内学习而参加考试）	1131	0.3	948	0.2	1097	0.2
双元制体系中的职业学校	11221	2.8	20187	4.6	28026	5.6
职业预备年	257	0.1	221	0.1	138	0
职业基础教育年	873	0.2	1948	0.4	3346	0.7
职业提高学校	2465	0.6	1394	0.3	503	0.1
职业专科学校	32611	8.1	37084	8.4	43791	8.8
专科文理中学	—	—	—	—	12	0
专科学校	1007	0.2	1140	0.3	—	—
职业高中/技术高中	—	—	—	—	32	0
专科学校	6406	1.6	3695	0.8	3502	0.7

文凭种类及学程	1996		1999		2004	
	总　数	单位：%	总　数	单位：%	总　数	单位：%
有应用技术大学入学资格	73328	100	85593	100	123396	100
文理中学	4356	5.9	6266	7.3	7838	6.4
一体化综合中学	776	1.1	1461	1.7	1808	1.5
私立华德福学校	194	0.3	292	0.3	395	0.3
特殊学校	2	0	3	0	2	0
实科中学夜校	126	0.2	70	0.1	17	0
文理中学夜校	686	0.9	602	0.7	963	0.8
补习学校	342	0.5	499	0.6	648	0.5
走读生（不在校内学习而参加考试）	30	0	—	—	12	0
双元制体系中的职业学校	—	—	44	0	1133	0.9
职业专科学校	19612	26.7	19774	23.1	34055	27.6
专科高中	35114	47.9	34803	40.7	49540	40.1
专科文理中学	1076	1.5	1095	1.3	1773	1.4
专科学校	3410	4.7	3161	3.7	—	—
职业高中/技术高中	—	—	2446	2.9	3879	3.1
专科学校	6754	9.2	14093	16.5	20493	16.6
专科/职业学院	850	1.2	984	1.2	840	0.7
有普通高校入学资格	242013	100	254311	100	263509	100
文理中学	196474	81.2	204117	80.3	202162	76.7
一体化综合中学	10661	4.4	14239	5.6	16098	6.1
私立华德福学校	1668	0.7	2054	0.8	2227	0.8
特殊学校	86	0	66	0	62	0
实科中学夜校	154	0.1	121	0	—	—
文理中学夜校	2903	1.2	2199	0.9	2445	0.9
补习学校	3480	1.4	2778	1.1	3010	1.1
走读生（不在校内学习而参加考试）	382	0.2	271	0.1	391	0.1
职业专科学校	1618	0.7	2072	0.8	4630	1.8
专科高中	—	—	—	—	611	0.2
专科文理中学	22160	9.2	23833	9.4	28896	11
专科学校	752	0.3	876	0.3	—	—
职业高中/技术高中	1639	0.7	1650	0.6	2926	1.1
专科学校	—	—	—	—	—	—
专科/职业学院	36	0	35	0	51	0

来源：联邦统计局，1996/97、1999/2000、2004/05 学年学校数据统计

表 D7－5A：外国和德国不同文凭种类、学程和毕业年份的中学毕业生*

其中就读：（单位：%）

年	外国/德国	总数	普通教育整体	普通中学	提供多种学程的学校类型	实科中学	文理中学	一体化综合中学	私立华德福学校	特殊学校	夜校和补习学校	走读生不在校内学习补习学校而参加考试	职业教育整体	双元教育体系中的职业学校	职业预备年	职业基础教育年	职业专科学校	专科高中	专科文理中学	职业高中/技术高中	专科学校	专科学院	职业专科学校
无普通中学文凭																							
1996	外国	16880	100.0	60.4	0.7	3.4	1.1	5.6	0	28.9	·	·	·	·	·	·	·	·	·	·	·	·	·
1999	外国	15663	100.0	52.6	1.2	3.7	1.2	6.9	0.1	34.3	·	·	·	·	·	·	·	·	·	·	·	·	·
2004	外国	15302	100.0	47.6	2.3	2.6	0.9	5.7	0.1	40.8	·	·	·	·	·	·	·	·	·	·	·	·	·
1996	德国	61867	100.0	31.7	9.2	5.4	2.4	6.1	0.1	45	·	·	·	·	·	·	·	·	·	·	·	·	·
1999	德国	68098	100.0	30.8	10.1	6	2.2	6.8	0.2	44	·	·	·	·	·	·	·	·	·	·	·	·	·
2004	德国	66910	100.0	28.1	9.6	4.6	1.1	6.5	0.3	49.8	·	·	·	·	·	·	·	·	·	·	·	·	·
有普通中学文凭																							
1996	外国	42780	87.5	70.1	0.2	2.3	0.9	6.8	0	3.2	1.3	2.7	12.5	2	8.4	0.9	0.7	·	·	—	·	·	0.4
1999	外国	38060	87.3	65.7	0.9	3.3	1.1	8.9	0	3.3	1.7	2.4	12.7	2.3	8.2	0.8	0.8	·	·	—	·	·	0.5
2004	外国	40355	85.8	65.7	2.1	2.6	0.6	9.4	0	2.9	1	1.4	14.2	2.4	9.4	1.4	1	·	0	—	—	—	—
1996	德国	232203	88.1	62.2	5.9	3.7	1.2	8.1	0.2	3.1	0.4	3.3	11.9	5.8	4.4	0.9	0.6	·	1.2	—	—	—	0.2
1999	德国	238606	88.5	59.6	6.5	4.6	1.3	9.3	0.2	3.2	0.5	3.2	11.5	4.8	5.2	0.8	0.6	·	·	—	—	—	0.3
2004	德国	247769	85.4	57.3	8.5	3.5	1.1	9.3	0.1	3.4	0.5	1.6	14.6	5.2	6.1	2.5	0.8	·	0	—	—	—	—
有中级学校文凭																							
1996	外国	29321	80.6	20.5	0.3	38.7	7.9	11.1	0.1	0.1	1.4	0.5	19.4	2.2	0.4	0.6	13.8	·	·	—	0.6	—	1
1999	外国	29722	78.8	17.9	1.1	37.6	7.4	12.4	0.1	0.1	1.8	0.4	21.2	3.3	0.3	1.4	14.4	·	·	—	0.3	—	0.9
2004	外国	32816	79.4	18.5	2	37.1	7.4	12.1	0.1	0.2	1.4	0.5	20.6	3.3	0.3	1.6	14.7	·	0	0	0.4	—	—
1996	德国	374918	86.9	7.8	11.7	50.5	7.2	8.4	0.3	0.2	0.5	0.3	13.1	2.8	0	0.2	7.6	·	·	—	1.7	—	0.2
1999	德国	410242	85.5	7.5	10.5	49.8	7.6	8.9	0.3	0.2	0.6	0.2	14.5	4.7	0	0.4	8	·	·	—	0.9	—	0.2
2004	德国	466324	84.4	8.6	13.2	43.6	9.7	7.9	0.4	0.2	0.7	0.2	15.6	5.8	0	0.6	8.4	·	0	0	0.7	—	—

（续表）

其中就读：（单位：%）

有应用技术大学入学资格

年	外国/德国	总数	普通教育整体	普通中学	提供多种学程的学校类型	实科中学	文理中学	一体化综合中学	私立华德福学校	特殊学校	夜校和补习学校	走读生/不在校内学习而参加考试	职业教育整体	双元教育体系中的职业学校	职业预备年	职业基础教育年	职业专科学校	专科高中	专科文理中学	职业高中/技术高中	专科学校	专科学院	职业专科学校
1996	外国	4593	12.8	—	—	—	7.2	3.3	0.1	—	2.2	—	87.2	—	—	—	39.2	35	1.3	—	2.8	0.1	8.7
1999	外国	5870	15.0	—	—	—	8.3	4.1	0	0	2.5	—	85.0	—	—	—	36.3	32.2	1.7	1.8	6.5	0.3	6.3
2004	外国	6930	15.4	—	—	—	7.7	4.1	0.1	0	3.5	0	84.6	0.9	—	—	38.9	28.9	1.2	1.1	13.4	0.2	—
1996	德国	68735	8.6	—	—	—	5.9	0.9	0.3	—	1.5	—	91.4	—	—	—	25.9	48.7	1.5	—	9.6	1.2	4.4
1999	德国	79723	10.4	—	—	—	7.2	1.5	0.4	0	1.3	—	89.6	0.1	—	—	22.1	41.3	1.2	2.9	17.2	1.2	3.5
2004	德国	116466	9.1	—	—	—	6.3	1.3	0.3	0	1.2	—	90.9	0.9	—	—	26.9	40.8	1.5	3.3	16.8	0.7	—

有普通高校入学资格

年	外国/德国	总数	普通教育整体	普通中学	提供多种学程的学校类型	实科中学	文理中学	一体化综合中学	私立华德福学校	特殊学校	夜校和补习学校	走读生/不在校内学习而参加考试	职业教育整体	双元教育体系中的职业学校	职业预备年	职业基础教育年	职业专科学校	专科高中	专科文理中学	职业高中/技术高中	专科学校	专科学院	职业专科学校
1996	外国	8615	85.0	X	X	X	69.9	12.2	0.3	—	2.3	0.2	15.0	—	—	—	1.2	—	12.4	0.8	—	—	0.7
1999	外国	9432	83.9	X	X	X	66.2	14	0.4	0	3.1	0.1	16.1	—	—	—	1	—	13.5	0.9	—	—	0.7
2004	外国	8997	83.7	X	X	X	65.2	14.7	0.4	0	3.3	0.1	16.3	—	—	—	2	0.4	13	0.8	—	0	—
1996	德国	233398	89.3	X	X	X	81.6	4.1	0.7	—	2.7	0.2	10.7	—	—	—	0.7	—	9	0.7	—	—	0.3
1999	德国	244879	89.0	X	X	X	80.8	5.3	0.8	0	2	0.1	11.0	—	—	—	0.8	—	9.2	0.6	—	0	0.3
2004	德国	254512	86.0	X	X	X	77.1	3.8	0.9	0	2	0.1	14.0	—	—	—	1.8	0.2	10.9	1.1	—	0	—

* 普通中学夜校、实科中学夜校、文理中学夜校及补习学校未明确说明，因其仅在中级学校文凭中较为重要（外国人中该比例 1996－2004 年从 0.8% 下降到 0.3%；德国人从 0.6% 下降到 0.1%）。职业提高学校由于数值较小而整合显示。

来源：联邦统计局，1996/97,1999/2000,2004/05 学年学校数据统计

表 E1－1A：1995 年至 2004 年职业教育系统的新学员*数量分布

类　　别	1995	2000	2001	2002	2003	2004	变化 2004 至 1995	
				数　量			数量	%
普通教育学校的毕业生	864015	918748	910784	918997	929806	967898	＋103883	＋12.0%
大学新生	261427	314539	344659	358792	377395	358704	＋97277	＋37.2%
双元制职业教育中的总数	547062	582416	577268	538332	529431	535322	－11740	－2.1%
职业专科学校,职业教育法/手工业法中的规定职业	6031	9379	9924	10625	12280	12242	＋6211	＋103.0%
职业专科学校,职业教育法/手工业法规定之外职业的完全合格培训	62462	88547	91230	98971	112983	121166	＋58704	＋94.0%
卫生学校[1]	73598	42736	43450	45961	47881	46827	－26771	－36.4%
专科学校(只含初级培训)	38180	34800	35033	37531	35701	31296	－6884	－18.0%
学校职业教育总数	180271	175462	179637	193088	208845	211531	＋31260	＋17.3%
学校职业基础教育年(BGJ),全日制[2]	34978	35373	34149	36001	40022	43161	＋8183	＋23.4%
不培养合格职业教育毕业生的职业专科学校	134638	141420	143462	153001	168045	182361	＋47723	＋35.4%
学校职业预备年(BVJ)	44118	53500	55199	57917	63041	63335	＋19217	＋43.6%
职业学校-学生不签培训合同	29209	26317	28279	29872	32507	33064	＋3855	＋13.2%
其他职业培训方式[3]	30746	43975	47295	50415	49701	49763	＋19017	＋61.9%
联邦劳动局组织的为职业教育做准备的培训项目(数据采用日期:12 月 31 日)[4]	67448	98614	108309	124699	113093	116389	＋48941	＋72.6%
青年应急计划(数据采用日期:12 月 31 日)[5]	—	60908	86233	69573	83159	—	—	—
过渡职业教育总数	341137	460107	502926	521478	549568	488073	＋146936	＋43.1%
职业教育体系总数	1068470	1217985	1259831	1252898	1287844	1234926	＋166456	＋15.6%

＊ 部分为第一学年

1) 不包括黑森州

2) 如果这一年不被算作双元制体系中的第一年

3) 包括联邦劳动局的职业准备培训项目、针对职业培训弱势学员的促进项目(不包含在双元制培训框架内的)、有或者没有工作的学生以及失业者、劳动管理部门提供的培训课程和项目

4) 1995 年的数值是根据合流数量估算得出(因子 0.7)

5) 不包含第四条:企业外培训

来源:联邦及各州统计局;基于学校统计数据和联邦劳动局的相关数据进行的估算;联邦劳动局;自己计算得出;联邦统计局的高校数据统计;职业教育报告中关于普通学校教育的毕业生数据统计

表 E1－2A：2004 年各州三大职业教育板块的新学员分布情况

地　区	双元制	学校培训	过渡体系	双元制	学校培训	过渡体系
		数　量			%	
全德国	535322	211531	488073	43.3	17.1	39.5
非市州总和	496930	195442	458759	43.2	17.0	39.9

（续表）

地　区	双元制	学校培训	过渡体系	双元制	学校培训	过渡体系
	数　　量			%		
东部非市州	95935	48828	68858	44.9	22.9	32.2
西部非市州	400995	146614	389901	42.8	15.6	41.6
市州	38392	16089	29314	45.8	19.2	35.0
巴登-符腾堡州	69028	30339	74415	39.7	17.5	42.8
巴伐利亚州	82683	26034	38170	56.3	17.7	26.0
柏林[1]	20723	9792	14106	46.4	21.9	31.6
勃兰登堡州[2]	16109	7949	11960	44.7	22.1	33.2
不来梅	5833	1354	4210	51.2	11.9	36.9
汉堡	11836	4943	10998	42.6	17.8	39.6
黑森州[3]	39287	6139	34440	49.2	7.7	43.1
梅克伦堡-前波莫瑞州	15853	5799	10094	49.9	18.3	31.8
下萨克森州	53219	23165	65658	37.5	16.3	46.2
北莱茵-威斯特法伦州	108390	43784	134354	37.8	15.3	46.9
莱茵兰-普法尔茨州	24379	9805	20990	44.2	17.8	38.0
萨尔州	5986	1541	2991	56.9	14.7	28.4
萨克森州	28664	17145	22368	42.0	25.1	32.8
萨克森-安哈特州[4]	17963	9498	12026	45.5	24.1	30.5
石勒苏益格-荷尔斯泰因州	18023	5807	18883	42.2	13.6	44.2
图林根州[5]	17346	8437	12410	45.4	22.1	32.5

1）双元制体系中将职业基础教育年算作第一年

2）第一年培训的学员（不包括留级生）

3）不包括卫生学校

4）上卫生学校的第一年学生

5）过渡体系中也包括需要融入双元制体系弱势学员

来源：联邦及各州统计局；根据学校统计数据和联邦劳动局的相关数据进行计算和推测；自己计算得出

表 E1－3A：**2004 年不同教育背景的新学员*在各职业教育板块中的数量分布**

类　　别	总数	其　　　中				其　　　中		
		男学员	女学员	未获得普通中学毕业证	获得普通中学毕业证	实科中学毕业或中级学校毕业	具备高校入学资格	其他类型的毕业生
	数　　量							
双元制职业教育总数	535322	309747	225575	24942	151530	267395	86655	4800

（续表）

类　别	总数	其　中				其　中		
		男学员	女学员	未获得普通中学毕业证	获得普通中学毕业证	实科中学毕业或中级学校毕业	具备高校入学资格	其他类型的毕业生
学校职业教育总数	211531	62788	148743	867	30746	136652	36795	6471
职业专科学校，职业教育法/手工业法中的规定职业	12242	4763	7479	46	3407	8040	736	13
职业专科学校，职业教育法/手工业法规定之外职业的完全合格培训	121166	36851	84315	481	20786	83345	14551	2003
卫生学校[1]	46827	11496	35331	5	4246	24778	16169	1629
专科学校（只含初级培训）	31296	9678	21618	335	2307	20489	5339	2826
过渡职业教育总数	488073	278591	209482	135382	194567	146845	3673	7606
学校职业基础教育年（BGJ），全日制[2]	43161	31433	11728	4346	22068	16171	296	280
不培养合格职业教育毕业生的职业专科学校	182361	91301	91060	3314	86176	90951	1591	329
学校职业预备年（BVJ）	63335	38591	24744	42954	16256	850	20	3255
职业学校-学生不签培训合同	33064	17986	15078	12055	7733	12769	392	115
其他职业培训方式[3]	49763	30730	19033	21740	20260	4225	81	3457
联邦劳动局组织的为职业教育做准备的培训项目（数据采用日期：12月31日）[5]	116389	68550	47839	50973	42074	21879	1293	170
以下每行均为百分比								
双元制职业教育总数	100	57.9	42.1	4.7	28.3	50.0	16.2	0.9
学校职业教育总数	100	29.7	70.3	0.4	14.5	64.6	17.4	3.1
过渡职业教育总数	100	57.1	42.9	27.7	39.9	30.1	0.8	1.6

* 勃兰登堡州：第一学年；萨克森-安哈特州：卫生学校第一年学生

1）不包括黑森州

2）如果这一年不被算作双元制体系中的第一年

3）包括联邦劳动局的职业准备培训项目、针对职业培训中弱势学员的促进项目（不包含在双元制培训框架内的）、有或者没有工作的学生以及失业者、劳动管理部门提供的培训课程和项目

4）1995年的数值是根据合流数量估算得出

5）不包含第四条；企业外培训；部分有考虑到前期教育

来源：联邦及各州统计局；根据学校统计数据和联邦劳动局的相关数据进行计算和推测；联邦劳动局；自己计算得出

图 E2－3A：2004 年 9 月 30 日双元制体系中培训岗位供需关系的地区分布

1）紧张≤90%，相对紧张：90.1 至 97.9%，平衡：98.0 至 102.0%，相对富足≥102.1 至 112.4%

数据来源：联邦职业教育研究所截至 9 月 30 日的调查结果；联邦就业局；职业咨询数据统计结果

表 E3－3A：1999 年至 2004 年德国各州的从业人员数、职业培训人数和培训率(统计数据日期均为 12 月 31 日)

州		1999	2000	2001	2002	2003	2004
全德国	从业人员数	27756492	27979593	27864091	27360497	26746384	26381842
	职业培训人数	1759931	1779376	1787469	1738013	1704034	1700093
	培训率(%)	6.3	6.4	6.4	6.4	6.4	6.4
巴登-符腾堡州	从业人员数	3777901	3861909	3882640	3846790	3766742	3742899
	职业培训人数	222190	227931	234238	232373	226976	227034
	培训率(%)	5.9	5.9	6.0	6.0	6.0	6.1
巴伐利亚州	从业人员数	4296370	4395785	4425432	4357372	4273812	4253402
	职业培训人数	275675	280616	284497	278391	274590	275321
	培训率(%)	6.4	6.4	6.4	6.4	6.4	6.5
柏林	从业人员数	1148960	1143032	1132602	1094823	1065256	1035943
	职业培训人数	63944	64221	63813	61743	60299	59216
	培训率(%)	5.6	5.6	5.6	5.6	5.7	5.7
勃兰登堡州	从业人员数	823466	799831	775393	749535	726540	709754
	职业培训人数	58334	57042	56103	53302	52214	52172
	培训率(%)	7.1	7.1	7.2	7.1	7.2	7.4
不来梅	从业人员数	284189	288057	288366	285473	278849	275154
	职业培训人数	16223	16163	16375	15805	15579	15811
	培训率(%)	5.7	5.6	5.7	5.5	5.6	5.7
汉堡	从业人员数	758567	776211	780733	767541	748719	744412
	职业培训人数	34068	35091	36163	36001	35564	35647
	培训率(%)	4.5	4.5	4.6	4.7	4.7	4.8
黑森州	从业人员数	2163429	2213078	2223457	2187128	2136353	2113501
	职业培训人数	117814	119985	120830	117717	116009	114969
	培训率(%)	5.4	5.4	5.4	5.4	5.4	5.4
梅克伦堡-前波莫瑞州	从业人员数	595503	577371	555408	530275	519425	494467
	职业培训人数	53657	52063	50372	47871	47463	47250
	培训率(%)	9.0	9.0	9.1	9.0	9.1	9.6
下萨克森州	从业人员数	2403605	2431834	2420210	2387488	2348942	2315233
	职业培训人数	165420	167412	166801	161675	160560	160658
	培训率(%)	6.9	6.9	6.9	6.8	6.8	6.9
北莱茵-威斯特法伦州	从业人员数	5903046	5983900	5964293	5861224	5705923	5626090
	职业培训人数	350592	361127	365964	356752	347589	346367
	培训率(%)	5.9	6.0	6.1	6.1	6.1	6.2

（续表）

州		1999	2000	2001	2002	2003	2004
莱茵兰-普法尔茨州	从业人员数	1188134	1198736	1198938	1188379	1168245	1155958
	职业培训人数	86452	85997	87695	85743	83928	83674
	培训率(%)	7.3	7.2	7.3	7.2	7.2	7.2
萨尔州	从业人员数	355244	360093	359614	354168	347539	345161
	职业培训人数	22620	22765	23001	22684	22066	21974
	培训率(%)	6.4	6.3	6.4	6.4	6.3	6.4
石勒苏益格-荷尔斯泰因州	从业人员数	809456	814118	812826	801090	780450	770727
	职业培训人数	56807	57349	56791	55609	55567	55981
	培训率(%)	7.0	7.0	7.0	6.9	7.1	7.3
萨克森州	从业人员数	1553692	1500646	1452609	1415736	1387438	1352648
	职业培训人数	110727	109318	106168	100505	97681	96958
	培训率(%)	7.1	7.3	7.3	7.1	7.0	7.2
萨克森-安哈特州	从业人员数	861110	825042	805653	777152	757986	729871
	职业培训人数	63888	61929	59982	56293	54759	54321
	培训率(%)	7.4	7.5	7.4	7.2	7.2	7.4
图林根州	从业人员数	833820	809950	785917	756323	734165	716622
	职业培训人数	61520	60367	58676	55549	53190	52740
	培训率(%)	7.4	7.5	7.5	7.3	7.2	7.4

来源：联邦劳动局关于从业人员和企业的数据统计，就业研究所的计算结果，自己计算得出

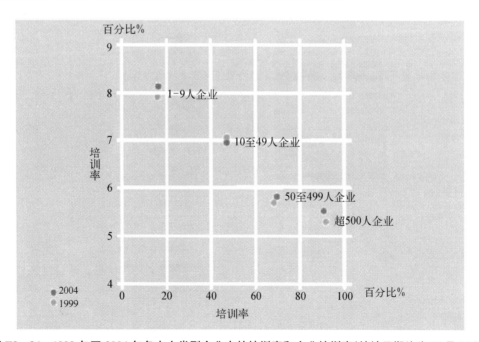

图 E3‑3A：1999 年至 2004 年各大小类型企业中的培训率和企业培训率（统计日期均为 12 月 31 日）

来源：联邦就业局关于从业人员和企业的数据统计；联邦就业研究所的计算结果；联邦职业教育研究所的计算结果；自己计算得出

表 E4－1A：1996 年至 2004 年不同职业领域中提前解约的培训合同数和解约率

职业领域	1996	1997	1998	1999	2000	2001	2002	2003	2004
	数　量								
工业和贸易行业	50641	49089	53687	61934	69133	70014	71039	63628	60171
手工业	59445	58514	60938	62722	66040	64058	59272	50622	48168
农业	3079	3311	3591	3889	3799	3647	3463	3319	3535
公共服务业	1060	1117	1072	1143	1193	1327	1316	985	924
自由职业	14471	14223	14208	13640	14796	15226	14965	13637	12432
家政	1127	1121	1162	1182	1413	1275	1298	1259	1297
航海	34	30	25	35	34	41	35	31	29
总计	129857	127405	134683	144545	156408	155588	151388	133481	126556
	解约率%								
工业和贸易行业	18.3	17.0	17.5	18.7	20.1	20.0	21.2	19.3	18.2
手工业	25.4	25.1	26.5	27.4	29.5	30.1	29.8	26.8	26.2
农业	21.2	20.6	21.4	23.2	23.5	23.6	23.0	21.6	22.1
公共服务业	6.2	6.7	6.4	7.0	7.5	8.5	8.6	6.7	6.1
自由职业	23.0	23.5	24.3	23.9	25.7	26.1	25.6	24.5	23.7
家政	21.6	21.1	21.2	21.7	27.2	25.2	25.7	24.5	25.2
航海	20.9	18.5	14.6	21.5	21.8	25.5	21.0	18.4	14.2
总计	21.3	20.5	21.3	22.1	23.7	23.7	24.1	21.9	21.0

来源：联邦统计局，职业教育统计，自己计算得出

表 E4－2A：1996 年至 2004 年不同职业领域中提前解约率的性别分布情况(单位：%)

年　份	解　约　率		
	女　性	男　性	平　均　总　计
1996	22.6	22.3	22.4
1997	21.7	21.0	21.3
1998	22.5	21.7	22.0
1999	23.0	22.6	22.7
2000	25.7	24.7	25.1
2001	26.1	25.1	25.5
2002	27.5	26.0	26.6
2003	24.9	22.8	23.6
2004	23.3	21.3	22.1

来源：联邦统计局，职业教育统计，自己计算得出

表 E4－3A：在职业教育法和手工业法规(BBiG/HwO)的培训职业中，2004 最低解约率和最高解约率职业中不同教育背景学员的分布情况(单位：%)

培 训 职 业	解 约 率	2004 年新学员的前期教育背景[1]		
		有和没有普通中学毕业证	中级学校毕业	具备高校入学资格
		%		
最高解约率的职业类型				
餐饮业专业人才(IH[2])	39.0	27.9	46.2	6.4
厨师(IH)	37.9	40.7	36.2	4.5
餐饮、旅馆业的专业人才	36.2	51.6	20.8	1.0
面包师(Hw[3])	33.5	69.6	20.7	1.1
园艺工人	33.0	38.6	37.4	5.1
粉刷以及相关职业(Hw)	32.4	70.5	13.6	1.1
理发师	32.3	55.1	32.5	2.7
食品手工业中的专业销售(Hw)	32.3	67.6	22.6	0.5
修盖屋顶的瓦匠	31.2	62.6	22.3	1.5
律师以及公证人助理	30.7	5.8	60.2	29.0
旅店业专业人才	30.7	16.5	42.4	22.6
从事家政人员(Hausw[4])	29.9	51.5	15.0	1.4
体育健身类的商务人员	29.9	12.1	34.6	36.0
大厦清洁人员	29.7	68.9	24.0	0.9
糕点师傅	29.5	55.2	33.6	4.6
连锁餐饮专员(IH)	28.6	22.6	32.4	21.7
屠宰场工作人员(Hw)	28.1	72.5	18.1	1.0
牙医助理	27.9	31.4	58.3	5.7
兽医助理	27.5	8.3	42.6	32.3
农业机械和建筑机械师(Hw)	27.4	48.2	35.4	1.5
最低解约率的职业类型				
就业促进专员	4.6	2.3	71.2	18.5
管理类专业人才	4.6	2.9	65.4	24.4
银行商务专员	4.8	0.6	30.0	57.1
办公室通信专员	6.4	2.2	72.0	17.1
社会保险专员	6.5	0.5	44.4	50.3
负责工业控制设备、电器仪表系统和自动化系统的电子工程师(IH)	6.6	10.0	63.0	11.0
工业商务人员	6.8	2.8	29.3	43.0

（续表）

培 训 职 业	解 约 率	2004 年新学员的前期教育背景[1]		
		有和没有普通中学毕业证	中级学校毕业	具备高校入学资格
		%		
机电技术人员(IH)	6.9	8.0	65.5	14.9
测绘员	7.7	1.5	61.7	34.7
工业机械师(IH)	8.4	26.9	53.2	5.0
化学实验员(IH)	8.4	2.1	55.8	36.8
工具机械师(IH)	9.2	25.3	53.5	5.4
化学药剂师	9.3	12.2	68.5	8.4
信件、货物运输专员	9.7	44.7	36.6	1.8
信息技术系统-电子工程师(IH)	10.2	6.1	49.3	26.0
生产制造机械师	10.3	38.5	45.9	1.4
信息商务专员(IH)	11.0	3.7	27.5	44.6
合成材料和橡胶技术方面的工艺机械师(IH)	11.8	31.7	45.5	5.6
信息技术专员(IH)	11.9	4.1	27.7	47.6
技术制图(IH)	11.9	8.9	56.5	19.9

1) 不包括职业准备、其他的以及无从考证的前期教育背景
2) IH＝工业和贸易行业
3) Hw＝手工行业
4) Hausw＝家政
来源：联邦统计局，职业教育统计，自己计算得出

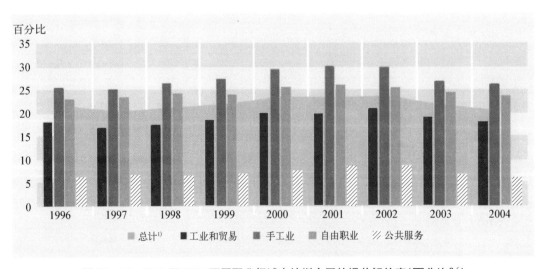

图 E4‑1A：1996 至 2004 不同职业领域中培训合同的提前解约率（百分比％）

1) 总计中的百分比还包括农业、家庭经济以及航海
来源：联邦统计局，职业教育统计数据

表 E5－2A：2000 年至 2004 年旧联邦州各州不同大小类型的培训企业和不同行业*中培训学员的接受率情况（单位：%）

企业大小和行业类别	2000	2001	2002	2003	2004
	%				
总计	60.4	58.8	57.0	56.7	53.8
按企业大小					
1 至 9 名员工	45.7	44.3	46.6	49.3	39.1
10 至 49 名员工	59.7	50.6	51.4	53.9	51.7
50 至 499 名员工	65.3	65.5	61.8	57.5	59.0
超 500 名员工	72.4	76.9	72.1	69.4	66.2
按行业类别					
农、林、渔业	43.5	30.5	14.8	45.9	36.2
采矿、能源、供水	73.1	85.2	72.0	60.4	75.7
食品和奢侈品行业	64.9	61.3	58.3	59.7	66.5
消费品行业	65.3	55.0	60.9	55.0	65.5
生产业	79.3	68.5	72.5	68.0	70.0
生产资料和日用品行业	70.8	84.9	80.0	79.0	76.1
建筑业	63.0	64.7	56.3	54.2	50.1
贸易，保养、维修行业	63.0	59.6	56.4	52.0	53.6
交通、通信业	74.4	67.0	63.9	69.4	49.7
信贷、保险业	87.2	85.0	81.4	74.5	73.7
旅馆、餐饮业	31.4	28.3	28.3	32.6	31.1
教育授课行业	9.4	16.1	16.2	7.0	24.8
医疗卫生、公共服务、兽医行业	46.0	49.7	44.3	48.5	34.0
企业服务	60.5	44.6	46.6	62.9	57.4
其他企业服务行业	39.9	33.7	58.7	42.8	60.2
其他服务行业	52.6	42.4	52.9	56.3	53.5
无行业特性的组织/国家	64.5	60.7	65.6	65.2	54.2
总计	60.4	58.8	57.0	56.7	53.8

* 2000 至 2003 的行业分类按照（WZ）'93，2004 按照 WZ'03

来源：就业研究所的企业调查；自己计算得出

表 E5－3A：2000 年至 2004 年新联邦州各州不同大小类型的培训企业和不同行业分支*中培训学员的接受率情况（单位：%）

企业大小和行业类别	2000	2001	2002	2003	2004
	%				
总计	46.0	42.7	44.1	38.7	41.2
按企业大小					
1 至 9 名员工	48.8	41.3	39.6	30.2	37.1

(续表)

企业大小和行业类别	2000	2001	2002	2003	2004
	%				
10 至 49 名员工	49.5	45.9	49.8	43.8	48.7
50 至 499 名员工	40.7	43.7	42.4	39.4	41.4
超 500 员工	48.3	35.9	43.5	36.9	33.2
按行业类别					
农、林、渔业	38.7	36.0	30.9	21.8	40.6
采矿、能源、供水	68.2	61.3	66.3	61.6	53.8
食品和奢侈品行业	47.9	52.0	50.6	28.4	31.0
消费品行业	74.5	67.0	51.8	49.6	54.1
生产业	68.4	68.4	60.0	60.9	68.9
生产资料和日用品行业	74.3	72.4	69.6	65.1	67.2
建筑业	50.3	48.1	48.9	44.2	35.7
贸易,保养、维修行业	53.6	41.5	49.0	43.4	48.8
交通、通信业	67.3	68.2	67.0	40.0	72.2
信贷、保险业	67.8	75.4	63.3	71.9	65.5
旅馆、餐饮业	39.8	49.7	31.3	31.4	31.6
教育授课行业	10.8	7.8	3.4	5.1	6.3
医疗卫生、公共服务、兽医行业	31.7	32.6	34.5	32.3	36.3
企业服务	43.6	52.4	43.6	40.0	43.9
其他企业服务行业	74.7	39.9	49.2	44.3	28.4
其他服务行业	75.3	32.4	62.0	51.4	70.0
无行业特性的组织/国家	45.2	47.2	58.2	48.5	41.7
总计	46.0	42.7	44.1	38.7	41.2

* 2000 年至 2003 年的行业分类按照(WZ)'93,2004 按照 WZ'03

来源:就业研究所的企业调查;自己计算得出

表 E5‑4A:2004 年报告年度统计的 2001 年至 2003 年职业培训毕业生的就业状况(单位:千)*

主 要 培 训 方 向	有工作(每周超过14小时的工作时间)	无业或者鲜有工作机会	无业人员	继续上学	总 计
	单位:千				
总 计					
培训课程/中级服务类(总计)	782	194	40	168	1184
其中: 经济和管理类	111	23	5	22	161
财会类	60	7	/	20	89

（续表）

主　要　培　训　方　向		有工作（每周超过 14 小时的工作时间）	无业或者鲜有工作机会	无业人员	继续上学	总　计
		单位：千				
其中：	工商技术类	156	31	/	33	223
	土木工程/建筑工程,木结构,钢结构,水利工程,计划用水,土地改良,交通建设	59	30	/	7	97
	贸易,仓储	78	21	7	13	119
	医疗保健、护理服务	66	6	/	10	85
	酒店和餐饮	23	11	/	/	42
	美容美发	20	/	/	/	28
	其他	211	62	14	56	340
职业专科学校（总计）		77	19	/	18	118
其中：	经济类,办公室工作和信息处理类	16	/	/	5	26
	医疗保健和社会服务	18	/	/	/	25
	其他	42	12	/	10	66
男　性						
培训课程/中级服务类（总计）		408	120	7	96	631
其中：	经济和管理类	31	8	/	9	50
	财会类	22	/	—	14	40
	工商技术类	145	30	/	31	208
	土木工程/建筑工程,木结构,钢结构,水利工程,计划用水,土地改良,交通建设	56	28	/	7	92
	贸易,仓储	31	8	/	7	46
	医疗保健、护理服务	10	/	/	/	13
	酒店和餐饮	13	/	/	/	19
	美容美发	/	—	/	/	/
	其他	99	34	/	25	160
职业专科学校（总计）		28	7	/	8	45
其中：	经济类,办公室工作和信息处理类	7	/	/	/	12
	医疗保健和社会服务	/	—	/	/	/
	其他	19	6	/	/	29
女　性						
培训课程/中级服务类（总计）		374	74	32	73	553
其中：	经济和管理类	79	14	/	13	111
	财会类	37	/	/	7	48
	工商技术类	11	/	/	/	16

主 要 培 训 方 向		有工作(每周超过14小时的工作时间)	无业或者鲜有工作机会	无业人员	继续上学	总　计
		单位：千				
其中：	土木工程/建筑工程,木结构,钢结构,水利工程,计划用水,土地改良,交通建设	/	/	—	/	6
	贸易,仓储	47	12	6	7	72
	医疗保健、护理服务	56	/	/	8	72
	酒店和餐饮	10	6	/		22
	美容美发	18	/		/	26
	其他	112	28	11	31	181
职业专科学校(总计)		48	12	/	10	73
其中：	经济类,办公室工作和信息处理类	9	/		/	14
	医疗保健和社会服务	15	/	/	/	21
	其他	24	6	/	6	37

＊ 调查对象为 15 岁及以上人员

来源：联邦统计局；2004 年微型人口普查结果；自己计算得出

表 E5－5A：2004 年不同职业组＊＊中最高获得普通中学毕业证的从业人员的平均收入情况＊

职 业 组	所有人员的平均收入	总　计		男　性		女　性	
		培训完成情况					
		双元制/全日制学校培训毕业	未完成培训	双元制/全日制学校培训毕业	未完成培训	双元制/全日制学校培训毕业	未完成培训
		单位：欧元					
所有人员的平均收入	1932	1989	1474	2087	1549	1868	1299
金属加工	2452	2513	2441	2517	2460	2266	/
钳工及类似职业	2174	2203	1708	2199	1750	2466	1319
电工	2179	2212	1992	2211	2043	2233	/
面包师和肉类加工	1646	1663	1542	1693	1527	1551	1580
粉刷匠和细木工	1905	1900	1573	1894	1545	2086	/
银行商务人员及其他类似职业	2604	2596	—	2623	—	2582	—
会计商务及其他类似职业	2041	2068	1404	2216	1553	2011	1285
病患护理及其他类似职业	2130	2192	1690	2144	/	2200	1692
幼儿教育	2027	2059	—	/		2054	—
身体护理	1125	1109	1098	1348	—	1099	1098

＊ 税前平均每月总收入（包括津贴补助、加班费等）

＊＊ 统计对象：截至 2004 年 9 月 30 日,22 岁至 25 岁的从业人员

来源：就业研究所对从业人员的工作经历的抽样调查,扩展至 2004 年

表 F1–1A：1980–2004 年各州升学率*（单位：%）

大学招生年度[1]	全德国	巴登-符腾堡州	巴伐利亚州	柏林	勃兰登堡州	不来梅	汉堡	黑森州	梅克伦堡-前波莫瑞州	下萨克森州	北莱茵-威斯特法伦州	莱茵兰-普法尔茨州	萨尔州	萨克森州	萨克森-安哈特州	石勒苏益格-荷尔斯泰因州	图林根州
							单位：%										
1980	86.8	85.8	89.0	98.8	·	74.5	74.7	86.2	·	85.8	81.9	87.1	92.8	·	·	88.3	·
1985	78.1	75.8	82.3	97.6		82.2	83.0	76.2		78.0	69.4	77.6	84.4	·	·	79.6	·
1990	83.7	81.6	87.1	/[2]	·	80.8	68.8	77.7		79.3	71.9	82.6	92.8	·	·	81.7	
1995	75.3	78.1	83.9	87.5	61.9	94.1	76.8	75.4	64.6	76.0	70.2	81.5	73.0	64.8	66.0	56.6	67.1
1996	76.1	80.0	85.5	86.0	59.9	96.2	72.8	81.5	64.4	82.0	68.2	79.4	72.7	66.0	67.1	74.0	67.2
1997	73.3	77.2	82.6	85.9	59.2	90.2	72.0	75.7	66.5	79.9	65.0	71.6	70.2	64.9	68.0	75.4	66.7
1998	72.6	77.3	87.7	88.8	58.9	/[3]	72.6	67.0	65.8	75.6	63.0	72.0	73.4	68.5	68.3	77.5	67.7
1999	74.3	78.0	82.2	86.7	58.7	/[3]	77.2	76.2	67.8	74.6	69.4	70.9	73.6	68.9	69.5	77.5	67.0
2000	73.1	78.4	82.2	85.8	58.7	85.1	/[3]	76.8	66.7	70.3	66.2	75.1	75.4	68.6	66.0	72.8	68.3
2002[4]	73–79	72–78	80–85	76–83	63–71	82–88	72–78	73–79	69–76	68–76	71–79	70–80	76–82	72–76	75–81	76–84	68–76
2004[4]	71–77	68–73	75–81	64–74	65–70	78–88	62–70	72–78	67–73	72–78	72–79	72–78	71–79	77–81	71–75	75–80	61–68

　＊ 1992 年夏季学期开始之前为德国生源，之后为德国生源和国内外籍生源。2000 年之前为联邦统计局提供的升学率，包括管理应用技术大学

　1）自 1992/93 学年冬季学期招生以来民主德国各州

　2）柏林 1990 年的数值可能包括民主德国招生数值，因此超过 100%，不具有说服力

　3）因可数据能存在错误而无法展示

　4）2002，2004：基于高校信息系统中大学生率预期的招生数量；此处给出的是核心比率与最高比率构成的范围。不含管理应用技术大学和联邦国防高校

　来源：联邦统计局，高校数据统计；高校信息系统具有大学就学资格者调查

表 F1–2A：1995、2000、2004 年德国大学新生的构成*（按照大学就学资格种类划分，单位：%）

大学就学资格种类	综合性大学			应用技术大学			总　计		
	1995	2000	2004	1995	2000	2004	1995	2000	2004
				单位：%					
文理中学，专科文理中学，综合中学	89.8	93.1	92.4	46.1	57.5	49.7	75.4	81.2	77.5
文理中学夜校（第二教育途径）	3.3	1.8	2.1	4.8	4.0	5.0	3.8	2.5	3.1
专科高中	1.9	1.0	1.0	31.9	25.8	30.8	11.8	9.3	11.4
专科学校和职业专科学校，专科学院	0.8	0.7	0.7	6.7	5.6	7.6	2.8	2.3	3.1
录取考试	0.4	0.5	0.7	0.4	1.0	1.8	0.4	0.7	1.0
其他大学录取方式	2.4	1.8	1.8	8.7	4.3	3.5	4.5	2.6	2.4
外国的大学录取	0.9	1.1	1.2	0.6	0.5	0.7	0.8	0.9	1.0

　＊ 冬季学期

　来源：联邦统计局，高校数据统计

表 F2－1A：1975－2004 年大学新生（高校第一学期），女性比例和新生比例*，包括管理应用技术大学

学　年[1]	大 学 新 生			大学新生比例[2]		
	总　计	女性比例	应用技术大学比例	总　计	男	女
	总　数	单位：%				
旧联邦州						
1975	163447	36.9	26.2	·	·	·
1976	165818	34.9	27.2	·	·	·
1977	163326	39.2	26.5	·	·	·
1978	168752	40.2	25.0	·	·	·
1979	170606	39.0	26.7	·	·	·
1980	189953	40.4	27.2	19.5	22.6	16.2
1981	214404	41.7	27.8	·	·	·
1982	225594	40.4	29.1	·	·	·
1983	232104	37.7	29.7	·	·	·
1984	220144	38.5	29.7	·	·	·
1985	206823	39.8	30.1	19.3	22.6	15.8
1986	211729	40.2	30.4	20.0	23.2	16.6
1987	228843	39.9	30.5	22.0	25.6	18.3
1988	245244	40.0	29.5	24.5	28.7	20.0
1989	251615	39.5	30.4	26.4	31.2	21.3
1990	277868	39.4	28.8	30.4	36.1	24.5
1991	271347	40.9	30.6	31.4	36.2	26.3
1992	252275	42.5	31.3	28.6	31.7	25.4
德　国						
1993	277247	44.5	32.4	25.5	26.6	24.3
1994	265952	45.1	31.7	25.9	26.9	24.9
1995	261427	47.8	31.2	26.8	26.6	27.0
1996	266687	47.9	30.0	28.1	28.1	28.1
1997	267228	48.6	30.3	28.5	28.4	28.7
1998	271999	48.5	31.3	29.2	29.3	29.2
1999	290983	49.4	31.4	31.3	30.9	31.7
2000	314539	49.2	31.3	33.5	33.4	33.6
2001	344659	49.4	31.3	36.1	35.9	36.3
2002	358792	50.6	32.0	37.1	35.9	38.3

（续表）

学　年[1]	大 学 新 生			大学新生比例[2]		
	总　计	女性比例	应用技术大学比例	总　计	男	女
	总　数			单位：%		
2003	377395	48.2	32.2	38.9	39.5	38.3
2004	358704	48.8	33.2	37.1	37.2	37.1

＊ 包括管理应用技术大学

1）学年＝夏季学期及其后的冬季学期

2）按照经合组织方法计算，包括管理应用技术大学

1986－1989 年：参考数值：18 岁至 22 岁以下人群的平均值

来源：联邦统计局，高校数据统计

表 F2－2A：1975－1990 年 * 及 1995－2004 年各高校类型种大学新生 **（高校第一学期）最重要的课域（单位：%所有大学新生）

课　域	学　年[1]										
	1975	1980	1985	1990	1995	1998	2000	2001	2002	2003	2004
	在所有大学新生中的百分比										
综合性大学新生											
经济学	5.6	8.1	9.9	11.2	8.9	9.7	10.0	9.7	9.2	8.9	8.6
日耳曼语言文学	6.7	5.8	4.7	5.3	6.4	6.1	6.1	6.4	6.3	5.9	5.5
法学	6.3	6.4	4.6	5.0	6.4	5.6	4.5	4.1	4.4	4.2	4.0
机械工程、过程工程	3.0	2.9	3.9	4.4	1.7	2.2	2.4	2.5	2.7	3.0	3.1
数学	4.9	2.2	1.9	2.9	2.2	1.9	2.3	2.7	2.8	3.0	3.0
信息学	0.7	1.4	2.1	2.3	1.8	3.1	5.4	4.5	3.5	3.2	3.0
医学	2.6	4.7	3.8	2.9	3.5	3.4	3.1	3.0	2.9	2.7	2.7
英国语言文学研究,美国历史、文化和语言学	3.4	2.4	1.8	2.2	2.4	2.3	2.2	2.5	2.7	2.6	2.7
化学	3.0	2.7	3.0	2.6	1.3	1.5	1.6	1.8	1.9	2.1	2.1
生物学	2.0	2.7	2.4	2.0	2.2	2.3	2.2	2.2	2.1	2.0	2.1
教育学	3.7	2.7	2.0	2.4	3.0	2.4	2.3	2.5	2.3	2.1	2.0
历史科学	1.7	1.6	1.7	1.6	1.7	1.6	1.6	1.6	1.6	1.8	1.9
社会学[2]	2.1	2.2	1.9	2.5	1.7	1.5	1.7	1.8	1.9	1.9	1.6
电子学	2.1	2.2	3.0	2.8	1.2	1.6	1.7	1.8	1.7	1.7	1.6
物理学,天文学	2.1	1.7	2.4	2.3	1.1	1.1	1.2	1.4	1.6	1.7	1.6
政治学[3]	—	—	—	—	1.0	1.2	1.2	1.2	1.3	1.3	1.3
罗曼语言文学	1.7	1.5	1.7	1.3	1.1	1.1	1.0	1.0	1.1	1.2	1.3
体育,体育学	1.7	1.6	0.7	0.9	1.2	1.1	1.0	1.1	1.0	1.1	1.1
音乐,音乐学	1.6	1.7	1.6	1.2	1.4	1.3	1.3	1.2	1.2	1.1	1.1
地理学	0.9	1.2	0.9	1.3	1.1	1.0	0.9	1.0	1.0	1.1	1.0

(续表)

课　　域	学　年[1]										
	1975	1980	1985	1990	1995	1998	2000	2001	2002	2003	2004
	在所有大学新生中的百分比										
有教师资格的大学新生											
应用技术大学新生											
经济学	4.0	3.0	5.1	4.0	6.1	7.3	7.3	7.1	7.2	7.4	7.5
机械工程、过程工程	5.5	4.9	6.3	6.3	4.1	3.9	4.2	4.2	4.5	5.0	5.3
信息学	0.3	0.5	0.9	1.3	1.4	2.2	3.2	3.2	2.9	2.9	2.9
管理学	0.8	4.3	3.2	3.8	5.1	3.6	3.2	3.5	4.1	3.2	2.6
社会福利与教育事业	4.0	4.2	3.2	3.1	3.6	3.5	3.1	3.0	2.7	2.5	2.6
电子学	4.3	3.1	4.1	3.9	2.3	2.3	2.3	2.4	2.4	2.5	2.5
经济师	0.2	0.5	0.5	0.6	1.0	1.4	1.4	1.6	1.6	1.6	1.8
土木工程	1.8	1.3	1.4	1.5	2.1	1.6	1.2	1.1	1.0	1.0	1.1
建筑学、室内装饰	1.6	2.0	1.8	1.3	1.6	1.5	1.3	1.1	1.1	1.1	1.0
所列课域在所有大学新生中的比例											

* 德国西部

** 包括管理应用技术大学

1) 学年＝夏季学期及其后的冬季学期

2) 1990 年前包括政治学

3) 1990 年前无独立课域(属于社会学)

来源：联邦统计局,高校数据统计

表 F2‐3A：1975‐2004 年大学新生(高校第一学期)情况中外国人的人数和比例,国外外籍生源人数和比例

学　年[1]	大学新生总计[2]	其　　中			
		外 国 人		国外外籍生源	
	总　数	总　数	占比(%)	总　数	占比(%)
1975	163447	11203	6.9	·	·
1980	189953	13210	7.0	10030	5.3
1985	206823	15351	7.4	10674	5.2
1990	277868	24290	8.7	16850	6.1
1995	261427	36786	14.1	28223	10.8
1996	266687	38273	14.4	29423	11.0
1997	267228	40135	15.0	31125	11.6
1998	271999	44197	16.2	34775	12.8
1999	290983	49700	17.1	39905	13.7
2000	314539	54888	17.5	45149	14.4
2001	344659	63507	18.4	53175	15.4

（续表）

学　年[1]	大学新生总计[2]	其　　中			
		外　国　人		国外外籍生源	
	总　数	总　数	占比(%)	总　数	占比(%)
2002	358792	68566	19.1	58480	16.3
2003	377395	70890	18.8	60113	15.9
2004	358704	68235	19.0	58247	16.2

1) 学年＝夏季学期及其后的冬季学期
2) 包括管理应用技术大学
来源：联邦统计局，高校数据统计

表 F2－4A：1998－2004 年大学新生比例* (ISCED 5A) 之国际比较(单位：%)

国　　家	1998	1999	2000	2001	2002	2003	2004
	单位：%						
德国	28	28	30	32	35	36	38
芬兰	58	67	71	72	71	73	·
法国	·	36	37	37	38	39	·
英国	48	45	46	45	47	48	·
意大利	42	40	43	44	50	54	·
日本[1]	36	37	39	41	41	42	·
瑞典	59	65	67	69	75	80	·
美国	44	45	43	42	64	63	·
奥地利	28	·	33	34	31	35	·
荷兰	52	54	51	54	53	52	·
瑞士	·	29	29	33	35	38	·
经合组织平均值	40	45	45	47	51	53	

* 净比例按照经合组织计算方法得出(比例总和算法)

1) 总比例
来源：联邦统计局，高校数据统计；经合组织，教育概览

表 F3－1A：2000、2003 及 2004 年个别大学专业和重要学位形式的专业修业年限(第一学业，单位：学期)*

大学专业	文　凭[1]	专业修业年限								
		2000			2003			2004		
		下四分位数	中位数	上四分位数	下四分位数	中位数	上四分位数	下四分位数	中位数	上四分位数
		学　期　数								
心理学	综合性大学传统学制硕士	10.8	12.3	14.0	10.5	11.9	13.9	10.3	11.8	13.7
教育学	综合性大学传统学制硕士	9.6	11.1	12.9	9.6	11.2	13.3	9.7	11.3	13.5

（续表）

大学专业	文　凭[1]	专业修业年限								
		2000			2003			2004		
		下四分位数	中位数	上四分位数	下四分位数	中位数	上四分位数	下四分位数	中位数	上四分位数
		学　期　数								
社会学	综合性大学传统学制硕士	10.5	12.3	14.4	10.0	11.7	13.7	10.1	11.9	13.9
社会福利与教育事业	应用技术大学传统学制硕士	7.2	8.4	9.6	7.3	8.5	9.8	7.2	8.5	9.8
法学	国家考试	7.9	9.0	10.8	8.1	9.3	11.2	8.3	9.4	11.3
企业经济学	综合性大学传统学制硕士	9.4	10.8	12.4	9.0	10.4	12.0	9.1	10.4	12.0
	应用技术大学传统学制硕士	7.8	8.9	10.1	7.7	8.8	10.2	7.6	8.8	10.1
	学士学位	—	—	—	6.8	7.4	7.8	6.1	6.7	7.5
经济师	综合性大学传统学制硕士	10.1	11.3	12.8	10.1	11.3	12.9	10.2	11.5	13.2
	应用技术大学传统学制硕士	7.9	8.8	9.9	7.9	8.9	10.0	7.9	8.8	9.9
信息学	综合性大学传统学制硕士	11.0	13.0	15.8	10.4	12.3	15.7	10.1	11.7	14.7
	应用技术大学传统学制硕士	8.4	9.6	11.5	8.1	9.1	10.5	8.0	9.1	10.6
	学士学位	—	—	—	5.5	6.2	7.0	5.7	6.5	7.8
物理学	综合性大学传统学制硕士	10.5	11.8	13.9	10.2	11.1	13.2	10.1	11.0	12.9
化学	综合性大学传统学制硕士	10.0	11.5	13.8	9.6	10.6	12.5	9.5	10.4	12.2
生物学	综合性大学传统学制硕士	10.4	11.7	13.2	10.2	11.3	12.9	10.2	11.3	12.8
药剂学	国家考试	7.7	8.5	9.7	7.7	8.6	9.8	7.7	8.5	9.9
医学	国家考试	12.2	13.0	14.0	12.1	12.9	13.9	12.2	12.9	14.0
牙医学	国家考试	10.5	11.4	12.7	10.5	11.5	13.0	10.5	11.4	12.9
机械工程	综合性大学传统学制硕士	10.9	12.9	16.1	10.1	11.7	14.6	10.2	11.6	14.3
机械学	应用技术大学传统学制硕士	8.0	9.2	11.2	7.8	8.7	9.9	7.8	8.7	9.9
电子学	综合性大学传统学制硕士	10.6	12.4	15.4	10.1	11.5	14.1	10.2	11.4	13.2
	应用技术大学传统学制硕士	8.2	9.3	11.4	7.9	8.9	10.3	7.9	8.9	10.3
	学士学位	—	—	—	3.9	6.3	6.7	6.2	7.4	8.7
建筑学	综合性大学传统学制硕士	10.8	12.4	14.3	10.4	11.9	13.4	10.4	11.8	13.5
	应用技术大学传统学制硕士	8.7	10.0	12.3	8.6	9.9	12.2	8.7	9.9	12.0
土木工程	综合性大学传统学制硕士	10.7	12.0	13.8	10.9	12.8	15.0	11.1	13.0	15.5
	应用技术大学传统学制硕士	8.1	9.1	10.7	8.0	9.0	10.9	8.0	9.1	10.8

　＊　所展示的是下四分位数、中位数和上四分位数

　1) 综合性大学传统学制硕士：传统学制硕士及相应的文凭考试(如传统文科硕士)，不含学士学位和教师资格文凭。应用技术大学传统学制硕士：应用技术大学文凭(不含学士学位)

　来源：联邦统计局,高校数据统计

表 F3－2A：1999、2002 及 2004 年不同科类和个别课域的德国大学生第一学业的肄业率*（单位：%）

高校类型科类课域	肄　业　率								
	总　　计			男[1]			女[1]		
	1999	2002	2004	1999	2002	2004	1999	2002	2004
	单位：%								
综合性大学	24	26	24	26	29	27	23	24	21
语言学、文化学、体育	33	35	32	38	39	37	31	34	30
语言学、文化学	41	45	43	/	/	/	/	/	/
教育学、体育	28	23	16	/	/	/	/	/	/
法学、经济学、社会学	30	28	26	28	30	29	31	26	23
社会学	42	36	27	/	/	/	/	/	/
法学	27	16	12	/	/	/	/	/	/
经济学	31	32	31	/	/	/	/	/	/
数学、自然科学	23	26	28	27	28	30	18	23	24
数学	12	26	23	/	/	/	/	/	/
信息学	37	38	39	/	/	/	/	/	/
物理学、地球科学	26	30	36	/	/	/	/	/	/
化学	23	33	24	/	/	/	/	/	/
药剂学	17	12	12	/	/	/	/	/	/
生物学	15	15	19	/	/	/	/	/	/
地理学	36	19	17	/	/	/	/	/	/
医学	8	11	8	7	11	7	8	12	8
人类医学	8	10	9	/	/	/	/	/	/
牙医学、兽医学	8	16	2	/	/	/	/	/	/
农学、林业学、营养学	21	29	14	16	34	24	26	26	7
工程技术科学	26	30	28	27	30	27	19	28	31
机械工程	25	34	30	/	/	/	/	/	/
电子学	23	33	33	/	/	/	/	/	/
建筑学	35	30	22	/	/	/	/	/	/
艺术	30	26	21	27	30	22	32	23	21
教师资格	14	12	13	18	19	20	12	9	10
应用技术大学	20	22	17	23	24	22	13	18	10
经济学、社会福利与教育事业	16	25	16	21	29	20	12	21	11
社会福利与教育事业	6	20	16	/	/	/	/	/	/

(续表)

高校类型科类课域	肄 业 率								
	总　　计			男[1]			女[1]		
	1999	2002	2004	1999	2002	2004	1999	2002	2004
	单位：%								
经济学	25	27	17	/	/	/	/	/	/
数学、自然科学	34	40	31	34	38	31	34	49	33
信息学	36	39	29	/	/	/	/	/	/
农学、林业学、营养学	25	18	2	26	13	1	24	23	2
工程技术科学	21	20	21	23	21	24	14	11	9
机械工程	25	21	25	/	/	/	/	/	/
电子学	20	32	31	/	/	/	/	/	/
建筑学	24	20	23	/	/	/	/	/	/
总计	23	25	22	25	27	25	20	23	18

　＊ 按照高校信息系统的方法计算，不计外国大学生和第二学业的大学生。肄业率为毕业年的毕业生数除以相应新生年级的新生人数所得的商

1) 性别差异仅在科类层面可以显现

　来源：2002 年高校信息系统肄业研究，高校信息系统简略信息 A1/2005，http://www.his.de

表 F3－3A：2000 年第一和第二学业的国内外大学生肄业率* 之国际比较(单位：%)

国　　家	肄业率(所有专业)
	单位：%
德国	30
芬兰	25
法国	41
英国	17
意大利	58
日本	6
瑞典	52
美国	34
奥地利	41
荷兰	31
经合组织平均值	30

　＊ 经合组织的计算方法，第一和第二学业的国内外大学生。肄业率为毕业生数除以典型入学年份的新生人数所得的商

　此处给出的德国肄业率高于表 F3－2A 所包含的比例。原因主要在于对群体的不同划定(此处：第一和第二学业的德国和外国大学生，另一表：仅德国大学生)。还有一个原因在于所用的计算方法因入学年份不同而不同

　来源：经合组织，2004 年教育概览

表 F4‑1A：1995‑2004 年不同高校学位形式和性别的第一学位毕业生人数（单位：%）

考试年份	毕业生	高校学位形式[1]							
		传统学制硕士(综合性大学)及相应学位[2]	博士学位	教师资格	学士学位(综合性大学)[3]	国际学制硕士(综合性大学)[4][5]	应用技术大学学位	学士学位(应用技术大学)	国际学制硕士(应用技术大学)[5]
	总　数	单位：%							
总　计									
1995	197015	51.5	0.2	11.4	—	—	36.9	—	—
1996	202042	52.3	0.2	11.4	—	—	36.1	—	—
1997	201073	51.5	0.2	11.6	—	—	36.7	—	—
1998	190886	51.1	0.2	12.3	—	—	36.5	—	—
1999	185001	50.8	0.1	12.5	—	—	36.6	—	—
2000	176654	50.5	0.1	12.8	0.1	0.0	36.5	—	—
2001	171714	50.0	0.1	12.4	0.1	0.1	37.3	0.0	0.0
2002	172606	50.4	0.1	11.7	0.4	0.2	37.1	0.1	0.0
2003	181528	49.1	0.1	10.6	0.8	0.2	38.7	0.5	0.0
2004	191785	47.5	0.0	10.2	2.0	0.5	38.7	1.1	0.1
男　性									
1995	115752	53.7	0.2	5.1	—	—	41.0	—	—
1996	118789	54.5	0.2	5.5	—	—	39.8	—	—
1997	117227	53.1	0.2	5.8	—	—	40.9	—	—
1998	109253	52.7	0.2	6.5	—	—	40.6	—	—
1999	103300	52.0	0.1	6.4	—	—	41.5	—	—
2000	96020	51.5	0.1	6.9	0.1	0.0	41.3	—	—
2001	91036	50.5	0.1	6.5	0.1	0.1	42.5	0.0	0.0
2002	89606	50.4	0.1	6.4	0.4	0.2	42.3	0.1	0.0
2003	91589	49.1	0.1	5.5	0.8	0.3	43.6	0.6	0.1
2004	96121	47.5	0.0	5.2	1.9	0.6	43.3	1.2	0.1
女　性									
1995	81263	48.2	0.2	20.5	—	—	31.1	—	—
1996	83253	49.2	0.2	19.9	—	—	30.7	—	—
1997	83846	49.4	0.2	19.7	—	—	30.8	—	—
1998	81633	48.9	0.1	20.1	—	—	30.9	—	—
1999	81701	49.3	0.2	20.2	—	—	30.4	—	—

（续表）

考试年份	毕业生	高校学位形式[1]							
		传统学制硕士(综合性大学)及相应学位[2]	博士学位	教师资格	学士学位(综合性大学)[3]	国际学制硕士(综合性大学)[4)5]	应用技术大学学位	学士学位(应用技术大学)	国际学制硕士(应用技术大学)[5]
	总　数	单位：%							
2000	80634	49.2	0.1	19.9	0.1	0.0	30.6	—	—
2001	80678	49.4	0.1	19.0	0.1	0.0	31.3	0.0	0.0
2002	83000	50.3	0.1	17.5	0.5	0.1	31.4	0.1	0.0
2003	89939	49.0	0.1	15.7	0.8	0.1	33.8	0.4	0.0
2004	95664	47.4	0.0	15.3	2.0	0.3	34.0	0.9	0.0

1）包括管理类应用技术大学
2）包括艺术类和其他学位
3）包括学士学位
4）包括国际学制硕士
5）国际学制硕士作为第一学位大多授予外国大学生,尽管他们在国外已获得大学第一学位,但仍算作刚开始硕士学习的高校第一学期学生

来源：联邦统计局,高校数据统计

表 F4－2A：1995－2004 年各科类、性别和学业种类的高校毕业生[*]（单位：%）

考试年份	毕业生	科　类[1]								
		语言学和文化学	体育	法学、经济学、社会学	数学、自然科学	人类医学	兽医学	农学、林业学、营养学	工程技术科学	艺术、艺术学
	总　数	单位：%								
第一学业										
1995	197015	13.8	1.2	33.8	14.1	6.1	0.5	2.8	24.0	3.7
1996	202042	13.9	1.2	34.4	14.1	5.9	0.5	2.4	23.9	3.7
1997	201073	14.7	1.2	35.4	13.9	5.5	0.5	2.4	22.7	3.7
1998	190886	15.6	1.3	35.7	13.4	5.8	0.5	2.4	21.5	3.8
1999	185001	16.4	1.4	35.5	13.0	5.9	0.5	2.5	20.8	4.0
2000	176654	16.9	1.4	35.5	12.4	6.0	0.5	2.7	20.2	4.3
2001	171714	17.2	1.5	35.6	12.0	6.1	0.5	2.7	19.6	4.7
2002	172606	17.5	1.6	36.1	12.5	5.9	0.5	2.6	18.8	4.6
2003	181528	17.1	1.5	37.0	12.6	5.7	0.5	2.7	18.1	4.7
2004	191785	16.7	1.4	37.7	13.6	5.5	0.5	2.7	17.1	4.7
男性(第一学业)										
1995	115752	6.5	1.0	31.4	15.0	5.8	0.3	2.5	35.1	2.3
2000	96020	8.5	1.2	35.1	14.0	5.8	0.2	2.4	30.0	2.8

（续表）

考试年份	毕业生	科 类[1]								
		语言学和文化学	体育	法学、经济学、社会学	数学、自然科学	人类医学	兽医学	农学、林业学、营养学	工程技术科学	艺术、艺术学
	总 数	单位：%								
2001	91036	8.7	1.4	35.2	13.7	5.7	0.2	2.3	29.5	3.2
2002	89606	8.9	1.5	35.8	14.5	5.5	0.2	2.3	28.3	3.1
2003	91589	8.5	1.4	36.3	14.9	5.4	0.2	2.4	27.8	3.1
2004	96119	8.2	1.5	36.8	16.3	5.0	0.2	2.3	26.4	3.3
女性（第一学业）										
1995	81263	24.1	1.6	37.1	12.8	6.6	0.7	3.2	8.2	5.7
2000	80634	27.0	1.7	36.0	10.4	6.3	0.9	3.1	8.6	6.1
2001	80678	26.8	1.7	36.0	10.1	6.5	0.9	3.2	8.4	6.4
2002	83000	26.8	1.7	36.4	10.4	6.4	0.8	2.9	8.5	6.1
2003	89939	25.9	1.5	37.7	10.4	6.1	0.9	3.0	8.3	6.2
2004	95664	25.2	1.4	38.7	10.9	5.9	0.8	3.1	7.8	6.2
博士学位学习										
1995	22014	8.2	0.2	11.2	31.5	32.8	2.7	2.3	9.8	1.1
2000	25533	9.8	0.2	12.7	29.8	32.9	2.1	2.1	9.4	1.0
2001	24585	9.7	0.3	13.8	28.9	32.9	2.1	1.9	9.4	1.1
2002	23662	9.6	0.4	13.2	27.8	34.1	2.3	1.9	9.9	1.0
2003	22900	10.5	0.4	14.6	28.0	31.4	2.3	2.2	9.4	1.2
2004	23107	10.8	0.4	14.4	27.5	32.2	2.2	2.3	9.1	1.0
男性（博士学位学习）										
1995	15142	6.9	0.3	12.5	34.2	28.1	1.7	2.4	13.3	0.6
2000	16795	8.2	0.2	13.7	33.2	27.9	1.1	2.1	12.8	0.6
2001	15925	8.1	0.4	15.0	32.2	27.8	1.0	2.0	12.8	0.7
2002	15073	7.8	0.4	14.6	31.0	28.8	0.9	1.9	13.9	0.7
2003	14249	8.3	0.4	16.0	31.0	26.5	1.0	2.3	13.5	0.8
2004	14092	8.7	0.4	16.0	31.2	26.6	0.8	2.3	13.3	0.7
女性（博士学位学习）										
1995	6872	10.9	0.1	8.4	25.5	43.3	4.9	2.2	2.1	2.1
2000	8738	12.9	0.2	10.6	23.1	42.5	4.1	2.0	2.8	1.8
2001	8660	12.6	0.2	11.4	22.8	42.2	4.1	1.8	3.0	1.9
2002	8589	12.7	0.3	10.7	22.1	43.3	4.7	1.9	2.7	1.6

（续表）

考试年份	毕业生	科 类[1]								
		语言学和文化学	体育	法学、经济学、社会学	数学、自然科学	人类医学	兽医学	农学、林业学、营养学	工程技术科学	艺术、艺术学
	总 数	单位：%								
2003	8651	14.1	0.3	12.1	23.0	39.4	4.5	2.0	2.6	2.0
2004	9015	14.0	0.4	11.9	21.6	41.1	4.4	2.4	2.6	1.6

﹡ 包括管理类应用技术大学

1) 该划分方法不含课域分类以外的科类

来源：联邦统计局,高校数据统计

表 F4－3A：1997－2004 年各科类获第一学位的国内外高校毕业生﹡（单位：%）

考试年份	毕业生	科 类								
		语言学和文化学	体育	法学、经济学、社会学	数学、自然科学	人类医学	兽医学	农学、林业学、营养学	工程技术科学	艺术、艺术学
	总 数	单位：%								
德 国 人										
1997	193189	14.7	1.2	35.8	13.9	5.4	0.5	2.5	22.4	3.6
1999	176256	16.4	1.4	36.0	13.0	5.8	0.5	2.6	20.5	3.8
2000	167261	17.0	1.5	35.9	12.4	5.9	0.5	2.8	19.8	4.1
2001	161777	17.3	1.6	36.0	12.1	6.0	0.5	2.8	19.2	4.5
2002	161929	17.6	1.7	36.5	12.6	5.8	0.5	2.6	18.3	4.3
2003	169878	17.3	1.5	37.5	12.8	5.6	0.5	2.8	17.7	4.3
2004	178934	16.8	1.5	38.2	13.7	5.4	0.5	2.8	16.7	4.4
国内外籍生源										
1997	2326	11.5	0.6	29.2	13.5	5.6	0.0	1.1	31.9	6.5
1999	3146	12.4	0.7	30.5	12.3	6.3	0.2	1.5	29.4	6.8
2000	3628	13.1	0.8	32.7	10.3	6.9	0.1	1.1	27.6	7.2
2001	4030	11.5	0.6	34.5	9.9	9.4	0.1	1.2	25.7	7.2
2002	4465	11.4	0.9	35.3	10.8	9.5	0.1	0.6	23.1	8.4
2003	4690	11.6	1.0	35.9	9.9	8.2	0.1	1.1	22.6	9.6
2004	4644	11.6	0.8	36.0	11.8	6.9	0.2	1.0	21.3	10.5
国外外籍生源										
1997	5558	16.8	0.5	22.3	13.1	9.5	0.4	1.9	28.2	7.4
1999	5599	17.3	0.5	24.5	11.8	8.3	0.4	1.7	26.6	9.0
2000	5765	16.8	0.6	24.6	11.5	8.9	0.3	1.9	26.9	8.4
2001	5907	17.6	0.4	24.5	12.0	7.1	0.4	1.9	26.5	9.5
2002	6212	18.4	0.6	25.8	10.8	6.6	0.3	1.8	26.9	8.7

（续表）

考试年份	毕业生总数	科类								
		语言学和文化学	体育	法学、经济学、社会学	数学、自然科学	人类医学	兽医学	农学、林业学、营养学	工程技术科学	艺术、艺术学
		单位：%								
2003	6960	17.2	0.6	26.8	11.8	6.2	0.3	2.1	25.2	9.8
2004	8207	16.3	0.6	28.8	12.1	5.9	0.5	2.1	24.9	8.9

* 包括管理类应用技术大学

来源：联邦统计局，高校数据统计

表 F4‑4A：1997‑2004 年各州不同性别的博士毕业生率*（单位：%）

年	全德国	巴登-符腾堡州	巴伐利亚州	柏林	勃兰登堡州	不来梅	汉堡	黑森州	梅克伦堡-前波莫瑞州	下萨克森州	北莱茵-威斯特法伦州	莱茵兰-普法尔茨州	萨尔州	萨克森州	萨克森-安哈特州	石勒苏益格-荷尔斯泰因州	图林根州
	单位：%																
总　计																	
1997	1.7	2.4	1.9	2.7	0.2	2.2	2.2	1.9	1.1	1.7	1.8	1.6	1.8	1.1	0.7	1.5	0.8
1998	1.8	2.4	2.0	2.9	0.3	2.3	2.6	2.1	1.2	1.6	1.8	1.5	1.9	1.3	0.8	1.6	1.0
1999	1.9	2.2	2.0	3.3	0.4	2.4	2.4	2.2	1.4	1.7	1.8	1.6	2.0	1.3	1.1	1.5	1.0
2000	2.0	2.7	2.1	3.6	0.6	2.5	2.9	2.1	1.6	1.8	1.9	1.7	2.4	1.6	1.2	1.7	1.1
2001	2.0	2.7	2.0	3.9	0.6	2.4	2.8	2.1	1.7	1.9	1.9	1.7	2.2	1.7	1.3	1.5	1.2
2002	2.0	2.4	2.0	3.6	0.6	2.5	3.6	2.0	1.7	1.8	1.9	1.7	2.3	1.8	1.4	1.7	1.5
2003	2.0	2.5	2.0	3.7	0.6	2.8	2.8	2.0	1.8	1.9	1.9	1.8	2.2	1.5	1.3	1.9	1.8
2004	2.1	2.7	2.2	3.1	0.8	2.5	3.4	2.2	1.8	2.0	1.9	1.8	2.6	1.9	1.5	2.0	1.7
男　性																	
1997	2.3	3.2	2.4	3.4	0.3	3.0	2.9	2.4	1.4	2.2	2.4	2.1	2.4	1.2	0.9	1.8	1.0
1998	2.4	3.1	2.6	3.5	0.4	2.9	3.2	2.7	1.4	2.1	2.4	2.0	2.3	1.5	1.0	1.9	1.2
1999	2.4	2.9	2.5	3.9	0.5	3.3	2.9	2.8	1.7	2.3	2.4	2.0	2.7	1.6	1.4	1.8	1.2
2000	2.6	3.5	2.6	4.3	0.8	3.4	3.3	2.6	1.7	2.3	2.5	2.0	3.0	2.0	1.5	1.9	1.3
2001	2.5	3.4	2.5	4.5	0.8	3.2	3.4	2.5	1.9	2.3	2.5	2.1	2.7	1.9	1.5	1.8	1.3
2002	2.5	3.1	2.5	4.0	0.7	3.4	4.2	2.4	1.8	2.1	2.5	2.1	3.2	2.1	1.5	1.9	1.7
2003	2.5	3.1	2.4	4.0	0.8	3.6	3.2	2.4	2.0	2.3	2.4	2.2	2.7	1.8	1.5	2.0	2.0
2004	2.5	3.2	2.6	3.6	1.0	3.0	3.9	2.6	1.8	2.3	2.4	2.1	3.1	2.2	1.6	2.1	1.7
女　性																	
1997	1.2	1.5	1.3	2.0	0.1	1.3	1.6	1.4	0.9	1.1	1.1	1.1	1.3	0.9	0.5	1.2	0.5
1998	1.3	1.6	1.4	2.4	0.2	1.6	1.9	1.5	1.0	1.1	1.1	1.0	1.4	1.0	0.6	1.3	0.9
1999	1.3	1.4	1.5	2.7	0.2	1.5	1.9	1.6	1.1	1.2	1.2	1.1	1.3	0.9	0.9	1.2	0.8

(续表)

年	全德国	巴登-符腾堡州	巴伐利亚州	柏林	勃兰登堡州	不来梅	汉堡	黑森州	梅克伦堡-前波莫瑞州	下萨克森州	北莱茵-威斯特法伦州	莱茵兰-普法尔茨州	萨尔州	萨克森州	萨克森-安哈尔特州	石勒苏益格-荷尔斯泰因州	图林根州
								单位：%									
2000	1.5	1.8	1.5	2.9	0.3	1.5	2.4	1.5	1.4	1.4	1.3	1.3	1.9	1.1	0.9	1.5	0.9
2001	1.5	1.9	1.4	3.1	0.4	1.6	2.2	1.6	1.6	1.4	1.3	1.3	1.7	1.4	1.1	1.2	1.1
2002	1.5	1.7	1.5	3.2	0.5	1.6	2.9	1.5	1.5	1.4	1.4	1.3	1.5	1.5	1.3	1.4	1.3
2003	1.6	1.8	1.6	3.4	0.4	1.9	2.4	1.7	1.7	1.5	1.4	1.4	1.7	1.3	1.2	1.8	1.5
2004	1.7	2.2	1.7	2.7	0.5	1.9	3.0	1.7	1.8	1.7	1.4	1.5	2.0	1.5	1.3	1.8	1.7

　＊ 博士毕业生率按照经合组织计算方法(比例总和算法)得出，是(德国及外国)博士毕业生在相应年龄段人口中的比例。然后将比例值累计得出总比例。此表从 1997 年才开始，因为之前缺少必要的毕业生年龄数据

　来源：联邦统计局，高校数据统计

表 F4‑5A：1998、2000 及 2003 年高等教育 A 领域的毕业生率＊和博士毕业生率＊＊之国际比较(单位：%)

国　　家	毕业生率 (高等教育 A 领域：ISCED 5A)[1]			博士毕业生率 (ISCED 6)
	1998	2000	2003	2003
		单位：%		
德国	16.0	19.3	19.5	2.0
芬兰	30.3	36.3	48.7[2]	1.9
法国	24.0	24.6	26.7	1.2
英国	35.2	37.5	38.2	1.8
意大利	14.5	18.1	26.7[2]	0.5
日本	27.7	30.9	34.2	0.8
加拿大	29.4	27.9	·	·
瑞典	25.1	28.1	35.4	2.8
美国	32.9	33.2	32.9	1.2
奥地利	13.7	16.0	19.0	1.9
荷兰	34.6	·	·	1.3
瑞士	20.1	20.8[3]	21.6	2.5
经合组织平均值	23.2	25.9	32.2	1.3

　＊ 2000、2003 年的毕业生率是毕业生在典型毕业年龄人口中的比例。德国较短学程(3 年到 5 年以下)的典型毕业年龄为 25 岁，较长学程(5－6 年)为 26 岁。1998 年的净比例除法国、日本、奥地利和瑞士外都是按照＊＊所描述的计算方法得出

　＊＊博士毕业生率是继续深造研究的准确毕业率，在大多数国家指向博士学位，在此以另一种方式计算[多称为经合组织计算方法(比例总和算法)]；该比例由博士毕业生(ISCED 6 等级的学业项目的毕业生)在同年龄段人口的比例构成，然后将比例值累计得出总比例。这种净比例算法不能用于计算法国、意大利、日本、荷兰和美国的博士毕业生率

　1) 高等教育 A 领域包括 ISCED‑97 所规定的高等学校(不含管理应用技术大学)学程

　2) 所涉年份为 2002 年

　3) 已更正原表格中可能存在的错误；所给出的数值中 10.4% 为 2000 年数值

　来源：经合组织，2000、2002、2005 年教育概览

表 F4－6A：1995 年高校毕业生入职情况* 的国际比较

国　　家	找第一份工作所用时长	最初 4 年主要状态	
		偶尔/定期的工作	无　　业
	单位：月	单位：%	
德　国	5.5	11	2
芬　兰	5.1	9	2
法　国	7.1	17	7
英　国	4.4	8	2
意大利	8.9	20	10
瑞　典	4.9	4	1
奥地利	6.0	18	7
荷　兰	4.7	15	2

* 卡塞尔大学科中心进行的国际比较研究"欧洲高校和职业"中所调查的 1995 年高校毕业生

来源：Schomburg, H. u.a.：《成功地从大学到工作》，雷根斯堡/杜塞尔多夫/柏林，2001，第 37 页

表 G1－1A：1991 年至 2003 年普通继续教育和职业继续教育的参与情况，按参与者的学校教育水平分类（单位：%）

学校教育水平	1991	1994	1997	2000	2003
	%				
继续教育总计					
较低学校教育水平	22	29	34	29	28
中等学校教育水平	44	47	54	46	47
文理中学毕业	57	60	65	59	59
普通继续教育					
较低学校教育水平	14	19	22	17	17
中等学校教育水平	25	27	33	27	28
文理中学毕业	35	40	44	40	37
职业继续教育					
较低学校教育水平	12	14	19	18	16
中等学校教育水平	26	30	37	33	32
文理中学毕业	34	34	41	39	38

来源：2004 年 TNS Infratest 社会调查，根据 2004 年继续教育报告体系 IX，第 28 页

表 G1－2A：1991 年至 2003 年从业人员参加普通继续教育和职业继续教育的情况，按参与者职业身份分类（单位：%）

职业身份类别	1991	1994	1997	2000	2003
	%				
继续教育总计					
工人	26	36	40	33	31

(续表)

职业身份类别	1991	1994	1997	2000	2003
	\%				
职员	49	56	63	59	55
公务员	54	65	72	70	68
个体	39	52	55	54	49
普通继续教育					
工人	14	19	23	17	18
职员	27	33	37	33	32
公务员	31	37	44	40	37
个体	20	29	33	36	29
职业继续教育					
工人	16	22	28	24	19
职员	33	38	47	46	39
公务员	37	49	60	60	59
个体	26	34	40	43	34

来源：2004 年 TNS Infratest 社会调查，根据 2004 年继续教育报告体系 IX，第 34 页

表 G2‐1A：1995 年至 2004 年业余大学的经费，按经费来源分类(单位：百万欧)

年　份	总　计	其　　中						
		学员学费	乡镇津贴	州津贴	联邦划拨经费	欧盟经费	根据《德国社会法典》第三部的经费	其他收入
		百　万　欧						
1995	782.0	270.6	213.0	155.9	9.4	13.1	85.0	35.1
1996	809.9	300.4	222.1	152.4	13.7	15.9	71.0	34.5
1997	821.8	314.6	225.0	148.6	10.3	17.0	64.6	41.7
1998	843.5	320.5	228.0	148.6	11.7	17.9	75.2	41.6
1999	875.7	330.5	228.7	146.4	14.8	18.5	85.4	51.4
2000	913.6	352.6	239.9	144.7	15.2	18.4	90.0	52.9
2001	920.4	361.1	246.1	143.0	15.9	17.7	87.5	49.2
2002	962.3	364.5	257.5	148.0	19.6	18.3	92.9	61.6
2003	961.1	365.6	263.7	144.8	16.9	20.5	86.0	63.5
2004	927.5	361.1	264.0	135.9	18.3	22.1	66.6	59.5

来源：德国成人教育研究所，业余大学数据统计

表 G2‑2A：1995 年至 2003 年继续教育获得的公共经费(固定经费)(单位：百万欧)

年　份	总　计	其　中			
		继续教育就业 促进项目	业余大学	其他继续 教育机构	师资培训机构
		百　万　欧			
1995	1361.1	165.0	380.6	694.3	121.2
1996	1450.8	167.6	383.3	772.2	127.7
1997	1516.2	150.3	379.3	858.4	128.2
1998	1440.3	149.1	379.3	785.6	126.3
1999	1465.1	163.8	400.1	773.6	127.5
2000	1545.6	168.1	396.6	856.6	124.2
2001	1406.0	311.2	405.8	558.7	130.4
2002	1248.3	238.1	382.2	490.7	137.4
2003	1213.8	217.3	386.9	479.0	130.6

来源：联邦统计局,年度数据统计

表 G2‑3A：1995 年至 2004 年联邦劳动局划拨给职业继续教育就业促进项目的经费(单位：百万欧)

年　份	总　计	其　中	
		学　费	生　活　费
		百　万　欧	
1995	7521.9	2472.5	5049.3
1996	7923.1	2739.6	5183.5
1997	6402.8	2251.8	4151.0
1998	6394.2	2421.4	3972.7
1999	6748.6	2703.7	4045.0
2000	6807.7	2680.4	4127.4
2001	6982.5	2778.1	4204.3
2002	6701.3	2704.7	3996.6
2003	5000.5	2028.6	2971.9
2004	3616.3	1440.2	2176.1

来源：联邦劳动局,就业促进数据统计

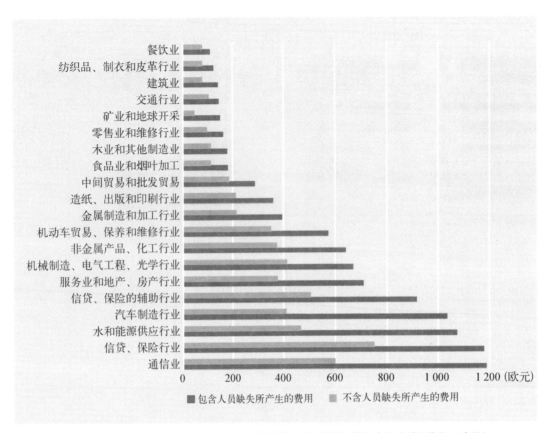

图 G2‑3A：1999 年各行业在员工企业继续教育培训方面的年人均支出(单位：欧元)

来源：联邦统计局，CVTS2

表 G3‑1A：2003 年从业人员的非正式学习参与情况，按非正式学习类型和地区分类(单位：%)

非正式学习类型	德　国	旧联邦州	新联邦州
	%		
通过在岗观察和试验学习	38	37	44
在岗阅读职业相关资料	35	34	37
同事在岗指导或传授	25	24	26
上级在岗指导或传授	22	21	26
参加与职业相关的专业展览或大会	17	18	16
企业外人员的在岗指导和传授	13	13	13
由企业组织去其他部门调研或者有针对性的在不同部门进行有规划的劳动投入	10	10	12
通过计算机自学软件、与职业相关的录音视频资料等在岗学习	8	8	8
质量管理小组、车间小组、学习小组、参与小组	8	9	7
利用网络上提供的学习内容在岗学习	7	7	7
在岗督导或训练	6	7	5

（续表）

非正式学习类型	德　国	旧联邦州	新联邦州
	%		
系统性换岗（如：轮岗）	4	3	4
与其他企业的交换项目	3	2	5
非正式职业学习参与率总计	61	60	66
用来参照：正式职业继续教育的参与率	34	34	35

来源：2005TNS Infratest 社会调查，根据《继续教育报告体系》IX，2006，第 192 页

表 G3‐2A：2003 年从业在参与职业继续教育和非正式职业学习的比例，按职位高低分类（单位：%）

职 位 高 低	职业继续教育	非正式职业学习
	%	
非熟练/半熟练工人	13	43
专业技术人员	25	56
执行职员	20	47
专业职员	45	66
金领职员	47	79
公务员（初级、中级、高级职务）	59	73
公务员（更高职务）	(59)	(60)
个体	34	68

来源：2005TNS Infratest 社会调查，根据《继续教育报告体系》IX，2006，第 84 和 194 页

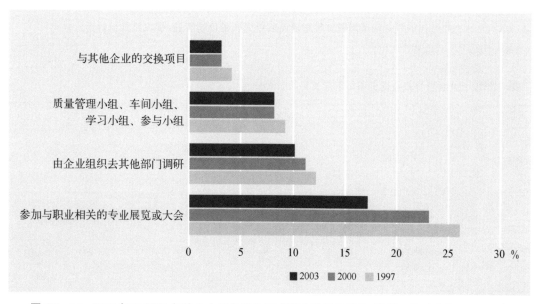

图 G3‐4A：1997 年至 2003 年从业人员参与非正式职业学习的情况，按学习类型分类（单位：%）

来源：继续教育报告体系 VIII 和 IX，自己绘测图表

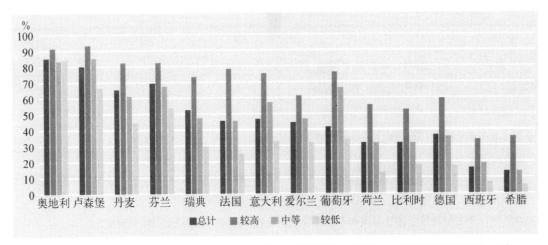

图 G3‑5A: 2003 年欧盟 15 国*的非正式学习情况,按被调查者的教育水平高低分类(单位: %)

* 未包含英国

来源: 欧盟统计局劳动力调查,Ad-hoc-Modul 2003 关于终生学习的调查

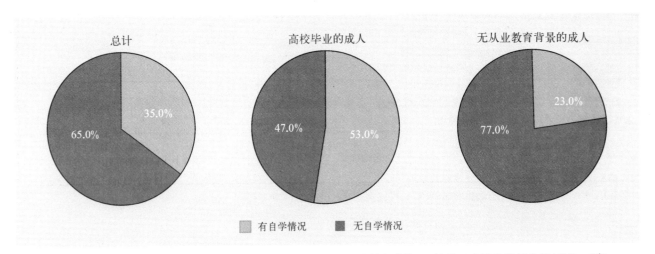

图 G3‑6A: 2003 年工作时间之外和参加继续教育培训项目之外的自学情况,按学习者职业资质分类(单位: %)

来源: 继续教育报告体系 IX,自己绘测图表

表 G4‑1A: 2000 年职业继续教育就业促进项目的学员参与情况

分 类 类 别	2000	2001	2002	2003	2004	2004 年相比 2000 年的变化
	数　量					%
总计	522939	441907	454699	254718	185041	−64.6
按地区分类						
旧联邦州	305948	242012	259166	161042	123952	−59.5
新联邦州	216991	199895	195533	93676	61089	−71.8
按性别分类						
男性	265057	226872	237149	137128	103266	−61.0
女性	257882	215035	217550	117590	81775	−68.3

（续表）

分 类 类 别	2000	2001	2002	2003	2004	2004 年相比 2000 年的变化
	数　　量					%
按年龄分类						
30 岁以下	139514	115258	123670	84714	58567	－ 58.0
30 岁至 45 岁以下	276870	232162	235844	126888	93414	－ 66.3
45 岁及以上	106555	94487	95185	43116	33060	－ 69.0
按计划学习时间分类						
6 个月以下	208435	175411	188188	116688	112500	－ 46.0
6 个月至 12 个月以下	191594	153844	152286	67364	32465	－ 83.1
12 个月及以上	122910	112652	114225	70666	40076	－ 67.4
	%					百分比数
总计	100	100	100	100	100	
按地区分类						
旧联邦州	58.5	54.8	57.0	63.2	67.0	＋ 8.5
新联邦州	41.5	45.2	43.0	36.8	33.0	－ 8.5
按性别分类						
男性	50.7	51.3	52.2	53.8	55.8	＋ 5.1
女性	49.3	48.7	47.8	46.2	44.2	－ 5.1
按年龄分类						
30 岁以下	26.7	26.1	27.2	33.3	31.7	＋ 5.0
30 岁至 45 岁以下	52.9	52.5	51.9	49.8	50.5	－ 2.5
45 岁及以上	20.4	21.4	20.9	16.9	17.9	－ 2.5
按计划学习时间分类						
6 个月以下	39.9	39.7	41.4	45.8	60.8	＋ 20.9
6 个月至 12 个月以下	36.6	34.8	33.5	26.4	17.5	－ 19.1
12 个月及以上	23.5	25.5	25.1	27.7	21.7	－ 1.8

来源：联邦劳动局，自己计算得出

表 G4－2A：2000 年至 2004 年职业继续教育就业促进项目结束后学员的去向，按地区、去向状态和结束后的时间长短分类

去 向 状 态			2000	2001	2002	2003	2004
结束后 1 个月的去向状态							
德　　国							
可考的去向数量总计		数　量	449380	480816	452522	350126	262585
其中	具有缴社保义务的从业者	%	27.2	23.9	20.6	21.5	23.7
	保持非失业状态者	%	17.8	21.0	21.1	18.3	18.8
	失业者	%	55.0	55.1	58.3	60.2	57.5

（续表）

去 向 状 态		2000	2001	2002	2003	2004
旧联邦州						
可考的去向数量总计	数 量	256099	270613	250584	204834	170834
其中	具有缴社保义务的从业者	%	32.6	28.0	23.8	23.2	25.0
	保持非失业状态者	%	19.0	23.0	23.0	20.8	20.0
	失业者	%	48.4	49.0	53.1	56.0	55.0
新联邦州						
可考的去向数量总计	数 量	193281	210203	201938	145292	91751
其中	具有缴社保义务的从业者	%	20.0	18.7	16.6	19.0	21.4
	保持非失业状态者	%	16.3	18.4	18.8	14.8	16.5
	失业者	%	63.8	62.9	64.6	66.2	62.1
结束后 6 个月的去向状态						
德 国						
可考的去向数量总计	数 量	442972	480804	452430	350091	262585
其中	具有缴社保义务的从业者	%	42.5	37.2	32.8	35.2	39.4
	保持非失业状态者	%	20.0	23.2	23.0	21.0	20.9
	失业者	%	37.6	39.6	44.3	43.8	39.7
旧联邦州						
可考的去向数量总计	数 量	251042	270605	250521	204811	170834
其中	具有缴社保义务的从业者	%	48.4	41.2	35.9	36.2	40.1
	保持非失业状态者	%	20.3	24.6	24.3	23.6	21.9
	失业者	%	31.3	34.2	39.8	40.1	38.0
新联邦州						
可考的去向数量总计	数 量	191930	210199	201909	145280	91751
其中	具有缴社保义务的从业者	%	34.7	32.1	28.9	33.7	38.1
	保持非失业状态者	%	19.5	21.4	21.4	17.4	19.1
	失业者	%	45.8	46.5	49.8	48.9	42.8

来源：联邦劳动局，自己计算得出

表 G4－3A：2004 年参加职业继续教育就业促进项目学员结束后 6 个月的去向，按不同年龄组和地区分类

年 龄	可考的去向数量	其中按学员去向状态分类			再就业比例	失业者比例
		具有缴社保义务的从业者	保持非失业状态者	失 业 者		
		数 量			%	
德 国						
30 岁以下	77288	32390	17357	27541	41.9	35.6
30－45 岁	136790	54461	28311	54018	39.8	39.5

（续表）

年　　龄	可考的去向数量	其中按学员去向状态分类			再就业比例	失业者比例
		具有缴社保义务的从业者	保持非失业状态者	失　业　者		
		数　　量			%	
45 岁及以上	48507	16684	9231	22592	34.4	46.6
旧联邦州						
30 岁以下	48487	21410	11010	16067	44.2	33.1
30－45 岁	92751	37196	20468	35087	40.1	37.8
45 岁及以上	29596	9983	5854	13759	33.7	46.5
新联邦州						
30 岁以下	28801	10980	6347	11474	38.1	39.8
30－45 岁	44039	17265	7843	18931	39.2	43.0
45 岁及以上	18911	6701	3377	8833	35.4	46.7

来源：联邦劳动局，自己计算得出

表 G4－4A：2004 年职业继续教育就业促进项目中，十大较高和较低职场融入率职业中介所在地

职业中介所在地	可考的去向学员数量	其中按去向状态分类			职场融入率	失　业　率
		具有缴社保义务的从业者	保持非失业状态者	失　业　者		
		数　　量			%	
奥芬堡	974	500	156	318	51.3	32.6
魏森堡	531	269	98	164	50.7	30.9
安斯巴赫	888	448	166	274	50.5	30.9
特劳恩施泰因	486	245	126	115	50.4	23.7
魏耳海姆	771	388	186	197	50.3	25.6
罗特韦尔	436	219	81	136	50.2	31.2
海尔布隆	607	302	108	197	49.8	32.5
纳戈尔德	305	151	51	103	49.5	33.8
赫尔姆施泰特	1139	563	171	405	49.4	35.6
魏登	569	277	101	191	48.7	33.6
…	…	…	…	…	…	…
罗斯托克	4171	1402	706	2063	33.6	49.5
诺伊基尔兴	889	297	182	410	33.4	46.1
科隆	4290	1421	953	1916	33.1	44.7
格尔森基尔欣	1582	524	336	722	33.1	45.6
哈勒	3529	1165	630	1734	33.0	49.1

（续表）

职业中介所在地	可考的去向学员数量	其中按去向状态分类			职场融入率	失业率
		具有缴社保义务的从业者	保持非失业状态者	失业者		
		数　　量			%	
迪伦	500	163	124	213	32.6	42.6
柏林-中	5882	1913	1250	2719	32.5	46.2
埃姆登	1114	361	276	477	32.4	42.8
柏林-北	5941	1891	1415	2635	31.8	44.4
柏林-南	6125	1896	1489	2740	31.0	44.7

来源：联邦劳动局，自己计算得出

表 H2‑1：2005 年，德国人口定义和结构，按不同移民背景和移民类型分类

移　民　身　份		自己移民	父母的特征		德　　国	旧联邦州	新联邦州及东柏林
			移民	国　籍	单位：千	%	
具有移民背景的人群					15332	18.6	21.5	5.2
	外籍人员				7321	8.9	10.2	2.7
	……第一代[1]	是			5571	6.8	7.7	2.4
	……第二代	否	是		1643	2	2.4	0.3
	……第三代	否	否		107	0.1	0.2	—
	德国人				8012	9.7	11.3	2.5
	……第一代				4828	5.9	6.8	1.6
	原苏联地区归国人员[2]	是		德国人	1769	2.1	2.5	0.5
	入德国国籍者[2]	是		非德国人或之后加入德国国籍	3059	3.7	4.3	1.2
其中	……第二代				3184	3.9	4.5	0.9
	东欧地区归国人员	否	是（双方）	德国	283	0.3	0.4	0
	入德国国籍者	否（自身已加入德国国籍）			1095	1.3	1.6	0.1
		否		至少父母一方入德国国籍				
	按出生地定国籍原则获得德国国籍	否	是	父母双方均非德国国籍	278	0.3	0.4	0.1
	父母一方有移民背景的德国人	否		父母一方为德国国籍另一方具有移民背景[3]	1528	1.9	2.1	0.6

（续表）

移　民　身　份	自己移民	父母的特征		德　　国	旧联邦州	新联邦州及东柏林
		移民	国　　籍	单位：千	%	
无移民背景人员	否	否	德国国籍	67133	81.4	78.5	94.8
德国人口总计				82465	100	100	100

1）第一代移民是指自身亲历移居德国这一过程的人；第二代移民是指自身未经历移民过程，仅父母有这一经历；第三代移民是指自身和父母均未亲历移民，而是祖父母这一代移民到德国。

2）东欧归国人员是指所有从国外归来的德国人。有些受访者可能将自身的这一经历归入"入籍人员"，所以该类人员的数量可能低于实际，而"入籍人员"的数量则高于实际。

3）父母另一方：非德国人，移民者及/或入德国国籍者

来源：联邦统计局，2005 年微型人口普查（初步调查结果）

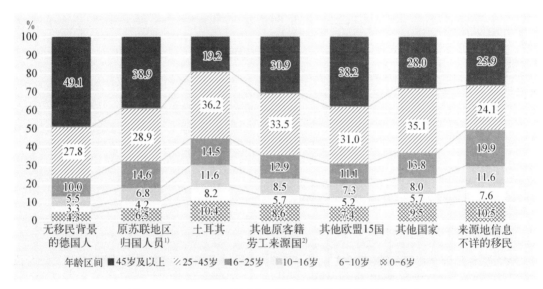

图 H2 - 1A：2005 年德国人口的年龄结构，按来源地区分类*

* 被调查者或其父母当前或之前的第一国籍

1）与其他类型（来源地区）重叠时，算入原苏联国家归国人员

2）不含突尼斯和马其顿。

来源：联邦统计局，2005 年微型人口普查（初步调查结果）

表 H2 - 1A：2005 年德国人口中，25 岁以下具有移民背景人员的情况，按移民来源地区*和移民类型分类

移民来源地区	总　　计	在外国出生（第一代移民）			在德国出生（第二代移民）	
		外籍人员及加入德国国籍者	原苏联地区归国的德国人	外籍人员（包括第三代移民）及加入德国国籍者	原苏联地区归国的德国人	父母一方有移民背景的德国人或按照出生地原则获得德国国籍者
	单位：千					
德国人[1]	659	X	404	X	255	X
土耳其	1245	166	X	708	X	370
其他原劳工输入国[2]	1049	225	X	433	X	391

(续表)

移民来源地区	总　计	在外国出生(第一代移民)			在德国出生(第二代移民)	
		外籍人员及加入德国国籍者	原苏联地区归国的德国人	外籍人员(包括第三代移民)及加入德国国籍者	原苏联地区归国的德国人	父母一方有移民背景的德国人或按照出生地原则获得德国国籍者
其他欧盟 15 国	302	54	X	40	X	208
其他国家	2061	852	X	293	X	916
信息不详	491	153	X	9	X	330
总计	5807	1450	404	1483	255	2215
	%					
德国人[1]	100	X	61.3	X	38.7	X
土耳其	100	13.3	X	56.9	X	29.7
其他原劳工输入国[2]	100	21.4	X	41.3	X	37.3
其他欧盟 15 国	100	17.9	X	13.2	X	68.9
其他国家	100	41.3	X	14.2	X	44.4
信息不详	100	31.2	X	1.8	X	67.2
总计	100	25	7	25.5	4.4	38.1

＊ 被调查者或其父母当前或之前的第一国籍

1) 与其他分类类型(来源地区)重叠时,算入东欧国家归国人员

2) 不含突尼斯和马其顿

来源：联邦统计局,2005 年微型人口普查(初步调查结果)

表 H2‐2A：2005 年,德国 25 岁以下人口的组成情况,按有无移民背景,移民发生的年龄段和不同联邦州分类(单位：%)

联 邦 州	总计	无移民背景	有 移 民 背 景							
			总计	在德国出生	移民至德国的年龄					
					总计	0‐6	6‐10	10‐16	16‐19	19‐25	不详
	单位：千			%							
巴登‐符腾堡州	2958	1971	987	70.2	29.8	8.2	6.5	5.8	1.5	3.5	4.3
巴伐利亚州	3292	2452	840	67.1	32.9	8.1	6.3	6.8	2.3	4.2	5.2
柏林	813	523	290	74.1	25.9	7.2	5.2	5.2	/	5.5	/
勃兰登堡州	621	570	51	52.9	47.1	/	/	9.8	/	13.7	/
不来梅	164	97	67	64.2	35.8	9.0	9.0	/	/	7.5	/
汉堡	411	240	171	67.8	32.2	5.8	6.4	5.8	/	4.7	7.0
黑森州	1561	1006	555	69.4	30.6	9.0	7.0	6.7	1.8	3.2	2.9
梅克伦堡‐前波莫瑞州	428	402	26	46.2	53.8	/	/	/	/	/	/
下萨克森州	2119	1594	525	61.7	38.3	9.7	8.8	7.8	1.3	3.6	6.9
北莱茵‐威斯特法伦州	4760	3116	1644	71.4	28.6	8.3	6.3	5.5	1.9	2.9	3.8

（续表）

联 邦 州	总计	无移民背景	有 移 民 背 景								
			总计	在德国出生	移民至德国的年龄						
					总计	0－6	6－10	10－16	16－19	19－25	不详
莱茵兰-普法尔茨州	1077	794	283	64.3	35.7	8.1	7.4	7.4	/	3.5	7.4
萨尔州	257	182	75	66.7	33.3	9.3	/	/	/	/	/
萨克森州	984	904	80	51.3	48.8	10.0	7.5	11.3	/	13.8	/
萨克森-安哈特州	577	541	36	52.8	47.2	/	/	/	/	/	/
石勒苏益格-荷尔施泰因州	731	591	140	63.6	36.4	8.6	7.9	7.1	/	3.6	6.4
图林根州	566	528	38	47.4	52.6	/	/	/	/	/	/
全德国	21318	15510	5808	68.1	31.9	8.4	6.8	6.4	1.9	4.0	4.4

来源：联邦统计局，2005 年微型人口普查（初步调查结果）

表 H2－3A：2005 年德国的人口状况*，按移民背景、教育背景、来源地区**和不同年龄组分类

移民类型/来源地区—年龄组	总　计	普通学校教育背景[1]			职业教育背景		
		具有普通学校教育背景		无普通学校教育背景	有职业教育背景		无职业教育背景
		总计	具备高校入校资格		总计	高校毕业	
	单位：千	%					
原苏联地区归国人员[2]	1721	100	87.9	22.1	5.8	61.1	9.1	38.9
25 岁至 65 岁以下	1087	100	96.1	27.2	3.6	76.3	12.7	23.7
25 岁至 35 岁以下	280	100	96.9	30.5	2.6	72.3	12.2	27.7
土耳其	2008	100	63.7	9.0	27.6	27.2	2.6	72.8
25 岁至 65 岁以下	1448	100	68.5	9.8	31.4	31.8	3.5	68.2
25 岁至 35 岁以下	554	100	81.6	14.4	18.1	43.4	4.2	56.6
其他德国曾经的劳工输入国[3]	2321	100	78.6	15.7	15.1	44.0	5.4	56.0
25 岁至 65 岁以下	1721	100	83.7	17.0	16.1	50.5	6.7	49.5
25 岁至 35 岁以下	539	100	91.1	27.3	8.6	62.1	8.7	37.9
其他欧盟 15 国	793	100	91.6	41.7	2.3	69.0	22.8	31.0
25 岁至 65 岁以下	581	100	97.5	47.6	2.3	79.7	28.3	20.3
25 岁至 35 岁以下	151	100	97.2	61.4	/	77.6	34.3	22.4
其他国家	4372	100	84.2	33.7	9.0	55.3	15.8	44.7
25 岁至 65 岁以下	3078	100	90.8	38.5	9.0	66.1	19.7	33.9
25 岁至 35 岁以下	1028	100	90.7	41.5	8.8	59.4	18.7	40.6
不详	716	100	80.1	16.7	8.0	50.1	7.2	49.9
25 岁至 65 岁以下	409	100	95.3	20.5	4.3	69.8	11.0	30.2

（续表）

移民类型/来源地区 — 年龄组	总 计		普通学校教育背景[1]			职业教育背景		
			具有普通学校教育背景		无普通学校教育背景	有职业教育背景		无职业教育背景
			总计	具备高校入校资格		总计	高校毕业	
单位：千		%						
25 岁至 35 岁以下	122	100	96.2	23.2	/	67.2	7.6	32.8
移民总计	11930	100	80.4	23.9	12.4	49.8	10.6	50.2
25 岁至 65 岁以下	8324	100	86.8	27.3	12.9	59.4	13.5	40.6
25 岁至 35 岁以下	2674	100	90.2	32.2	9.4	59.3	13.4	40.7
无移民背景的德国人	59055	100	93.9	22.1	1.7	73.6	11.8	26.4
25 岁至 65 岁以下	36968	100	98.4	27.2	1.4	86.8	15.9	13.2
25 岁至 35 岁以下	7224	100	98.0	39.3	1.6	84.8	16.5	15.2
总计	70984	100	91.7	22.4	3.5	69.6	11.6	30.4
25 岁至 65 岁以下	45293	100	96.3	27.2	3.6	81.8	15.4	18.2
25 岁至 35 岁以下	9898	100	95.9	37.4	3.7	77.9	15.7	22.1
补充数据：								
外籍人员	6205	100	77.2	24.4	17.6	44.5	11.7	55.5
25 岁至 65 岁以下	4756	100	81.3	26.5	18.5	50.4	13.7	49.6
25 岁至 35 岁以下	1623	100	86.8	33.1	12.9	53.5	15.1	46.5
加入德国国籍者	3269	100	86.1	23.4	8.1	57.5	10.2	42.5
25 岁至 65 岁以下	2253	100	92.9	27.5	6.9	68.7	12.9	31.3
25 岁至 35 岁以下	605	100	94.2	26.3	5.3	65.3	8.4	34.7

* 15 岁及以上人员

** 被调查者或其父母当前或之前的第一国籍

1) 与总计 100% 存在偏差是因为一部分人正在普通教育学校完成学业

2) 与其他分类类型（来源地区）重叠时，算入原苏联地区归国人员

3) 不含突尼斯和马其顿

来源：联邦统计局，2005 年微型人口普查（初步调查结果）

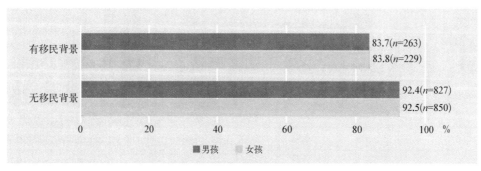

图 H3‐2A：2005 年德国 4 岁至学龄前儿童幼托机构的参与情况，
按移民背景和儿童性别分类（单位：%）

来源：2005 年德国青少年研究所（DJI）儿童照管研究

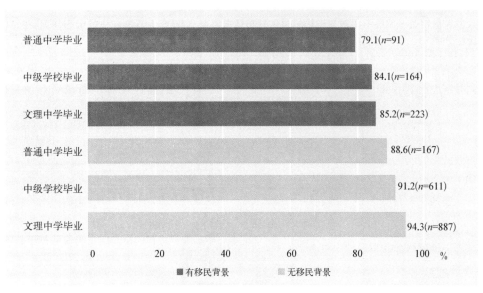

图 H3－3A：2005 年德国 4 岁至上小学前儿童幼托机构的参与情况，按儿童的 移民背景和家庭的最高学校教育水平分类（单位：%）

来源：2005 年德国青少年研究所（DJI）儿童照管研究

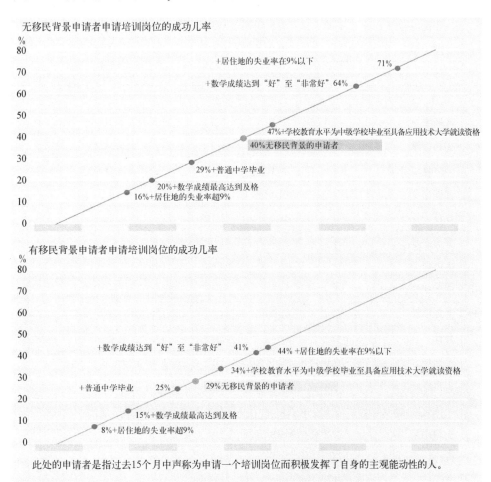

此处的申请者是指过去15个月中声称为申请一个培训岗位而积极发挥了自身的主观能动性的人。

图 H3－5A：有/无移民背景申请者申请培训岗位的成功几率

来源：Ulrich，J. G.，Eberhard，V. Granato，M.，Krewerth，A. (2006)：Bewerber mit Migrationshintergrund：Bewerbungserfolg und Suchstrategien. In：Eberhard，V.，u.a. (Hrsg.)：Mangelware Lehrstelle. Zur aktuellen Lage der Ausbildungsplatzbewerber in Deutschland. Bonn

表 H3－1A：升入中等教育第一阶段不同教育机构的学生分布情况以及 2000 年九年级学生的分布情况，按父母的移民背景和来源组分类*

升入中等教育第一阶段的教育机构	在不同教育机构中的九年级学生(恒量和变量)					有效调查数量	
	总计	普通中学	实科中学	一体化综合中学	文理中学	数量	占所有调查数量的百分比(%)
	%						
父母的移民背景							
父母双方均出生在德国 — 普通中学	15.1	12.2	1.7	1.1	0.1		
实科中学	36.4	3.7	30.5	1.4	0.7		
一体化综合中学	9.7	0.4	0.9	8.1	0.3		
文理中学	38.8	0.3	5.4	1	32.1		
合计	100	16.6	38.6	11.6	33.2	24744	93.2
父母双方至少一方出生在国外 — 普通中学	27.6	24.2	2.1	1.1	0.2		
实科中学	30.5	6.1	22.2	1.6	0.6		
一体化综合中学	11.2	0.5	0.5	9.9	0.2		
文理中学	30.7	0.9	4.8	1.4	23.6		
合计	100	31.8	29.7	14	24.6	6170	86.4
来源国或地区							
土耳其 — 普通中学	40.6	37.9	1.2	1.5	0		
实科中学	25.3	8.1	15.7	1	0.5		
一体化综合中学	14.3	0.8	0.1	13.4	0		
文理中学	19.8	1.5	5.1	1.1	12.1		
合计	100	48.3	22.1	17	12.5	888	84.7
其他客籍劳工来源国 — 普通中学	25	22.4	1.9	0.6	0.1		
实科中学	33.1	6.1	24.5	1.8	0.7		
一体化综合中学	11.4	0.7	0.4	10	0.3		
文理中学	30.4	0.7	4.5	1.2	24		
合计	100	30	31.4	13.6	25.1	1525	89.7
原苏联地区归国回迁人员 — 普通中学	34.9	30.5	3.1	1.1	0.3		
实科中学	35.8	6.7	27	1.3	0.8		
一体化综合中学	7.1	0.3	0.9	5.8	0.1		
文理中学	22.2	0.9	2.6	1.6	17.1		
合计	100	38.4	33.6	9.8	18.2	1160	83
其他国家 — 普通中学	18.2	14.7	1.9	1.2	0.4		
实科中学	27.4	4.7	20.4	1.9	0.5		
一体化综合中学	12.3	0.4	0.6	10.9	0.4		

（续表）

	升入中等教育第一阶段的教育机构	在不同教育机构中的九年级学生（恒量和变量）					有效调查数量	
		总计	普通中学	实科中学	一体化综合中学	文理中学	数量	占所有调查数量的百分比（%）
		%						
其他国家	文理中学	42.1	0.7	6.4	1.6	33.3		
	合计	100	20.5	29.3	15.5	34.6	1756	86.8

　　* 所有数据都经过加权平均。值得注意的是，调查者中有相当一部分未给出有效数据。分析显示，关于移民人群升入中等教育第一阶段的教育选择的数据缺失人群主要来自普通中学和一体化综合中学。但未体现明显的分布（教育背景和移民身份的二元频率表，计算的是无有效数据给出的学生与所有学生的对比）不均现象

　　来源：PISA－E 2000，自己计算得出

表 H3－2A：2003 年 15 岁青少年中晚上学的比例，按联邦州*和父母来源地区分类（%）

联 邦 州	总 计	按父母来源地区				
		德 国	土耳其	其他客籍劳工来源国	东欧地区归国回迁人员	其他国家
巴登-符腾堡州	30.4	22.9	51.8	50.6	41.4	44.2
巴伐利亚州	33.4	29.1	54.9	39	51.3	47
柏林	29.6	22.7	47.5	37.6	46.6	35
不来梅	38	30.2	54.4	44.4	53.8	44.8
汉堡	33	25.4	39.3	42.1	47.6	39.9
黑森州	34	26.6	58.3	46.7	49.5	44.2
下萨克森州	33.9	29.2	58.1	52.5	44.8	48.6
北莱茵-威斯特法伦州	34.6	28.9	52.5	43.9	42.1	39.6
莱茵兰-普法尔茨州	34.1	27.4	56	43.8	50.3	46.2
萨尔州	25.9	21.2	46.8	37.3	53.9	30.2
石勒苏益格-荷尔斯泰因州	47.4	44.4	76.1	50.8	66.2	43.9

　　* 只选取了移民家庭青年至少占 10% 的联邦州。晚上学的学生指的是：推迟上学或/和至少留级一年的青少年

　　来源：PISA 2003，IPN 重新计算

表 H3－3A：2003 年不同来源地区的 15 岁青少年在不同学校类型中的份额，按联邦州分类*

联 邦 州	学 校 类 型	参与比例	父母双方均出生在德国	其　　中				
				父母双方至少一方出生在德国				
				合计	其中[1]			
					a) 土耳其	b) 其他客籍劳工来源国	c) 东欧地区归国回迁人员	d) 其他国家
					%			
巴登-符腾堡州	普通中学	27.9	52.6	47.4	25.6	22.5	33.4	15.8
	实科中学	30.3	74.3	25.7	15.2	19.4	44.5	16.7

（续表）

联 邦 州	学 校 类 型	参与比例	父母双方均出生在德国	其　　中				
				父母双方至少一方出生在德国				
				合计	其中[1]			
					a) 土耳其	b)其他客籍劳工来源国	c) 东欧地区归国回迁人员	d) 其他国家
		%						
巴登-符腾堡州	文理中学	27.8	77.4	22.6	3.9	16.9	48.6	23.5
巴伐利亚州	普通中学	32.2	69.4	30.6	29.5	14.9	26.1	21
	实科中学	27.2	82.4	17.6	9.2	16.9	45.1	22.4
	文理中学	26.3	86.8	13.2	5.8	16	30.5	41
柏林	普通中学	11.2	65.4	34.6	38.3	13.2	15.2	21.3
	实科中学	21.6	68.2	31.8	44	8.7	16.9	20.7
	文理中学	34.5	78.6	21.4	24.9	7.6	27.9	32.1
	一体化综合中学	27.3	74.4	25.6	35	9.3	12.8	28.6
不来梅	普通中学	21.8	53.3	46.7	38.1	5.6	33.3	17.1
	实科中学	26.7	64.1	35.9	25.1	6.7	41	21.1
	文理中学	30.6	70.4	29.6	20.3	5.5	40.2	27.7
	一体化综合中学	15.5	64.3	35.7	16.7	7.9	50	18.9
汉堡	普通中学	10.6	55.4	44.6	19.6	13.6	34	28.2
	实科中学	14.9	57	43	18.4	11.5	41	22.9
	提供多种教育的学校类型	5.1	57.6	42.4	24.7	17.3	21.6	26.9
	文理中学	33.4	73.3	26.7	8.7	7.5	34.1	40.8
	一体化综合中学	25.4	60.9	39.1	33.9	9.2	19.5	28.9
黑森州	普通中学	15.6	53.8	46.2	27.1	20.8	24.5	24.3
	实科中学	27	67.9	32.1	19.1	16.3	35.3	25.4
	文理中学	31.7	78.9	21.1	9.3	11.5	33	39.2
	一体化综合中学	16.6	69.5	30.5	16.6	19	32.2	25.7
下萨克森州	普通中学	28.3	70	30	18.6	10.1	46.5	21.7
	实科中学	33.5	73.8	26.2	10.7	8.6	58.8	17
	文理中学	26.6	84.9	15.1	8.6	6.3	49	29.1
北莱茵-威斯特法伦州	普通中学	26.6	60.5	39.5	33.9	14.5	32.4	14.3
	实科中学	24.7	74.3	25.7	16.6	14.7	47.5	17.2
	文理中学	28.8	78.8	21.2	7.1	5.6	43.4	31.7
	一体化综合中学	16.2	64.6	35.4	25.2	12.8	42.1	13.7

（续表）

联 邦 州	学 校 类 型	参与比例	父母双方均出生在德国	其 中				
				父母双方至少一方出生在德国				
				合计	其中[1]			
					a）土耳其	b）其他客籍劳工来源国	c）东欧地区归国回迁人员	d）其他国家
				%				
莱茵兰-普法尔茨州	普通中学	22.9	66.2	33.8	19.7	15.9	41.7	15.3
	实科中学	22.2	78.9	21.1	9.2	14.1	49.9	22.6
	提供多种教育的学校类型	12.8	76.3	23.7	19.7	7.4	37.9	29.2
	文理中学	25.8	83.3	16.7	5.6	8.4	39	38.7
萨尔州	提供多种教育的学校类型	45.7	76.5	23.5	14.1	24.1	38.2	17.6
	文理中学	25.7	85.3	14.7	4.5	13.1	41	32.7
	一体化综合中学	13.5	76.4	23.6	7.7	24.9	35.3	26
石勒苏益格-荷尔斯泰因州	普通中学	29.3	75.8	24.2	29	7.3	29.5	19.6
	实科中学	31.4	84.1	15.9	14.9	4.8	40	24
	文理中学	25.2	87.1	12.9	8.5	8.7	33.3	39
	一体化综合中学	6.5	85.3	14.7	11.4	12.9	37.5	30.5

＊　只选取了移民家庭青年至少占 10% 的联邦州

1）a）＋b）＋c）＋d）＝100%，不到 100% 的差额为缺失数据或无效数据

来源：PISA 2003，IPN 重新计算

表 H3‐4A：1993 年至 2004 年外国培训生，按国籍和培训领域分类

年份 — 培训领域	外国培训生			其中按国籍分类							
	总计	占所有培训生的比例[1]		欧盟国家[2]					土耳其	前南斯拉夫地区[4]	其他国籍[5]
		旧联邦州	新联邦州	合计	其 中						
					希腊	意大利	波兰[3]	西班牙			
	数量	%		数 量							
1993	126283	9.4	0.1	27239	6514	11493	935	2897	56101	22903	20040
1994	125887	9.8	0.1	26017	6258	11288	1126	2594	54828	22778	22264
1995	121312	9.7	0.1	24348	5677	10675	1461	2405	51385	22540	23039
1996	116246	9.4	0.1	23242	5305	10442	1823	2265	47568	22055	23381
1997	110061	8.7	0.1	22442	5024	10305	1899	2160	44592	20140	22887

（续表）

年份 ——培训领域	外国培训生			其中按国籍分类							
	总计	占所有培训生的比例[1]		欧盟国家[2]					土耳其	前南斯拉夫地区[4]	其他国籍[5]
		旧联邦州	新联邦州	合计	其　中						
					希腊	意大利	波兰[3]	西班牙			
	数量	%					数　量				
1998	104250	8	0.1	22263	4850	10495	1886	2053	42764	18086	21137
1999	100899	7.5	0.1	22092	4814	10816	1965	1889	42013	15978	20816
2000	96928	7.1	0.1	21692	4748	10802	2156	1750	39866	14072	21298
2001	92300	6.8	0.1	20966	4700	10538	2145	1514	37165	14156	20013
2002	85218	6.5	0.1	19436	4343	9851	2083	1257	33171	12722	19889
2003	79205	6.1	0.2	17728	3913	9094	2085	1070	30033	10671	20773
2004	72051	5.6	0.2	19082	3429	8355	1994	927	27042	9768	16392
2004 年培训领域											
工业和贸易	33888	5	0.2	9463	1721	3865	988	560	12821	4972	6759
手工业	25817	6.4	0.2	6821	1249	3417	560	245	9718	3345	5983
农业	331	1.2	0	151	5	36	25	8	55	24	101
公共服务	800	2.2	0	227	39	93	27	8	258	149	170
自由职业	10640	8.4	0.4	2288	397	872	386	98	3980	1248	3174
家政业[6]	563	6.1	0.1	127	18	72	7	8	209	30	199
航运	12	2.7	0	5	—	—	1	—	1	—	6

1) 新旧联邦州(旧联邦州包括柏林)分开计算比例,因为在新联邦州外国培训生极少。绝对值适用于全德国

2) 至 2003 年为原欧盟 15 国,2004 年起包括新加入的爱沙尼亚、拉脱维亚、立陶宛、马耳他、波兰、斯洛伐克、斯洛文尼亚、捷克、匈牙利和塞浦路斯;如不包含这些新加入的国家,外籍培训生的数量为 16096 人

3) 2004 年加入欧盟

4) 前南斯拉夫地区:南斯拉夫共和国(塞尔维亚/黑山)、波黑、克罗地亚、马其顿、斯洛文尼亚

5) 包含未给出数据的

6) 城市家政业

来源:联邦统计局,职业教育统计(调查数据至 12 月 31 日);联邦职业教育研究所计算得出;按 2006 年教育报告提纲计算得出

表 H3－5A:2004 年和 2005 年有和没有移民背景的普通中学学生的教育之路,按性别和来源国分类(单位:%*)

人　员　组	2004 年 3 月时的计划				2004 年 11 月的实际情况				2005 年 11 月的实际情况			
	学校教育	参加职业培训	参加职业预备	尚未决定	学校教育	参加职业培训	参加职业预备	无工作也无职业培训	学校教育	参加职业培训	参加职业预备	无工作也无职业培训
	%											
无移民背景												
合计	22	52	13	4	29	35	22	10	22	52	13	9

（续表）

人 员 组	2004 年 3 月时的计划				2004 年 11 月的实际情况				2005 年 11 月的实际情况			
	学校教育	参加职业培训	参加职业预备	尚未决定	学校教育	参加职业培训	参加职业预备	无工作也无职业培训	学校教育	参加职业培训	参加职业预备	无工作也无职业培训
	%											
有移民背景												
合计	30	38	15	8	39	20	29	8	35	36	14	8
女生	35	35	14	7	40	16	30	9	38	34	13	9
男生	26	41	15	9	38	22	28	7	32	38	14	8
在德国出生	34	35	13	7	38	21	29	9	38	34	14	7
不在德国出生	26	41	16	9	41	18	30	8	32	38	14	10
（也）说其他语言	30	38	15	8	41	19	29	8	36	36	13	8
家庭来自土耳其	30	32	21	7	38	18	32	8	35	34	13	10
在土耳其出生	35	19	32	8	52	7	29	7	39	30	9	15
家庭来源为原苏联地区归国回迁人员	23	47	14	7	38	20	33	5	28	40	18	8
不在德国出生的归国回迁人员	21	48	14	8	40	19	34	5	28	41	17	8

＊ 横加数加起来不到 100%，因为存在其他可能去向（兵役、民事服役、社工或生态保护志愿者、实习生或者国外逗留），由于数量较少而未统计在内

来源：德国青年研究所——升学调查，2006 年 DJI

表 H3－6A：2002 年按国籍和母语定义的移民，按职业培训伊始的学校类型分类

学 校 类 型	外 籍 人 员			有移民背景的德国人			无移民背景的德国人		
	数量＊	占调查者比例	在三类学校中的占比分配	数量	占调查者比例	在三类学校中的占比分配	数量	占调查者比例	在三类学校中的占比分配
		%			%			%	
职业专科学校　具有部分职业资质	595	5.8	45.3	446	4.3	30.1	997	9.7	13.3
职业专科学校　具有完全职业资质	304	3	23.1	358	3.5	24.2	1087	10.6	14.5
职业学校	415	4.1	31.6	678	6.6	45.7	5411	52.6	72.3
总计	1314	12.8	100	1482	14.4	100	7495	72.8	100

＊ 抽样调查中的数量，抽样总计案例数 $n = 10291$

来源：Lehmann, R.H.; Ivanov, S; Hunger, S.; Gänsfuß, R.（2004）：Untersuchung der Leistungen, Motivation und Einstellungen zu Beginn der beruflichen Ausbildung（ULME I），Hamburg

表 H3‑7A：2002 年青年*获得职业培训类型的相对机会与移民身份的关系（比值比）

移 民 身 份	职业培训类型			
	职业基础培训		能够获得职业资格证的职业培训	
	Modell I[1]	Modell II[2]	Modell I[1]	Modell II[2]
外籍人员	参照组（比值比＝1）			
有移民背景的德国人	0.52	0.58	1.92	1.74
无移民背景的德国人	0.19	0.42	5.39	2.39

* 1996/97 学年在汉堡学校上五年级的人员

1) Modell I：无专业成绩考查

2) Modell II：考查专业成绩

来源：Lehmann, R.H.；Ivanov, S；Hunger, S.；Gänsfuß, R.（2004）：Untersuchung der Leistungen，Motivation und Einstellungen zu Beginn der beruflichen Ausbildung（ULME I），Hamburg

表 H3‑8A：2005 年 20 岁至 26 岁以下人口，按移民背景、来源地区*、培训/从业状况和性别分类

来源地区	总　计		处于职业培训中	其中按学校类型分类			
				未处于职业培训中			
				合　计	其中按从业状况分类		
					从　业	失　业	未就业
	单位：千		%				
总　计							
无移民背景的德国人	4440	100.0	41.3	58.7	43.2	9.0	6.6
有移民背景者	1490	100.0	37.7	62.3	35.6	11.8	15.0
其中：							
原苏联地区归国回迁人员[1]	211	100.0	40.3	59.2	39.8	10.0	9.5
土耳其	271	100.0	24.4	75.6	36.9	16.2	22.5
其他客籍劳工来源国[2]	264	100.0	32.6	67.8	43.2	11.7	12.5
欧盟 15 国	73	100.0	47.9	50.7	37.0	6.8	8.2
其他国家	552	100.0	43.1	56.9	29.2	11.2	16.7
无数据	119	100.0	42.9	58.0	37.0	10.9	10.1
补充：							
第一代	963	100.0	34.9	65.1	35.1	11.4	18.6
第二代	527	100.0	42.5	57.3	36.2	12.5	8.5
总计	5929	100.0	40.4	59.6	41.3	9.7	8.7
男　性							
无移民背景的德国人	2291	100.0	40.9	59.1	44.3	10.5	4.3
有移民背景者	745	100.0	38.0	62.1	40.8	14.4	7.0
其中：							
原苏联地区归国回迁人员[1]	110	100.0	40.0	60.9	43.6	11.8	5.5
土耳其	127	100.0	26.0	74.0	45.7	22.8	6.3

（续表）

来源地区	总计	处于职业培训中	未处于职业培训中			
			合计	从业	失业	未就业
单位：千		%				
其他客籍劳工来源国[2]	140	100.0	33.6	66.4	45.7	14.3	6.4
欧盟 15 国	38	100.0	52.6	50.0	36.8	/	/
其他国家	268	100.0	42.9	57.1	34.7	13.4	9.0
无数据	62	100.0	38.7	59.7	43.5	11.9	/
总计	3 036	100.0	40.2	59.8	43.4	11.5	4.9
女　　性						
无移民背景的德国人	2149	100.0	41.7	58.3	42.0	7.4	8.9
有移民背景者	745	100.0	37.3	62.6	30.3	9.3	23.1
其中：						
原苏联地区归国回迁人员[1]	100	100.0	42.0	59.0	36.0	9.0	14.0
土耳其	144	100.0	22.9	77.1	29.2	10.4	36.8
其他客籍劳工来源国[2]	125	100.0	31.2	68.8	40.0	8.8	19.2
其他欧盟 15 国	34	100.0	47.1	55.9	38.2	/	/
其他国家	285	100.0	43.2	56.5	23.9	9.1	23.9
无数据	57	100.0	43.9	52.6	29.8	9.9	16.7
总计	2893	100.0	40.6	59.4	39.0	7.8	12.6

（注：表头"其中按学校类型分类"涵盖"处于职业培训中"与"未处于职业培训中"；"未处于职业培训中"下分"合计"与"其中按从业状况分类"：从业、失业、未就业。）

＊ 被调查者或其父母当下或者之前的第一国籍

1）如与其他分类有冲突（来源地区）归入原苏联地区归国回迁人员一栏

2）不含突尼斯和马其顿

来源：联邦统计局，2005 年微型人口普查（初步结果）

表 H4‑1A：2004 年所有九年级学生中移民学生的比例，按移民比例高低及学校类型分类（%）＊

学校类型	移民比例	学校移民学生比例		
		a) 低于 25%	b) 25% 至 50%	c) 超过 50%
	占所有学生百分比	占就读学校的百分比		
普通中学	35.8	43.6	28.2	28.2
实科中学	21.6	73.9	21.7	4.4
提供多种教育的学校类型	7.2	91.2	8.8	—
一体化综合中学	26.2	69.2	23.1	7.7
文理中学	16.2	70.2	27.1	2.1
总计	22.2	64.7	23.4	12

＊ a) + b) + c) = 100%

来源：DESI 调查（印刷版）

表 H4－2A：2004 年有移民背景的九年级学生及其家长的语言实践情况,按就读学校的移民学生比例分类(%)

就读学校的移民 学生比例	有移民背景的学生比例			
	其家长在家主要用 德语聊天	自己在家主要用 德语与父母聊天	主要用德语与 朋友聊天	最会用德语 书写
	%			
总计	42	63	89	85
就读学校的移民学生比例				
低于 25%	52	72	93	87
25%至 50%	45	65	90	86
超过 50%	27	47	84	81

来源：DESI 调查(印刷版)

表 H4－3A：2004 年为促进有移民背景学生的学习而采取的教学举措(%)

就读学校的移民 学生比例	享受下列教学举措的学生比			
	针对移民学生的 德语促进课	母语类课程	作业辅导	下午辅导课的 提供
	%			
总计	44	18	47	50
就读学校的移民学生比例				
低于 25%	31	11	43	47
25%至 50%	57	24	52	54
超过 50%	100	49	70	58

来源：DESI 调查(印刷版)

表 H4－4A：2001 年建议上实科中学或文理中学的相对机会* 与移民背景的关系(比值比)

……在德国出生	建议实科中学				建议文理中学	
	Modell[1]				Modell[1]	
	I	II	III	IV	II	IV
父母双方	2.73	2.43	1.83	1.73	3.27	1.66
父母一方	1.55	1.43			1.65	

* 参考类别：父母双方均不在德国出生的学生被建议上实科中学的情况。仅表明了重要的比值比($p<0.05$)

1) Modell 1：无共变式考查；Modell 2：考查阶层所属；Modell 3：考查阅读能力；Modell 4：考查阶层所属以及阅读能力

来源：根据 Bos u.a.(2004)：IGLU. Einige Länder der Bundesrepublik Deutschland im nationalen und internationalen Vergleich, Münster, S. 211

表 H5－1A：PISA 2003 调查得出的 2002 年所选经合组织国家的移民人口比例(单位：%)

国　家[1]	PISA 2003 中的移民人口比例 （第一代和第二代移民）	移民人口占总 人口的比例	外籍人员占总 人口的比例
	%		
卢森堡	32.3	32.6	36.9
澳大利亚	22.2	23	7.4

（续表）

国　　家[1]	PISA 2003 中的移民人口比例 （第一代和第二代移民）	移民人口占总 人口的比例	外籍人员占总 人口的比例
	%		
瑞士	19.7	22.4	20.5
新西兰	19.4	19.5	·
加拿大	17.8	19.3	5.3
奥地利	13.1	12.5	8.8
德国	14.1	12.5	8.9
美国	14	12.3	6.6
瑞典	11.4	12	5.3
比利时	11.5	10.7	8.2
荷兰	10.5	10.1	4.2
法国	14	10	5.6
挪威	5.5	7.3	4.3
丹麦	6.4	6.8	5

1) 所选经合组织国家按在国外出生的移民比例从高到低排列

来源：PISA 2003 和经合组织（2005）：Trends in international Migration. SOPEMI‑2004 Edition

表 H5‑2A：在家使用语言与课堂语言不一致的移民学生比例，按所学经合组织国家和移民身份分类（单位：%）

国　　家[1]	第一代移民学生中 所占比例	第二代移民学生中 所占比例	在两组移民学生中 所占比例
	%		
卢森堡	83.0	64.3	74.1
奥地利	74.7	63.0	71.0
挪威	83.8	50.7	71.5
美国	71.0	46.9	57.2
德国	49.0	44.8	47.2
瑞典	77.1	42.3	59.9
比利时	32.2	40.1	36.3
丹麦	51.0	39.6	45.0
法国	52.7	35.7	39.6
瑞士	64.0	33.8	50.9
荷兰	56.4	31.3	40.0
加拿大	66.9	30.4	50.2
新西兰	52.8	27.6	44.4
澳大利亚	45.1	27.5	36.1

1) 所选经合组织国家按第一代移民比例从高到低排列

来源：Stanat，P.；Christensen，G. (2006)：Where immigrant students succeed. Paris，Kapitel 5

表 H5－3A：非移民学生和移民学生在阅读(IGLU 2001)这一项测试中的平均成绩差*（单位：能力分值）

国　　家	与非移民学生的测试结果差距	
	第一代移民学生	第二代移民学生
德　国	－ 62	－ 37
荷　兰	－ 34	－ 50
法　国	－ 37	－ 27
瑞　典	－ 55	－ 33
英　国	－ 56	1
美　国	－ 48	－ 8
新西兰	－ 4	－ 6
加拿大	－ 31	3

* 斜体数值表示与非移民学生之间显著的分值差距

来源：Schnepf, S.V.(2004)：How different are immigrants?. Bonn, S. 14

表 H5－4A：2003 年所选经合组织国家学生在数学、阅读、自然科学和能力解决这几项测试中的成绩*（PISA 2003），按移民身份分类（单位：能力分值）

国　　家[1]	数　　学			阅　　读			自然科学			问题解决		
	无移民背景	第二代移民学生	第一代移民学生	无移民背景	第二代移民学生	第一代移民学生	无移民背景	第二代移民学生	第一代移民学生	无移民背景	第二代移民学生	第一代移民学生
	单位：能力分值											
加拿大	537	543	530	534	543	515	527	519	501	535	532	533
澳大利亚	527	522	525	529	525	517	529	520	515	534	521	523
新西兰	528	496	523	528	506	503	528	485	511	537	500	534
荷兰	551	492	472	524	475	463	538	465	457	532	463	462
卢森堡	507	476	462	500	454	431	500	464	441	507	475	463
丹麦	520	449	455	497	440	454	481	396	422	522	443	464
德国	525	432	454	517	420	431	529	412	444	534	443	461
美国	490	468	453	503	481	453	499	466	462	483	464	446
瑞士	543	484	453	515	462	422	531	462	429	538	480	447
奥地利	515	459	452	501	428	425	502	434	422	515	465	453
法国	520	472	448	505	458	426	521	465	433	529	482	445
挪威	499	460	438	505	446	436	490	427	399	494	452	417
比利时	546	454	437	523	439	407	524	435	416	540	445	447
瑞典	517	483	425	522	502	433	516	466	409	516	483	434
经合组织国家平均值	523	483	475	514	475	456	515	467	456	522	480	476

* 与非移民学生差距较大的数据用斜体表示

1) 所选经合组织国家按移民学生的平均数学升级由高到低排列

来源：Stanat, P.；Christensen, G.(2006)：Where immigrant students succeed. Paris, Kapitel 5

表 H5‑5A：**2003 年学生希望获得的教育水平**，按所选经合组织国家和移民背景分类（单位：%）

国　　家[1]	希望获得高校毕业证书（ISCED‑等级 5A 和 6）的学生比例		
	无移民背景学生	第二代移民学生	第一代移民学生
	%		
美　　国	64.7	67.8	58.4
澳大利亚	58.9	74.5	77.4
加拿大	58.3	76.2	81.9
卢森堡	40.9	41.3	41.2
荷　　兰	40.6	44.2	39.9
比利时	36.4	25.5	28.7
新西兰	35.3	48.8	56.3
法　　国	34.3	38.1	30.9
瑞　　典	31.4	43.8	47.0
挪　　威	25.3	39.8	27.6
奥地利	24.7	25.4	18.7
丹　　麦	24.5	36.4	41.9
德　　国	19.8	12.4	14.8
瑞　　士	17.9	15.9	16.3

* 根据 PISA 2003 以及计算得出

1) 经合组织国家按照非移民学生的高校就读愿望比例从高到低排列

来源：Stanat，P.；Christensen，G.（2006）：Where immigrant students succeed. Paris，Kapitel 5

表 I1‑1A：**2004 年 25 岁至 65 岁以下人口中从业人员、失业者和未就业人员比例**，按从业教育水平和不同年龄组分类（单位：%）

年龄从……岁至 ……岁以下	无从业教育 经历	学徒工毕业[1]	专科学校 毕业[2]	应用技术大学 或大学毕业[3]	总　　计
	%				
从 业 人 员					
25－35	47.8	78.5	89.2	85.7	74.2
35－45	60.8	80.3	90.6	89.5	80.2
45－55	58.3	76.3	88.0	89.0	77.0
55－65	27.5	39.0	52.0	66.5	41.8
25－65	48.2	69.7	81.1	84.2	69.6
失 业 者					
25－35	13.1	9.5	4.2	4.7	9.1
35－45	13.6	9.2	4.4	4.0	8.4
45－55	13.0	10.3	6.0	4.6	9.3
55－65	6.5	6.9	6.4	4.4	6.4
25－65	11.5	9.0	5.2	4.4	8.3

（续表）

年龄从……岁至……岁以下	无从业教育经历	学徒工毕业[1]	专科学校毕业[2]	应用技术大学或大学毕业[3]	总　计
	%				
未就业人员					
25 - 35	39.2	12.0	6.6	9.6	16.7
35 - 45	25.7	10.6	5.0	6.4	11.4
45 - 55	28.7	13.5	6.0	6.4	13.7
55 - 65	65.9	54.1	41.5	29.1	51.7
25 - 65	40.3	21.2	13.7	11.4	22.1

1）包括职业实习

2）包括师傅或技术人员培训以及获得卫生学校的毕业证和前东德专科学校毕业证的人员

3）包括工程师、教师和博士生

来源：联邦统计局，微型人口普查

表 I1－2A：2004 年 25 岁至 65 岁以下人口中从业人员、失业者和未就业人员的比例，按从业教育水平和联邦州分类（单位：%）

联　邦　州	无从业教育经历			学徒工毕业[1]			专科学校毕业[2]			应用技术大学或大学毕业[3]		
	从业人员	失业者	未就业人员	从业人员	失业者	未就业人员	从业人员	失业者	未就业人员	从业人员	失业者	未就业人员
	%											
全德国	48.2	11.5	40.3	69.7	9.0	21.2	81.1	5.2	13.7	84.2	4.4	11.4
巴登-符腾堡州	55.5	8.9	35.7	76.3	4.9	18.8	86.2	2.5	11.1	86.7	2.9	10.3
巴伐利亚州	55.4	7.9	36.7	74.6	5.6	19.8	85.5	3.2	11.2	86.8	3.0	10.2
柏林	41.6	21.1	37.0	60.6	16.2	23.0	72.0	9.7	18.3	79.4	8.4	12.5
勃兰登堡州	37.5	22.7	39.8	62.8	19.1	18.1	75.9	8.2	15.9	83.6	6.8	9.2
不来梅	39.4	16.9	43.7	66.7	10.1	23.3	/	/	/	/	/	/
汉堡	48.9	12.4	38.8	70.7	8.0	21.3	/	/	/	85.0	4.4	10.7
黑森州	51.8	9.8	38.4	71.3	6.1	22.7	84.7	4.1	11.6	85.7	3.4	10.9
梅克伦堡-前波莫瑞州	32.4	25.4	43.7	59.1	22.2	18.5	71.2	8.9	19.9	80.5	8.5	11.0
下萨克森州	45.6	11.1	43.3	70.5	6.9	22.6	83.3	4.4	12.2	83.3	4.2	12.5
北莱茵-威斯特法伦州	45.1	11.5	43.4	69.5	6.7	23.8	82.9	3.5	13.6	84.4	3.7	11.9
莱茵兰-普法尔茨州	47.5	8.0	44.5	72.4	5.3	22.3	84.2	3.8	12.0	85.1	2.3	12.5
萨尔州	44.5	10.9	44.5	70.1	5.2	24.7	/	/	/	/	/	/
萨克森州	32.7	21.8	45.5	61.5	19.4	19.0	75.5	8.4	16.1	80.6	7.2	11.9
萨克森-安哈特州	31.6	24.5	43.9	60.2	21.6	18.2	72.9	9.0	17.6	79.9	8.9	11.2
石勒苏益格-荷尔斯泰因州	50.5	13.4	36.1	70.6	7.3	22.1	81.2	4.3	13.7	83.2	4.0	13.4
图林根州	39.1	17.2	42.2	64.5	16.8	18.6	78.1	8.2	14.3	84.0	5.7	9.7

1）包括职业实习

2）包括师傅或技术人员培训以及获得卫生学校的毕业证和前东德专科学校毕业证的人员

3）包括工程师、教师和博士生

来源：联邦统计局，微型人口普查

表 I1－3A: 2002 年 25 岁至 65 岁以下人口中从业人员、失业者和未就业人员比例的国际间比较,按所达到的教育水平分类 (单位: %)

国　　家	教　育　水　平	从业人员	失业者	未就业人员
		%		
奥地利	未达到中等教育第二阶段教育水平	54.7	4.0	41.3
	中等教育第二阶段和后中等教育水平,未达高等教育阶段水平	75.3	2.7	22.1
	高等教育阶段水平	86.0	1.6	12.3
加拿大	未达到中等教育第二阶段教育水平	55.3	6.9	37.8
	中等教育第二阶段和后中等教育水平,未达高等教育阶段水平	75.9	5.5	18.6
	高等教育阶段水平	82.0	4.4	13.7
法　国	未达到中等教育第二阶段教育水平	57.8	7.7	34.5
	中等教育第二阶段和后中等教育水平,未达高等教育阶段水平	76.7	5.6	17.7
	高等教育阶段水平	83.3	4.6	12.1
德　国	未达到中等教育第二阶段教育水平	50.9	9.2	39.9
	中等教育第二阶段和后中等教育水平,未达高等教育阶段水平	70.3	6.9	22.7
	高等教育阶段水平	83.6	3.9	12.5
意大利	未达到中等教育第二阶段教育水平	49.8	4.9	45.2
	中等教育第二阶段和后中等教育水平,未达高等教育阶段水平	72.1	5.0	22.9
	高等教育阶段水平	82.2	4.6	13.2
日　本	未达到中等教育第二阶段教育水平	66.6	4.7	28.7
	中等教育第二阶段和后中等教育水平,未达高等教育阶段水平	73.6	4.1	22.3
	高等教育阶段水平	79.7	3.2	17.1
荷　兰	未达到中等教育第二阶段教育水平	58.7	2.3	38.9
	中等教育第二阶段和后中等教育水平,未达高等教育阶段水平	79.7	1.8	18.5
	高等教育阶段水平	87.1	1.9	11.0
瑞　典	未达到中等教育第二阶段教育水平	68.2	4.2	27.7
	中等教育第二阶段和后中等教育水平,未达高等教育阶段水平	81.8	3.9	14.3
	高等教育阶段水平	86.5	2.7	10.8
瑞　士	未达到中等教育第二阶段教育水平	69.7	3.5	26.9
	中等教育第二阶段和后中等教育水平,未达高等教育阶段水平	81.0	1.9	17.1
	高等教育阶段水平	90.7	2.0	7.3

(续表)

国　　家	教育水平	从业人员	失业者	未就业人员
		%		
英　国	未达到中等教育第二阶段教育水平	52.9	4.9	42.2
	中等教育第二阶段和后中等教育水平,未达高等教育阶段水平	79.4	3.4	17.3
	高等教育阶段水平	87.4	2.2	10.0
美　国	未达到中等教育第二阶段教育水平	57.0	6.5	36.5
	中等教育第二阶段和后中等教育水平,未达高等教育阶段水平	74.0	4.5	21.5
	高等教育阶段水平	83.2	2.6	14.3
经合组织国家平均水平	未达到中等教育第二阶段教育水平	57.0	5.6	37.4
	中等教育第二阶段和后中等教育水平,未达高等教育阶段水平	75.1	4.5	20.4
	高等教育阶段水平	83.5	3.1	13.4

来源：经合组织，Bildung auf einen Blick 2004

表 I1－4A：1991 年至 2004 年 25 岁至 65 岁以下人口中从业人员、失业者和未就业人员的比例,按从业教育水平分类(单位：%)

教育水平	人员组	年　份									
		1991	1993	1997	1998	1999	2000	2001	2002	2003	2004
		%									
总　　计											
学徒工毕业[1]	从业人员	73.3	70.0	69.1	68.9	69.9	70.6	70.7	70.5	69.9	69.7
	失业者	4.9	7.3	7.8	7.9	7.0	6.4	6.6	7.2	8.2	9.0
	未就业人员	21.9	22.7	23.1	23.3	23.1	22.9	22.7	22.3	21.9	21.2
专科学校毕业[2]	从业人员	84.0	82.0	79.9	79.9	80.9	81.7	81.3	81.2	81.0	81.1
	失业者	3.9	5.4	5.7	5.3	4.8	3.9	4.2	4.5	5.1	5.2
	未就业人员	12.1	12.6	14.4	14.8	14.3	14.3	14.5	14.2	13.9	13.7
应用技术大学或大学毕业[3]	从业人员	85.9	84.2	84.1	83.9	84.7	85.0	85.0	85.0	84.6	84.2
	失业者	3.8	4.8	4.6	4.6	4.1	3.4	3.3	3.5	4.2	4.4
	未就业人员	10.3	11.0	11.2	11.5	11.3	11.6	11.6	11.5	11.1	11.4
无从业教育学历背景	从业人员	49.9	46.6	45.1	45.6	47.2	49.0	50.3	49.7	49.0	48.2
	失业者	5.9	8.4	8.8	8.9	8.8	7.7	7.6	8.8	10.4	11.5
	未就业人员	44.2	45.0	46.1	45.6	44.1	43.4	42.2	41.6	40.6	40.3
男　　性											
学徒工毕业[1]	从业人员	83.6	80.0	76.8	76.3	77.0	77.5	77.1	76.5	75.4	75.1
	失业者	4.3	6.3	7.9	8.1	7.3	6.7	7.1	8.0	9.3	10.4
	未就业人员	12.1	13.7	15.3	15.5	15.7	15.8	15.8	15.6	15.3	14.6

（续表）

教育水平	人员组	年 份									
		1991	1993	1997	1998	1999	2000	2001	2002	2003	2004
		%									
专科学校毕业2)	从业人员	88.0	85.4	83.2	83.4	83.8	84.7	84.1	83.8	83.7	83.5
	失业者	3.0	4.1	5.0	4.6	4.3	3.6	3.9	4.2	4.7	5.2
	未就业人员	8.9	10.5	11.7	1.9	11.8	11.7	11.8	11.8	11.4	11.1
应用技术大学或大学毕业3)	从业人员	91.0	88.6	88.0	87.2	88.2	88.6	88.7	88.5	88.1	87.5
	失业者	3.2	4.3	4.4	4.4	4.0	3.2	3.1	3.4	4.1	4.3
	未就业人员	5.9	7.1	7.7	8.0	7.9	8.2	8.2	8.1	7.7	8.2
无从业教育学历背景	从业人员	68.6	63.2	58.4	58.7	59.7	61.6	62.3	60.9	59.2	58.0
	失业者	8.3	11.4	12.6	12.5	12.7	10.9	11.0	12.7	15.0	16.4
	未就业人员	23.1	25.4	29.0	28.7	27.5	27.5	26.8	26.3	25.8	25.6
女 性											
学徒工毕业1)	从业人员	62.4	59.5	61.4	61.4	62.9	63.8	64.4	64.7	64.5	64.5
	失业者	5.4	8.5	7.6	7.6	6.7	6.2	6.1	6.3	7.2	7.7
	未就业人员	32.2	32.0	31.0	30.9	30.4	30.0	29.5	28.9	28.3	27.8
专科学校毕业2)	从业人员	76.6	75.3	73.9	73.7	76.0	77.1	76.6	77.2	76.8	77.5
	失业者	5.5	8.1	7.1	6.5	5.7	4.6	4.7	5.0	5.6	5.3
	未就业人员	17.9	16.6	19.2	19.8	18.3	18.3	18.7	17.8	17.6	17.0
应用技术大学或大学毕业3)	从业人员	76.5	76.2	77.7	77.9	79.0	79.2	79.4	79.8	79.5	79.5
	失业者	5.0	5.9	5.1	4.8	4.1	3.6	3.5	3.6	4.4	4.6
	未就业人员	18.6	17.9	17.2	17.3	16.6	17.0	16.9	16.5	16.1	15.9
无从业教育学历背景	从业人员	40.8	37.9	37.4	37.7	39.4	41.1	42.7	42.4	42.2	41.5
	失业者	4.8	6.9	6.6	6.6	6.3	5.6	5.4	6.2	7.3	8.1
	未就业人员	54.4	55.2	56.0	55.7	54.3	53.3	51.9	51.4	50.5	50.4

1）包括职业实习
2）包括师傅或技术人员培训以及获得卫生学校的毕业证和前东德专科学校毕业证的人员
3）包括工程师、教师和博士生
来源：联邦统计局，微型人口普查

表 I1－5A：1984、1994 和 2004 年，新旧联邦州 17 岁至 65 岁全时就业人员的绝对和相对月毛收入*（中位数），按职业资质水平分类（单位：欧元）

职业资质水平	性别	地区	每月毛收入（中位数）					
			1984		1994		2004	
			单位：欧元	占获得职业教育毕业证书人员月毛收入的百分比	单位：欧元	占获得职业教育毕业证书人员月毛收入的百分比	单位：欧元	占获得职业教育毕业证书人员月毛收入的百分比
无从业教育相关经历	总计	旧联邦州		79	1704	83	2100	82
		新联邦州	X	X	1125	81	1400	77
		德国	X	X	1687	89	2000	82

（续表）

职业资质水平	性别	地区	每月毛收入（中位数）					
			1984		1994		2004	
			单位：欧元	占获得职业教育毕业证书人员月毛收入的百分比	单位：欧元	占获得职业教育毕业证书人员月毛收入的百分比	单位：欧元	占获得职业教育毕业证书人员月毛收入的百分比
无从业教育相关经历	男性	旧联邦州	1278	83	1892	88	2400	86
		新联邦州	X	X	/	/	1500	76
		德国	X	X	1866	91	2300	88
	女性	旧联邦州	966	86	1483	87	1640	75
		新联邦州	X	X	/	/	1280	80
		德国	X	X	1483	91	1640	78
获得职业教育毕业证书	总计	旧联邦州	1432	100	2045	100	2550	100
		新联邦州	X	X	1380	100	1820	100
		德国	X	a	1892	100	2445	100
	男性	旧联邦州	1534	100	2152	100	2800	100
		新联邦州	X	X	1432	100	1970	100
		德国	X	X	2045	100	2600	100
	女性	旧联邦州	1125	100	1709	100	2200	100
		新联邦州	X	X	1246	100	1600	100
		德国	X	X	1636	100	2100	100
应用技术大学毕业	总计	旧联邦州	2186	153	3068	150	3622	142
		新联邦州	X	X	/	/	2550	140
		德国	X	X	3019	160	3400	139
	男性	旧联邦州	2546	166	3221	150	4000	143
		新联邦州	X	X	/	/	3200	162
		德国	X	X	3136	153	4000	154
	女性	旧联邦州	/	/	2403	141	2900	132
		新联邦州	X	X	/	/	2230	139
		德国	X	X	2199	134	2730	130
大学毕业	总计	旧联邦州	2301	161	3426	168	3722	146
		新联邦州	X	X	/	/	3000	165
		德国	X	X	3340	177	3700	151
	男性	旧联邦州	2505	163	3681	171	4000	143
		新联邦州	X	X	/	/	3200	162
		德国	X	X	3584	175	3924	151

（续表）

职业资质水平	性别	地区	每月毛收入（中位数）					
			1984		1994		2004	
			单位：欧元	占获得职业教育毕业证书人员月毛收入的百分比	单位：欧元	占获得职业教育毕业证书人员月毛收入的百分比	单位：欧元	占获得职业教育毕业证书人员月毛收入的百分比
大学毕业	女性	旧联邦州	1783	159	2761	162	3453	157
		新联邦州	X	X	/	/	2703	169
		德国	X	X	2741	168	3225	154

* 以 17 岁至 65 岁全时工作人员的月毛收入未基础。职业教育这一概念是指：学徒工学习、卫生学校的培训、专科学校、公务员培训以及其他类似的职业培训。大学毕业人群包括技术大学毕业人员，既包括国内的大学，也包括国外的大学。数据经过了标准预测因素加权平均

来源：基于 SOEP 于 1984（案例数 $n = 5670$），1994（案例数 $n = 5467$），2004（案例数 $n = 8173$）这几个年份的调查自己计算得出

表 I1－6A：1984、1994 和 2004 年，25 岁至 35 岁全时就业人员的绝对和相对月毛收入*（中位数），按职业资质水平分类

职业资质水平	月毛收入（中位数）					
	1984		1994		2004	
	单位：欧元	占获得职业教育毕业证书人员月毛收入的百分比	单位：欧元	占获得职业教育毕业证书人员月毛收入的百分比	单位：欧元	占获得职业教育毕业证书人员月毛收入的百分比
无从业教育相关经历	1125	81	1687	92	2000	91
获得职业教育毕业证书	1380	100	1841	100	2200	100
高校毕业	1852	134	2454	133	3000	136
即获得职业教育毕业证书又获得高校毕业证	1917	139	2556	139	2975	135

** 以 17 岁至 65 岁全时工作人员的月毛收入未基础。职业教育这一概念是指：学徒工学习、卫生学校的培训、专科学校、公务员培训以及其他类似的职业培训。大学毕业人群包括技术大学毕业人员，既包括国内的大学，也包括国外的大学。数据经过了标准预测因素加权平均

来源：基于 SOEP 于 1984（案例数 $n = 1621$），1994（案例数 $n = 1896$），2004（案例数 $n = 1950$）这几个年份的调查自己计算得出

表 I1－7A：1984、1995 和 2004 年，新旧联邦州从业教育与所从事职业的对等情况，按职业资质水平和性别分类（单位：%）

职业资质水平	年份	男性			女性			总计		
		与从业教育水平相符	不相符（类型 A）	不相符（类型 B）	与从业教育水平相符	不相符（类型 A）	不相符（类型 B）	与从业教育水平相符	不相符（类型 A）	不相符（类型 B）
		占各自职业资质水平组从业人员的百分比								
		旧联邦州								
获得职业教育毕业证书	1984	85.6	5.3	9.1	74.8	8.5	16.8	81.6	6.5	11.9
	1995	84.5	6.8	8.7	82.5	4.7	12.8	83.6	5.9	10.5
	2004	85.6	6.0	8.4	79.1	4.9	16.0	82.3	5.4	12.3
应用技术大学或大学毕业	1984	90.1	8.2	1.7	82.1	12.9	5.0	87.9	9.5	2.6
	1995	91.9	6.4	1.7	73.6	13.7	12.7	86.0	8.8	5.2
	2004	82.1	14.2	/	76.6	16.5	6.9	79.8	15.2	5.0

(续表)

职业资质 水平	年 份	男 性			女 性			总 计		
		与从业 教育水 平相符	不相符 (类型 A)	不相符 (类型 B)	与从业 教育水 平相符	不相符 (类型 A)	不相符 (类型 B)	与从业 教育水 平相符	不相符 (类型 A)	不相符 (类型 B)
		占各自职业资质水平组从业人员的百分比								
新联邦州										
获得职业教育 毕业证书	1995	83.2	4.3	12.5	74.9	7.0	18.2	74.7	7.1	18.2
	2004	86.8	4.3	8.9	84.3	/	12.2	85.6	3.9	10.5
应用技术大学 或大学毕业	1995	84.1	11.8	4.1	63.4	29.5	7.1	71.4	20.5	8.0
	2004	87.2	8.6	/	77.9	18.9	/	81.8	14.6	/
德 国										
获得职业教育 毕业证书	1995	84.3	6.3	9.3	81.1	5.2	13.6	82.6	6.0	11.5
	2004	85.8	5.7	8.5	79.9	4.7	15.4	82.8	5.2	12.0
应用技术大学 或大学毕业	1995	90.8	7.2	1.9	70.4	18.6	10.9	83.1	11.1	5.8
	2004	82.8	13.5	3.7	77.0	17.1	5.9	80.2	15.1	4.7

来源：基于 SOEP 于 1984(案例数 $n=3863$),1995(案例数 $n=4453$),2004(案例数 $n=8854$)这几个年份的调查自己计算得出

表 I2‐1A：2001/02 年公民参加志愿服务活动的情况以及所花时间,按最高教育水平、性别、不同年龄组和从业状态分类

类 别	无从业教育 背景	学徒工毕业,职业 专科学校毕业	师傅-,技术学校 毕业卫生学校	高校毕业	总 计
有志愿服务者占比(%)					
男性[1]	33	44	55	53	48
女性[1]	36	42	48	50	43
25 岁至 45 岁以下	28	43	54	48	44
45 岁至 65 岁以下	39	43	51	55	46
65 岁及以上	33	40	51	50	42
全时就业[1]	30	41	53	52	45
非全时就业[1]	/	47	51	54	48
打零工[1]	/	58	65	64	59
未就业[1]	35	42	48	51	44
总计[1]	35	43	52	52	45
表现积极[1]	19	25	26	26	25
承担一定职务[1]	15	18	26	26	21

（续表）

类　　别	无从业教育背景	学徒工毕业,职业专科学校毕业	师傅-,技术学校毕业卫生学校	高校毕业	总　计
为志愿服务所花费的时间(以每星期多少分钟计算)					
男性[1]	116	136	153	166	146
女性[1]	124	107	131	135	116
25 岁至 45 岁以下	98	106	139	126	113
45 岁至 65 岁以下	137	136	150	178	148
65 岁及以上	147	145	189	215	165
全时就业[1]	106	107	132	146	121
非全时就业[1]	/	86	127	139	100
打零工[1]	/	179	270	196	191
未就业[1]	125	138	161	172	145
总计[1]	122	121	145	154	131

1) 仅涉及 25 岁至 65 岁以下人群

来源：联邦统计局,时间预算调查(25 岁至 65 岁以下：案例数 $n = 7560$，65 岁及以上：案例数 $n = 1178$)

表 I4 - 1A：1998 年至 2003 年所选国家中 15 岁至 30 岁以下人员花费在教育系统中的平均年限

国　　家	1998	1999	2000	2001	2002	2003
	年　　限					
德国[1]	6.8	6.8	6.8	7.0	7.3	7.7
芬兰	7.9	8.1	8.7	7.6	7.8	8.2
法国	7.9	7.9	8.0	8.0	8.0	8.0
英国	·	·	6.1	6.1	6.0	6.3
意大利	5.9	6.0	6.0	6.0	6.2	·
日本[2]	6.0	6.0	6.2	6.3	5.9	5.8
加拿大	6.7	6.7	6.7	6.8	6.8	6.8
瑞典	7.4	7.5	7.4	7.4	7.5	7.6
美国	6.5	6.5	6.5	6.6	6.8	·
奥地利	5.5	5.2	5.2	5.4	5.9	6.0
荷兰	7.6	7.6	5.7	5.7	5.9	·
瑞士	6.3	6.4	6.8	7.1	6.7	6.4
经合组织国家平均水平[3]	6.2	6.3	6.3	6.3	6.4	6.6

1) 德国 2004 年的数据也可查：总计：7.8 年；男性 8.0 年；女性 7.7 年

2) 日本的数据所设计的调查对象为 15 岁至 25 岁以下人员

3) 经合组织国家平均水平包括"Bildung auf einen Blick"书中分析的所有 28 个经合组织国家(只要有相关研究数据可考)

来源：经合组织,Bildung auf einen Blick 2005;联邦统计局,微型人口普查

表 I4 – 2A：达到具备高校就读资格的学校类型及普通学校教育学历，按联邦州分类（数据来源截止日期：2005 年 6 月）

学校类型及普通学校教育学历	巴登-符腾堡州	巴伐利亚州	柏林	不来梅	勃兰登堡州	汉堡	黑森州	梅克伦堡-前波莫瑞州	下萨克森州	北莱茵-威斯特法伦州	莱茵兰-普法尔茨州	萨尔州	萨克森州	萨克森-安哈特州	石勒苏益格-荷尔斯泰因州	图林根州
文理中学（具备普通高校入学资格）	•	•	•	•	•	•	•	•	•	•	•	•	•	•	•	•
综合中学（具备普通高校入学资格）	•	•	•	•	•	•[1]	•	•	•	•	•	•	•	•	•	•
文理中学夜校（具备普通高校入学资格）	•[1]	•	•	•	•	•	•[1]		•	•[1]	•[1]	•	•	•	•[1]	•
补习高中（具备普通高校入学资格）	•	•	•	•	•	•	•		•	•[1]	•	•	•	•	•	•
专业·职业文理中学（具备普通高校入学资格）	•[1,2]									•[1]						
含文理中学高年级阶段的职业专科学校（具备普通高校入学资格）				•				•								
普教高中中心文理中学高级阶段（具备普通高校入学资格）	•	•	•	•	•	•	•		•	•	•	•	•	•	•	•
职业高中（具备限专业高校入学资格）	•[3]	•[1,3]	•	•[1,3]	•	•	•		•[3]	•	•[1,3,4]	•	•	•	•[3]	•
专科高中（具备应用技术大学入学资格）	•	•[2,3]	•	•[1,3]	•	•	•		•	•[3]	•	•	•	•	•	•
（较高级别的）职业专科学校（具备应用技术大学入学资格）	•[1]	•	•[1]	•[1,3]	•[1]	•[1,3]	•[1]		•	•[1]	•[1,3,4]	•	•	•[1]	•[1]	•
专科学校（具备应用技术大学入学资格）	•	•	•	•	•	•	•		•	•[4]	•	•	•	•	•	•
专科学院（具备应用技术大学入学资格）	•	•[2]	•	•	•	•	•		•	•	•	•	•	•	•	•
职业补习高中（具备应用技术大学入学资格）	•															
较高级别的商学院（具备应用技术大学入学资格）	•[1]			•[1]		•				•[1]		•	•			•
职业学校（此处：具备应用技术大学入学资格）	•	•				•				•		•	•			

1）也存在具备应用技术大学入学资格的可能性
2）也存在具备应用技术大学入学资格或个别州的高校入学资格的可能性
3）也存在具备普通高校入学资格的可能性
4）也存在具备应用技术大学入学资格或个别州的高校入学资格的可能性

来源：Heine, C.; Spangenberg, H.; Sommer, D. (2005)：Studienberechtigte 2004 – Erste Schritte in Studium und Berufsausbildung. Vorauswertung der Befragung der Studienberechtigten 2004 ein halbes Jahr nach Schulabgang im Zeitvergleich, HIS Kurzinformation A10/2005, Hannover, S. 37 ff.